中国工运通史

机械冶金建材工会卷

中国机械冶金建材工会 编

中国工人出版社

图书在版编目（CIP）数据

中国工运通史. 机械冶金建材工会卷 / 中国机械冶金建材工会编. -- 北京 : 中国工人出版社 , 2025. 4.
ISBN 978-7-5008-8705-8

Ⅰ. K261.3

中国国家版本馆 CIP 数据核字第 2025Q0F849 号

中国工运通史 机械冶金建材工会卷

出 版 人 董 宽
项目统筹 蒋佩轩
责任编辑 董芳璐
流程编辑 李若昕
责任校对 张 彦
责任印制 栾征宇
封面设计 久品轩
出版发行 中国工人出版社
地　　址 北京市东城区鼓楼外大街45号　邮编：100120
网　　址 http://www.wp-china.com
电　　话 （010）62005043（总编室）
（010）62005039（印制管理中心）
发行热线 （010）82029051　62383056
经　　销 各地书店
印　　刷 北京盛通印刷股份有限公司
开　　本 710毫米×1000毫米　1/16
印　　张 31.5　**彩　插** 1.5
字　　数 430千字
版　　次 2025年4月第1版　2025年4月第1次印刷
定　　价 298.00元

★ 1894 年，张之洞视察汉阳铁厂。在洋务运动中兴办的企业，是中国产业工人的重要来源。

★ 1919 年 10 月，粤港两地机器工人互相帮助，动工筑建中国机器总会会所。

機器工會開成立會

上海機器工會昨日假白克路上海公學開成立大會、到者頗衆、三時開會、由主席李中君報告本會經過情形、演說者有孫中山・陳獨秀・歐陽桂生・倪文富等、中山氏演說有二小時之久、首述機器與資本勢力之關係、末則以三民主義作結、略謂、我人欲貫徹民生主義、非在官僚手中奪回民權不可、否則我國徙擁一專制變相之民主國號耳、獨秀氏謂、工人團體、須完全工人組織、萬勿容資本家廁身其間、不然、僅一資本家式的假工會而已、是日到會者除各工會代表外、尚有胡漢民戴季陶楊明齋等、俱因時晏不及演說云、

★ 1920 年 11 月 22 日，《申报》刊载上海机器工会成立的消息。

★ 1922 年 10 月，汉冶萍总工会成立。

★ 1925 年 5 月 1 日，第二次全国劳动大会在广州召开，由中华海员工业联合总会、汉冶萍总工会、全国铁路总工会和广州工人代表会发起，大会决定成立中华全国总工会。

★ 1942 年，陕甘宁边区各工厂开展赵占魁运动。

★ 1949 年 3 月，毛泽东为中华全国总工会题匾。由沈阳第一机器厂工人制作成匾额，并赶在 1949 年“五一”国际劳动节前夕，悬挂到当时位于中南海新华门斜对面府前街 1 号的全国总工会机关大楼上。图为沈阳第一机器厂工人与匾额合影。

★ 1949 年 5 月，沈阳机床三厂车工赵国有在红五月竞赛中多次创造车塔轮的新纪录，全国总工会把“创造新纪录运动”推广到全国。图为赵国有正在工作中。

★ 1953 年，北京永定机械厂工人倪志福研制出三尖七刃麻花钻，大大提高了钻头的使用性能和切削寿命，被称作“倪志福钻头”（后改名为“群钻”）。1956 年，全国总工会推广这一技术。

★ 1953 年，鞍钢机械总厂青年工人王崇伦发明“万能工具胎”，在增产节约运动中实现了一年完成三年生产任务的计划。图为王崇伦正在劳动中。

★ 1954 年，一汽建设工地。

★ 1954 年，鞍钢小型轧钢厂工人张明山创造了“反围盘”。

★ 1955 年，第一拖拉机厂奠基仪式。

★ 1956 年，焦裕禄担任洛阳矿山机器厂一金工车间主任，带领职工屡创生产佳绩。

★ 1956年7月，长春第一汽车制造厂试制成功第一批国产“解放”牌载重汽车，结束了中国不能批量制造汽车的历史。

★ 1958年10月1日，北京汽车制造厂制造的高级敞篷轿车参加游行。

★ 1978 年 10 月，首都钢铁公司向工会九大献礼。

★ 1985 年 9 月，容积为 4063 立方米的宝钢一号高炉一次点火成功。

★ 1989 年 2 月，新中国成立以来投资额最大的建设工程——珠江水泥厂投料试产成功。

★ 1992 年 3 月，上海柴油机厂签订劳动合同大会，全厂职工由固定工改为合同工。

★ 1995 年，中国一拖第 100 万台拖拉机下线。

★ 1996 年，广重集团工会组织开展女吊车工技术竞赛。

★ 1999 年，山东枣庄市付庄水泥厂实行厂务公开制度。

★ 2008 年，汶川特大地震发生后，中国机冶建材工会组织劳模技术服务队赴东汽帮助灾后重建。

★ 2010 年，全国机械冶金建材工会系统企业文化展示会在四川德阳东方汽轮机厂召开。

★ 2014 年，广汽本田建成广州市最早一批设立在工厂车间的爱心妈咪小屋。

★ 2017 年，中国机械冶金建材工会与中国钢铁工业协会等单位共同组织开展全国钢铁行业职业技能竞赛。图为鞍钢集团组织开展焦炉调温工职工技术竞赛现场。

★ 2018 年，中国技能大赛——“五羊杯”全国首届机动车检验工（车身修理）职业技能竞赛总决赛在广州举行，全国 30 余家车企 120 名技术能手参赛。

★ 2018 年 4 月，中国机械冶金建材工会在南京举办"讲工匠故事 展劳模风采"展示活动。

★ 2019 年 5 月 16 日，在山钢股份莱芜分公司召开全国机械冶金建材系统新时期产业工人队伍建设改革现场推进会。

★ 2020 年，纪念上海机器工会成立 100 周年大会在上海电气集团举行。

★ 2024 年 7 月 13 日，由中国机械冶金建材工会等主办的首届全国“红旗杯”班组长大赛机械赛道复赛表彰大会暨闭幕式在山东烟台举办。

《中国工运通史 机械冶金建材工会卷》

编 委 会

前　言

中国机械冶金建材工会的历史，是一部在中国共产党领导下，团结带领广大产业工人不懈奋斗的历史。1920 年 11 月，中国共产党早期党员李中在上海黄浦区组织成立了上海机器工会，这是中国共产党领导成立的第一个产业工会。

革命战争年代，包括机械、冶金、建材产业职工在内的广大工人阶级不怕牺牲、英勇奋斗，为夺取革命胜利作出了巨大贡献。新中国成立后，随着国家工业化进程的加速，机械、冶金、建材等行业迅速崛起，成为国家经济建设的重要支柱，机械工会、冶金工会、建材工会先后应运而生，肩负了团结引领产业职工投身国家建设、维护产业职工权益、推动行业发展的重要使命。改革开放后，随着经济体制改革的推进和市场经济的发展，机械、冶金、建材工会几经分合，不断调整工作思路，积极探索适应新形势的工会工作模式，为推动产业经济的发展和职工队伍的稳定作出了重要贡献。新时代新征程，机械冶金建材工会肩负团结引领广大产业职工听党话、跟党走的政治责任，组织动员产业职工建功立业，聚焦产业工人队伍建设改革，开展了多方面卓有成效的工作，取得了显著的成绩。百年来，中国机械冶金建材工会的名称、机构设置经历了多次变动和改革，但始终围绕党的中心任务，坚守服务产业职工、推动行业发展的职责，在凝聚产业职工力量、维护职工合法权益、构建和谐劳动关系等方面发挥积极作用，为推动建设制造强国和产业高质量发展贡献力量。

2025年是中华全国总工会成立100周年。全国总工会统一部署开展《中国工运通史》编撰工作。《中国工运通史 机械冶金建材工会卷》是中国工运历史的重要组成部分，编撰团队由中国机械冶金建材工会工作者和相关专家学者组成。编撰过程中坚持正确的历史观，注重真实性、系统性和权威性，深入挖掘历史资料，广泛收集档案文献、口述历史和实物资料，全面、客观地反映中国机械冶金建材工会的发展历程，紧密结合机械、冶金、建材行业的特点和发展规律，全面总结机械冶金建材工会工作理论和创新实践，系统地展现不同历史阶段的奋斗历程、宝贵经验和重大成就，为新时代工会工作提供历史借鉴和理论支持。

新的历史起点上，中国机械冶金建材工会将以习近平新时代中国特色社会主义思想为指导，坚持党的领导，服务产业职工，为全面建成社会主义现代化强国、实现第二个百年奋斗目标，以中国式现代化全面推进中华民族伟大复兴贡献力量，续写机械冶金建材行业工运事业的新篇章。

目录 / CONTENTS

第一编

新民主主义革命时期的机械冶金建材工人运动

第二编

社会主义革命和建设时期的机械冶金建材工人运动

第三编

改革开放和社会主义现代化建设新时期的机械冶金建材工运事业

第四编

中国特色社会主义新时代的机械冶金建材工运事业

第一编

新民主主义革命时期的机械冶金建材工人运动

第一章

中国近代机械冶金建材工人队伍形成与工人运动兴起

一、近代机械冶金建材工业和工人队伍形成

从 16 世纪中叶到 17 世纪 40 年代初的明朝中后期，中国资本主义萌芽已经开始出现，并产生了中国最早的雇佣工人以及相应的工人组织和工人运动。鸦片战争之后，随着外国资本的大举入侵以及官僚资本和民族资本的逐渐发展，开始产生了与机器大工业相联系的近代产业工人。机械冶金建材产业工人队伍的产生与发展，也基本遵循这一发展规律。从 1644 年到 1840 年鸦片战争以前，我国机械、冶金、建材行业已经有了相当的发展，出现了一些手工工场和包买商一类的资本主义萌芽形式。其中如广东佛山等地的冶铁和铁器铸造业、云南东川等地的铜矿开采和冶炼业经营规模较大。这种萌芽在清朝康乾盛世后，有了更进一步的发展，手工作坊和工场数量增多，规模扩大。据一些零星的史料不完全记载，明末江南民间机户所雇的工匠约 3 万人；在冶铁和采煤业中，也有些商人雇工多达上千人。到了清代，商品经济发展更快，相应的受雇的工人也迅速增加，1774 年，广东冶铁业有 50—60 座工场，雇工不下数万人；1793 年，苏州 30 家作坊雇工匠 800 人；1798 年，汉口镇铁器业有 13 家工场，雇工 5000 余人。

鸦片战争后，中国沦为半殖民地半封建社会，同时也刺激了

近代工业的发展。清政府是被坚船利炮打开国门的，相应地，中国近代工业的发端也就从造船业和军事工业开始。从近代工业的发展进程来看，最先出现的是外国资本工业，然后是清政府官僚资本工业，最后是民族资本工业。中国的近代工业发展，基本上经历了五个时期，分别是“军用工业时期”（1862—1881）、“官督商办时期”（1882—1894）、“外人兴业时期”（1895—1902）、“政府奖励及利权收回时期”（1903—1911）、“自动发展时期”（1912—1921）。在这一进程中，工人阶级逐渐产生，并不断发展、壮大。

（一）近代机械工业和工人队伍的形成

机械工业是最早的工业活动，机械工人是中国产业工人最早的源头之一。从广义上讲，自从人类发明了工具，便有了原始意义上的机械加工。到春秋战国时代，由于铁器的出现，机械制造已发展到相当高的水平，出现了许多能工巧匠。诸子百家中，墨家谙熟兵器、机械和工程建筑的制造技术，相传墨子发明和制造出能飞的木鸢、提水的桔槔，以及滑车、云梯等生产工具和攻防器械，其中，连弩车是战国时期火力最强大的重型武器。墨子与公输班（鲁班）之间曾有一次著名的“止楚攻宋”的正面较量，公输班为楚王制造了攻城云梯，墨子得知后立即带领其弟子前往进行阻止，并用自己发明的武器抵御了公输班的进攻，阻止了楚王进攻宋国的计划。著名西方汉学家、中国科技史学者李约瑟曾赞叹：“墨家的科学水平，超过了整个古希腊！”三国时期诸葛亮制造的“木牛流马”是当时最先进的运输工具。及至唐宋，机器制造水平日益完善。明清两代，许多领域达到了世界先进水平。

机械工业作为独立的工业门类则始于近代。《上海机器工人运动史》载，在近代工业产生前，上海已有颇为发达的锻铁、铜锡器制造、冶铸、木船修造以及木工机械等手工业。在以后的发展中，这种作坊日益增多，并形成行帮，如专制刀类的绍兴帮、专制工匠工具的苏州香山帮、专制船用铁器的无锡帮等。近代以来，机械工业得到较快发展。广州毗邻港澳，具有优越的地理和社会经济环境，给机械工业的发展创造了良好的条件。鸦片战争后，进入广州的外轮越来越多，外国人首先经营的企业是船舶修造业和轮船公司。1845 年英国人柯拜在广州黄埔兴建船坞，1853 年英国人又在上海建造董家渡船坞。在第二次鸦片战争之后，英国的北欧轮船公司和印度中国船运公司分别于 1867 年、1877 年先后成立。此外，帝国主义各国还在中国非法建立新式工厂，如 1862 年英国人在上海设立祥生船厂，1865 年在上海设立耶松船厂等。继柯拜船坞后的 20 年间，英美等国先后在黄埔设立船坞及附属工厂，全盛时期共有 12 座。从 1840 年鸦片战争到 1894 年甲午战争前夕，外国资本在中国经营的近代机械工业主要有船舶修造、铁器制造等企业，如大成机器厂、伍德铁厂、英商铁锅厂等。据《中国近代工业史资料》记载，这一时期外国资本总共在中国开办了 191 个近代企业，雇佣工人约 3.4 万人。中国最早一代机器产业工人由此产生。

从 19 世纪 60 年代起，清政府洋务派官僚以“富国强兵”为名，在各地创办一批官办军事工业，如 1861 年曾国藩在安庆创办的军械所；1862 年李鸿章创办的上海炮局；1865 年曾国藩、李鸿章在上海创办的江南机器制造总局，李鸿章在南京创办的金陵制造局；1866 年左宗棠创办的福州船政局；1867 年崇厚奉旨创办的天津机器局；1890 年张之洞创办的湖北枪炮厂。洋务运动中，两广总督瑞麟委派广州机器工匠温虓园建立广州机器局，从事制造洋枪及修理内河轮船，这是广州首家官办机器工厂。甲午战争前，清政府经营的近代军用工业工人约为 1 万人，这是中国机器工人的第二个重要来源。

随着洋务运动的扩展，从 19 世纪 70 年代起，中国商人自办的近代工业也开始兴建。民营机器工厂应运而生。1872 年广东商人陈启源在南海创办了继昌隆缫丝厂；1882 年上海几家缫丝厂也陆续建立。其余如面粉、火柴、造纸、印刷等民族资本企业也相继出现，1874 年，广东手工业工匠陈淡浦父子经营的陈联泰号作坊，是广州首家民营机器厂。在上海，民族机器工业开始发端，1866 年至 1894 年共有 12 家工厂。1919 年民办机器工厂达 200 余家，平均每厂雇工 25 人，总约 5000 人。从 1872 年至 1894 年前后，经过 20 多年的努力，中国商人开设了 100 多家企业，雇工 2.7 万—3 万人。这是中国机器工人的第三个来源。

机械工业的发展，催生了中国近代机械工人队伍的形成。与其他工业领域不同的是，由于机器业工人大部分是需要有专门技艺的，因而初期的机器技术工人不是直接来自破产的农民，而是来自手工匠人，或从外国资本开设的工厂中招募而来。以上海外资船厂为例，除了熟练的机器工人来自广东，其他几种主要技术工人的分布与来源大体是：红铜工人来自上海老式铜锡店的手工业作坊，打铁工人是从无锡人开设的打铁铺工人中转化而来，翻砂工人和木模工人由普通木工转化而来。第一次世界大战前，中国产业工人人数约 100 万人，其中机械器具工业人数约 3.7 万人。

早期机器工厂（场）虽然引进了资本主义生产方式，但劳动管理大多停留在封建时代。在外国资本经营的船厂中，其管理主要由厂长、职员参与，为了剥削压迫和分化工人，外国资本家实行领班、工头管理工人的劳动制度。初期工头大多由外籍人担任，从中进行层层剥削。工人进厂做工，必须由两名保证人作保。倘若厂方认为“成绩不佳者”，即予辞退。此外还规定：“如果工人参加罢工即被解雇”，“拒绝执行命令者，要立予革职”，甚至连工人上厕所大便也要拿牌子。官僚资本企业江南机器制造总局，沿厂区筑起了一丈多高的砖墙，墙外有壕沟，大门两旁挂着大刀、长矛、洋枪和专门拷打工人的刑具——水火棍，大门由全副武装的清兵把守。虎头牌上面写着“肃静”“回避”大字，犹如一个十足的封建衙门。机器工人的劳动条件极为恶劣，在当时规模最大的江南造船所，翻砂车间也仅是一块10米宽、30米长，有个屋顶及几堵墙的场地，没有安全措施，终日灰砂纷飞烟雾弥漫，工人弯着腰蹲在地上操作，口鼻吸着砂尘，满身满脸都是烟灰。“烟灰满天飞，见人不见面”。尤其在夏天，工人抬着1000多摄氏度高温的铁水浇铸时，稍有不慎，轻则烫起一个个水泡，重则皮焦肉烂，甚至丧命。在天津机器铁工厂、铁铺集中的三条石地区，大小铁工厂、铁铺有80余家之多，规模较大的铁工厂有140—150名工人，规模最小的铁铺仅占一两间房子，有6—7名工人。工作时间从清晨6点钟，到晚上看不清时为止。

至于工人的收入，尽管是有技术的工匠，也常是入不敷出。江南机器制造总局成立之初，有一定技术的工匠每月工资一般在10块银元左右，幼童（童工）和小工（非技术工人）为5—6块银元。1892年，英商耶松船厂有训练的工人（技术工人）月工资为6.6块银元，尚能勉强维持一家人的生活。1913年以后，物价上涨，机器业工人的生活水平不断下降。1912年至1921年10年间，上海煤价上涨了3.2倍，棉价上涨了1倍，布价和米价上涨了1.5倍，而机器业工人工价仅增加了30%。工人生活日渐贫困。

（二）近代冶金工业和工人队伍的形成

中国地大物博，金属矿藏丰富，冶金是最早的工业活动之一，古代先民的冶炼技术达到了很高水平。商周时期，青铜器冶炼及铸造技艺已达到相当高的水平，并总结出锡、铜的六种不同的合金比例而做出不同的器具的“六齐之法”。春秋至秦汉之间，兵器多用铁，铁业始盛。秦汉时盐铁为政府之专利事业。唐宋金元亦厉行铁政，以铁为政府专办。明清两代不再禁采铁，“是以土法冶炼之炉，几遍全国”。宋应星所著《天工开物》记载钢铁冶炼达到了相当高的水平。但是长期以来，在小农经济条件下，冶炼技术亦停留于手工业水平，进步缓慢。

鸦片战争后，舶来钢铁大量输入，廉价倾销，中国传统的铁业日渐衰落。1867 年进口钢铁仅 7000 吨，到 1888 年已达 8.3 万吨。鉴于外洋钢铁进口量与年俱增，在洋务运动中张之洞于 1890 年兴工开采大冶铁矿，创办汉阳铁厂，成为我国新法采铁炼铁之先导。汉阳铁厂初系官办，后于 1897 年改为官商合办，直至 1907 年才开始生产出合格钢，当年钢产量 8500 吨。该厂于 1908 年改组为汉冶萍煤铁有限公司。1915 年，该厂生产能力曾达铁 21 万吨、钢 9 万吨，后因管理不善，外货倾销而停产。

这一时期开办的主要铁矿有：湖北大冶铁矿、象鼻山铁矿、辽宁庙儿沟铁矿、弓长岭铁矿、鞍山铁矿、安徽繁昌铁矿、当涂铁矿、铜官山铁矿、山东金岭镇铁矿、河北滦县铁矿、察哈尔宣龙铁矿（后扩大为龙烟铁矿公司）、河南修武铁矿等 10 多处。这一时期兴建的新式钢铁厂中，汉阳钢铁厂共有化铁炉 4 座，每年最高产量可达 23 万吨；大冶铁厂共有化铁炉 2 座，年出铁 32 万吨；本溪湖制铁所共有化铁炉 4 座，年出铁 9 万吨；鞍山制铁所共有化铁炉 2 座，每日出铁 250 吨。此外，还有扬子机器公司建有化铁炉 1 座，年出铁 3.6 万吨；和兴铁工厂年可出钢 3 万吨；阳泉铁厂每昼夜可出铁 15—20 吨，年销生铁 5000 余吨。甲午战争前，全国炼铁与纺织工业工人数为 5500—6000 人。

鞍山地区有着丰富的铁矿资源和悠久的冶铁史。近代以来，日本觊觎鞍山钢铁资源，1904 年日俄战争后，日本侵略势力扩张到辽东半岛，1906 年在大连设立了“南满洲铁道株式会社”（简称满铁），成为对中国东北进行经济侵略的大本营。1914 年第一次世界大战爆发，日本胁迫袁世凯政府签订了丧权辱国的“二十一条”，攫取了在鞍山开采铁矿的特权。1916 年在鞍山筹建制铁所，对鞍山地区钢铁资源进行大规模掠夺。

中国有色金属矿产丰富，铜之最大用途为造币，故铜矿之业发达甚早，长期以来一直由官办垄断。中国铜矿以云南之东川最为著名，四川、吉林、湖北、湖南俱产铜。近代以来，有色金属同样成为外国资本觊觎的对象，1873 年英国人在汉口开办汉口熔金厂熔炼金银，1899 年法国人在武昌设立亨达利有色金属精炼公司，1900 年中、俄在新疆塔城设立塔城金矿。洋务运动中，李鸿章开办热河平泉铜矿，一些地方官员兴办了山东招远金矿、湖南平江县黄金洞金矿、湖南常宁县水口山铅锌矿、云南矿务招商铜局、黑龙江漠河金矿、观音山金矿等。官商合办的有云南个旧锡矿、云南个旧炼厂、云南东川县铅锌矿。民办官收者有黑龙江呼玛县金矿、吉林依兰县三姓金矿、热河承德县三道沟金矿、贵州铜仁梵净山锑矿等处。至 1912 年，我国境内西法开采矿业计有 31 家之多。

湖南常宁县水口山铅锌矿发现于明代，相传万历年间即有土人开采。1896 年，陈宝箴设立官矿局，用土法开采，获利甚巨。1906 年改用西法，1909 年又建洗砂台，1912 年完成此矿至松柏间轻便铁道。该矿革新后产量大增，自 1 万吨增至 2 万吨。欧战发生后，铅锌钢铁等军需品价格骤增，铅每吨从 10—20 元涨至百元，水口山各矿却没有获得多少利润。原来清政府曾与德国公司订立合同，各矿当供给该公司铅锌苗 10 万吨，无论市上之价格若何，每吨仍估价 20 元，此数量未完全交付以前，各矿公司不得另有经营。

第一次世界大战前，中国产业工人总人数计 117 万人，至于冶金产业工人数，据法国人谢诺的估计，1919 年前后，本溪湖煤铁公司和鞍山铁矿公司，工人有 5000 人左右；大冶和汉阳的铁厂，工人有 2.3 万人左右。

此类矿山劳动条件恶劣，工人收入极低。云南东川股份有限公司“坑夫采矿之量，每人一日约二三十斤，而采坑至五十斤者颇少。工资一人合算火药油费、工用器具、食费，每人一日平均约2角，上等坑夫亦有得至3角者。搬运夫则使用14岁以下之小儿，工钱每日每人1.6角”。云南锡矿的坑内工人被称为“砂丁”。云锡工人曾投书上海《民国日报》控诉他们的劳动条件说：“新旧矿洞均高二尺许，直进（爬行）有两千步，空手出进已够难了，再加负重而出，实不得已为之。洞内人气、汗气、土气、矿气，混合为一，比死尸还臭，洞内所出之气，如云如烟，闻之作呕。水又难贵，工人饮者不能洗脸，洗脸者即无饮水。矿洞名之曰活地狱，亦无不可。”湖南锡矿山的矿工下井，裸身赤脚，一块破麻袋或一片烂布筋围系着下身，头上戴一顶草纸帽，就是矿工劳动的全部装束。伤残病死、求医吃药，矿主一概不管。对生病的工人，有的老板、包头还准许住厂吃一两天，有的干脆一脚踢出门外。因工死亡，没有分文抚恤，有的甚至被抛尸路旁。与恶劣劳动环境相伴的，是工人的矽肺病。矿商对这种职业病未做任何治疗，连病源也不知道，以为是矿工吸入油烟炮烟成病，故称之为烟子病。病重者口吐黑痰，因之也叫黑痰病。患此病者，咳嗽喘息，呼吸短促，胸部胀闷，吐黑痰，有时胸痛咯血，甚至咯血致死。

鞍山制铁所职工分为四个等级，即职员、雇员、佣员、工人。职员、雇员和日本人佣员都享有满铁社员待遇，佣员以下是直接参加生产的工人，大部分是临时工。临时工又分两种：一种是月薪工，另一种是日薪工。劳务管理实行把头制度，企业里的工人几乎全部由一两个乃至三五个把头管理，这些把头不但在工资上层层扒皮，造假账欺骗工人，而且克扣工人伙食和零用。鞍山制铁所对佣员的管理采用工牌制度，根据工牌登录之时间，迟到一小时以上者不得入门。鞍山制铁所的惩罚包括免职、解雇、罚款、谴责和警告。《鞍钢史》称“这简直不像一个工厂，而倒像一座监狱”。当时，在资本主义国家一般已实行8小时工作制。然而在鞍山制铁所，中国工人的劳动时间却远远超过了 8 小时。大冶钢铁厂的工人每天早晨 6 点钟上班，晚上 6 点钟下班，每天工作时间长达 12 小时。劳动时间最长的包工，在工头、监工的监督下，有的甚至达到 16 小时。

大冶钢铁厂为了加强对工人的控制，制定出一套剥夺工人人身自由的厂规厂法，其中最臭名昭著的莫过于牌厢制和搜身制。所谓牌厢制，是在工人出入的大门口安一大箱子，上工前工人须将写有自己姓名的圆形铜牌挂在箱子里，下班后再将铜牌取走，厂方以此来核查工人的出勤情况。如没有按时挂上或取走，牌厢落锁，就被视为旷工，轻者罚款，重则开除出厂。工人下班后出厂门时，厂警、稽查还要进行搜身检查，如查出携带东西出厂者，哪怕是一颗铁钉，也要受到更加严厉的惩罚。

（三）近代建筑建材工业和工人队伍的形成

建筑是人类脱离穴居时代后，最早的劳动内容。有巢氏构木为巢，教人民以树木构筑巢室，让人类的活动范围不再受天然洞穴的限制，开始扩展到平原地区。有巢氏与钻木取火的燧人氏、教民稼穑的神农氏、开启文明的伏羲氏，成为华夏民族的先祖。从人类有了建筑活动开始，便出现了建筑材料，今所谓“秦砖汉瓦”，其实不晚于西周时期。到西周晚期，瓦的品种已达 10 多种。春秋战国时期，青瓦被广泛使用。秦汉统一中国后，大兴土木造宫殿城垣，兴修水利，开辟驰道，促使建筑材料生产达到较高水平。汉代已用石灰石烧制石灰，广泛应用于建房。隋唐以后，建筑材料加工技术水平有了极大提高，大量琉璃制品用于宫廷、寺庙等建筑中，是世界古建筑材料中的珍品。到宋、元、明、清时代，建筑材料的生产和应用日益完善，明代宋应星撰写的《天工开物》、清工部主编的《工程做法》，对建筑材料的生产和应用方法都有记述。明清以降，随着建筑建材业的发展、工人人数增多，出现了不同于传统师徒制的早期雇佣关系和“鲁班会”等行帮组织，形成了早期资本主义的萌芽。

1840 年鸦片战争后，国门洞开，过去自给自足、缓慢渐进的发展方式被打断，外国资本在枪炮的加持下粗暴闯入，原来的个体手工工匠劳动方式逐渐解体，由厂主、专门技术人员和雇工组成的具有竞争性的营造厂开始出现。1880 年，川沙籍泥水匠杨斯盛开设了上海第一家由本国人创立的营造厂——杨瑞泰。马关条约后，外国资本对华输出剧增，上海首当其冲，近代建筑技术开始占主要地位。1893 年落成的由杨斯盛承建的江海关二期大楼，为当时规模最大、式样最新的西式建筑。这一时期，国人开设的营造厂逐步形成规模。北京能承揽各种建筑工程的营造厂在百家以上，其中规模较大的有二三十家。广丰、兴隆等大厂雇佣工人达百人以上。

中国近代建筑材料及非金属矿企业大多创始于 19 世纪 80 年代至 20 世纪初。帝国主义列强入侵中国，开洋行，办工厂，建矿山，修铁路，在列强控制下，洋灰（水泥）、平板玻璃、卫生陶瓷、石棉制品等建筑材料大量输入中国。据 19 世纪 80 年代海关统计，当时每年进口洋灰达十余万担（每担 50 公斤）。只此一项，外流的白银每年达几十万两。后来外国资本开始投资中国办厂，在早期建筑材料工业中，外国资本占了很大的比重。1891 年，英国人开办上海洋灰公司，加工制造建筑材料。19 世纪末至 20 世纪初，英、法、德、日、意、比等国商人在上海、天津、北京、青岛等城市开办机制砖瓦厂、水泥制品厂、木材和石材加工厂。日俄战争后，日商在大连建水泥厂。1913 年，日商在辽宁金州开办石棉矿。在外国资本压迫下，中国本土建材企业处境艰难。1886 年，广东余姓商人曾在澳门开办细棉土（水泥）厂，但存在的时间很短。

清政府推行洋务运动，从最初始的军事工业，逐渐扩大到与军事工业有关系的其他工业部门。1889 年，开平矿务局总办唐廷枢奉李鸿章之命，花了 6 万两银子创办唐山细棉土（水泥）厂。据开办章程所载，“造成之土应先供军械所官用，提取其盈余，再行发售民间销用”，但开工不久即因“烧造洋灰成本既巨，而所出之灰，尚不如土产石灰”，以致无人问津，将股本亏赔净尽，遂报停歇。资产在八国联军入侵时被迫转让给英商。1904 年收回重新招商集股，改名启新洋灰公司，成为中国水泥工业的先导。两广总督岑春煊开办的广州河南士敏土（水泥）厂和湖广总督张之洞招商开办的湖北水泥厂发展也很不顺利。广州河南士敏土（水泥）厂投产后连年亏损，到 1932 年生产才逐渐正常；湖北水泥厂 1911 年建成，后因缺乏资金，勉强维持到 1914 年，转由启新洋灰公司控制经营，改名华记湖北水泥厂。

近代平板玻璃工业的境况也与之类似。上海海关统计，“光绪二十四年进口玻璃为 93000 箱，光绪二十八年增至 177000 箱，约计中国每岁溢出银不下 200 万两。除香港有机制和博山有土法制玻璃器皿外，窗牖屏镜所用平片无一能自制者，有损于中国利源甚巨”。1904 年，林松唐等人集股购置机器，延聘德国工程师，在武昌白沙洲建机制平板玻璃厂，不久后倒闭。之后林松唐又同张謇等合办耀徐玻璃有限公司，招商集股共得银 60 万两，曾先后聘用英、奥、比等国的工程师。经营不久亦亏损倒闭。同年，山东顾恩远等人集股银 100 万两，从德国购进设备并聘德国技师，筹办博山玻璃有限公司。勉强维持了 4 年多，也因顶不住洋货倾销而破产。

第一次世界大战前后，帝国主义无暇东顾，为民族工业的发展提供了机会。1914 年，启新洋灰公司创办启新瓷厂，生产卫生洁具和铺地砖，揭开中国陶瓷工业的序幕。1922 年，中、比合资创办秦皇岛耀华玻璃厂，生产平板玻璃。20 世纪 20 年代初，上海水泥厂、中国水泥厂和山东致敬水泥公司先后建立。1921 年至

1924 年，杭州、上海、常州等地的铁路线上开始使用国产水泥轨枕，北京、青岛开始生产水泥电杆。1926 年，上海开始生产泰山牌釉面砖。1930 年代，江南水泥厂、太原水泥厂和重庆水泥厂先后建立，沈阳、吉林、天津、上海、重庆等地建起了石棉瓦厂，浙江温州建设了西山釉面砖厂。

非金属矿方面，尽管中国有着丰富的资源，但在旧中国只有十几个小型采矿点。1912 年，四川由官民集资开办丹巴云母矿。1912 年至 1915 年，辽宁海城的官商相继开办了日兴、公益和大岭滑石公司。1916 年，湖北成立应城石膏公司和应兴石膏公司。随后，湖南湘潭、山西平陆等地相继开办石膏矿，汉口、上海等地建立了石膏粉加工厂。随着生产规模的扩大，出口石膏逐步增多。1918 年，天津创办石棉制品公司，同时开办涞源石棉矿。1928 年，上海泰记石棉厂开始生产石棉绳、石棉板、石棉盘根等制品。

建材产业的发展，带来了工人队伍的壮大。据不完全统计，1919 年前后，中国人在广州、大冶和唐山开办的水泥厂，日本人在大连开办的水泥厂以及英国人在澳门和九龙开办的水泥厂，雇佣的工人合计有五六千人。以启新洋灰公司为例，工人分为里工及外工两种。里工是公司直接雇佣的工人，外工或叫作外包工，是由工厂将一些工作地点分散或工作量不固定的工作，分包给包工头，由包工头雇佣的工人。启新工人多数来自唐山邻近各县和山东省农村。1906 年至 1911 年，工人数为 200—300 人；1912 年达到 1500 人；1922 年，工人（包括外包工）达到了最高的 4620 人。这些工人劳动时间长，劳动环境极端恶劣，里工每天工作 12 小时以上，外包工根本没有劳动时间的规定，太阳出来就工作，太阳落下去才收工。而且工资很低，一般技术工人每日工资只有四五角，至于普通工人工资则只有二角二分，工作满一年后，如果工头认为成绩良好，日工资可以增加二分，但以增至三角二分为限。资本家为了尽可能榨取剩余价值，大量招用童工，十二三岁的儿童从事搬石块装车的重体力劳动，而且每天至少要工作 11 小时，工资则仅为一角五分。

综上所述，明清时期已经出现了资本主义萌芽，具有近代雇佣性质的雇佣工人已经开始出现。从甲午战争到 1913 年前，全国中外工矿企业中的工人在 50 万—60 万人。也有研究者估计，1913 年中国产业工人总人数约 117. 64 万人，包括工厂工人、矿业工人、铁路工人、邮电工人、海员等。中国工人在地域分布上高度集中，产业分布上也有明显的集中性，据 1894 年统计，仅上海、广州、汉口三大城市的工人就占全国工人总数的 76. 7%，其中上海一地占 46. 4%。约 30%的工人集中在棉纺织行业，船舶修造业、机器铁工业和军用工业的工人数占了 20%以上。

早期中国产业工人有两个主要来源，绝大多数是来自破产的农民，另一部分则是来自破产的手工业者和城市居民。在中国早期工人中，年轻人占据了多数，而且大量使用女工和童工。近代中国，工人阶级地位低下。清朝政府和北洋军阀政府先后都制定了压迫工人的法律和条例。在清朝政府制定的新《刑律》和《结社集会律》中，都严禁工人集会、结社和罢工。《大清矿务章程》中，准许矿场设置枷、笞二刑，直接镇压工人的反抗。辛亥革命胜利后，《中华民国临时约法》虽明确规定了“人民之身体非依法律不得逮捕拘禁审问处罚”“人民有言论著作刊行及集会结社之自由”等权利，但实际上并没有得到执行。这一时期的《暂行新刑律》《治安警察法》反而对工人运动做出许多限制。在厂矿中，工头、监工对工人可以任意鞭打。在有的矿场中甚至私设刑具，对工人施以刑罚，如萍乡煤矿“矿局职员，自矿长以至各下级职员及工头管班等，无不可以殴打工人，工人对于彼等之无理命令，亦莫敢稍有违抗。工人稍有不如意者，即滥用私刑，如跪火炉、背铁球、戴篾枷、抽马鞭、跪壁块等，或送警拘留，蛮加拷打”。在1894年以前，甚至有军队驻扎厂矿管束工人。

在大多数工厂，中国工人的劳动时间很少低于10小时，通常是12小时以上，最长的达十三四小时甚至十五六小时，全年假日主要是农历三节（春节、端午节、中秋节），星期日休息的权利几乎被剥夺。在如此恶劣的劳动条件、如此超长的劳动时间下，工人的工资却极其低，甚至都不能维持自身的生存。以纺织工人为例，在20世纪最初10年间，外国工人的工资比中国工人高出5倍、15倍甚至25倍。这种工资相差悬殊的情况在其他行业同样存在。差距最大的是石工，和工资最高的美国相比差距达到30多倍，最小的是机器工，差距也达到4—5倍之多。如此之低的工资发到工人手里之前，还需要经过种种盘剥，其中包括各种罚款，比如湖南的一家纱厂的罚款条目达158条之多。特别是在外国资本的厂矿中，“每日计算工账，任意克扣，至开支工钱之日，再七折八扣。稍不顺意，则以木棍毒打。至于压死坑内者，时有所见”。

基于上述情况，中国工人阶级具有不同于国际工人阶级的特点，主要表现在三个方面。第一，中国工人阶级是从外国资本企业、官僚资本企业和民族资本企业中产生的，深受帝国主义、封建主义和官僚资本主义三重压迫，所以具有最坚决、最彻底的革命性；第二，中国近代工业的集中决定了中国工人阶级主要集中在少数大城市和大型厂矿企业及矿山、铁路、海员、纺织等产业中，这种状况有利于工人阶级的组织和团结，有利于形成强大的战斗力；第三，中国工人阶级与农民有千丝万缕、天然的联系，有助于工人阶级与农民结成巩固的亲密联盟。

二、机械冶金建材工人早期组织与自发斗争

中国工人阶级从诞生那天起，就同时受着本国封建主义、外

国殖民势力以及资本主义制度的压迫与剥削。哪里有压迫，哪里就有反抗，压迫越重，反抗越强。中国工人阶级的斗争一直伴随着工人阶级的成长。早期的工人阶级斗争是自发的，从鸦片战争到五四运动，不同时期的工人斗争有不同的表现形式，并在斗争中逐渐建立了自己的早期组织。

工人早期的自发斗争主要表现在两个方面。一是工人起来反抗官府的斗争。手工业工人、雇工与雇主、商人等联合起来同官府进行斗争。二是工人反抗雇主的斗争。这些斗争中，出现了手工业工人相互传单约会、组建团体、号召罢工的做法，形成了较大的规模和声势。在早期工人进行反抗斗争中，早期的工人组织也开始出现，首先出现的是以地域为基础形成的各种同乡会馆，后来随着工人阶级数量的增长，以工人为主体的同乡劳工团体逐渐演变为帮口，即行帮，另外还有一种以行业或职业为基础形成的源自封建社会中的手工业行会的各种公所。上述组织相互结合，成为较强有力的集体行动单位。行会建立后，有各自制定的生产、经营的章程、行规等，每个行会都有自己信奉、祭祀的神灵或祖师，如造纸业是蔡伦，土木业是鲁班，缝纫业是黄帝，丝业是嫘祖，茶业是陆羽。行会还对其成员进行一些互助关怀，如对遇难遭灾会员进行救济等。鸦片战争以后，手工业工人队伍日渐壮大，业主与工人之间的利益日趋分化，矛盾日益激烈。于是出现了不包括业主在内的雇工的行帮。雇工的行帮与行会一样，地域和乡土关系十分突出。雇工的行帮与行会有共同的活动和措施，如祭祀神祇、办义举等。但是行帮不同于行会，它是早期工人斗争的主要组织者和新兴工会的组织基础。行帮不是工人阶级的真正组织，它们维护的不是整体工人阶级的利益，而是同一行业中一部分同乡工人的利益。因此在一定程度上破坏了工人阶级的内部团结，给当时的工人运动带来了一些负面影响。

此外，还有一类组织模式具有一定的秘密性，这就是各种会党和秘密社团等，其中著名的有红帮和青帮。在工人自发斗争早期，会党对工人组织的影响很大。第一次鸦片战争期间，广州丝织工人和打石工人参加的三元里抗英斗争，以及第二次鸦片战争时，香港工人反对英法联军占领广州的大罢工，都是由“天地会”参与发动和影响的；1884 年至 1885 年中法战争中，香港船坞工人拒绝修理法国军舰的罢工，则是广东“三合会”发动的。太平天国起义后，参加太平军的许多工人，如广西的银矿工人和煤炭工人、湘南的煤矿工人等，大都是原来的“天地会”“三合会”会员。辛亥革命期间，以孙中山为首的革命党人在各地发动起义，都有“天地会”“三合会”和“哥老会”等发动的群众参加，其中有许多是工人。如 1906 年，同盟会联络洪江会发动的萍浏醴起义，参加起义的主力是萍乡安源煤矿的矿工，他们都是洪江会的成员。参加四川保路运动的工农群众，大都是各地“哥老会”（四川称“袍哥”）成员。

1841 年 5 月，广州工人参加三元里人民的武装抗英斗争，这是中国近代历史上反抗侵略者的第一次斗争。参加斗争的除三元里一带的 103 个乡的广大贫苦农民、渔民外，还有广州附近的丝织工人、打石工人等。1858 年 4 月，在第二次鸦片战争中，港澳工人为反对英法联军占领广州举行罢工。在中法战争中，香港工人举行反法大罢工长达 35 天，最终获得胜利。

工人阶级在自发斗争的过程中，逐渐萌生了阶级意识。辛亥革命前后，中国近代工会开始萌芽。早期中国工会的思潮，主要来源于三个方向：一是从西方传入，主要受欧美工人运动与工会思想的影响；二是从东方传入，主要受日本工人运动与工会思想的影响；三是从北方传入，主要受俄国十月革命的影响。1907 年 5 月 14 日，是俄历的 5 月 1 日，东清铁路哈尔滨的中俄工人在松花江北岸举行群众大会，庆祝“五一”国际劳动节，这是我国工人第一次纪念“五一”国际劳动节。十月革命后，布尔什维克党在中东路的活动与宣传随之加强，由中俄职工联合创建的工会应运而生。

从甲午战争到辛亥革命前后，随着中国产业工人队伍不断壮大，经济罢工日益频繁。孙中山领导的革命党人及其他有识之士，纷纷深入工人群众之中，宣传革命，鼓吹民主、共和，直接或间接创建工人团体。这些团体成立后，追随孙中山领导的资产阶级民主运动，帮助革命党人秘密制造炸弹和枪械，掩护革命党人、投递情报、运送武器等。在孙中山最早建立的“兴中会”，有据可考的会员有 286 名，其中工人（包括海外华工和国内工人）有 54 人，占 19%。1895 年 10 月，孙中山在广州组织发动了第一次武装起义，参加这次起义的多数是工人。1906 年的萍浏醴起义，1907 年至 1908 年的潮州黄冈起义、惠州起义、钦（州）廉（州）起义、镇南关起义、钦廉上思起义、云南河口起义、广州起义等，都有工人参加。

从辛亥革命到五四运动期间，全国各地陆续出现了一些工人自发建立的工会组织。1911 年 7 月，上海法租界兴印字馆排字工人朱鉴林等建立“西字团体社”，组织工人开展以增加工资为目的的罢工斗争。1912 年，银楼工人组织“饰业团”，江南机器制造总局工人成立“制造工人同盟会”。1913 年 5 月，汉阳翻砂工人瞿新涛等组织“砂帮联合会”。1913 年 6 月，汉阳兵工厂工人组织“汉阳兵工厂工业同盟会”。

从鸦片战争到甲午战争期间，是中国近代工业和工人阶级的产生时期，是早期工人自发的经济斗争的初期。工人反对中外资本家延长工时、克扣工资的斗争在中外企业里不断发生。总体来讲，这个阶段是中国早期工人经济斗争比较原始的阶段，斗争次数少、规模小，斗争分散、缺乏联系。从鸦片战争到甲午战争的 50 多年中，共有罢工斗争 71 次，产业工人罢工 28 次。从斗争规模来看，参加人数不多，斗争坚持时间也不长；从斗争内容来看，大多是工人被动地维护自身基本生存利益而展开的；从斗争形式上看，比较传统与原始，大多数采取了向官府告状和大规模暴力行动的方式。

1895 年至 1913 年，是中国工人阶级早期自发斗争的初步发展阶段。这一阶段，民众思想得到启蒙，工人阶级意识也在逐渐觉醒，不仅经济罢工增多，开始出现同盟罢工，而且在罢工的内容和形式上也有新变化。这 19 年间的罢工次数要大大超过前 50 多年的总和。罢工斗争中，产业工人力量逐渐体现，开始出现产业工人的同盟罢工和几个不同行业的非产业工人同时罢工，显示出联合斗争的力量。罢工在内容上，主动提出增加工资、改善待遇以及提出权利要求的次数明显增多。

第一次世界大战爆发以后至五四运动前夕，是中国早期工人运动走向高涨的阶段。根据有关资料统计，在这个时期中国各地工人群众共举行经济性质的罢工斗争 185 次，与前一阶段相比是成倍地增长。1918 年 9 月，一个月的时间内爆发罢工 14 次之多。与此同时，这一阶段的同盟罢工次数较前一阶段明显增多。据不完全统计，仅在产业工人的 114 次罢工斗争中，大约就有 25 次突破了帮口、行会的界限，成为不同职业、不同企业工人联合起来的同盟罢工。1914 年 10 月上海招商局、太古、怡和三大轮船公司的中国海员举行总同盟罢工；1917 年 3 月 24 日上海商务印书馆的印刷、排字两部工人 200 余人，为争取结社、集会自由，反对资方无理解雇工人，举行罢工，接着中华书局、文明书局的工人举行同情罢工，罢工人数增至 700 余人；1918 年 6 月 25 日长沙人力车工人举行同盟罢工；1918 年 6 月鞍山煤铁厂工人因物价飙升，要求增加工资，举行两次同盟罢工；1918 年 10 月上海浦东日华纱厂工人举行同盟罢工；1919 年 3 月上海、宁波雨伞业工人和上海印刷局装订工人，因生活艰难，屡次要求增加工资均遭到拒绝，分别举行同盟罢工。这一阶段的同盟罢工规模较大，参加人数众多，都取得了不同程度的胜利。1914 年 11 月 2 日上海水木业 4000 多名工人，因要求增加工资，举行同盟罢工，业主被迫同意增资 30 文。1915 年杭州鼎新纱厂工人为增加工资举行罢工，并提出“不增加工资不复工”的口号，斗争 3 天，获得胜利。1918 年 5 月 6 日上海泥木工人为要求增加工资，举行同盟罢工，新定每日工资增加 60 文。1918 年 5 月 13 日上海皮鞋匠业工人为要求增加工资，举行同盟罢工，资方被迫同意增加工资 15%。同盟罢工规模巨大、斗争激烈、坚持时间长，既反映了工人群众强烈的反抗和斗争精神，鼓舞了工人的斗志，也促使工人群众认识到自己的阶级力量。

在这一阶段的工人经济斗争中，产业工人的作用更加突出。在全部 185 次经济罢工中，产业工人斗争的次数占罢工总数的 61. 6%，非产业工人罢工占罢工总数的 38. 4%。这些数字表明，产业工人是我国早期工人阶级的主体和早期罢工斗争的骨干力量。这一时期，随着工人阶级的日渐成熟，工人斗争的反帝反封建色彩也更加浓厚，在反对袁世凯的“二次革命”和“护国运动”中，产业工人均有突出表现。1913 年 3 月，袁世凯派人刺杀了国民党核心人物宋教仁。5 月，下令禁止包括国民党在内的全国一切政党活动。在孙中山、黄兴等人领导下，国民党的一部分军事力量进行了第一次讨袁战争，称为“二次革命”。不少工人参加并支持了这次斗争。1913 年 7 月 23 日，国民党人陈其美等率领讨袁军在上海发动起义，在攻打江南机器制造总局的过程中，不少失业工人和苦力参加战斗。

日本在第一次世界大战期间，利用各帝国主义国家无暇顾及中国的时机，妄图独霸中国。1915 年 1 月 18 日，日本驻华公使代表日本向北京政府提出旨在灭亡中国的“二十一条”。消息传出，全国掀起了一场以反对签订“二十一条”为目的、以抵制日货为主要形式的反日爱国运动。中国工人以高度的爱国热忱参加了这次运动。北京、上海、汉口、广州、奉天（辽宁）、吉林、哈尔滨等地，先后掀起抵制日货运动，迅速遍布全国。各地工人还纷纷举行罢工，抵制日本的侵略行径。上海、汉口、长沙等地的日本厂商雇佣的中国工人纷纷举行罢工、游行和参加抵制日货的活动；浙江的搬运工人、船工拒购和拒运日货。上海日商大阪公司和三井煤栈的码头工人“遍发传单，不准与日商作工”。

工人阶级从产生之初，就开始了反抗剥削压迫、维护自身利益的经济斗争和反帝爱国的政治斗争。这是半殖民地半封建社会下中国工人运动的一个突出历史特点。中国工人的经济斗争在次数上越来越频繁，且规模渐大；在斗争手段上，从原始的告状、简单的暴动等逐渐转变为提出明确的斗争目标；在斗争内容上，从最初的反对减少、克扣工资到反对压迫、反对奴役、反对剥削，争取自身权利；在斗争结果上，取得胜利或部分胜利的越来越多；在组织程度上，由原来的个别企业、工人罢工到出现同盟罢工、总同盟罢工，表明工人在斗争中，团结互助的精神显著提高，反抗精神更为强烈，工人联合起来的巨大威力也逐渐显现出来。

在这一阶段，虽然工人阶级还没有充分自觉，思想觉悟和意识水平还都不高，但在斗争中锻炼了队伍，积累了斗争经验，是工人阶级成长过程中不可或缺的一环。正是经历了早期中国工人运动的起步阶段，使工人阶级在人数、规模、阶级意识以及斗争经验、工人组织方面都得到了不同程度的发展，这才有了1919年五四运动中，中国工人阶级以独立的姿态登上历史舞台。

（一）机械工人早期组织与自发斗争

为了反抗“三座大山”压迫，早期机械工人进行了自发的英勇斗争。在太平天国起义中，大批铁匠参加太平军。1854年3月，太平军攻陷湘潭，湘潭金属手工业工人积极支持太平军，纷纷参加太平军设置的金匠营，为太平军造兵器。1868年10月，上海耶松船厂广东籍工人为反对降低工资举行罢工，是这个阶段有文字记载的产业工人最早的一次经济斗争。1872 年 1 月，上海江南机器制造总局的 600 多名工人，为反对总办殴打和监禁工人举行罢工。在反对资本剥削的同时，工人阶级还奋起反抗外籍雇员、技师和封建把头的奴役与欺凌。1895 年 3 月，南京金陵机器制造总局数百名工人包围总办洋楼，迫使总办撤销用开夜班阻止工人敬祀太上老君惯例的命令，这是江苏工运史上第一次工潮。1904 年 2 月，旅顺船坞工厂的 2000 多名中国工人举行同盟大罢工，抗议沙俄残酷的政治压迫和经济剥削，沙俄军队逮捕罢工工人，向反抗者开枪射击，工人前仆后继、英勇搏斗，60 余人壮烈牺牲。这是大连工人最早的一次大规模的罢工，开创了大连工人反帝罢工斗争的先河。1884 年中法马尾海战中，香港黄埔船坞工人拒绝修理被中国军队击伤的法国兵舰“加利桑尼亚号”，并准备将其炸毁，迫使这艘法舰不敢在香港停泊。船坞工人的爱国主义行动，得到香港其他各业工人的普遍响应，搬运工人、店员、车夫、旅业工人、船工、船民等相继罢工拒绝为法国侵略者装运燃料、粮食等军需物资。

1920 年以前，工人还没有真正的工会组织，只有一些带有浓厚封建色彩的行帮组织，如以籍贯、地域组织起来的“广东帮”“宁波帮”“无锡帮”等。青岛的四方机厂工人在德国侵占时期，为了反抗殖民地统治，按宗族、乡域结拜组成了“胶州帮”“潍坊帮”等，自发进行了一些零星的反抗斗争。中国工人参加行会、帮口、秘密结社这些旧式组织，以团聚队伍，向中外反动派和资本家展开斗争。这些旧式组织形式毕竟不是，也不可能成为中国工人阶级真正的组织形式，其组织方式和活动方式都充满了封建迷信、宗法等级的意识和观念。辛亥革命前后，出现了一些劳资混合的工界团体。机器工人多受过粗浅教育，社团意识也处于某种先觉地位，在与外国雇主的斗争中，感觉到了团结的必要。

孙中山领导的同盟会成立前后，派人在香港、广州机器工人和运输工人中开展活动，1909年先后在香港和广州建立了“中国研机书塾”和“广东机器研究公会”，把“结合团体，研究机器事业”作为公开成立的宗旨，实际上是以研究学术为名、支持革命为实的劳资混合的机器工人团体。两个组织成立后，为工人会员创办免费补习学校，开展会员互助、救济等慈善事业。后来这两个组织几经改组和演变，到五四运动前后，成为全国有名的香港华人机器工会和广东机器总工会，其性质也逐渐由劳资混合团体转变为以工人为主体的职业工会，开辟了职业工会的先河。香港与广州的机器工人互相提携、共同奋斗，1918年，两埠机器工人决定在广州建筑会所，南洋华籍机工踊跃捐款，于1919年在广州河南开始建筑，翌年中国机器总会在广州成立。3年后，第一次全国劳动大会就在这里召开。机器总会成立后，表现出一定的团结意识。1920年7月17日，粤汉路工因欠薪3个月罢工，机器总会积极寄款并接济食物，援助粤汉工人。1922年1月16日，香港海员发动大罢工，该会曾与其他几家工团议决发警告书于政府及船东。调停失败后，各机厂同业宣告同情罢工。但是，上述两个机工组织由于受同盟会和国民党的领导及影响，一直把阶级调和与劳资合作作为自己的指导思想，在大革命期间成了国民党右派把持的反共工会。

辛亥革命中，机械工人踊跃参加战斗。1910年，广东机器工人温生财刺杀清朝将军孚琦，被捕后壮烈牺牲。1911年3月29日的广州黄花岗起义，广州、香港、澳门等地的机器工人和海员、码头装卸工人等，负责秘密运输枪支弹药。工会运动著名领导人之一的苏兆征参加了协助运送枪支弹药的工作。起义过程中，工人踊跃参加战斗，机工杜凤书、黄鹤鸣、罗遇坤、陈福、罗进、张潮6人参加先锋队，英勇牺牲。起义中死难烈士86人中，有17名是工人，位于各个阶层的人数之首。

据资料记载，1916 年至 1919 年 4 月，大连的中国产业工人为增加工资和争取改善劳动条件而举行的罢工有 12 次之多，参加罢工人数达 8620 余人。俄国十月革命胜利以后，大连工人运动受其影响，罢工次数显著增多，罢工规模显著增大，斗争水平显著提高。1918 年 1 月，川崎造船所大连工场工人罢工是辽宁地区最早发生的一次比较大规模的中、日两国工人联合反抗日本资本家剥削和压迫的行动。同年秋天，沙河口工场 2000 多名中国工人举行了一次为时 7 天的同盟大罢工，资本家被迫答应给中国工人普遍升级，罢工胜利结束。

（二）冶金工人早期组织与自发斗争

在长期的苦难压迫中，中国的冶金工人为反抗压迫，进行了不屈不挠的斗争。

太平天国运动中，广西的矿工就是骨干力量之一。太平军中有两支重要队伍：一是紫荆山里种山烧炭的贫苦农民——俗称“烧炭佬”的贵县龙山的矿工，其中杨秀清、萧朝贵成为领导核心人物；二是贵县银矿工人，洪秀全发动金田起义时，贵县银矿工人 3000 多人参加起义，这些饱受压迫的挖矿工人年轻力壮，能攻善守，成为太平天国的主力队伍之一，他们的首领秦日纲后来成为太平天国重要将领。1852 年，太平天国主将翼王石达开在永安被清军围攻，贵县矿工千余人驰援，助力太平军突围而出，北趋桂林。

鸦片战争以后，外国资本主义势力入侵。1899 年，英国人在贵州万山建立英法水银公司，掠夺贵州汞矿资源。矿工们在 1900 年秋进行了武力反抗，赶走了保护洋人的清兵，夺回了大、小矿洞。英法水银公司请清廷派兵镇压，致起事未成，但矿工们显示出的声威，使洋人从此胆战心惊。经过几年较量后，清政府在工人反抗斗争的强大压力下，于 1906 年向英法水银公司收回了采矿权，使洋人在1908年停采矿砂。这一时期，在有色金属行业，热河赤峰红花沟矿工聚众抗官（1859）、吉林三姓黑背金矿矿工起义抗清（1862）、吉林三姓金矿工人聚众起义（1863）、黑龙江矿工反对沙俄占地筑路（1875）等反抗行动此起彼伏。

1899年，法国人把铁路修到云南，觊觎云南锡矿山资源。云南蒙自爆发了矿工反对法国侵略者的斗争。1899年6月22日清晨，矿工杨自元领导200多人的武装队伍，向蒙自海关和领事馆发动了一次袭击。1903年，蒙自矿工首领周云祥发动起义，轰毙清兵200余名。清军鼠窜回县，闭城坚守，电请援兵，又被义勇军中途袭击，轰毙清兵数十名。

1913年，湖北大冶铁矿工人因物价日高，工钱难以养活家庭而全体罢工，要求增加工资。资方不得不重新规定工价，每吨工价加170文，不准工头扣资苛待。1915年，汉冶萍公司大冶铁矿总办声称该矿山工人屡以泥砂杂于矿石之内，于冶炼时大有不便，下令以后不准将泥砂掺杂，如有不遵，即行重处罚。工人们认为矿石产于山中，砂石泥土随之，附带泥砂势所难免，拒绝执行此条苛例。总办处坚持执行，以致激怒全体工人，当日全体罢工，并将办公室打毁数间，击伤仆役警卒两名。在工人的压力下，该矿不得不答应罚规暂不执行。1919年4月，大冶铁矿与大冶钢铁厂之间的铁路修通，为了便于工人上下班，两厂的铁路运输工人曾有过协商，免费提供交通工具。1920年，盛宣怀将铁路及机车车辆等资产抵押给日本作为借款的条件之一，而且规定工人坐一次车收费6个铜板，这引起了大冶钢铁厂和大冶铁矿工人的强烈反对，他们组织起来举行罢工，抗议厂方出卖路权、剥削工人的行径。汉冶萍公司不得不取消这项不合理的规定。1917年，湖南水口山铅锌矿因采矿工人工钱难以维持生活，敲砂、淀砂各厂工人约1000人一齐罢工，要求加给工资。工人拥至总局，向局长质问理由，要求增加工资，矿局未允，愤怒的工人将办事员房屋打毁。后由当局邀请乡绅调解，允许每日加工钱150文。1919年1月1日，鞍山制铁所炼焦场50多名中国工人要求增加工资，举行罢工，工场被迫满足工人部分要求。1919年10月3日，本溪湖煤铁有限公司400名炼铁工人和100名日本工人为要求增加工资、缩短劳动时间而举行大罢工。结果以增加工资二至三成，劳动时间缩短一小时而胜利结束。

（三）建筑建材工人早期组织与自发斗争

建筑工人的早期组织为行会，随着行业的逐渐专业化，行会也越分越细。到1918年，长沙“泥木行纸业箩业漆业等帮伙，均已先后开公所会议酌加工价”。在维护工资，组织工人自己的团体这一点上，这时的雇工行帮与现代工会已相接近。北京建筑工人的早期组织是“鲁班会”。据《北京市建筑业同业公会沿革》档案称：“窃于前嘉庆十八年间，本市厂商等斯时信仰鲁班先师尤甚，于是建庙。每年春秋两季祭祀，以答神庥；并设鲁班会，称盛一时。”到19世纪20年代，建筑同业发起成立北京建筑公会。这些行会与公会，本身并非工人的阶级组织，那些大把头、小工头虽然为其地位、利益，也会给工人办点事，但不可能真正为工人谋福利。

从19世纪后半叶开始，泥木、砖瓦等行业工人开始以罢工形式反抗剥削压迫。1872年香港清洁工人罢工，反对强收工作执照税。1882年，宁绍帮木匠罢工，反对工头克扣工资，因“上工甚早”，要求作头由每日1粥2饭改为每日3顿饭，同时提高工价，作头不允，工人连日在城内公输子庙评理，相约停工。作头勾结官府逮捕了4名带头工匠，工人们冲到作头家中，打毁器具及锅灶等。后来作头不得不答应“每日供饭3次，每月当荤4次饭及煮菜之油由作头供给”。

1888年4月，北京兴隆街西口鸿顺木厂主王某纠邀同行在燕喜堂会议，裁减瓦木两匠工价。工匠闻讯，400余人在精忠庙集会商议对策，随后数百人前往该堂，王某吓得藏身于优伶戏箱，才逃过一顿痛殴。1893年，修理祈年殿的250名木匠举行罢工要求增加工资，官府把这250名工人全部关进了监狱，另外雇了200名木匠，结果这批木匠效法前批工人，同样举行罢工以要求增加工资。1904年7月，北京瓦木匠500余人在城外黄寺庙前聚议，因工饭钱不敷用度，意欲向各木厂要求增加，而木厂不允，于是罢工要求增加工资。1906年4月，杭州建筑工人以“跪香”的方式要求加资。1908年7月，杭州木业工人因百物昂贵，木匠价过贱，要求增值，各工头不允，遂同盟罢工，“有私作者，则同帮共打毁之”。1912年11月，上海城厢内外和各租界木工因工资太微罢工，要求增加工资。1913年1月，上海鸣昌等作场水木工因米珠薪桂，糊口维艰，所得工资不敷日用，是以要求加给，作头不允，工人遂一律罢工。经官方调解，双方达成协议，每人每天一律准予增加工资30文，工人恢复工作。

1918年6月的长沙泥木工人罢工，是湖南规模最大的工人斗争。省城泥木两行各有5000余人，官厅规定每日工价铜元26枚。6月10日，泥木两行在鲁班庙集会，要求涨至每日工价铜元36枚，长沙总商会反对泥木工擅自增价，工人罢工反抗。1919年1月，湘潭木匠、石匠、篾匠、缝衣匠先后张贴晓单，说现在百物昂贵，工价不能养家活眷，公议每日工价要银元二角二分，若不同意则举行同盟罢工。县署同意甲工铜元24枚，乙工铜元22枚，丙工铜元16枚，各业工人复工。

综上所述，建筑工人早期自发斗争有以下几方面的特点。

第一，斗争次数少，呈现出一种偶然、零星的状态，还没有形成频繁发生、彼此联系、互相呼应的社会运动。第二，斗争绝大多数是由雇主、监工和封建把头等加重对工人的压迫剥削引起的，斗争的结果失败的多，胜利的少。第三，斗争大多发生在手工行业和苦力运输工人中，近代产业工人的斗争还没占据主导地位。第四，多数斗争的规模不大，坚持的时间不长。原因除中外反动势力统治压迫沉重以外，主要是由于工人缺乏阶级觉悟和强有力的组织。第五，在这个阶段的罢工斗争中，多采取了向官府告状形式，表现出工人不相信自己的力量。有的工人告状还采取了封建社会的传统方式，如1877年8月，苏州丝织业机匠为了反对机房屡减工价，“焚香环跪堂府”，请求“给示定价”。

三、新民主主义革命初期机械冶金建材工人运动

从1919年五四运动爆发，到1927年国民大革命失败，是中国工人运动波澜起伏、英勇卓绝的时期之一。先后经历了两次工运高潮，也遭受了悲壮的失败。工人阶级在挫折中奋斗，在奋斗中成长。

五四运动是中国新民主主义革命的开端，也是工人阶级以独立姿态登上中国历史舞台的标志。以上海六三政治大罢工为标志，五四爱国运动的中心由北京转移到上海，斗争的主力由学生转移到工人，斗争的主要形式也由单纯的罢课发展到“三罢”斗争，即工人罢工、学生罢课、商人罢市。在六三大罢工中，工人阶级建立起自己的身份认同，并且与学界、商界区分开来，成为独立的“工界”。六三大罢工突破了地区和行帮界限，首次实现了工人阶级的大联合。机械、冶金、建材工人是斗争的主力军之一，表现出无私无畏的革命精神，成为“三罢”斗争的中流砥柱。

1920年8月以后，上海、北京等地的共产党早期组织相继成立，在工人群众中宣传马克思主义，进一步促进了马列主义与工人运动的结合。1921年7月23日，中国共产党第一次全国代表大会在上海召开。会议通过了《中国共产党第一个纲领》和《中国共产党第一个决议》，宣告了中国共产党的诞生。《中国共产党

第一个决议》提出了如何把工人组织起来，以及开展工人运动的工作原则，因此又称为《工人运动决议案》，内容包含组织各种产业工会、创办工会报刊、发挥工人补习学校的作用、成立工人运动研究机构等。中国共产党的诞生，揭开了中国工人运动新的一幕。中国共产党成立后，通过中国劳动组合书记部及其各地分部的领导，在全国范围内掀起了轰轰烈烈的罢工斗争，扩大了工人阶级和中国共产党的政治影响。

1922 年 5 月 1 日至 6 日，第一次全国劳动大会在广州召开，出席大会的代表 173 名，分别来自 12 个城市的 110 个工会，代表着 34 万名会员。大会通过了 10 项决议案，包括《八小时工作制案》《罢工援助案》《全国总工会组织原则案》《铲除工界虎伥案》等，大部分是中国共产党领导的工会组织提出的。大会作出决议，在全国总工会未成立前，以中国劳动组合书记部为全国总通讯机关。第一次全国劳动大会是中国工人阶级开始走向联合、走向团结的里程碑。大会提高了中国劳动组合书记部的威信，确立了中国共产党在全国工人运动中的领导地位。

第一次全国劳动大会闭幕不久，1922 年 7 月，中国共产党在上海召开第二次全国代表大会。大会通过了《关于工会运动与共产党的决议案》，明确了党对工会的领导作用。1922 年 8 月，中国劳动组合书记部发布《劳动法案大纲》，号召全国工人开展劳动立法运动。通过劳动立法运动，工人阶级的觉悟进一步提高。1922 年是中国工人运动首次蓬勃开展的一年，同时也是中国工会组织广泛发展的一年，被称为“中华劳动运动纪元年”。从 1922 年 1 月香港海员大罢工至 1923 年京汉铁路大罢工，全国共开展罢工斗争 130 余起，参加人数在 30 万人以上，形成了中国历史上第一次全国性的工人运动高潮。

1923 年 2 月 1 日，京汉铁路总工会筹备委员会决定在郑州举行大会，成立京汉铁路总工会。直系军阀吴佩孚撕毁了“保护劳工”的假面具，派军警包围会场，阻止代表进入。工人代表冲破军警包围，冲进会场，宣布京汉铁路总工会正式成立。2月4日，京汉铁路3万多名工人进行全路总同盟罢工，所有客车、货车、军车一律停驶，1200多公里的京汉铁路完全陷入瘫痪。2月7日，吴佩孚对罢工工人实行血腥镇压，打死工人52人，伤300余人，被捕者60人，还有1000多人被开除出工厂，制造了震惊中外的二七惨案。京汉铁路大罢工虽然失败了，但是它给了帝国主义和封建军阀以沉重打击，充分显示了中国工人阶级大无畏的革命精神和严格的组织纪律性。

1923年6月12日至20日，中国共产党第三次全国代表大会在广州召开。大会通过了《关于国民运动及国民党问题的决议案》《中国共产党第三次全国代表大会宣言》和《劳动运动决议案》等一系列决议案，作出了与国民党建立革命统一战线的决定。这次会议为处于工运低潮的工人运动指明了方向。

1924年1月，中国国民党第一次全国代表大会召开，实现了第一次国共合作，结束了二七惨案以来工人运动的沉寂，成为工人运动复兴和高涨的起点。邓中夏在《中国职工运动简史》中指出：“国民党经共产党帮助改组以后，的确气象一新。它的组织范围，也就不限于广东一隅，而扩展到中部与北方。国民党各级委员会均设工人部，这部的秘书与干事，在初期多半为加入国民党的共产党员充当，因此大有助于职工运动。”

1925年1月11日至22日，中国共产党在上海召开了第四次全国代表大会。对革命形势、社会各阶级在革命中的地位和作用、无产阶级在革命中的领导权和工农联盟等问题作了深刻的分析和论述。大会通过了关于职工运动等多项决议案，制订了进一步开展工人运动的计划。

1925年5月1日，由中华海员工业联合总会、汉冶萍总工会、全国铁路总工会和广州工人代表会4个团体发起，在广州召开了第二次全国劳动大会。到会代表 281 人，代表 166 个工会、54 万名会员。大会通过了 30 多个决议案，主要有《工人阶级与政治斗争的决议案》《经济斗争的决议案》《组织问题的决议案》《工农联合的决议案》《对于赤色职工国际代表的决议案》《铲除工贼决议案》《工人教育的决议案》《中华全国总工会总章》等。第二次全国劳动大会宣告成立中华全国总工会，标志着全国工人阶级在中国共产党的领导下，实现了政治上和组织上的团结与统一，揭开了中国工人运动新的篇章。

1925 年 5 月 15 日，上海日商纱厂工头杀害共产党员、工人顾正红，中共中央和中共上海地委决定号召工农商学各界社会团体援助罢工工人。5 月 30 日，上海工人和学生 200 多人进入租界演讲示威，巡捕开枪打死 13 人，重伤数十人，轻伤无数，另有 50 余人被捕，制造了震惊中外的五卅惨案。5 月 31 日晚，上海各工会代表举行联席会议，决定成立上海总工会，选举李立三为委员长，刘华为副委员长，刘少奇为总务主任。上海总工会成立后，宣布从 6 月 1 日起举行总同盟罢工。截至 6 月 13 日，上海共有 107 家企业 13 万余名工人参加了大罢工。随着罢工斗争规模扩大，工会组织迅猛发展。到 7 月底，工会组织猛增到 117 个，会员增加到 22 万人。

五卅惨案的消息传到广州，中共广东区委和全国总工会发动工人、学生和其他民众万余人示威游行，抗议帝国主义暴行，并决定举行广州、香港工人的反帝大罢工。6 月 13 日，全国总工会设立省港罢工委员会临时办事处，由邓中夏、林伟民、苏兆征、李启汉等组成罢工领导核心。6 月 19 日，香港 10 多万名工人罢工；6 月 21 日，沙面洋务工人和广州市内各洋行工人也宣布罢工。到 6 月底，罢工工人达到 25 万人。省港大罢工从 1925 年 6 月起，至 1927 年 11 月为止，共计两年四个月，在中国乃至世界工运史上都是少见的。

1926 年 5 月 1 日至 12 日，第三次全国劳动大会在广州召开。出席代表 502 人，代表 699 个工人团体、124 万名会员。大会通过了《中国职工运动总策略》《组织问题与其运用之方法》《经济斗争最近目标与其步骤》《罢工战术》《劳动法大纲》等决议案和《为促进北伐向国民政府请愿书》。1926 年 7 月 9 日，广东革命政府出师北伐。全国总工会号召工人阶级支援北伐战争。省港罢工委员会组织了由 3000 多名罢工工人组成的运输队；广州工人代表大会发动起落货、手推车车夫、土木建筑等 9 个工会联合组成工人运输队，跋山涉水运送军需物资。粤汉、广九和广三铁路总工会联合组成铁路交通队随军北伐，沿途修复铁路交通，确保铁路军运。

随着北伐战争的胜利进军，工人运动迅猛发展。1926 年 9 月 1 日，北伐军攻克长沙后，长沙总工会宣告成立。12 月 1 日，成立湖南省总工会。到 1927 年 2 月，湖南省总工会所属基层工会发展到 533 个，会员总数达 32.6 万人。1926 年 9 月 6 日北伐军攻占武汉，9 月 14 日武汉总工会成立。10 月 10 日，湖北全省总工会成立。到 1927 年 1 月，武汉三镇工会组织已发展到 274 个，会员人数达 31 万人。

从 1926 年 10 月至 1927 年 3 月，中国共产党领导上海工人阶级举行了三次武装起义，配合北伐进军。3 月 21 日清晨，上海总工会发出全市总同盟罢工命令，第三次武装起义打响。至 22 日晚 6 时结束战斗，推翻了北洋军阀在上海的统治，也把上海工会运动的发展推向了新的高潮。

1927 年 4 月 12 日，以蒋介石为首的国民党反动派在上海发动反革命政变。上海工人被杀近 200 人，被捕 1200 余人，失业者 5000 余人。之后，广州发动四一五反革命政变，搜查、封闭了全国总工会广州办事处、省港罢工委员会、广州工人代表会及其所属各工会、全国铁路总工会广州办事处、香港总工会以及其他革命群众团体。著名共产党人和工人领袖邓培、李森、刘尔崧、何耀全等被杀害。

在革命危急关头，第四次全国劳动大会于 1927 年 6 月 19 日至 28 日在汉口举行。出席大会的代表 420 人，代表全国有组织的工人 290 万人。大会通过了《国民革命的前途和任务》等 13 个决议案。选出以苏兆征为委员长、李立三为秘书长的新的全国总工会执行委员会。7 月 15 日，汪精卫集团公开叛变革命，封闭了全国总工会、湖北全省总工会，通缉工会领袖。轰轰烈烈的国民大革命陷于失败。但是，中国工人阶级没有屈服，在中国共产党的领导下，前仆后继，投入了不屈不挠的反抗斗争。在历次斗争中，机械、冶金、建材工人群众英勇奋斗、不怕牺牲、冲锋在前，为反抗压迫、争取解放作出了卓绝的贡献。

（一）新民主主义革命初期机械工人运动

五四运动中，中国工人阶级以独立姿态登上政治舞台，显示了巨大的力量。在五四运动期间，上海机器业工人同全市各业工人一样，积极参加声援活动，支持北京学生的爱国行动，展示阶级力量。六三罢工以纺织、运输、机械等产业工人为主力，1919 年 6 月 6 日，上海英商祥生铁厂、求新机器厂工人罢工，要求释放被拘学生，惩办卖国贼。当时正值制造两艘外轮竣工试车之际，外国工头再三下令工人复工，但是工人不予理睬，坚持罢工。6 月 9 日，全市的汽车工人、铜铁业工人，江南造船厂、英美烟厂、耶松船厂以及瑞镕船厂共 5000 多名工人参加了罢工。甚至劳资合一的帮会组织铜匠公所也于 6 月 8 日下午在华德路（今长阳路）开会讨论罢工问题，虽然老板们不赞成罢工，但工人们一致赞成，于是决定自 6 月 9 日起开始罢工。此外还有恒利机器厂、公兴铁厂、锐利机器厂等都进行了总同盟罢工和示威游行。在罢工高潮时，上海机器业工人参加罢工者有万余名之多。上海求新机器厂的工人在罢工斗争中，自发捐资建造起高大的国耻纪念牌楼，唤醒国人觉悟。上海工人罢工得到全国工人阶级的声援和支持，1919 年 6 月 8 日，南京浦镇机厂工人在机匠王荷波带领下，会同铁路工人连续两天示威游行，声援五四运动。六三大罢工规模之大、参加人数之多、行动目标之一致前所未有，表现出工人阶级高度的政治觉悟。在全国工人罢工浪潮冲击下，北洋政府被迫释放了全部被捕学生，并拒绝在《凡尔赛和约》上签字。

经过五四运动的锻炼，中国工人阶级觉悟大为提高，工人斗争日益发展，规模不断扩大。1919 年下半年全国罢工达 67 次，参加人数在 11 万人次以上。仅上海一地，1919 年下半年到 1920 年，就发生大小罢工 69 次，大部分罢工取得胜利。在华南，香港和广州也爆发了两次规模较大的罢工。1920 年 4 月香港海军船厂等企业的机器工人 5500 人举行同盟罢工，1921 年 6 月广州机器工人与粤汉、广九、广三等铁路工人联合举行了万人同盟大罢工，两次罢工都取得胜利。在越来越高涨的罢工斗争中，工会组织也有了新的发展，出现了突破旧式行帮束缚的团体，既有受资本家控制的“招牌工会”和“欧化的行会式工会”，也出现了许多思想上受马克思主义影响，组织上排斥资本家参加，具有明显的现代工会特征的工会团体。据不完全统计，1921 年广州已有工会组织 130 多个，香港则有 120 多个。其中规模最大的是香港和广东的机器工会。1919 年 10 月，由香港机器研究总会和广东机器研究总会共同在广州成立了中国机器总会。

上海机器工会是中国共产党领导下最早成立的工会组织，是中国工人阶级的第一个产业工会。1920 年 8 月，江南造船所工人李中在上海共产党早期组织创办的《劳动界》第 7 期上发表文章，提出组织“大团体”的主张和“认定我们的地位”“贯彻我们的联络”“奋发我们的热心”的三点意见。在上海共产党早期组织的指导和帮助下，1920 年 10 月 3 日，李中和杨树浦电灯厂工人陈文焕共同发起，在霞飞路渔阳里6号外国语学社召开了上海机器工会发起会，到会的有江南造船所、杨树浦电灯厂、恒丰纱厂、东洋纱厂、厚生铁厂等机器业工人100余人。陈独秀、杨明斋、李汉俊等共产党早期组织成员出席了会议。会上通过了由李中与陈独秀共同起草的《上海机器工会章程》，这是在共产党早期组织领导下制定的最早的工会章程。陈独秀等6人被“欢迎为名誉会员”。10月17日选举产生上海机器工会理事会，11月12日召开成立大会，孙中山、陈独秀到会祝贺。大会主席李中在会上提出，第一不要变为资本利用的工会；第二不要变为同乡观念的工会；第三不要变为政客和流氓把弄的工会；第四不要变为不纯粹的工会；第五不要变为只挂招牌的工会。孙中山、陈独秀发表演说。陈独秀说，现在世界的工会，只有三个团体很有势力。第一就是矿工，第二就是铁道工，第三就是机器工。他提出，工人团体须完全由工人组织，万勿容资本家侧身其间。机器工会从发起到召开成立大会的两个多月里，会员从几十人发展到370余人。

中华海员工业联合总会是中国第一个按产业联合的工会，成立于1921年3月6日，是中华海员慈善会联合各海员馆口共同发起建立的，得到孙中山的大力支持，并亲自命名为“中华海员工业联合总会”。中华海员工业联合总会拥有会员2000多人，并在上海、广州、湖南、汕头等地建立分会。

中国共产党成立后，工人运动掀开了新的一页。1921年8月11日，中国共产党成立公开领导工人运动的机构——中国劳动组合书记部，主任张国焘，秘书李启汉，干事李启汉（兼）、李震瀛等。出版机关报《劳动周刊》。之后又相继在北京、长沙、武汉、广州、济南、上海等地设立了分部机构，领导建立了许多工会组织，其中机械行业的有北方分部领导建立的京奉铁路唐山制造厂职工同人联合会、上海分部领导建立的上海机器工会及上海金银业工人俱乐部，冶金行业的有湖南分部领导建立的水口山工人俱乐部、武汉分部领导建立的汉阳钢铁厂工会，建筑建材行业的有广东分部领导建立的广东土木建筑工会等。1920 年 4 月香港机器工人发动罢工，1921 年 6 月广州机器工人发动罢工，两次罢工都取得不同程度的胜利。

1922 年 1 月 12 日至 3 月 8 日的香港海员大罢工，是中国工人阶级第一次直接和帝国主义进行针锋相对的斗争，最初参加罢工的有 1500 人，在一个月内罢工人数迅速扩大到 3 万人。罢工得到了全国各地工人、中国劳动组合书记部和广东革命政府的积极援助。坚持了 56 天，最终取得了完全胜利。

第一次全国劳动大会于 1922 年 5 月 1 日在广州召开。大会会场设在广东机器工会会所。这次大会确立了中国工会的产业组合原则，为改造旧工会、建立新工会指明了方向。在中国工人运动第一次高潮中，机械产业工人发挥了重要作用。这一时期，一批工矿企业工会、手工业工会和铁路等产业工会也如雨后春笋般涌现，在矿业系统建立的有唐山矿务局工会、开滦五矿俱乐部、水口山工人俱乐部等。此外，上海的航运、印刷、烟草工人，唐山启新洋灰公司、梧州的海员等也纷纷建立或改组成立新的产业工人团体。在五卅运动中，机械工人也显示了巨大的力量。1925 年 5 月 15 日，日商内外棉七厂资本家枪杀工人顾正红，激起各界民众的强烈义愤。在中国共产党的领导下，5 月 30 日，上海全市民众举行反帝爱国大示威，上海机器业工人踊跃参加，江南造船所 200 多名工人冲破警卫的重重阻挠，参加了罢工和游行。在租界当局镇压游行之时，很多工人奋不顾身地冲上去抢夺巡捕手里的水龙头，掩护游行队伍。5 月 31 日，上海总工会宣告成立，6 月 1 日宣布上海总罢工。上海机器业工人迅速行动，积极响应罢工。6 月 4 日，杨树浦水厂铜匠间 100 多名工人在工会的组织下首先起来罢工。据 1925 年《民国日报》报道：当时相继参加罢工的有祥生、公兴、兴发、瑞镕、锦昌、吴顺兴、明精、新民等铁工厂和船厂工人6000余人。在罢工斗争中，许多机器工厂纷纷组织了工会。经过五卅运动斗争的锻炼，培养造就了一批工运骨干，为中国共产党输送了新鲜血液。1925年6月，祥生船厂工人杨培生等十余人入党。11月，祥生船厂建立了中共支部，这是上海机器业中的第一个基层党支部。

大连沙河口工场职工通过多次自发罢工和各种形式的反抗斗争，逐步认识到了组织起来的必要性。1923年12月2日，沙河口工场华人工学会正式成立，1924年改称大连中华工学会，由大连第一个共产党员傅景阳任会长。中华工学会成立后，开办夜校，开展福利救济，组织工人读书看报、开展文体活动，团结工人群众，到1924年底有会员1500多人，在许多工厂建立分会组织。五卅惨案后，傅景阳联合大连5个团体（工学会、印刷工会和青年会、增智学校、觉民学校）发起成立大连沪案后援会，组织示威游行。1925年6月21日，组织了全市追悼五卅殉难诸烈士大会，接着又开展为救济上海工友的募金运动，得到各厂工人热烈响应，沙河口工场工人每人捐出一天的工资，共捐款1500元。

在上海三次工人武装起义中，机器工人冲锋在前。第一次武装起义前，祥生船厂的杨培生和陶静轩（码头总工会副委员长）在浦东一带组织纠察队。1927年3月20日，北伐军进入上海近郊，杨培生在南市湖北会馆召开紧急会议，发动江南造船所工人起义。21日工人纠察队在周恩来、赵世炎指挥下向高昌庙上海兵工厂发动围攻。沪东瑞镕船厂工人和怡和纱厂工人参加了支援攻打闸北火车站的战斗。到22日下午6时，上海工人经过30多小时的艰苦战斗，占领了火车站，把北洋军阀势力赶出了上海。

蒋介石发动四一二反革命政变后，工人运动遭受镇压。反动派大肆逮捕、杀害共产党人和工会干部、工人纠察队队员。1927年7月1日，杨培生被国民党警备司令部枪杀。10月18日，原浦镇机厂工会会长王荷波在北京被捕，11 月 10 日被害。在广州四一五反革命政变前，1927 年 1 月 2 日，国民党右派唆使广东机器工会派 200 人武装袭击粤汉铁路工会宿舍，打死铁路工人 6 人，伤十余人。3 日，又袭击广三铁路工会，打死铁路工人 4 人。在四一五反革命政变中，反动的广东总工会和机器工会充当了帮凶角色，派出打手（体育队）帮反动军队行凶。共产党员和革命工人、积极分子有 2100 多人被杀害。广东当局在封闭革命工会以后，即勾结资本家向工人进攻，取消过去工人同资本家订立的条约，随意开除工人、降低工资、增加工时等。工人群众在大革命高潮中争得的权利全部被剥夺和取消。在国民党白色恐怖的高压下，工人运动再次进入低潮。但是工人阶级并没有屈服，没有停止反抗，他们或转进乡下、转入地下，或参加革命军队，继续为争取民族独立、人民解放而奋斗。

（二）新民主主义革命初期冶金工人运动

中国工人运动第一次高潮中，工人运动以海员、铁路工人为主，机械、冶金工人也发挥了重要作用。在罢工高潮中，一些地区工会和产业工会兴起。1922 年 7 月汉阳钢铁厂工人俱乐部成立，1922 年 11 月水口山工人俱乐部成立，1922 年 12 月汉冶萍总工会在汉阳成立。在中国共产党和各地工会领导下，掀起了一系列声势浩大的罢工斗争。

水口山铅锌矿在湖南常宁县，有 3000 多名工人。听到安源大罢工胜利的消息之后，水口山铅锌矿工人“皆有跃跃欲试不可中止之势”。他们凑出数百文路费，派刘东轩去安源请求援助。李立三派俱乐部文书股股长蒋先云及工人谢怀德、方福胜、李庆余 4 人赴水口山，帮助组织工人团体。1922 年 11 月 22 日，蒋先云等抵达水口山，当夜就与工人磋商组织工人俱乐部，11 月 27 日举行湖南水口山工人俱乐部成立大会。俱乐部成立后，向矿局提出4条要求：（1）承认工人俱乐部有代表工人之权；（2）津贴俱乐部各种费用；（3）增加工资；（4）均分红利。矿局置若罔闻。12月5日，水口山工人俱乐部发出罢工命令，再次向矿局提出争取工人自由、维护工人利益、改善工人待遇的18项条件。中国劳动组合书记部湖南分部和北京总部也发出援助水口山工人罢工的通告，各地援助的电文和物资捐献不断送来。

赵恒惕派湖南矿务总局肖文、李昌郁率领军队到水口山镇压工人，当局认为此次罢工系蒋先云、刘东轩等指使，欲将他们杀害。蒋先云大义凛然，说“要扣留即扣留，要杀即杀，正大光明，何所顾虑!”数千工友闻讯将矿局包围，高呼“不答应罢工条件，决不复工!”随后矿局又想私贿蒋先云，蒋先云公开声称“我蒋先云若受他人一毫贿赂，请各工友杀以示众”。当年的敲砂童工耿飚回忆，在这次罢工中，选矿科长潘振纲手持短枪，率领矿警胁迫童工开工。俱乐部监察队队员闻讯，迅速赶到敲砂厂，缴了潘振纲的手枪。局方在四面楚歌之中，不得不承认工人提出的18项条件。经过23天的斗争，罢工取得完全胜利。邓中夏评论：“中国矿山虽多，唯有全部组织的，只有江西之安源，及湖南之水口山二处，而水口山铅锌矿罢工，其雄壮不亚于安源。”

从1913年汉冶萍公司在大冶袁家湖建新厂起，到中国共产党成立前夕，大冶钢铁厂工人阶级反抗剥削者和压迫者的斗争连绵不断。这些斗争多数是要求增加工资、改善生活待遇的经济斗争，由工人群众自发而起。1921年1月，大冶钢铁厂的装卸工人为提高矿石、焦炭的运价举行罢工。当时正值“大批焦煤到埠，锰砂亦涌到之际”，罢工使生产陷入停顿。厂方为了破坏罢工，贿赂大冶县公署派出武装兵丁，将罢工的头领谢开文、贾炎南、袁宝臣等人逮捕。虽然罢工被镇压了，然而通过斗争，使大冶钢铁厂的工人阶级对帝国主义、封建主义和官僚资本主义的本质有了清醒的认识，也为中国共产党成立以后，领导大冶钢铁厂工人运动奠定了基础。1921 年 10 月，中国劳动组合书记部设立武汉分部，先后参加分部工作的有包惠僧、林育南、项英、李书渠、林育英、许白昊、施洋等人。1922 年 2 月，林育英化名李福生到大冶钢铁厂，秘密宣传马列主义，建立工人组织。3 月，大冶钢铁厂进行反对厂方实行牌厢制的斗争。所谓牌厢制，就是工人必须每天早晨 5 点钟到“工匠门”排队挂牌上班，下午 5 点钟后又去排队取牌下班。稍有一点儿过失挂不上牌或取不到牌，一概以旷工论处，轻则扣除工资，重则开除厂籍。那些看管牌厢及稽查的监工，任意欺侮压迫工人。根据工人的强烈要求，大冶钢铁厂党组织在化铁科串联了一部分工人，发起了反牌厢制的斗争。1922 年 10 月 15 日，化铁科 40 余名工人按预定计划，下班后不出“工匠门”牌厢取牌，在稽查、监工的眼皮底下大摇大摆地扬长而出。这次斗争虽说规模不算大，但给厂方震慑不小，自此以后，牌厢制失去了束缚工人的作用。往日那些狐假虎威的稽查、监工都变得灰溜溜的，在工人面前再也不敢胡作非为了。

1922 年 7 月，汉阳钢铁厂在许白昊的领导下，进行了一次成功的罢工。许白昊又名许白天、许世光，1899 年出生于湖北应城。早年就读于武昌工业学校，参加过五四运动，后去上海机械厂当工人。1921 年 8 月加入中国劳动组合书记部，同年底赴莫斯科，出席远东各国共产党及民族革命团体第一次代表大会。1922 年春回国，加入中国共产党。此后到武汉参加中国劳动组合书记部武汉分部领导工作。在汉阳钢铁厂，许白昊先是策划成立工人俱乐部。1922 年 7 月 8 日，汉阳钢铁厂工人俱乐部筹备处成立，并定于 7 月 16 日举行成立大会。厂长吴任之不予批准，还暗中与军警勾结查封了俱乐部筹备处，把俱乐部职员 72 人开除出厂。许白昊、林育南、施洋等领导人立即与工人代表商议，决定 1922 年 7 月 22 日举行大罢工。罢工后，生产全部停止，只有最大的化铁炉还在升火。化铁炉是全厂生产的核心，只要它不停产，工厂就可以继续运转。原来是厂方收买了化铁炉工头韩老三，所以化铁炉还在运行。罢工委员会提出口号“打死工贼韩老三”，把工头和工友区分开来。韩老三成了众矢之的，吓得不敢露面，化铁炉便熄火了。眼看钢铁厂马上要停止运转，厂主不得不接受了工人开出的条件：承认工人组织工会；照给停工期间的工资，并给予一定幅度的增加；俱乐部一切还原，被开除的工人一律复职。

1922 年 7 月 26 日，汉阳钢铁厂复工。乘着罢工胜利的气势，宣布成立汉阳钢铁厂工会。1922 年 10 月，大冶铁矿工人俱乐部成立。接着汉冶萍轮驳公司也成立了轮驳工会。1922 年 11 月 12 日，安源路矿工人俱乐部代表朱少连、朱锦棠，汉阳钢铁厂工会代表许显廷、马冬阳、余九皋、谢必超，汉冶萍轮驳工会代表向忠发、郭厚安、李夔堂、胡理臣、李兰生，大冶矿和下陆钢铁厂工人俱乐部代表胡少华等在汉阳召开筹备会议，商定成立汉冶萍总工会。1922 年 12 月 10 日，汉阳三码头老街红旗招展、人声鼎沸，汉冶萍总工会宣告成立。成立大会由李立三主持，李立三说，“今天是汉冶萍总工会成立之日，即是我们汉冶萍这个大产业之下的 3 万余名工人团结携手之日。今后我们要共同努力，齐心奋斗”。汉冶萍总工会是我国最早成立的规模最大的产业工会，大会选举刘少奇为委员长、向忠发为副委员长，许白昊任秘书。

中国劳动组合书记部武汉分部为汉冶萍总工会成立大会发来祝词，称：“汉冶萍是中国最新式、最进步的大产业，为中国中部工业制造的策源地，其一举一动足以影响全国，工友极其众多，亦最富于阶级觉悟。半年以来，举行两次阶级战争的大同盟罢工，都得着了最后的完全胜利。现在三公司底下的五大工团，联合起来，成立汉冶萍总工会，结成一条强固精密的阶级战争的广大战线，开中国劳动运动未有之创局，足以使资本阶级惊心丧胆。”

汉阳钢铁厂罢工在全国产生了极大的影响，汉口扬子机器厂、英美烟厂、棉花厂相继举行了罢工。之后，8 月有京汉路长辛店罢工，9 月有粤汉路武长段罢工、安源路矿罢工，10 月有开滦五大煤矿罢工。在此期间发生的罢工还有辽宁本溪湖煤铁公司罢工以及鞍山振兴铁矿樱桃园采矿所、大孤山采矿所工人罢工等，均获得不同程度的胜利。

1923 年 1 月 13 日，大冶铁矿下陆机修厂的工人在俱乐部的领导下，举行了一次震惊全国的罢工，亦称“下陆罢工”。当时年关将近，工人饥寒交迫，工人俱乐部选派出代表向矿方提出增加工资的要求，遭到矿方蛮横地拒绝。工人在 1923 年 1 月 13 日中午 12 时以火车鸣笛声为信号，停下手中的工作。大冶铁矿铁路运输全部中断，生产随之停顿。下陆机修厂工人罢工得到全国各地工人阶级的支持，汉冶萍总工会以所属五大工团名义，向汉冶萍公司及大冶铁矿提出增加下陆工人工资、改善工人劳动条件、举办工人补习学校、提高工人政治待遇等八项条件。汉冶萍公司以停厂断绝工人的经济来源相威胁。大冶钢铁厂工会发动工人募捐，将募集到的铜元和食品、衣服送到下陆机修厂。华记湖北水泥厂富源煤矿、富华煤矿的工人们也纷纷行动，有钱的出钱、有物的出物。在全国各地工人阶级的强大声援下，汉冶萍公司不得不基本接受工人提出的八项条件，“下陆罢工”取得最后的胜利。

1923 年秋，大冶钢铁厂厂方勾结地方反动势力，武力封查工会，之后又以生产不景气为由，拖欠工人工资三个半月之久。大冶钢铁厂党支部决定组织工人开展反欠饷斗争。十几名工人代表来到公事房楼下，要求厂长出来与工人代表会面谈判。副厂长翁德銮推诿说：“近一段时期的生产经营都不景气，资金困难，工资发不出来，还望大家多多体恤，共渡难关。”工人代表说：“生产不景气、资金困难，也不能让我们工人饿肚子，再说你们厂长、副厂长的工资不是发得好好的。叫我们饿着肚子同你们共渡难关，这话说得过去吗?”翁德銮只好悻悻地离去，躲进办公楼里再也不敢出来。数百名工人将厂办公楼围得水泄不通，齐声高喊：

“要吃饭！要活命！”翁德銮只得答应筹集资金，先补发工人的一部分拖欠工资。

1924 年冬，吴佩孚为了扩军备战，向汉冶萍公司勒索捐款 50 万银元。当时汉冶萍公司已经严重亏损，便将负担转嫁给工人。陆续解雇工人 1122 人，并拖欠工人工资三四个月之久。被解雇的工人失去经济来源，陷入饥寒交迫的境地。大冶厂矿党组织决定组织工人举行斗争，迫使厂方恢复被解雇工人的工作。在刘少奇、李立三指导下，许之桢、仇国升和郑明星等工人代表多次找厂方说理。厂方代表无理拒绝工人代表提出的条件后，500 多名工人组织成立了“奋勇队”，包围了厂办公楼。在工人们强大的压力下，厂矿长季厚坤不得不在条件书上签了字。

1925 年 2 月，军阀萧耀南强行查封大冶厂矿工会，将参加工会活动的 160 多名工人开除。7 月，工会委员会和工人代表召开联席会议，成立“大冶厂矿十人团”，工会活动再次恢复。1926 年春，大冶厂矿工会发动工人开展了“铜码换银码”的斗争。当时资本家为了压低工人工资，将工人工资以铜钱计算，职员的工资则以银元计算，由于银元价格不断上涨，铜钱兑换银元的比价不断下降，工人的生活更加困难。大冶厂矿工会发动工人开展斗争，要求将铜钱按比值套改为银元，每月发给银元。资本家慑于工会和工人的力量，最终不得不同意工人的要求。

1923 年 4 月，湖南炭塘子锰矿的运砂工人成立了湘潭第一个产业工人工会组织——土车子运输工会。5 月 1 日，运输工会组织全体运砂工人罢工，从冷水冲至炭塘子全线数百辆土车停止运砂。由于时值二七惨案之后，全国工人运动处于低潮，罢工斗争坚持了一个多月，在反动军警的镇压下失败了，但它冲破了当时全国工人运动的消沉状态。邓中夏在《中国职工运动简史》中提到湘潭锰矿工人罢工斗争时说：“这是我国职工运动，自二七惨案后，转入消沉状态时期，正在酝酿一个新转机的征兆。”1925

年 4 月，郭亮到湘潭锰矿开展工人运动，领导 2000 多名工人为要求提高运价再次举行罢工。罢工坚持了半个月，迫使资本家答应将运砂工人工资由原来的每月二元四角增加到每月四元二角，并办起了该矿第一所工人夜校。1925 年 7 月，湘潭炭塘子锰矿工会成立，有会员 700 余人，一个月后发展至 3000 人。

锡矿山为湖南较大矿区之一，矿工在 3 万人以上。工人长期处于被剥削地位，每月所得工资高者不过 12 元，低者仅三元五角，每日劳动时间 12—16 小时。五卅运动之后，工人开始组织自己的团体。1926 年 7 月，锡矿山矿工会正式成立，同时协助筹组了锡矿山济难会、妇女联合会等组织。1926 年 10 月，锡矿山矿工会召开加薪大会，通过要求 12 条，推派代表和锑业会官矿局及各炼厂公司谈判。经过坚持斗争，每人获得加薪 2—3 元，斗争取得胜利。

（三）新民主主义革命初期建筑建材工人运动

五四运动之后，建筑建材产业工人觉悟提高，斗争渐趋高涨。1920 年代初，广东建筑业日渐发达，土木建筑工人有 2.5 万余人之多。包工的东家行对待工人任意克扣，横暴掠夺，工人们整日劳苦工作，还不能养家活口。1921 年初，共产党员谭平山等人在广州发起组织“广东土木建筑工会”，领导工人向资本家进行斗争，要求增加工资、减少工时。8 月 16 日，发动数千名工人罢工，公安局逮捕了六七名工人，工会即发动 3000 多名工人包围公安局。迫使公安局释放被捕工人。各东家行不得不承认工人的要求，工资由每天 4 角提高到每天 6 角。

1922 年 10 月，长沙泥木工人由于物价奇昂、工价极低，难以温饱而举行罢工斗争，要求提高工价。李立三以“能郅”的笔名在长沙《大公报》发表《我要替土木工人说几句公道话》。在毛泽东的领导下，运动由最初自发性的求谋生存的经济斗争，发展为争取营业自由、反抗官府商绅和封建把头压迫的斗争。在罢工斗争中，工人成立了工会组织，通过了毛泽东起草的《长沙土木工会章程》。这次罢工得到了省内外工人团体的支持，显示了工人阶级团结的力量。湖南第一纱厂工人喊出了“声援泥木工人罢工”的口号，北京长辛店工人俱乐部来电称：“望坚持宗旨，达到美满目的。”粤汉铁路工人、安源煤矿工人也都来信声援。外界的声援与鼓励增强了泥木工人斗争的勇气。10 月 25 日，当局不得不同意了工人的大部分要求。中国共产党领导的这场斗争，为此后的工人斗争开拓了道路，促进了湖南工人运动的蓬勃发展，同时为工人运动培养了大批骨干人才。1922 年 11 月，湖南省工团联合会宣告成立，这批骨干分子担任了各部门的重要职务。

1921 年 4 月，启新洋灰公司 600 余名工人自发停工，要求增加工资。他们把锅炉扑灭，将办公大楼（公事房）包围。资本家勾结当地军警抓捕 30 多名工人，工人被迫复工。中国共产党成立后，在中国劳动组合书记部和中共唐山地委领导下，1922 年 9 月，启新洋灰公司工人再次发动罢工。在罢工中，机器匠杜玉田经邓培介绍加入了中国共产党，成为启新洋灰公司的第一名党员。10 月 26 日，直系军阀开枪屠杀开滦唐山矿工人，4600 名启新工人同仇敌忾，以罢工回击反动军阀，支援开滦工友。28 日中午，全体工人召开大会，宣布启新工友总会正式成立，通过了《启新洋灰公司全体工人罢工宣言》。10 月 30 日，工友总会致函洋灰公司总事务所，提出 8 项补充条件。罢工坚持到 11 月 15 日，资本家被迫答应了工人的部分增资要求。复工当天，工人进厂时，工厂总办和职员排列在工厂门前两边，燃放鞭炮，夹道欢迎并呼喊“欢迎启新工友回厂”的口号。历时 20 天的启新工人大罢工取得了最后胜利。

湖北水泥厂最初为资本家程祖福创办，1914 年，启新洋灰公司为了垄断中国水泥市场，取得了湖北水泥厂的全部产权，改名华记湖北水泥厂。1926 年 10 月 23 日，华记湖北水泥厂工会领导工人开展增加工资、实行 8 小时工作制和改善生活福利待遇的斗争。资方不但不接受工人的要求，反而开除了两名工人。工会决定采取不停车的罢工，让机器照常运转，但是只加煤，不进料，不出产品。资方慌了手脚，只得答应了工人的要求，并恢复了被开除的两名工人的工作。斗争取得胜利后，工人情绪更加高涨。1926 年 11 月，华记湖北水泥厂全体工人以呈文的形式提出 10 项要求，启新洋灰公司鉴于全国高涨的革命形势，只得批谕华记湖北水泥厂："参照沪汉各大工厂例，公议平允办法，自动执行。"

第二章

革命战争年代的机械冶金建材工人运动

一、土地革命战争时期机械冶金建材工人运动

从 1927 年 8 月至 1937 年 6 月，是中国共产党领导的土地革命战争时期。在这 10 年间，中国共产党领导的工人运动，经过艰苦、曲折和复杂的斗争，在探索中发展，在发展中走向成熟。

大革命失败后，面对国民党的白色恐怖，共产党人走上了武装反抗的道路。工人阶级在党的领导下，进行了可歌可泣的斗争。其间虽受到三次"左"倾路线影响，工运事业遭到巨大损失，但工人阶级依然不屈不挠、奋不顾身进行斗争，工会组织一次次在挫折中奋起，机械、冶金和建材产业的工人群众发扬光荣革命传统，站在斗争前列，谱写了悲壮的工运篇章。

随着中国共产党领导的苏维埃革命政权的建立，苏区工会担负起了动员和组织工人配合、支援革命战争的历史任务，开辟了新的工人运动领域。全国总工会迁入苏区后，从 1933 年 4 月到 1934 年 7 月，先后召开了中国农业工人、中国店员手艺工人、中国纸业工人、中国苦力运输工人、苏维埃国家企业职工等代表大会，分别建立了五个产业工会。中华苏维埃共和国五大产业工会的建立，对于动员和组织苏区工人参加革命战争和根据地建设起了积极作用。为数不多的机械、冶金、建材产业工人在党的领导

和工会的组织下，积极投身苏区建设事业，巩固工农联盟，踊跃参加红军保卫苏维埃政权，发挥了重要作用。

苏区工会在新民主主义革命中作出了重要的历史贡献。毛泽东在 1934 年召开的第二次全国苏维埃代表大会的报告中给予高度评价："苏区工会是苏维埃政权的柱石，是保护工人利益的堡垒，同时它又成了工人群众学习共产主义的学校。"

红军长征途中，参加长征的工会精英一路播火，在战斗间隙动员工人，转战黔北期间，在遵义成立了赤色总工会。长征到达延安后，全总西北执行局针对陕北根据地工人的具体情况，对工会的性质、任务、作用，工会的组织原则，抗日战争时期根据地工会理论和工会工作方针进行了深入探讨，提出了正确的工人运动方针和策略，为发展抗日民族统一战线作出重大贡献。

（一）土地革命战争时期机械工人运动

大革命失败后，国民党政府对工人运动血腥镇压，进步工会横遭摧残，共产党员和工运领袖被搜捕屠杀，工人群众的政治经济权利被剥夺殆尽。国民党控制下的反动工会趁机反攻倒算，中国共产党领导的工人运动被迫转向低潮。据党的六大的不完全统计，从 1927 年 3 月至 1928 年上半年，被国民党杀害的 31 万人中，绝大多数是工会的领导骨干和积极分子。第四次全国劳动大会选举的全国总工会执行委员多数被拘捕杀害。

1927 年 8 月 7 日，中共中央在汉口召开紧急会议，确立了土地革命和武装反抗国民党反动派的总方针，中国革命进入土地革命战争的新时期。1927 年 8 月，全国总工会发表了《反抗压迫工人工会的宣言》，严正声明，"现在中华全国总工会秘密组织起来，仍照从前一样指导全国工人的斗争"，号召全国工人赶快团结起来，向着反动的新旧军阀无耻政客进攻。

从 1927 年 8 月起，中国共产党先后发动了上百次武装起义，从此走上了农村包围城市、武装夺取政权的道路。机械、冶金、建材产业工人在其中发挥了骨干作用，作出了巨大的牺牲和贡献。南昌起义中，工人纠察队组织了担架队和运输队支持起义。秋收起义的部队是由工人、农民和士兵组成，工人是其中的中坚和骨干力量。广州起义中，参战工人共约两万人，由海员和省港罢工工人组成的敢死队、由汽车工人组成的交通队以及广州工人赤卫队成为重要力量，工人赤卫队第二联队以五金工人为主。百色起义中，广西五金工人积极参加起义。1930 年 10 月，红军离开根据地北上，百色、奉代、恩隆等县的工人赤卫队和工人群众踊跃参加红军，随军北上。湘南起义中，大批铁工业工人为起义军制造武器。郴州总工会委员、铁匠刘鸿采组织 20 多个铁匠、木匠制造梭镖、匕首等武器供给起义军。耒阳总工会组织铁业工会会员流水作业，制造武器。永兴铁匠曹盛文兄弟，一天一夜制成梭镖、大刀 100 多把送给攻城的工农。桂阳总工会组织 10 多名铁匠为起义军制造枪械 50 支、梭镖 400 把和大量子弹。湘南起义后，水口山矿大批工人随朱德、陈毅上了井冈山。工人们不仅打仗勇敢，还发挥特长，发展生产，制造武器弹药。在黄洋界保卫战中，军械处工人争分夺秒，修好了一门大炮，对黄洋界保卫战的胜利起了重大作用。

在苏维埃运动中，苏区工会随着革命根据地的建立而产生，随着革命根据地的扩大而发展。1927 年 10 月，毛泽东率领秋收起义部队进驻宁冈、攻下莲花县城后，原有的莲花县总工会立即恢复活动，并建立店员工会和铁业工会。同年 11 月攻克茶陵后，共产党员、印刷工人谭震林立即发动工人，重建县总工会。据全国总工会不完全统计，到 1930 年底，各苏区工会会员总数在 10 万人以上。1931 年 3 月，在吉安县富田镇正式成立全总苏区执行局，苏区工会运动开始有了统一的组织领导。

为了粉碎国民党的军事围剿和经济封锁，共产党在中央苏区和其他各苏区建立了公营工厂，如枪械所、子弹厂、炸弹厂、炼铁厂、被服厂、造纸厂、造币厂等，并开发了钨、煤、铁、锡等矿产，还组织手工业工人参加生产合作社、开设商店、组织运输等。随着根据地工业的发展，苏区第一批产业工人应运而生。至 1933 年，中央苏区已有产业工人 2000 多名。

在中央苏区和闽浙赣、湘鄂赣等革命根据地，红军设立了许多兵工厂，一大批机械、冶金工人从事修理枪械以及制造子弹、地雷、手榴弹等工作，同时还打造大刀、长矛，生产军用洋镐、洋锹等。如中央革命根据地在官田建立的中央红军兵工厂（又称官田兵工厂）、闽浙赣革命根据地在德兴县建立的赣东北兵工厂（又称闽浙赣省兵工厂）、湘赣革命根据地在永新县建立的湘赣军区兵工厂等，在这些兵工厂里设有红铁股、翻砂部、打铁炉等。如赣东北兵工厂设置了制造部，湘赣军区兵工厂则设立了红炉锻工科，中央红军兵工厂设立了铁匠股、刺刀股，1933 年又设立了机械厂。除此之外，红军还没收、改造、兴建了一些小型土法炼铁厂，主要从事兵工原料——生铁和毛铁的生产。例如莲花县的竹山等铁厂生产的铁，除供给红军军械所制造军械外还供给民用。

这些兵工厂多数建于深山老林和较为隐蔽的地方，工人主要是由农村的铁匠、铜匠、银匠等动员组织起来的。在反“围剿”战斗中，中央红军兵工厂工人研究技术、改进工艺，在艰苦条件下生产出合格的子弹，有力支援了反“围剿”战斗。兵工厂的工人还用汽油桶改装成化铁炉，翻砂铸型造出了炸弹、地雷、手榴弹外壳，甚至造出了迫击炮弹。据统计，这一时期仅中央红军兵工厂就配制了 4 万多支步枪、40 多万发子弹，修理了 2000 多挺机枪、100 多门迫击炮、2 门山炮，造了 1 万多枚手榴弹、5000 多个地雷。

随着苏区的发展壮大，兵工厂的规模也相应扩大。湘鄂赣边区的鄂东南兵工厂，1928 年由木匠、铜匠、铁匠起家，到 1930

年逐步发展到设有木工、火药、子弹、翻砂、铁工 5 个组，修机、保管、总务 3 个处，另有 2 个运输队，1 个警卫队，还设有供销社、俱乐部、招待所以及通讯、勤杂等。1930 年 7 月，湘鄂西根据地的洪湖兵工厂（又称湘鄂西兵工厂）有职工 250 余人，设有锻工、模型、机械、轻工、子弹、总务等 6 个科和 2 个生产车间，设备由初期一盘红炉、几把铁锤和钳子逐步增设了刨、铣、钻、车床和 90 马力的柴油机。贺龙曾 3 次视察，给青工模范队授锦旗，鼓励工人多生产武器、弹药，支援红军打胜仗。鄂豫皖边军委兵工厂从建厂到第四次反“围剿”后工厂疏散为止，总计生产来复枪、撇把子枪 4000 多支，仿“汉阳造”800 多支，还修理了许多枪支，生产了大批弹药。

1929 年 1 月，毛泽东、朱德、陈毅率领红四军从井冈山出发，向赣南、闽西进军。1929 年 10 月，红五军攻克大冶、阳新、通山三县。在通山缴获一座修械所，有技术工人 30 余人，厂长、工人原来都是汉阳兵工厂的工人。1930 年，红军在鄂东南设立兵工厂，由 50 多人发展到数百人，每天能生产炸弹 100 颗，子弹 500 多发，迫击炮弹 12 发，手榴弹 280 枚，修枪 30 多支。1931 年成立湘鄂赣兵工厂，设在平江的黄金洞罗家段，有工人 300 人。为红军修理大炮、机枪、步枪，制造炸弹，还培养了大批技术工人。1934 年 5 月，由贺龙、关向应领导的红三军进入黔东。贵州铁业工人为红军打造军器，锻造马刀、梭镖和马掌等军用品，并兼修枪支。

为了保障红军作战，苏区各国营工厂和私营作坊加班加点进行生产，开展各种形式的劳动竞赛。瑞金岗面的苏区兵工厂工人以“多造一颗子弹就等于多消灭一个敌人，多修一支枪就等于多消灭十个敌人”为口号，常常是天不亮就开始上班，天黑了还不肯下班，而且一律不领额外报酬。1934 年 10 月，红军被迫实行战略转移。在长征途中，全总苏区中央执行局机关和各省工会的一批领导同志和工会工作骨干，随红军主力一起长征。这些工会干部在长征途中一路播火，把苏区工会的革命火种撒在长征路上。1935 年 1 月 16 日，赤水兵工厂工人听闻红军到来，即联合城中贫民举行暴动，组织武装攻打并赶走了守城黔军，配合红军进占了县城。红军所到之处，发动群众建立工会、农会等革命团体和群众武装，建立临时工农民主政权，推动了当地工人组织的建立和工人运动的发展。

1935 年 10 月，红军到达陕北，建立了陕甘宁革命根据地。上海地下党组织动员一批技术人员到陕北，帮助恢复和发展兵工等部门的工作。中华铁工厂设计顾问徐诚炽动员了徐金林、沈鼎祥、柳仁甫、钱松甫等人一起前往陕北革命根据地。徐诚炽被分配到供给部任工程师，徐金林、季凯、沈鼎祥 3 人被分配到吴起镇兵工厂工作。美国记者埃德加·斯诺在他的《西行漫记》中对他们的事迹作了介绍。

1931 年九一八事变后，全国抗日运动高涨，机械工人积极参加抗日救国活动。1931 年 11 月，马占山率部在嫩江江桥一带与侵华日军展开激战。黑龙江机器工人支援和参加义勇军和抗日联军，哈尔滨铁路总工厂职工在中共地下党领导下捐款 4000 多元，购买棉衣、皮鞋、皮手套、毛巾等物资送往嫩江前线，支援马占山部队抗战。淞沪抗战中，云南华安机器厂工人踊跃捐资，支援十九路军抗战。他们向十九路军发来电文，称“敝厂工友谨具热诚、敬电慰劳，并奉汇上海大洋 616 元 2 角正，聊作壶浆之敬，伫听凯旋之歌，救国救民，恭祝胜利”。1936 年，东北抗日联军独立师在桦山县七星砬子建立兵工厂，设有造枪车间、弹药车间和修械所。兵工厂有工人 30 余人，除修理破损枪支外还制造出 100 多支手枪，试制成冲锋枪、机枪、手榴弹。

在国民党统治区，工人运动转入低潮。上海机器业工人在这种极端险恶的环境中，继续自发地进行各种斗争。据统计，1928

年共发生罢工 14 起，其中江南造船所罢工有千余人参加。此外祥生船厂、德泰铁厂、中华铁工厂、瑞镕船厂、合兴船厂等都发生工人要求增加工资、改善待遇的斗争，其结果失败居多。1929 年机器业发生 14 次罢工，其中德泰铁厂、新中机器厂、求新造船厂等的斗争取得了胜利。顺福昌机器厂、瑞昌机器厂、中国拉丝钉厂、新中机器厂、华东机器厂等，发动罢工反对资方停业及开除解雇工人，结果有的取得了局部胜利，有的遭到失败。

（二）土地革命战争时期冶金工人运动

大革命失败后，全国总工会及其所属各级地方总工会和产业工会全部遭到封闭，工会干部和工人群众遭到屠杀，包括冶金产业工人在内的工人运动遭受重大挫折。但是，广大工人没有屈服，他们一方面奋起参加工农武装暴动和重建农村革命根据地的斗争，一方面在城市进行了反抗国民党白色恐怖的英勇斗争。

1928 年，湖南水口山工人发动武装暴动。暴动前，水口山特别支部书记、铁匠宋乔生派人打入矿警队内，掌握了一定数量的武装。1928 年 1 月 26 日晚上 12 点，宋乔生指挥工人队伍分成东、西、北三路直奔矿警队。矿警队在睡梦中就被工人解除了武装。工人武装队伍在宋乔生、李玉荣等的率领下来到桐梓山，和当地游击队会合在一起，成立由 800 多名工人、200 多名农民组成的中国工农革命军独立团。水口山工人暴动后，矿局和当地土豪劣绅疯狂镇压，一次杀害了暴动工人家属 138 人，抓去数十人，用铁丝穿着手心解往常宁县。桐梓山工农革命军独立团闻讯，立即返回水口山，烧毁了矿局办公大楼，再次夺取矿警队长枪 17 支、手枪 9 支、子弹 200 发，并在桐梓山设伏击退反动武装 1000 多人的进攻，打死 30 多人、缴枪 18 支。随后宋乔生等率领独立团开赴耒阳，与朱德、陈毅部会师，上了井冈山。朱德对这支队伍评价说："在所有革命队伍中，铁军（叶挺独立团）和水口山矿工，是最迅捷、最有纪律、最勇敢，在政治上最进步的。”

在革命低潮中，1928 年 6 月 18 日至 7 月 11 日，中国共产党第六次全国代表大会在莫斯科召开。大会通过了《职工运动决议案》，在工人运动斗争策略、组织形式等方面提出了实事求是的方针。党的六大以后，为加强对工人运动的领导，中共中央设立了以项英为书记的工人运动委员会，健全了全国总工会的领导机构。在党的领导下，工人运动开始出现复兴的趋势。各地冶金矿山工人罢工斗争此起彼伏。

1929 年初，鞍山振兴铁矿公司大孤山采矿所工人因工资和临时津贴发放不合理，发动两次罢工。1929 年 11 月，大孤山发生爆炸事故，造成工人 36 人死亡、25 人重伤。2000 多名工人举行了持续 5 天的罢工，迫使矿方接受了工人提出的改善劳动条件的要求。1929 年 1 月，抚顺铁厂 300 余名工人自发组织起来，痛打了欺负工人的日本人，并同警察发生激烈冲突。这次斗争有 10 名工人被捕。2 月 5 日，党中央以《关于抚顺铁厂工人斗争问题》为题给满洲临时省委发出一封信，信中指出，“要把抚顺铁厂工人斗争与全国反日运动联结起来”。

1929 年 9 月，江西大余县西华山荡坪、漂塘等矿山工人为反抗资本家限额承包钨矿而举行万人大罢工。西华山 3000 余名矿工游行示威至大余县城，冲击县政府，迫使政府宣布取消承包，准许自由买卖钨砂。工会委员长吴朝仁带领一批工人骨干以当兵为名进入国民党部队，弄到一批武器后，带回矿山武装矿区工人纠察队。1930 年 3 月，西华山钨矿工人 50 余人参加红军。

1931 年 9 月 18 日，日本侵略者制造了震惊中外的九一八事变。东北三省沦为日本的殖民地。全国工人阶级和各阶层人民发起抗日救亡运动，各地工农商学兵各界民众纷纷起来，发表宣言、通电，举行集会、游行、请愿，反对日本帝国主义的侵略，要求政府对日抗战。在日本人经营的工厂、商店、轮船、码头工作的中国工人，不顾失业的痛苦自动离职、罢工，举行抗议活动。九一八事变两天后，1931 年 9 月 20 日，本溪湖煤铁有限公司采矿工人 80 余人举行罢工，抗议日本侵略我国东北。此后，东北冶金工人反抗不断。东北抗日义勇军兴起时，工人纷纷投奔义勇军参加抗战，沈阳、抚顺、鞍山、本溪等地参加辽宁自卫军的工人数以万计。1932 年 2 月 10 日，黑龙江鸡西汤沟金矿伪满国境监视队 108 人举行暴动，击毙日军军官 3 名，携手枪 8 支、步枪 105 支、轻机枪 2 挺，从老凉台越境去苏联。这一暴动得到了金矿工人的积极支援。1933 年 6 月下旬，桦川县驼腰子金矿工人祁宝堂（祁致中）、尤成禄等 7 名矿工举行武装暴动，打死日兵 7 人，夺取轻机枪 1 挺、步枪 6 支、手枪 2 支、子弹 1000 余发，宣布成立东北山林义勇军。1936 年 5 月 20 日，东北山林义勇军在依兰县二道河子改编为抗日联军独立师，兵力约 800 人。

在中央苏区，到 1934 年 2 月，国家工厂发展到 33 个，其中除了枪械弹药和被服等军需工厂，还有造纸、印刷、农具等民用工厂以及钨矿公司等，共有工人 2000 余人。在这些国家工厂中，工会提出了“为巩固和发展苏维埃企业而斗争”的任务，号召工人增加生产、节约材料、改良技术和提高生产质量，经常组织生产突击队和劳动竞赛，推动了公营经济的发展。苏区各地工会和工人群众除了加紧生产支援红军部队，还组建工人纠察队、工人赤卫队等群众武装，配合红军作战。苏区 16 岁至 45 岁的工会会员，80%以上参加了各种工人武装。他们平时站岗放哨，帮助维持地方治安，战时配合红军作战，帮助红军进行侦察、运输和救治伤员等。

1928 年 6 月，在井冈山革命根据地的龙源口战斗中，永新县工人赤卫队 300 多人，配合红军歼敌一个团，受到红军前委的表扬。红军长征后，赣南工会联合会收编工人赤卫队队员，组织了一支百余人的工人游击队坚持斗争，钨矿工人是其中的重要力量。

以油山为中心的赣粤边界游击队，鼎盛时期曾发展到 2100 多人，其中大部分是矿工和手工业工人。

（三）土地革命战争时期建材工人运动

在土地革命战争时期，建设建材系统工人运动突出表现为中国共产党领导下的反对帝国主义压迫和资本家剥削的罢工斗争。

1930 年 8 月，香港全埠建筑业工人 5 万人在工人代表会领导下，爆发同盟大罢工，要求加工资、减工时、改良待遇。据香港报纸报道，1930 年 9 月 12 日，荃湾泥水工人数人在街上与差人发生冲突，结果工友被捕 2 人，其余工友飞报各厂。各厂工友闻悉后，四五百人各持铲板锄头包围差馆，差馆见来势猛烈，即放出被捕 2 人，表示屈服。各厂工友开群众大会，决议组织工会，提出条件，组织泥水工人同盟罢工。9 月 14 日，焕记工厂水泥工人已做满 1 个月，公司仍不发粮，工人乃一致罢工，在厂开大会，决议组织工会，加入工代会，提出 5 个条件：限时发粮；每天增加工资 6 毛；实行 8 小时工作制；星期日休息工资照发；反对抽厘头。

九一八事变后，由于日本帝国主义侵略，加之西方资本主义世界的经济危机给中国经济带来的强烈冲击，中国经济进入了萧条时期。在 1932 年至 1935 年长达 4 年的时间里，工业市场萎缩，进出口贸易锐减，工厂歇业倒闭。资本家纷纷裁员、减薪，致使本来已十分艰难的工人阶级生活状况更加恶化。华北事变后，随着抗日民族统一战线的形成，中国共产党在国民党统治区贯彻正确方针策略，工人运动开始走出低谷，在全国掀起了抗日救亡运动高潮。1936 年 12 月下旬，西安木泥业工人、起卸工人、印刷工人、运粮工人等，相继成立救国会。

红军长征途中，在黔北地区转战 3 个多月，曾经准备以遵义为中心，创建川黔边界革命根据地。1935 年 1 月 7 日，红军进入遵义县城后，立即召集各业工人开会，号召工人组织起来，建立工会。1 月 11 日，召开了遵义县各业工人代表大会，宣布成立遵义县赤色工会，选举木工代表邓云山为主席。之后，在遵义县三岔，由木工、石工、缝纫工、织布工、皮匠、理发匠等组成了三岔工会；在遵义县枫香区花苗田，由陶瓷工人组成了花苗田陶瓷工会。黔北各地工人以各种方式支援红军，红军进入遵义县城当天，印刷工人就连夜为红军赶印 1 万张布告和大批红军宣传品；桐梓县的 10 名缝纫工人带领几十名会做针线活的妇女，自带缝纫机 12 台，为红军赶制军装 3000 套；启明电灯公司工人从厂里拿出 200 多斤漆包铜线，为红军做通信器材；湄潭县工人帮助红军碾米运粮，筹办了大批粮草。

1935 年 1 月，红军长征到达遵义，召开了具有历史意义的中共中央政治局扩大会议，结束了“左”倾教条主义在中央的统治。12 月，中共中央在瓦窑堡召开政治局会议，提出了建立抗日民族统一战线的基本政策。在正确路线指导下，党的工人运动的策略确立为两个“十六字方针”，即在国民党统治区实行“荫蔽精干、长期埋伏、积蓄力量、以待时机”的工人运动方针；在抗日革命根据地实行“发展生产、繁荣经济、公私兼顾、劳资两利”的工人运动方针。红军长征到达陕北不久，在吴起镇召开的中共中央政治局会议决定撤销原全总苏区中央执行局，建立全总西北执行局，同时继续保留全国总工会的名义。全总西北执行局建立后，领导各级工会和广大工人群众在恢复发展生产、支援红军和准备抗日战争等方面，开展了大量的工作。全总西北执行局还决定筹建黄河水手工会，1935 年 10 月，黄河水手工人代表大会在瓦窑堡召开，正式建立黄河水手工会，并按照地段建立了分会，会员 500 余人。

二、全民族抗日战争时期机械冶金建材工人运动

1937 年 7 月 7 日，卢沟桥事变拉开了全面抗战的序幕。随着抗日民族统一战线的建立，国共两党实现了再次合作。在抗战时期，形成了两个战场和三个地区的局势。两个战场即国民党的正面战场和共产党领导开辟的敌后战场。三个地区即国民党统治区、共产党领导的抗日民主根据地和日本侵略者占领的沦陷地区。中国工人阶级的抗日救亡斗争在三个地区以不同的方式展开。在共产党领导的抗日民主根据地实行“发展生产、繁荣经济、公私兼顾、劳资两利”的政策，在国民党统治区和日军占领区实行“荫蔽精干、长期埋伏、积蓄力量、以待时机”的方针。中国工人运动在经历十年内战的艰难探索后，开始走向成熟。

中国共产党巩固和发展抗日民族统一战线，发动和组织工人群众掀起了抗日救亡的热潮。卢沟桥事变发生的第二天，具有光荣斗争传统的长辛店铁路工人，在中国共产党推动下组织战地服务团，到卢沟桥战地担任救护工作。他们还搜集了大批铁轨、枕木、麻袋，到前线协助守军赶筑工事。1937 年 8 月 13 日，日寇进攻上海后，海员工会等 30 余个海员工人团体成立抗敌后援会。建立了工人战时服务队，协助军队构筑工事，捣毁日寇的工厂、码头和仓库。在天津，华新纱厂、裕大纱厂、裕源纱厂、宝成纱厂、北洋纱厂、济安自来水厂、电车厂、邮政局等单位召开了天津工人救国团成立大会，发表了《告工人书》，表示要“运用我们自己的团结的力量，大无畏的精神，誓死和日寇周旋，斗争到底”。在湖南，长沙各业工会成立了抗敌后援会。在山西，1937 年 9 月 18 日，太原市各业工人 7 万余人召开纪念九一八大会，会上通过了成立山西省总工会的决定，并举行了游行示威。队伍到省政府请愿，要求政府发放武器，保卫山西。政府答应发给 500 支冲锋

枪、2500 支步枪。10 月 8 日正式成立了山西省总工会。

在日军即将占领重要工业地区时，工人阶级协助政府当局和民族资本家，把数以百计的工厂的上万吨机器设备拆卸下来，抢运数千里以外的后方。1937 年底上海沦陷，迁移出来的工厂有 152 家，机器设备及材料 14600 余吨，技术工人 2500 余名。这些工厂包括五金机械、电工、化工、造船、印刷及制药等厂。这些内迁工厂起初集中于武汉，随着战事扩大，又再次迁往四川、湖南、广西、云南、贵州等地。整个工厂内迁工作持续到 1940 年，总计内迁的民营工厂 448 家，机器设备等物资 12 万吨，随行技工 1.2 万余人。此次工厂内迁，抢救了上海、武汉两地大约 40% 的机器厂，以及国民政府所属的 11 家兵工厂，内迁职工在迁移过程中不畏艰险、不怕牺牲，充分体现了中国工人阶级高度的民族责任感和爱国主义精神。

抗战进入相持阶段后，国民党推行消极抗日、积极反共的政策。中共中央提出了“坚持抗战、反对投降，坚持团结、反对分裂，坚持进步、反对倒退”的政治口号，制定了“发展进步势力，争取中间势力，孤立顽固势力”的策略方针和“有理、有利、有节”的斗争原则，推动了国民党统治区工人运动的发展。尽管国民党对工运加以严格控制，但工运仍在不断发展，新的工会仍在不断成立。1939 年 7 月，重庆市各工会举行“七七”抗战两周年纪念大会，到会的有人力、金银、印刷、汽车等 57 个工会组织的 300 余名代表。此后不久，重庆市各主要工会组成重庆市总工会筹备委员会。1940 年 4 月，重庆市总工会成立。此外，湖南邮务工会于 1939 年 4 月成立；重庆印刷业职业工会《新华日报》分会于 1939 年 12 月成立；重庆、涪陵、万县等地的船员成立川江船员工会联合会。在工会的组织号召下，国民党统治区工人在大后方坚持生产，不断地捐款捐物支援前线。

抗战中后期，国民党统治区民主运动更加高涨。在国民党统治中心重庆，工人深受特务统治、物价暴涨和失业的威胁，不断掀起反暴政、争生存的斗争。1945 年 2 月，重庆电力公司工人胡世合在处理中韩餐厅偷电事件时，被该餐厅外交经理、军统特务田凯枪杀。重庆电力公司工人在中共地下组织的领导下，发起了抗议国民党特务暴行的活动。在群众的压力下，蒋介石不得不下令枪毙田凯。此即中国工运史上著名的“胡世合运动”。在此期间，陕甘宁边区总工会、各解放区职工会、上海工人救亡协会等均曾致电声援，并汇款慰问胡世合家属。“胡世合运动”前后有 29 万人参加，有力地揭露和打击了国民党的特务统治，推进了国民党统治区的民主运动。

抗日战争相持阶段，沦陷区近 200 万产业工人陷于日寇的铁蹄之下。工人群众在中国共产党的领导或影响下，与敌人灵活斗争、巧妙周旋，表现了中国工人阶级的斗争智慧和坚贞不屈的民族气节。上海沦陷后，工会动员数千名工人参加新四军。共产党将工会积极分子骨干分散到各基层，领导各业工人组织起许多公开合法的经济性、文化娱乐性和联络友谊性的组织。这些工人组织利用英美同日本之间的矛盾，在英、美租界开展群众工作，为新四军、八路军征募衣物，开展各种救难活动，增强了沦陷区人民坚持斗争的勇气和信心。

沦陷区工人还举行抗日武装暴动，其中最著名的是开滦煤矿工人起义。1938 年 3 月，3 万多名工人在党的领导下，利用英、日矛盾，举行了反对矿方实行井下记工制、争取改善待遇的同盟罢工。罢工坚持到 5 月初，取得了胜利。1938 年 7 月，唐山、赵各庄、林西、开滦煤矿 7000 多名工人举行武装起义，起义余部由节振国率领转移到农村，编入冀东人民抗日联军，建立了冀东抗日根据地。

抗日战争相持阶段，国民党顽固派对陕甘宁边区实行经济封锁。中共中央提出了“自己动手，自力更生，艰苦奋斗，克服困难”的口号。边区军民克服重重困难，工业生产获得较大发展。1939 年边区公营工厂的工人有 700 多人。到 1943 年已有公营工厂 82 家、职工 6300 余人，加上私营工厂及合作经营的工厂，共有工人 1.2 万余名。抗日根据地的工会组织也随之发展壮大，1937 年 4 月正式建立了陕甘宁边区总工会，下辖县工会 20 个、区工会 116 个、乡工会 546 个、工厂工会 7 个，共有工会会员 3.6 万余人，其中产业工人占 7%。据统计，1940 年初，华北各根据地工会会员有近 50 万人；1944 年初，全国各根据地的工会会员发展到 80 万人；1945 年初，增至 92 万人。各根据地工会动员工人参加经济改革，改善工人生活，组织工人一面生产、一面作战，组织失业工人开展生产自救，打破了敌伪顽固的军事进攻和经济封锁，为根据地的经济发展作出了重要贡献。

1939 年 4 月，中共中央职工运动委员会在延安成立，发挥着相当于全国总工会的作用，指导推动了各根据地工会组织的发展。中央职工运动委员会深入工厂进行调查时，发现了延安农具厂工人、共产党员赵占魁的先进典型事迹。赵占魁在全面抗战爆发后来到延安，在农具工厂负责熔炉看火和翻砂工作。在困难条件下，他以任劳任怨、大公无私、关心工人、始终如一的劳动态度作出出色的成绩。1942 年 9 月 11 日，《解放日报》发表社论《向模范工人赵占魁学习》。10 月 12 日，边区总工会发出号召开展“赵占魁运动”。陕甘宁边区及各抗日根据地的公营工厂普遍开展了以劳动竞赛为主要形式的生产运动。各抗日根据地在运动中还各自树立起赵占魁式的榜样，如晋冀鲁豫边区开展了“甄荣典运动”，晋绥边区开展了“张秋凤运动”等。通过这些运动，工人劳动态度焕然一新，极大提高了生产效率、增加了产量、节省了成本，有力地支援了抗日前线。

1944 年，抗日战争进入大反攻阶段。陕甘宁边区总工会召开职工代表大会，号召全体职工发挥主动性和创造性，争取在两年内达到工业品完全自给，迎接抗战的最后胜利。1944 年 6 月，根据地各工厂开展了以改进质量、提高产量为主要内容的生产竞赛。在竞赛中涌现了大批劳动英雄和劳动模范。1944 年 12 月 22 日，陕甘宁边区劳动英雄与模范工作者大会召开，参加会议的劳动英雄有 476 位。毛泽东到会作了《必须学会做经济工作》的讲话，高度评价了英雄模范的带头作用、骨干作用和桥梁作用。

（一）全民族抗日战争时期机械工人运动

抗战爆发后，机械工人和其他各业工人一样积极投身抗日救亡运动。共产党领导的工会组织在其中发挥了重要作用。“一·二八”前后，上海 400 余家机器工厂 8000 余名机器工人，有三分之一工人受到失业的严重威胁。“八一三”抗战爆发，大批失业工人做小贩、当苦力。有的在走投无路、生活无着的情况下，被日本占领者骗到外地甚至菲律宾去筑炮台、造油库、开矿。哪里有压迫，哪里就有反抗。淞沪战斗爆发后，江南造船所的工人为了阻止日军前进，凿沉了“普安”号军舰和招商局日清公司的 13 艘商船，以阻塞黄浦江航道。公茂船厂的工人把该厂造出的第一艘钢轮“平阳”号亲手凿沉在十六铺附近的黄浦江中。江南造船所工人和技术人员还设计赶造了一批水雷、地雷，供抗日军队作战使用。1937 年 8 月 16 日晚上，工人张裕庭和许福根协助海军潜水员用水雷爆破敌旗舰“出云”号，使其遭受重伤。当前线急需浮船架桥时，数十名工人冒着枪林弹雨赶造了 50 余艘浮船。1939 年 10 月 11 日，上海江南造船厂 4000 余名工人怠工，并将敌人待修之轮船沉没。《新华日报》发表《向上海工友致敬》的短评。

1937 年全面抗战爆发，沿海各省沦陷，一部分工厂毁于炮火，一部分工厂内迁。内迁的机械工厂达数百家，机件达 7000 多吨。内迁大后方的机器厂职工不顾个人安危，冒着敌机的轰炸危险，把共约5000吨重的机器设备运到内地。大批工厂的内迁，推动了重庆的新式工业发展。以机器工业为例，抗战前重庆仅有机器工厂10余家，到1940年6月增为112家，年底更增至185家，技工4200人，工作母机970台。截至1942年底，工厂数达436家，技工人数为11762人，工作母机2400台。

上海沦陷后，规模较大的船厂和机器厂，包括太平洋战争爆发后的英、法等国资本的船厂，几乎全被日军接管。中国工人更是遭到法西斯军事统治。当时的江南造船所四周布满铁丝网，荷枪实弹的日本海军陆战队日夜站岗放哨。中国工人上工放工要在指定的门口排队，还要向日本卫兵脱帽鞠躬，稍有违抗就要挨打罚跪，甚至被关入监狱。工人在地下党组织领导下，利用一切形式发动反抗斗争。当时粮食和生活日用品奇缺，日伪政府于1942年7月起发售的配给米（上海人习惯叫户口米）经常断供，在此情况下，上海机器业各厂爆发了一场要求发配给米的斗争。在中共地下支部领导下，江南造船所的工人用怠工方式，迫使日方增加工资。地下党员分头在老虎灶或厕所间向工人宣传，鼓动工人到外面去拉人力车和“跑单帮”，开始时几十人，后来增加到100多人，以致船坞里无人工作，车间里冷冷清清。中共地下支部又通过中国领班，向日本大班提出增发三斗米津贴的要求。日本大班考虑到修船任务紧迫，怕工人继续闹下去影响工期，只得答应工人的要求。

大隆机器厂是沪西的一家大厂，被日军接管后改名为大陆铁工厂，专门生产迫击炮、机枪架和炮弹。中共地下党员周辛吾、陈正泉等人在工人中进行“中国人不打中国人”和“中国人不打抗日队伍”等爱国教育，同时采取隐蔽和灵活的手段破坏敌人军火生产。手段包括多消耗物资、多出废品以坏充好等，如在浇注炮弹壳时，故意将泥芯做歪，将生产用的机油、肥皂油、火油倒在阴沟里。为了对付日本监工，工人之间互相发信号，在工作时消极怠工，出工不出力。1943 年底，日商东华纱厂更名为第五机械制作所，专门制造步枪。工人们采用了一系列方法，拖延军械生产，归纳为：一拖，借口找材料，到处拖时间；二磨，磨洋工，出工不出力；三闹，有意吵架，大家跟着起哄；四粗，粗制滥造出次品；五跑，空袭时一哄而散，一起逃跑；六罢，达不到要求就罢工。公兴铁厂在被日军接管后，工人们用巧妙的方式破坏生产，因为老式车床的传动是用马达通过天轴来带动全部车床的，工人们在操作时，在同一时间里全部车床一起超负荷进刀，使大马达超负荷而烧坏造成停工。1944 年底，美国飞机开始对日军在上海的重要战略据点进行轰炸。工人趁机开展“逃警报”斗争。江南造船所是美机袭击的目标之一。但日本人全然不顾工人死活，警报一响，立即把厂门关上。该厂地下党支部组织工人开展斗争，听到警报声，立即从工厂跑出来，地下党员胡桂宝等带领工人推倒一大片围墙，涌出工厂。自此以后，工人们一听到警报声就往外跑，有的一去不返，使工厂生产陷于瘫痪。日本人无奈，只得被迫发给工人“安全费”，对回厂生产的工人增加四分之一工资作为奖励。

抗战初期，华北形势危急。在日军逼近磁县时，该县县长逃跑、军队退出。六河沟煤矿机器厂工人把厂里可搬走的机器、原料均带到抗日根据地，帮助八路军 129 师成立轻便兵工厂。1938 年 2 月，（冀鲁豫）泰西地区成立了抗敌自卫团，邀请肥城全县的铁匠来赶制大刀。200 多名红炉铁匠赶到县城，义务劳动，分文不取，半个月就赶制大刀 1500 余把，把自卫团战士全部武装起来。1943 年，新四军一师师长粟裕派采办科科长张渭清到上海建立秘密兵站，采办制造迫击炮所需的无缝钢管和五金器材、机器设备等，为军工部物色技术工人。张渭清找到了马勒船厂曾经参加三次武装起义的老工人朱荣生，朱荣生欣然答应，还将自己的独子朱金山送去一师军工部，经他介绍去根据地的技术工人有七八十名。公兴铁厂工人、中共地下党员蒋志伟到新四军一师军械所后，担任了车床组组长，他动员同在公兴铁厂工作的父亲、弟弟都到抗日根据地工作。这些工人一手操纵着机器、一手执着武器，在战斗中生产、在生产中战斗，为反抗侵略、夺取胜利作出了重大贡献。

1944 年下半年，日本侵略者山穷水尽，抗日战争胜利的曙光初现。中共中央华中局指示发动群众组织工人地下军，在必要时武装起义，配合新四军解放上海。上海机器业工人积极参加地下军。1945 年 6 月，江南造船所组成了地下军两个小组共 25 人；三兴船厂组成了一个小组，有队员 12 人；亚细亚钢铁厂的工人地下军共有队员 20 余人。工人地下军对敌伪开展了一系列斗争行动。1945 年 8 月，沪东工人地下军得知日商武田药厂实际上是生产军用燃烧弹后，便策划夜袭该厂门卫室，制服了看门的印度人，"买"出四箱燃烧弹。工人地下军还利用日军军心不稳的有利时机开展策反工作。浦东工人地下军得知驻在南码头戴家宅日军骑兵团团部一个卫兵表露了厌战思乡的情绪，就开展工作帮助其逃跑，这名日军在工人地下军的护送下到达新四军驻地，后来参加了新四军浙东纵队"国际支部"工作。1945 年 8 月 15 日，日本政府无条件投降。日本宣布投降的当天下午，沪东区日军占据的各厂纷纷关上厂门，仓皇焚毁文件、账册，上海工业株式会社的日本领班带了 50 多名工人进厂拆机器，企图毁灭生产军火的痕迹。中共地下支部获知后，立即组织纠察队保护工厂，使敌人的阴谋无法得逞。经过 8 年的艰苦斗争，工人阶级在付出了巨大的牺牲之后，终于迎来了抗日战争的最后胜利。

（二）全民族抗日战争时期冶金工人运动

日本帝国主义势力侵入中国东北后，加紧掠夺东北钢铁资源，先后于 1911 年和 1917 年在本溪和鞍山筹建炼铁厂。1931 年九一八事变后，日本陆续扩建本溪和鞍山的炼铁厂，并增添炼钢设备。同时在沈阳、大连、抚顺建设钢铁厂。全面抗战爆发后，中国北部和东南部的钢铁厂被日本侵占。为了进一步掠夺资源，日本对鞍山、本溪、石景山、龙烟等厂矿进行投资建设，又在上海、唐山、天津、海南岛等地建立了7个厂矿，我国钢铁工业的命脉几乎全部操纵在日本手里。1943年，东北地区产铁170万吨、钢87万吨，分别占当时全国产量的94%和95%。

1937年七七事变后，日本侵占了中国华北、华中、华南的广大地区，国民党政府撤退时拆迁了汉阳铁厂、大冶铁厂、六河沟铁厂和上海炼钢厂的部分冶炼设备，在四川巴县大渡口建立钢铁厂。日本财阀在占领区恢复建设石景山炼铁厂、阳泉铁厂、西北炼钢厂，又在河北唐山、天津和安徽马鞍山建立炼铁厂和炼钢厂。1941年太平洋战争爆发后，日本帝国主义在我国东北开始推行所谓《战时紧急经济方策》，进行疯狂掠夺。1942年开始全面实行所谓粮食配给制度，规定的配给标准极低。昭和制钢所对一部分从事重体力劳动的职工按所谓“劳需”配给，但职工本人的粮食还要分给全家人吃，无法保证“劳需”。广大职工及其家属挣扎在饥饿线上。日本帝国主义在满洲把人作为机器来代用，从劳动时间上看，伪满一般工人平均劳动时间是9—10小时，而金属、化学、窑业、食品、皮革等工业部门则长达11小时，有的甚至长达13—14小时。据满铁调查，1940年，在日本人经营的矿山工作的20.85万名矿工中，有1.98万人的劳动时间为12小时，0.45万人为13小时，3万人为14小时。在露天采矿场，从打眼、爆破到装矿、运矿全都是手工作业。井下作业条件更加恶劣，阴冷、潮湿、粉尘飞扬，而且经常发生冒顶事故和水火灾害。炼铁和炼钢都是高温作业。炉前的技术工人大都是日本人，劳动保护好一些，而炉前的中国人力工和炉下的清渣工、原料工等没有劳动保护，伤亡事故不断发生。小型厂的劳动条件更为恶劣，钢坯完全靠人力推进厂房，然后再推进加热炉；待钢坯加热后，再一根根从炉口抽出，抽钢时经常发生烫手、烧脚等事故；精轧时全靠人力喂钢，挟钳工人动作稍慢一点，就有被烫伤甚至烫死的危险。当时，在昭和制钢所职工中间普遍地流传着一首打油诗："弓长岭是万人坑，炼铁厂是鬼门关，薄板厂是阎王殿，小南山（选矿厂）是大猪圈，要吃小型饭，得拿命来换。"

在这种情况下，工人的反抗此起彼伏。1937 年 7 月，鞍山钢材株式会社 500 余名工人为增加工资，举行全场罢工，资方接受工人要求，每人提薪 1 角后复工。1938 年 12 月，鞍山大谷重工业株式会社 500 多名工人要求增加工资，举行 3 天罢工，迫使日方给工人增加工资 30%。1939 年 6 月，鞍山振兴铁矿公司樱桃园采矿所 180 多名特殊工人（大部分是我方被俘人员）为要求改善伙食和争取人身权利举行罢工，后伙食略有改善。1940 年 6 月，鞍山昭和制钢所 12 名火车司机为反抗日本人改变班次、减少工资，进行 36 小时罢工斗争，造成制钢所 80% 火车停运，高炉停产。日本人被迫恢复原制度。1942 年 2 月，鞍山高级炉材株式会社 2000 名工人反对降低奖励金和福利金标准举行大罢工，日本资本家答复要求之后才复工。

日本军队占领黄石地区后，对大冶厂矿实行军事管制，在铁厂、铁山等地修筑碉堡、架设电网，使大冶厂矿变成了一座法西斯集中营。为了榨取华工更多的血汗，强迫工人每天工作 11—12 小时。日本宪兵队规定，中国人不得两人以上在一起走路和说话，出门要带"良民证"，遇到日本人要退让行礼，遇有关卡，必须展开双臂，让日本人搜查。原大冶钢铁厂的"工匠门"在大革命时期被工人砸毁，日本人占领后又恢复了，并规定中国工人上下班只准走"工匠门"，不得从其他厂门出入。此外，日本统治者对中国工人恢复了牌厢制，工人上班要在"工匠门"领取工牌，下班时将工牌还到牌厢内。工人们每天天不亮出门，摸黑回家，迟到一步，取不到工牌或者工牌没有放还，这一天就算白干了。日本厂警随身带着皮鞭、棍棒，监视着工人，常常随心所欲找借口把无辜的工人痛打一顿。一次工人陈新宝正排队准备进厂，一个日本厂警突然上来抓住他的衣领子，说他把队站歪了，将他从队伍中拖出来，打得他在家卧床半个多月不能动弹。

哪里有压迫，哪里就有反抗。面对侵略者的欺压，许多工人逃出日本占领区，投奔抗日根据地。1940 年，大冶铁厂机修工人张春山、项世发、刘炳常等人到新四军五师十四旅所属的修械所担任修械员，为新四军修理枪械。还有部分工人直接参加新四军，战斗在抗日最前线。抗日战争期间，大冶厂矿工人先后多次将“日铁”的物资器材偷运出厂，送给新四军制作枪炮。1942 年 8 月，新四军兵工厂急需部分机械设备和工具材料，派人潜入大冶厂矿与工人联系。工人乘日本人不备，从仓库里拆卸了六尺车床一台、工具一箱及部分钢材，乘夜晚运往兵工厂。1942 年底，“日铁”从外地运来一批铜套。此时新四军修械所也正急需这种材料制作枪炮，铁厂的工人深夜将仓库通风孔卸开，将 200 多个铜套搬出，交给前来接应的新四军战士。大冶厂矿的工人还配合抗日武装力量进行抗日活动。1944 年初，“日铁”火车司机彭久安和信号工彭方喜配合抗日游击小分队，炸毁了四个火车头，使运输一度陷入瘫痪。1944 年冬，“日铁”拉一列车炸药到铁山，以供开采爆破之需。火车司机陆先应利用出车机会，用满载矿石的列车迎撞炸药车，造成两台机车被炸毁，铁路运输中断。

七七事变以后，华北、沿海一带相继沦陷，国民政府西迁，拆卸汉阳钢铁厂炼铁炉、炼钢炉、轧钢设备、动力机器，开始在内地建厂。随后几年内，在四川等地初步形成一定规模的钢铁企业。建厂初期，由于煤、铁矿供应不足，两座高炉只开一座。广大工人在政治上受压迫、经济上受剥削，生产积极性不高，效率低下。在山西，阎锡山利用人民迫切要求抗战的心理，提出“造产救国”“建设西北”的口号和“山西十年计划案”。1934 年 3 月，阎锡山召集炼钢筹备委员会成员，提出了西北炼钢厂的建设计划。从 1934 年 8 月破土动工到 1937 年秋，西北炼钢厂大体建成。正逢卢沟桥事变，抗日战争全面爆发，1937 年 10 月日军突破娘子关，11 月攻陷太原。西北炼钢厂未及生产即沦于日寇之手。太原钢铁工人从建厂之始就投入了反抗日本侵略者的斗争。1937 年 8 月中旬，西北炼钢厂工人在附近的古城村召开大会，选出了刘毓秀等 7 人组成工会委员会。1937 年 9 月上旬，工会为了改善工人生活待遇，组织了 2000 名工人包围了厂长办公室，提出要求，“我们要吃饱饭抗日，吃饱饭救国，吃饱饭生产”。经过工人代表的说理斗争，厂长只好答应工人的要求。

1937 年 9 月 18 日，中共太原市委组织工人举行规模巨大的纪念九一八事变爆发六周年大会，会上，西北炼钢厂的工人代表郎觉民提议，要建立工人自己的组织——总工会。会后组织了上万人参加的示威游行。游行队伍走到省政府门前停下来，向阎锡山要求发武器。省政府不得不答应了发给冲锋枪 500 支、步枪 2500 支。随即成立了工人武装自卫队。

在抗日战争时期，广西工人群众中有许多从革命根据地来的赤卫队队员、地下党员，他们在党组织的宣传和发动下，把当年右江革命根据地及黔桂边革命委员会印发的宣传标语、口号、传单到处张贴、散发，用不同的形式支援抗日战争。抗战初期，锡是战时物资，销路很好。盛产锡矿的广西大厂矿区资本家趁机大发国难财，他们以战事为借口压低工人工资、延长工人的劳动时间，还用“桂票”充抵工人工资，两块“桂票”也换不到一块银洋。矿工们罢工反抗，提出了“要银洋不要桂票”及增加工资的要求。资本家不得不同意工人的要求。日本侵入广西后，对大厂地区垂涎三尺。而国民党不战而降，把大厂矿区拱手相让。中共地下党组织团结矿区工人，决定用断水的方法把日本人赶出矿区。

大厂矿区水中含有硫、铅、砷等有毒矿物，矿工们向来都是用竹子做成水笕，把无毒的山泉水引来吃用。在日本人进入大厂矿区前，矿工们连夜拆掉水笕，断了水源。日本鬼子来到矿山，不得不用有毒的矿泉水煮饭吃，无法维持生活，只得在毁坏矿山机械设备之后离开大厂。

到了抗战中期，华北和陕北等地冶金军工事业有了较大发展。1938 年 10 月，党的六届六中全会在延安召开，毛泽东在《论新阶段》中指出："游击战争的军火接济是一个极重要的问题。一方面大后方尽可能地接济地方；又一方面，每个游击战争根据地都必须尽量设法建立小的兵工厂，办到自制弹药、步枪、手榴弹等的程度，使游击战争无军火缺乏之虞。"1938 年，中央军事工业局所属的红军兵工厂由延安柳树店迁到安塞县的茶坊，命名为陕甘宁边区机器厂。1939 年，延安温家沟兵工厂建成投产，边区兵器工业的发展需要大量的生铁，边区党和政府发动群众，将破犁、旧铁器、庙钟、铜元和麻钱（古代铜币）等废铜铁出售给政府，支援边区的兵工生产。前方的八路军将士送回了缴获敌人的机器、汽车头、各种枪炮管和废坦克。贺龙率领 120 师把破坏敌人的铁路拆下的铁轨运回延安，成为兵工生产的冶金材料。各根据地根据自身实际情况，发展自己的冶金工业。抗日战争前，晋绥边区土法炼铁分布很广，约有炼铁方炉 30 座，炒熟铁炉 6 座。抗日战争初期，大部分炼铁炉相继停业。1940 年，边区政府扶持一些炼铁作坊，除继续生产民用品外，还为民兵和部队生产地雷和手榴弹外壳。当时在临县招贤镇设有土法炼铁炉 18 座，专事地雷和手榴弹外壳的生产。

陕甘宁边区组织技术人员分赴各地探矿、找煤，学习炼铁技术。1941 年，边区第一座炼铁炉在十里铺建成，开始试验炼铁。1942 年秋，炼铁试验初步成功。正式成立关中铁厂，结束了边区"手无寸铁"的历史。1943 年 9 月成立蟠龙铁厂，不久和军工局的炼铁部合并，命名为边区第一铁厂。1944 年 8 月，制造机器和生产炮弹、手榴弹所急需的灰口铁在第一铁厂试炼成功，边区炼铁业有了新的提高。同一时期，陕甘宁晋绥联防司令部后勤部在甘泉县创建“贺龙”铁厂，并于 1943 年 11 月将第一批 300 余斤生铁送到延安。

抗日战争时期，山东各根据地的冶金生产以铸造化铁为主。鲁南、胶东、滨海等各兵工厂也都有不同规模的红炉化铁，或翻砂铸造。各冶金军工生产单位，起初使用的炉子、风具都很简陋，操作方法也很落后，劳动强度大、生产效率低。根据地军民在技术装备方面探索革新，提高技术水平。渤海兵工厂将人力风箱改为马拉铁制鼓风机，增大了风力，缩短了生铁熔化时间，提高了铸件成品率。渤海军区兵工厂的铸造技术骨干胡忠等人还研究白口铁的转化工艺，提高了手榴弹壳质量。限于当时的历史条件，冶金军工虽然没有形成完全独立的体系，但是仍然在困难的条件下经受了考验、得到了发展，谱写了光辉的历史篇章。

(三) 全民族抗日战争时期建材工人运动

九一八事变后，日本水泥工业财团涌入东北和华北，先后在哈尔滨、鞍山、辽阳、本溪、泉头、抚顺、吉林、牡丹江、锦西、安东以及庙岭等地建起了 13 个水泥厂。1936 年，日本昌光硝子株式会社控制了秦皇岛耀华玻璃厂，1937 年在沈阳建起奉天工场(沈阳玻璃厂的前身)。七七事变后，日本帝国主义侵占了太原水泥厂、上海水泥厂、广州水泥厂等。为配合其战争需要，在华北又建了琉璃河水泥厂和大同口泉水泥厂。在此期间，日本人接管了德国人经营的青岛沧口水泥厂和石棉矿，在察哈尔、山西太原和灵石等地建立了掠夺性的云母矿、石膏矿和石墨矿。日本侵略者残酷剥削压迫建材行业工人，在哈尔滨洋灰股份有限公司，生产岗位工人和机电、化验工人等为正式工，被称作“工员”，装卸工人、黏土拉运工人及其他杂务工人都是临时工，被称作“苦力”。据老工人回忆，1940年前后，洋灰窑的工员最高日薪为0.9元，相当于11斤高粱米，最低日薪为0.4元，相当于5斤高粱米；苦力日薪为0.75元，相当于9.7斤高粱米。苦力由把头统一派工、统一领薪，按十分之一抽头，把头还另收住宿费、饭费，并通过放高利贷、设赌局等多种方式盘剥工人。工人每日工作12小时，昼夜两班倒，没有休息日。苦力集中居住在江边沙滩上用木板炕席搭成的工棚内，睡觉时枕块砖头，铺几张水泥袋纸、破麻袋片。冬天工棚里挂满冰凌，夏季跳蚤臭虫爬满全身。每值汛期，下铺灌满了水，工人都挤在上铺。工人作业时没有劳动保护和安全措施，工伤事故经常发生。

由于工资过低，加之恶性的通货膨胀，建材工人无法维持生活，进行了不屈不挠的斗争。抗日战争时期，建材工人的斗争形式有三种：第一种最普遍、最持久的斗争形式是在日本工地进行的“磨洋工”斗争。工人们在磨工时躲开日本卫兵、监工的眼睛，他们一来，“紧张”劳动一阵子，他们一去则各自“歇工”。在“磨洋工”斗争中，劳动数量和质量降到最低限度。在“计件”活中，主要是降低质量，相约“凑合”交活。第二种斗争方式是“逃跑”。在工资低、工作苦的情况下，工人相约逃跑。第三种斗争方式是罢工反抗。太平洋战争后期，日伪经济日趋恶化，物价暴涨，哈尔滨洋灰股份有限公司召开所谓“共荣圈”会议，工务课长松岗宣布，给日本人增加工薪而不给中国工人。中国工人散会后就分头动员，罢工抗议。日本工头威胁工人“统统地走”，很多工人背起行李就走。工人中有不少人是生产中不能缺少的骨干，他们一走，生产根本进行不下去，日本人不得不同意给中国工人普遍涨了工薪，罢工才告结束。

三、解放战争时期机械冶金建材工人运动

解放战争时期是中国工人运动经历曲折探索、不断成熟、最终走向胜利的重要时期。抗战胜利以后，国民党统治区工潮此起彼伏。国民党当局对工人罢工采取了严厉的压制手段。国民党统治集团为了控制和占领工会阵地，在国民党第六次全国代表大会上，制定了《劳工政策纲领》十六条，实际上其目的是要通过各种手段，消解工人群众的反抗斗争。对于工人运动，国民党当局采取诬陷、殴打、逮捕、枪杀等种种手段，以“消弭”工潮。

中国共产党对此有着清醒的认识，对解放区工人运动与国民党统治区职工运动采取了不同的方针。早在抗日战争胜利前夕，1945 年 4 月召开的中国共产党第七次全国代表大会对解放区工人运动作了明确指示，指出在抗日战争结束以后，“中国工人阶级的任务，不但是为着建立新民主主义国家而斗争，而且是为着中国的工业化和农业近代化而斗争”。解放战争时期，解放区和国民党统治区的工人群众，在中国共产党的坚强领导下，开展了各种形式的斗争，为夺取革命胜利作出了巨大贡献。

党的七大闭幕以后，中央恢复了工人运动的领导机构——中共中央职工运动委员会。1945 年 10 月，解放区工会联合会筹备会根据党的七大的决定，在总结以往领导工人运动的经验基础上，制定了《中国解放区职工联合会纲领（草案）》，体现了共产党关于解放区工人运动的政策。抗日战争胜利后，解放区迅速扩大，工人阶级成为解放区建设的重要力量，解放区的工会运动呈现出蓬勃发展的新气象。各解放区通过开展群众性的反奸清算斗争，彻底清除掉日伪军残余势力，使工人在政治上真正翻身，经济上有所改善。通过开展群众性的反奸清算斗争，清算了一批罪大恶极的汉奸、特务、封建把头、日本监工、日本警官，有力地打击

了日本残余势力。通过斗争，工人都把共产党当靠山，积极要求参加工会，组织起来巩固和保卫解放区，恢复和发展生产。

抗日战争胜利后，解放区面临着国民党军队抢夺胜利果实、发动全面内战的威胁。1945 年 12 月 15 日，中共中央在《1946 年解放区工作的方针》中指出：发展大规模的生产运动，增加粮食和日用必需品的生产，改善人民生活，供给军队需要，已成为当前迫切的任务。各解放区工会遵照党中央的指示精神，把动员群众迅速发展工业生产作为中心任务，组织各种形式的劳动竞赛，促进了生产的发展，壮大了工人阶级的力量，扩大了工会组织。

国民党统治区工人在共产党领导下，发动了要求失业救济和保障生活的斗争。在全民族抗战中，大后方的工人群众在工作时间长、工资低、生活困苦的煎熬中坚持做工。抗战胜利后，国民党当局急于抢夺抗战果实，忙于准备内战，对大后方的工厂采取紧缩外迁措施，致使大批工人失业。工人群众组织起来展开了要求就业和失业救济、增加工资改善生活待遇的斗争。抗日战争胜利后的一年间，重庆地区共发生失业工人要求就业、救济和发遣散费的斗争 299 起，涉及工人 1.53 余万人。

抗战胜利后，国民党当局对沦陷区工厂的接收，再次形成一场劫难。以上海为例，到 1945 年底，上海复工的工厂仅有 209 家，工人 18406 人。大部分工人被抛进了失业的队伍。1945 年 10 月，上海的失业工人就达 15 万人。上海工人群众在中共地下党领导下，开展了要求复工救济的斗争。其中影响比较大的有沪西区以纺织业、机器业为主的工人斗争，沪东区以机器业为主的工人斗争和大后方返沪失业工人的斗争等。

1947 年 7 月以后，解放战争由防御转入进攻，国民党统治区经济走向崩溃，工商业陷于瘫痪状态，工人和其他阶层人民在饥饿和死亡线上挣扎。国民党当局为挽救覆灭的命运，变本加厉地镇压工人运动。1948 年 4 月公布《特别刑事法组织条例》，疯狂逮捕、迫害工人领袖和工人群众，在上海制造了“富通事件”“申九惨案”“王孝和事件”。1948 年 4 月 21 日，国民党当局以“破坏发电机”的罪名，逮捕了上电工会常务理事、共产党员王孝和及其他工会干部、积极分子 14 人。王孝和面对国民党“特种刑事法庭”的酷刑拷问，坚贞不屈，英勇牺牲。针对国民党当局最后的疯狂，中国共产党在国民党统治区实行“长期打算，积蓄力量，发动斗争，推动高潮，配合反攻形势，发动第二战场，准备里应外合，争取全国胜利”的群众运动指导方针，发动工人开展反饥饿、反压迫斗争。在上海、南京、北平、天津、青岛、武汉、广州、南昌等大小城市，直接或间接卷入运动的纺织、毛织、丝织、煤矿、机械、造船、水手等 40 余个行业职工数以万计。从 1947 年 7 月至 1948 年 12 月，上海工人反饥饿、反迫害工潮事件共发生 65 起。此外北平的“饿工”斗争，重庆、成都、南昌、西安、昆明、长沙等城市工人反饥饿、反迫害斗争也持续发展。从 1947 年下半年到 1948 年 8 月，国民党统治区 11 个大中城市共发生较大工潮事件 196 起。

1946 年 6 月，国民党当局对解放区实行包围进攻，开始全面内战。各解放区工会紧急行动起来，动员工人积极生产、武装自卫、巩固后方、支援前线。陕甘宁边区总工会向工人发出“发展生产，保卫边区”的号召。军需工厂的工人在“后方多流一滴汗、前方少流一滴血”的口号下，突击生产，保证军需物资及时送往前线。山东解放区广大工人在“一切为了前线胜利”的口号下，忘我劳动，突击竞赛。胶东、烟台、威海、淄博等地工人组织起工人纠察队，“一手拿枪，一手拿锤”，夜以继日地战斗在生产第一线，为自卫战争作出了贡献。各解放区工会动员工人群众积极参军，保卫胜利果实。在八路军和新四军部队曾经占领的城市和地区，工会领导工人建立武装，后来大多编入正规部队。1945 年 8 月，鞍山 3000 余名工人报名参加了东北民主联军，鞍山工人纠察队800余人被改编为辽南独立师第二团。1948年10月至1949年3月，山东解放区包括工人在内的地方武装12万人直接转入主力部队。东北各地工会组织军工企业职工，深入开展“立功创模运动”，生产武器和军需物资，支援辽沈战役和其他战场的对敌作战。据统计，在淮海战役期间，华东、中原、华北各地包括工人在内有543万余人参加支前活动，为参战人数的9倍。

1948年8月1日，第六次全国劳动大会在哈尔滨隆重开幕。出席大会的代表共计518人，代表着全国有组织的职工283万余人。这是自1929年五次劳大以来，中国工会历史上一次人数众多、代表广泛、意义空前的盛会。大会通过了《中华全国总工会章程》，选举产生了全国总工会的领导机构，正式恢复了历史上的光荣名称——中华全国总工会。这标志着1927年工会运动遭到国民党反动派的摧残破坏以后，重新实现了全国工人阶级的大团结，实现了全国工人运动在组织上的统一。

第六次全国劳动大会以后，随着辽沈、淮海、平津三大战役的胜利，全国各地各大城市相继解放，工会工作以协助接管和管理城市，接管官僚资本企业、恢复发展生产为中心，迅速开展起来。革命形势的迅速发展，给解放区和全国工人运动提出了新的任务和要求。各解放区工会动员和组织职工担负起发展工业生产的任务。国民党统治区的广大工人群众在共产党地下组织的领导下，进行了保护企业资财，反对国民党搬迁、破坏的斗争，并以各种方式支援人民解放军的胜利进军，迎接城市、矿区和交通线的解放。国民党统治区的中共地下组织，根据第六次全国劳动大会决定的方针政策，组织广大职工开展迎接城市解放的斗争，在职工群众中建立了各种名称的中共外围组织和其他群众组织。其中著名的有“上海工人协会”“上海人民保安队”“武汉人民解放先锋队”“广州工人协会”“湖南工人解放社”“厦门人民解放大同盟”等以工人为主体的群众组织。

1949年3月5日至13日，中国共产党七届二中全会在平山县西柏坡召开，会议提出了全心全意依靠工人阶级的城市工作方针。从此，中华全国总工会在中共中央的坚强领导下，迅速组织全国工人阶级，以主人翁的姿态迎接中华人民共和国的诞生。

（一）解放战争时期机械工人运动

抗战胜利后，国统区机械工业面临厄运。抗战期间，沿海一带的工业界响应政府号召，不辞千辛万苦迁到大后方。抗战胜利后，生产任务骤减，工厂无资金流转，无法进行生产，员工生活失去了保障。加之大批美货倾销，物价暴涨，市场混乱，工厂大量倒闭。整个机械工业在国民党统治下日趋萎缩。在这种情况下，战时内迁机器厂工人发动了“反停工”“要求发遣返费和生活维持费”的斗争。昆明中央机器厂工人针对当局停工减薪，不发遣返费等劣行，提出：要求厂方实行民主，有集会结社自由，工人组织工会，厂方不得干涉，保持原有的奖金、工资，改善伙食及一切卫生设备，伙食应有工人的代表参加办理。国民党中统局报告：“自昆市‘一二·一’学潮发生后，奸党即向各大工厂煽动工潮。昆明中央机器厂久为奸党活动之区。厂内奸党一再挑拨煽动，策动组织‘职员联谊会’，办理职工复员事宜，以厂方对此始终未曾答复为词，当经决议全体职工为提出抗议、贯彻要求，决定由十六日起罢工。”从一个侧面反映了工人斗争情形。工人罢工后，当局不得不“当即派员前往参加解决，并婉为劝慰，嘱厂方勿得锐减工资。而厂方亦即允准要求，仍照八月份待遇维持至年底。工潮乃得暂告平息”。

日本投降后，国民党政府派遣大批“接收大员”从重庆赶到上海夺取胜利果实，大搞“五子登科”（位子、房子、车子、金子、女子），许多工厂被“劫收”一空，工人面临失业、饥饿威胁。1945年9月26日《时代日报》透露：上海全市失业工人总数在50万人以上。以机器业工厂为例，全市500多家机器厂中，复工的仅占0.5%。在重工业比较集中的沪东区，除日亚、亚细亚、新亚几家钢铁厂和中华铁工厂在1945年冬季开工外，机器业的近40家工厂中90%以上未复工。沪东机器业失业工人达6700余名。1945年9月初，上海沪西机器工人和其他各业工人召开庆祝抗日胜利的大会，提出“要和平、要民主”“要饭吃、要工作”的口号。40多家工厂5万多名失业工人在地下党组织指导下，成立了沪西失业工人联合会。1945年9月20日，沪西失业工人联合会组织了以机器业为主的40家工厂的失业工人，派出9人代表去国民党市党部，申述“关厂已一个多月，工人难以生存，要求立即进行救济，尽快复工”。一名“专员”拒不接受工人代表要求，还恶毒咒骂、污蔑工人。几千名工人立即组织请愿队伍，向国民党市党部进发。一路上，很多工人闻讯赶来，队伍不断扩大，把市党部围得水泄不通。在工人群众的坚决斗争和社会舆论支持下，10月上旬，沪西机器业的民营小厂相继复工。

1945年8月下旬，日本刚投降，国民党政府官员还未到上海，社会秩序仍由汪伪人员维持，处于饥饿之中的工人生活无人过问。在上海中共地下党领导下，机器业、钢铁业和部分轻纺工厂组成四十九厂联合会，开展了争取生活维持费的斗争。1946年1月，沪东第四区机器制造业产业工会筹备会在地下党领导下，组织了请愿大游行。1万多名机器工人在工筹会门口会集，在警察威胁面前面无惧色，继续前进，警察被迫步步后退。游行队伍到达市政府，副市长被迫同工人代表谈判，答应了工人大部分要求。1946年6月19日，沪西机器业40多家工厂60多名工人代表组成“沪西工人和平民主促进会”，开展反对内战，争取和平的签名运动。7月9日，中纺第二机器厂等13个单位的工人上书国民党政府，呈递了《关于要求勿背弃停战命令致蒋介石书》。1947年，国民党在政治上强化其反动独裁统治，在经济上向人民加紧搜括勒索，除增加各种苛捐杂税外，又实行“经济紧急措施”，强令冻结上海生活指数，导致广大机器业职工的生活走向绝境。中共地下上海工委决定发动群众，反对“冻结”。机器业工会、造船业工会、法电工人代表多次或单独向社会局请愿，或联合行动，发表要求“解冻”的宣言，声明如果政府不答复，机器造船业工人将“全面性表示态度”。中央电工器材厂等单位先后发动工人怠工，发起“签名运动”。1947 年 5 月 1 日，机器工人和全市 3 万余名工人一起参加了要求“解冻”大游行。5 月 10 日，国民党政府被迫宣布有条件“解冻”生活指数。上海机器业工人在不断的斗争中得到锻炼和提高，1947 年 12 月 14 日，成立了上海市机器造船联合产业工会筹委会，实现了全市机器业工人的大联合。

1949 年 4 月 21 日，毛泽东、朱德发布向全国进军的命令，解放上海已指日可待。国民党当局疯狂破坏工厂、抢运物资，对机器设备采取“能搬则搬，搬不了则毁”的方针。上海机器业工人响应中共中央军委、总前委关于“要完整地保全上海”的决策，在中共上海市委领导下，开展反破坏、反屠杀、反迁移、保护工厂的行动，成立护厂组织，反对搬迁、保护工厂。沪东、沪西、沪南、浦东等区的机器业各厂，特别是江南造船所、华通电业机器厂、泰利机器厂、吴淞厂、中机厂等许多工厂，先后成立了护厂队、纠察队保护工厂物资设备。中国农业机械特种设备股份公司接到国民党政府南迁的指令，准备把足可建成 3 个厂的全套设备运往广州，再转运台湾。总经理林继庸知道公开迁厂必遭工人反对，就谎称扩建广州分厂。消息一传出立即被识破，中共地下党支部通过职工联合会团结广大工人展开斗争。在拆机器设备时，尽量拖延拆卸时间，在工头面前装模作样拆几个零件，工头一转身又把零件装上。经理在厂外雇了 300 名临时工，深夜进厂突击搬运物资。联合会决定立即夺回。这时满载物资的驳船已开到黄浦江心，工人向船老大宣传说：“船上装的是我们厂的物资设备，要是运走了，工人没活干，饭碗也就没了。”船老大一听连连点头，说：“我决不做这缺德事。”说罢马上把驳船拖回到岸边。工人们还把经理的轿车轮胎放了气，厂方只好答应工人要求，保证不再将厂内物资外运。南迁的阴谋彻底破产。

在江南造船所，一支由千余人组成的护厂队，日夜守卫着工厂。轮机厂是护厂的重点部门，拥有大小机床100多台。国民党政府当局一再催促，要求将轮机厂的大小机床全部拆走。中共地下党员发动工人把三脚架和机床上的轧头盘等备件拆掉装入箱内，蒙骗应付，而一台台机床仍原封不动。国民党限令工人将机床全部拆卸下来。工人们就把机床底脚螺丝敲毛，使机床难以拆动。直到国民党逃跑时，轮机厂100多台机床不仅一台没有拆走，而且已经装箱的锚链、轧头盘等零备件也没运走。

1949年4月底，上海解放在即，各区的机器业工厂纷纷组建人民保安队。泰利机器厂成立了有200人参加的人民保安队，华通电器厂100多名纠察队队员全部编为人民保安队，大隆机器厂、公茂船厂、江南造船所、中央电工器材厂、慎昌机器厂等也都先后成立了人民保安队。5月24日，第二纺织机械厂人民保安队对窜入厂内执行爆炸任务的国民党交警总队进行抵抗，夺了他们的枪，抓住顽固不化的敌排长和一名副官，迫使其余败兵举手投降。26日，人民解放军进入西区，泰利机器厂的人民保安队积极配合，坚守岗位，保护沪西大变压器站和上海广播电台。大隆机器厂的人民保安队坚守沿线铁路，确保交通大动脉。沪西机器业的人民保安队先后缴获战车6辆，长短枪近百支和各种炸药、雷管、电台等。沪东的英联、中机、日亚、源丰、平和等厂的人民保安队劝降了一大批敌军，缴获步枪、冲锋枪、短枪888支，机关枪68挺，各种火炮13门。上海机器业工人在中共地下党领导下，以坚定的革命意志与国民党反动派进行了顽强的斗争，完整地保护了工厂、机器和重要设施，迎来了上海的解放。

上海解放之初，帝国主义和国民党反动派对上海进行海上封锁、空中轰炸，切断原材料供应通道，致使部分工厂停产，机器业开工率不足 20%，造成大批工人失业。上海机器业工人与共产党同心同德，以主人翁的态度积极开展增产节约运动，千方百计克服困难，维持和恢复生产。吴淞制造厂的职工为了帮助抢修被国民党军队破坏的铁路，在 11 天内突击完成了 12 万只铁路道钉的加工任务。中纺机械厂的职工，通过 100 天紧张工作，提前完成制造水汀引擎的生产任务。这一时期，上海机器业工人在上海市军管会、各区接管委员会领导下，在短时间里顺利将各厂的设备、物资、钱财、账册、档案等清点交接清楚，迅速修复了被敌人破坏的机器设备。据不完全统计，上海共接管官僚资本的工厂 157 家，掌握了全市约三分之一的机器制造设备、五分之一的钢铁冶炼设备，为解放后的社会主义国营经济奠定了基础。

（二）解放战争时期冶金工人运动

抗日战争时期，国统区冶金工业遭受严重破坏。太平洋战争爆发后，日本大肆扩军备战，掠夺鞍山钢铁资源。1944 年，抗日战争进入战略反攻阶段，日本在战场上步步被动。美国空军对日本在东北的战略目标进行大规模空袭。日本关东军司令部下令昭和制钢所拆迁，把主要设备迁到通化。日本战败投降后，1946 年春，国民党军队占领沈阳，在沈阳设立了东北特派员办公处，接收东北地区的日伪工矿企业。1946 年 4 月 15 日正式接收了鞍钢，制定了《第一期复工计划》，预定 1947 年 9 月 1 日开炉，达到年产 20 万吨铁的目标。然而由于国民党政府的腐败，计划成为一纸空文。在国民党接收鞍钢的 22 个月中，主要生产设备只修复了 2 号炼焦炉和 7 号炼焦炉及 100 吨平炉 1 座，实际开工的只有焦炉、平炉各 1 座，以及部分轧钢厂和制造厂，总计生产钢锭 9500 吨、钢材 1.25 万吨、焦炭 2000 吨。国民党统治鞍山时期，对恢复生产不积极，在反共防共方面却不遗余力，在市内成立了各种军警宪特反动组织。在鞍钢设有“秘密护厂队”“防谍保密组织”及国民党特别党部，广大职工处在严重的白色恐怖之中。在国民党统治下，成千上万名工人失业流落街头，就业工人工资低微，入不敷出，人民生活在水深火热之中。1947 年 5 月，鞍钢万余名工人游行示威，要求增加工资、保障起码生活条件，迫使国民党当局答应了工人的部分要求。

1947 年 12 月，中国人民解放军大军压境，国民党孤守无援。1948 年 2 月，人民解放军攻克鞍山。此时的鞍钢大部分工厂停产，有的成了一片废墟。1949 年，钢产量降至 15.8 万吨、生铁产量降至 25 万吨，分别比产量最高年份减少 83%和 86%。解放伊始，社会秩序混乱，国民党潜伏特务、反动分子活动猖獗。同时由于接管城市工作十分复杂，厂区矿区物资被偷盗的现象十分严重。为了让鞍钢尽快恢复生产，鞍山市和鞍钢共同组成护厂工作委员会，市政府发布了保护鞍钢的布告，并在原鞍山职工总会组织的 9 个工人护厂中队基础上，成立了护厂大队，招收了 3000 多名护厂队员。尽管当时工人生活困难，参加护厂没有工资，但工人的爱国热情高涨，日夜守卫已经回到自己手里的工厂、矿山，制止了工厂设备的损坏和物资的流散。

鞍山解放后，中共中央东北局传达党中央对鞍钢的指示，必须保护好工人和技术人员，帮助解决生活困难，不得让他们流离失所，不准饿死一个人。鞍山市委、市政府和鞍山钢铁厂先后将一批留用的高级技术人员接回鞍山，并根据他们的意愿作了妥当安排和转移。为了保存更多的技术骨干，还动员和转移了 400 多名技术人员（包括部分日籍技术人员），送往解放区后方学习。这批技术骨干以后有的参加了东北各地的工业建设，有的成为培养干部的教师，更多的于东北全境解放后，又回到鞍山，参加了鞍钢的恢复和重建工作。

本溪煤铁公司是一个拥有从铁矿、煤矿、炼铁、特殊钢、轧钢到设备制造的联合企业。日本投降时将铁水凝固在高炉里，工厂全部停产。1946 年 9 月，国民党资源委员会接管后不但无力恢复生产，反而聚众抢劫，工厂遭到更为严重的破坏。1947 年 8 月，本溪煤铁公司 3000 多名工人在中共地下党领导下，掀起反饥饿斗争，斗争由消极怠工转入请愿罢工，公司当局被迫发给每个员工 40 斤粮食。重庆大渡口钢铁厂系军政部兵工署第 29 兵工厂，按军事条例进行管理。国民党当局以“工人均属军人身份”为由，规定工人“不得参加类似工会之任何组织”，剥夺工人组织和参加工会等合法权利。工人劳动条件十分恶劣，光着臂膀、打着赤脚在高温下劳动，每天劳动时间达 12 小时之久。好不容易盼来了抗战的胜利，然而国民党发动的内战又将广大工人推向了更加黑暗的深渊。为了防止共产党的活动，镇压工人运动，钢铁厂实行四人连环保制，凡有参加工会或劳动协会嫌疑的，都视为捣乱分子，受到逮捕处罚。钢铁厂工人在地下党的领导下，开展了争人权、争自由、争温饱、争解放的斗争。1946 年 3 月，提出正式成立工会等 12 项条件，厂方不仅不答复，还抓走了工人代表。工人随即发动罢工，切断全厂电源，马达机器停止转动。驻厂警卫队逮捕了工人代表，并用机枪扫射，当场打死工人 4 名，打伤 8 名。事件发生后，《新华日报》支持工人斗争，连续报道惨案消息。重庆各界和广大工人群众有的写信表示声援、有的汇款或捐赠实物、有的派出代表到大渡口钢铁厂慰问工人。中国劳动协会组织了大渡口钢铁厂血案后援会，给予大力支持。迫使当局给全厂工人增加工资，并在劳动时间、福利待遇等方面作出了让步。

1945 年 9 月，国民党政府来到大冶，接收日铁大冶矿业所。1946 年 5 月，中共武汉市地下党负责人刘实，派遣共产党员张维明来到大冶工矿区，与杨福潮、熊庭华组成三人工作小组，按照“隐蔽骨干、长期潜伏、积蓄力量，以待时机”的斗争策略，在工矿区培养了一批工人积极分子。1946 年 8 月，华中钢铁公司筹备处工人食堂伙食质次价高，工人意见很大。三人工作小组发动和串联工人，选举产生了伙食管理委员会，杜绝了贪污浪费，降低了伙食成本，改善了工人生活。1947 年 8 月，厂方紧缩开支，转嫁危机，大批解雇工人和职员，引起工人不满。工作组领导工人群众进行罢工斗争，通过谈判，达成四条维护工人权益的协议，罢工取得胜利。1948 年 9 月，中共大冶工矿特区地下工作委员会成立，随后成立党的外围组织“工人协会”（“工协”）和“民主青年协会”（“青协”），为团结工人群众，迎接解放战争胜利作了大量工作。

抗日战争胜利后，阎锡山再度统治山西，收回了西北炼钢厂，然而在对待工人方面，继承了日寇的衣钵，对西北炼钢厂工人实行血腥的统治，残酷剥削。工人每日劳动时间仍和日寇占领时期相同，即白班 10 小时、夜班 14 小时。在阎锡山再度统治时期，视工人生命如草芥，劳动环境极为恶劣，安全生产毫无保障。在事故接连不断的情况下，不去解决安全设施，而是由副厂长梁海峤以酒肉食品供奉于轧机旁边，振振有词地诵念祭文、祈祷安全，利用封建迷信上演了一幕麻痹工人的丑剧。起初，西北炼钢厂执行日寇占领时期的配给制度。1945 年 11 月，阎锡山将配给制改为麦折价的工资制。工人日给工资最高 8 升（12.8 斤），最低 2 升（3.2 斤），按当月小麦市价发给现款。1947 年，阎锡山军事失败，统治地区物价飞涨，工人的名义工资依旧，而实际工资收入却一直在下降。1948 年晋中战役后，太原成为孤城，阎锡山更加残酷地剥削工人，一般工人每天只领到杂粮一斤到一斤半，到太原解放前，一般工人每天只能领到 8 至 12 两（旧秤）的杂粮或红大米，饿得面黄肌瘦，啼饥号寒。为反抗敌人、争取权益，

1949年2月，共产党员王贵英、武栓虎等组织工人开展了“抢食堂”斗争，他们在工人群众中串联发动，约定在开饭的时候一齐拥进食堂，不到半个钟头，就把食堂的米面饭菜抢得一干二净。1949年3月，王贵英又带领工人们发动了“三斤米”斗争，提出“要叫出钢，就得吃饱饭，一天三斤米，不给就不干”。厂方不得不答应了工人的要求。

1948年冬，湘潭锰矿工人因物价暴涨，金元券不断贬值，生活无法维持，联合签名书呈官商合办的矿公司，要求将金元券改为稻谷支付，公司不允，工人100余人举行罢工。经过一星期的斗争，公司慑于压力，答应了工人的要求，将工资改为稻谷，每月按长沙报纸公布的谷价折付金元券，罢工取得胜利。

在解放战争节节胜利之际，南京国民党政府密电石景山钢铁公司经理把机器拆迁南运。1948年7月，华北城工部在《平津工作意见》文件中，对反南迁作出部署。地下党利用国民党中央派与“华北剿总”等地方派的矛盾，广泛串联工人，展开全面怠工。做包装箱的工人成天敲敲打打，就是交不出活；拆机器的工人成天磨磨蹭蹭，机器照样完整。石钢当局急电南京求救，从四川调来拆迁工人，被地下党员发现，说服他们掉头而去。结果一台机器也未迁走，一批上层工程技术人员反而参加到护厂、迎解放的行列中。

1948年冬，蒋家王朝已摇摇欲坠。国民党反动派阴谋，于逃跑之前破坏锡矿山生产。中共湖南省委派共产党员颜述之打入锡矿山，建立党的组织，开展护矿迎解放斗争。1949年3月，成立中共锡矿山地下党总支委员会，依靠群众进行了一次反停产的护矿斗争。1949年6月，锡矿山工程处的领导酝酿成立护矿委员会，党总支利用这个组织，使护矿成为公开合法的行动。锡矿山总支委员会还在纠察队队员中组建“工人解放社”，发展了300多名社员。9月30日，中国人民解放军进入锡矿山，10月4日肃清残敌，锡矿山回到了人民手中。

随着解放战争的胜利，各大中小城市相继解放，人民政府及时接管了官僚资本的钢铁企业和冶金矿山。对于民族资本经营的几百家小型钢铁企业，人民解放军和人民政府都严加保护，防止破坏。人民解放军在向各城市进军的时候，号召城市居民、工厂和矿山的职工保护公共财产和工厂、矿山的生产设备。广大工人积极响应号召，有的在共产党领导下秘密武装起来，有的自发地组织起护厂队，阻止国民党军队拆迁设备。广大工人在护厂斗争中表现出高度的政治觉悟和英勇斗争、不怕牺牲的精神，保住了工厂、矿山。

在解放战争时期，解放区冶金军工生产规模不断扩大，技术较前提高。到 1948 年下半年，解放区手榴弹、迫击炮弹、山炮弹和炸药的生产数量已经超过了国民党统治区。1947 年，柳沟铁厂整编为晋冀鲁豫军区司令部军工处下属的兵工一厂，其后又接收了黄涯洞兵工厂的部分人员、设备以及河北磁县、山西长治、平定等地的日伪企业中的部分人员，职工人数增加到 1200 余人，生产能力达到月产生铁 9 万公斤。故县铁厂始建于 1947 年 4 月，是中国共产党领导的、革命根据地自力更生建设的第一个近代炼铁厂，使解放区的军工生产有了可靠的生铁供给基地，为解放战争的胜利立下了功劳。解放战争时期，晋西北地区军事工业，尤其是冶金军工得到进一步发展，建立了 10 个兵工厂，其中 4 个从事炼铁生产，有职工近 4000 人。1945 年 8 月，党中央命令八路军、新四军进军东北。延安、晋西北等革命根据地抽调大批军工干部随军进入东北。东北军工建设也进入创建和发展阶段，并开始在解放区的大后方哈尔滨、北满、西满、东满及辽东半岛等地建设军工生产基地。军工部十分重视钢铁生产，根据当时的现实情况采取了 3 种生产组织形式：一是动员私人铁工厂从事军工生产；二是成立军工部直属工厂；三是发挥哈尔滨车辆工厂的作用，先后使用电炉和转炉生产了近万吨钢，用轧钢机和锻造设备生产了大量钢材和制造掷弹筒、信号弹、迫击炮等所用的锻钢件。到 1947 年 9 月，哈尔滨有 253 家公私营的大小铁工厂从事军工生产。1948 年 9 月 12 日，辽沈战役开始，11 月东北获得了彻底解放。随着解放战争的节节胜利，各兵工厂由偏僻隐蔽的山区迁到城镇，生产基地连成一片。钢铁生产从原料采掘、冶炼到能源供应，以及军工产品的加工制造，形成了比较完整的工业体系。

（三）解放战争时期建材工人运动

1945 年 8 月 15 日，日本宣布无条件投降。哈尔滨水泥厂根据中共哈工委的指示，以积极分子王凤才、丁自荣、郑明卿、葛学松等为核心，召集全体工人开会，提出组织起来保护工厂。成立了临时维持会，组织了 30 多人的护厂队，日夜轮班巡逻站岗。8 月下旬，苏联红军开进工厂，缴了日本人的枪。到日本投降时，全国大小水泥厂合计仅有 30 多个，东北 14 个水泥厂中有 3 个厂的设备被劫走，多数厂被严重破坏。太原、上海、广州等水泥厂在日本侵占期间被军事管制，受到战火破坏，不能正常生产。抗日战争胜利后，水泥界曾满怀希望，华新和江南水泥公司采用进口最新设备建厂，但不久即因战争影响，工程停顿。1949 年全国水泥产量仅 66 万吨，大约只相当于当时美国水泥产量的五十五分之一，英国的十四分之一，苏联的十二分之一。平板玻璃工业中，由中国人创办的几个玻璃厂先后夭折，只剩下日资控制的大连玻璃厂、沈阳玻璃厂以及秦皇岛耀华玻璃厂。1949 年，全国平板玻璃产量仅 91. 2 万重量箱。

将近解放时，唐山启新洋灰公司的地下党组织进行秘密的护厂宣传，在厂内各处暗贴传单，通过各种方式宣传共产党的政策。又联系了积极分子 30 多人组成秘密纠察队，保护机器和防止匪特破坏。1948 年 12 月，启新资方曾以“灰无销路，山穷水尽，绝对不能维持”为借口，突然宣布停工。共产党发动群众，为保护即将解放的工厂，维持 3000 名员工的生活，向资方作坚决的斗争。除向“华北剿总”请愿外，还向社会各界吁请支援，使生产不致中断。至唐山解放时，启新工厂仍继续进行生产。在唐山解放的当天，国民党匪军狼狈溃逃，工友们组织了临时护厂队员 30 名，分配到各机器间，保护机器，并号召全体职工各守岗位。曾有地痞流氓勾结匪特混入工厂，企图抢劫破坏，被护厂队发现，立即驱出厂去。

解放战争时期，党领导北京建筑建材工人进行了许多小型、分散的怠工、罢工斗争，在改善职工生活、动摇国民党反动统治上起了较大的作用。工人中的积极分子除在建筑工人中进行工作外，还承担了散发传单、给国民党官员送解放政策信的工作。北平围城前后，国民党让建筑工人在城外修炮楼。工人就倒卖材料以维持生计，并尽量降低工程质量。北平和平解放达成协议，我军尚未进城之时，党组织决定成立北京建筑工人联合会。1949 年 2 月 3 日，人民解放军举行入城仪式。建筑建材工人以欣喜的心情参加了欢迎大军入城的活动。

国民党不甘心在大陆上的覆灭，撤逃时疯狂破坏港口、码头和工厂矿山。湖北华新水泥厂针锋相对开展了护厂斗争。它们争取了华新水泥公司经理王涛，动员其参加护厂的队伍。王涛的心情十分矛盾，他对共产党的政策不了解，又舍不得抛弃这个工厂。地下党了解到他的思想状况，派人把《新民主主义论》放在他的办公桌上，并给他写信，要他保护工厂，迎接解放。在党的教育开导下，王涛决心留下同职工一道保护工厂，得到全厂职工热烈的拥护。国民党安插在厂里的特务和帮闲者，看到国民党大势已去，为给自己留条后路，从此停止作恶，销声匿迹了。驻扎黄石的桂系李品仙部队与蒋介石一向貌合神离。中共地下党组织利用这一矛盾，当他们派兵来华新水泥厂施行爆炸时，召集全厂职工和家属组成人墙阻止其进入，同时展开政治攻势，晓以大义，派代表到国民党驻军司令部请愿交涉，呼吁召回执行破坏任务的官兵，最终使这家工厂完整地回到人民手中。

第二编

社会主义革命和建设时期的机械冶金建材工人运动

第三章
新中国成立初期的机械冶金建材工人运动

新中国成立后，工人阶级变成了国家的主人、社会主义革命与建设的主力军；工会组织成为人民民主政权的重要支柱，承担起维护工人群众利益，同时也维护国家利益的新使命。毛泽东在党的七届二中全会上明确指出："我们必须全心全意依靠工人阶级，团结其他劳动群众，争取知识分子，争取尽可能多的能够同我们合作的民族资产阶级分子及其代表人物站在我们方面。"

刚刚诞生的新中国百废待兴，面临着错综复杂的国内外环境，工人阶级面临新挑战和新考验。工会如何在新的形势下发展组织、开展工作，成为摆在工人阶级和工会组织面前的严肃课题。面对复杂形势和困难，工人阶级的主要任务是：迅速恢复和发展国民经济，巩固人民民主专政，为社会主义建设创造良好的条件。

这一时期，中国共产党全心全意依靠工人阶级，充分发挥工会组织的作用，把广大职工群众动员和组织起来，大力提高职工队伍素质，投身国家建设。工人阶级以主人翁姿态积极投入建设和巩固新中国的伟大斗争中。工会最广泛地把工人组织到工会中来，积极开展工作，并针对工会工作中遇到的新情况和新问题进行了深入的思考和探索，取得了积极成果。

新中国成立后，工会组织迎来了全新发展阶段，机械（包括汽车制造）、钢铁、有色金属、黄金、建材等产业陆续建立起完备的工会组织。1949 年初，最早解放的东北地区率先建立了地方性的产业工会——东北机械工业工会。随后，天津市于 1949 年 5 月成立天津五金工会；北京市于 1949 年秋成立北京铁工业工会；人民解放军渡过长江解放南方大片地区后，1949 年 10 月上海建立产业工会——上海五金工会。在此基础上，1949 年 10 月 28 日，全国总工会决定成立全国总工会五金工会工作委员会，1950 年 4 月成立钢铁冶炼工会工作委员会，1951 年 6 月成立建筑工会工作委员会，负责全国机械、冶金、建筑行业的工会工作。1950 年 3 月 5 日，全国总工会五金工作委员会在北京召开有北京、沈阳、天津、上海四市和东北地区机械业工会代表参加的工作会议，全国总工会正式批准成立中国机器制造业工会工作委员会，赵国强兼任主任，周西风任副主任。1954 年，机械职工为 40 万人，冶金职工为 68.9 万人。

1950 年 12 月，中国机器制造业工会工作委员会决定成立中国机器制造业工会筹备委员会，选举周西风、赵国有、聂秉举等 30 位同志为筹备委员，代行全国委员会的任务。1952 年 9 月，为适应国家第一机械工业部的成立，中国机器制造业工会筹备委员会更名为中国第一机械工会筹备委员会，康永和任主任。

1955 年 8 月 15 日，中国第一机械工会第一次全国代表大会在北京召开，到会代表 212 人，代表 21 个省、3 个市的机械工业工会会员约 42 万人，选举产生第一届全国委员会，委员 45 人、候补委员 13 人、经费审查委员会委员 7 人，选举康永和为主席，副主席为马佩勋、周西风、马小弟（兼职）。1958 年 2 月 28 日，全国总工会决定将中国第一机械工会、中国第二机械工会合并为中国第一机械工会全国委员会，主席为康永和、邵子言，副主席为张箴、贺瑞林、周西风、李云川、高首善、杨开林。1959 年 6 月 5 日，中共中央转发全国总工会党组《关于全国总工会及各产业工会全国委员会的组织机构和组织制度的规定》，其中对产业工会全国委员会的调整中，保留全国重工业工会、第一机械工会等16个全国委员会。1960年4月6日，中国第一机械工会全国委员会在重庆召开全国委员（扩大）会议，通过了“中国第一机械工会全国委员会”更名为“中国机械工会全国委员会”的决定，选举李云川为主席，贺瑞林、于桓、齐平为副主席。

1950年4月，全国总工会五金工作委员会在北京召开冶金系统工会干部会，成立了中国钢铁冶炼工会工作委员会，赵国强任主任；同年8月，改称为中国五金冶炼工会工作委员会，工作范围包括钢铁与有色金属。1952年2月，五金冶炼工会工作委员会成立中国五金冶炼工会筹备委员会，赵国强任筹委会主任。

1954年8月16日，中国五金冶炼工会筹备委员会在北京召开中国重工业工会第一次全国代表大会，到会代表284人，代表全国钢铁、有色金属、化工、建材、建筑等行业的会员50余万人。大会选举产生了中国重工业工会第一届全国委员会，委员55人、候补委员15人、经费审查委员会委员5人，赵国强当选为主席，高崇旨、江浩然、袁致和、石磊为副主席。我国第一个钢铁、有色金属工业的全国性产业工会正式诞生。1958年2月，全国总工会将中国重工业工会中的建材行业划归中国建筑工会。

1951年6月11日至22日，全国总工会根据中央指示在北京召开全国建筑业工会工作会议，全国总工会副主席李立三出席会议并作总结报告，提出改革旧建筑业投标制、把头制等的11条措施。经会议决定，成立工作委员会筹备建立全国建筑工会组织，张进任建筑工会工作委员会主任。1954年2月，成立中国建筑工会筹备委员会，张天民任主任，张进为副主任。

1956年7月19日至26日，中国建筑工会第一次全国代表大会在北京召开。出席大会的代表171人，代表全国建筑系统143万名职工、103万名会员。大会作出了《关于中国建筑工会组织问题的几项规定的决议》，选出中国建筑工会第一届全国委员会委员55名，选举张天民任主席、张进为副主席。

一、新中国成立初期的机械工人运动

新中国成立之初，因国民党反动统治和战争创伤，生产萎缩、交通梗阻，失业严重、民生困苦，物价飞涨、市场混乱。机械工业是受影响严重的行业之一。在帝国主义统治时期，非但不发展机械工业，反而限制机器业进行制造。唐山铁路工厂与日本签订合同时有一条规定“只许装配，不许制造”。机器制造业在帝国主义操纵与压制下，是一个不完整的、非独立的产业，只能修理装配，或制作部分机件与粗糙机器，甚至有的工厂沦为帝国主义出售机器的倾销站。抗日战争胜利后，许多中国民族机器制造业停工倒闭，据统计，仅上海一地即有100余家倒闭，约占全市80%，大批的机器业工人失业。新中国成立初期，现代工业只占整个国民经济的10%，使用机器的工业也只占17%左右，而且大都偏集在少数沿海、沿长江或沿交通干线的城市，发展极不平衡。

新中国成立后，机械制造业广大职工群众在中国共产党的领导下，医治战争创伤，迅速恢复生产，为新生的共和国经济发展和政权巩固、社会稳定作出了积极贡献。

（一）协助政府接管官僚资本企业，参加镇压反革命运动

官僚资本是中国新民主主义革命的主要对象。新中国成立前夕，官僚资本约占全国工业资本的66%，占全国工矿、交通运输业固定资产的80%。在工会的组织下，工人群众积极协助政府接管官僚资本企业。上海等城市的企业工人在工会的组织下，成立了“清点委员会”“协助接管小组”等，协助军代表开展工作。至1949年底，在工人和工会组织协助下，国家接收了采煤、采油、发电、有色金属加工、纺织、化工、造纸、食品等2858家官

僚资本企业，使新中国掌握了国家主要的经济命脉，为恢复国民经济奠定了物质基础。

新中国成立初期，大陆上还残存着不少国民党武装土匪和反动势力，以及大批特务分子，威胁新生的人民政权。1951 年 2 月 21 日，中央人民政府颁布了《中华人民共和国惩治反革命条例》。全国总工会于 4 月 20 日发表《告工人书》，号召工人群众积极行动起来，协助政府肃清工厂企业中暗藏的反革命分子。广大工人群众响应党的号召，在工会的组织下成立纠察队，保护工厂，开展防火、防盗、防止敌人的破坏活动。沈阳市第八机器厂电工王同伦，奋不顾身和放火破坏该厂设备的特务分子进行英勇的搏斗，使工厂机器得以保全，国家财产免于损失，被誉为“护厂功臣”。中国机器制造业工会筹备委员会向他发出慰问信。中国机器总工会暨广东省机器工会主席李德轩，多年充当反动政府屠杀、迫害和剥削工人的凶手，在大革命时期曾勾结反动军阀进攻革命工会，破坏工人运动，在国民党反动派“分共”之后，大肆屠杀进步工人，暗害工人领袖邓培、刘尔崧等，在广州起义中充当反共打手，屠杀工人群众。在国民党统治广东期间，剥削压迫工人，分裂工人组织、破坏工人运动。广州解放后，李德轩被工人纠察队扣捕送押公安局。镇压反革命运动中，工人一致要求召开公审大会。中国机器制造业工会广州市委员会主席黄灯明代表机器业工人和全市工人控诉李德轩 20 多年来反革命的八大罪状。会后李德轩被执行枪决。在镇压反革命运动基础上，机械工业各工厂开展民主改革，清除了封建残余分子、纯洁了工人队伍、加强了职工团结，生产效率有了很大提高。

（二）率先开展增产节约和创造新纪录运动

群众性的增产节约运动是新中国成立后党依靠工人阶级发展国民经济的一个重要手段。主要表现形式为：一是动员各行各业的工人开展劳动竞赛；二是在全国范围内推广先进经验和先进方法。1950 年 5 月，全国总工会召开生产工作会议，研究基层工会组织劳动竞赛和开展群众性合理化建议活动的问题。8 月，政务院颁发《关于奖励有关生产发明、技术改进及合理化建议的决定》，推动了劳动竞赛的开展。到 1950 年底，全国已有 4000 多个国营工矿企业在工人中开展了各种形式的劳动竞赛。劳动竞赛最初主要在国营工厂企业中开展，抗美援朝运动开始后，扩展到私营工厂企业。除第一线生产工人外，科室人员和工程技术人员也都被动员和吸引进来。机械、冶金、建材行业的全国产业工会都制定了本产业开展劳动竞赛的具体目标。据中国机器制造业工会筹委会 1951 年第一季度统计，职工共提出合理化建议 1064 件，采纳 986 件。上海冷铸厂的车轮因技术条件要求较高，竞赛前废品率达 73%，竞赛开展半年后，由于职工努力钻研，已完全消灭了废品。华东工业部 17 个厂产量普遍提高了 30%—50%。通过竞赛，职工思想觉悟普遍提高，劳动态度与技术水平普遍增强，生产积极性普遍高涨。随着生产效率的提高，职工的生活水平也有所提高，沈阳国公营厂职工收入一般都增加了 20%—30%。

各地在增产节约运动中同时进行了生产改革，在生产管理、劳动组织、财务管理等方面也有了显著的改进，生产潜力得到进一步发挥。在生产竞赛运动中涌现出一批新纪录的创造者、劳动模范和先进班组。如纺织系统总结推广了郝建秀工作法；铁路系统开展“满载超轴 500 公里”竞赛，推广“李锡奎调车法”；煤矿系统推广“双孔道掘进法”；建筑业推广了“苏长有分段联系快速砌砖法”等一系列新的技术方法，提高了工作效率，显示出中国工人阶级的创造力。

1948 年东北解放后，沈阳机械行业工人在恢复生产的同时，开展了以发明创造、技术改进、提合理化建议、节约原材料为主要内容的“创造新纪录运动”。这一运动首先由沈阳机床三厂车工赵国有带头掀起。赵国有在 1949 年的“红五月”竞赛中，把车一根车床主轴的时间从 56 小时缩短到 21 小时，首创新纪录。后来经过钻研改造铣刀，用车铣结合操作法，把原需 16 小时才能车出塔轮的时间提高到 2 小时 20 分，再次创造了新的纪录。一个月后，他又把时间缩短到 1 小时 16 分，后来创造出 50 分钟车出一个塔轮的新纪录。在他的带动下，党会安车丝杠由 30 小时减少到 2 小时 27 分，张尚举划线组创造了划线由 178 小时减到 11 小时 30 分的纪录，工作效率提高了 15 倍。以赵国有为开端，创造新纪录运动从工厂发展到全机械行业，从沈阳发展到全东北，从东北发展到全国。中共中央东北局、东北人民政府、东北总工会连续发出号召和指示，决定开展学习赵国有，创造新纪录运动。仅 4 个月就涌现出 799 名新纪录创造者。半年时间创造出 2 万多个新纪录，使东北工业劳动生产率提高 32%。通过开展新纪录运动，改进了生产组织与管理，提高了广大职工觉悟，改善了劳动态度，加强了劳动纪律，显著提高了劳动生产率。运动中涌现了大批先进生产者，对增强工人的主人翁责任感，促进国家经济建设起了很大作用。

在增产节约运动中，机械职工广泛开展“找窍门运动”，沈阳机器二厂工会组织职工找窍门，仅加工车间找窍门人数就占全车间的 58%。截至 1952 年 4 月底，全厂找到窍门 1307 个，生产效率普遍提高。中国机器制造业工会还大力推广先进经验，“高速切削和多刀多刃切削法”等先进操作法得到推广。在增产节约竞赛运动中，工会还推广了“按指示图表组织有节奏生产”等经验，提高了生产效率、促进了技术发展。1952 年，据 44 个主要国营厂统计，全年产品总值超过上年 81%。

（三）开展马恒昌小组竞赛，支援抗美援朝

1950 年 9 月，美国出兵朝鲜，并把战火引向中国边境。中国

政府应朝鲜的请求，派出中国人民志愿军奔赴前线，同朝鲜人民共同作战。1950 年 11 月，全国总工会号召全国工人阶级开展抗美援朝、保家卫国运动。工人阶级积极响应政府和工会的号召，踊跃参加中国人民志愿军。大批铁路工人、电讯工人、汽车司机、建筑工人以及医务人员奔赴朝鲜战场，支援志愿军战斗。在国内，工人阶级把车间当战场、把生产当战斗，掀起了群众性的生产高潮。天津市的工人提出“多生产一点产品，多增加一份打击美帝的力量”等口号，辽宁工人阶级制定“爱国公约”，开展爱国主义劳动竞赛。全国工人还积极开展献金、献工、捐献飞机大炮的运动，仅辽宁省就捐献了 235 架战斗机。上海五金工人响应抗美援朝号召，纷纷制订增产、献工、节约、捐献计划。上海华通电机厂工友每月义务加工一天，收入全部捐献飞机大炮。太原机器厂职工在劳模白青山的带头下，开展“捐献半斤肉”运动。东北机器局 18 厂为了捐献飞机，开展义务献工。东北机械工人提出了“机器当武器，工厂当战场”的口号，向全东北各兄弟工厂发出开展爱国主义生产竞赛的挑战。

在竞赛中，全国工矿业开展了马恒昌小组竞赛，掀起了竞赛高潮。马恒昌 1907 年生于辽宁省辽阳市，1923 年初入抚顺发电厂车工组当学徒，1926 年到沈阳机器厂做工。1948 年沈阳解放后，马恒昌在第五机器厂工作，被工友推选为组长。他在工作中实行民主管理，集中众人智慧，实行技术公开，创立了“技术研究会”和“三人互助组”等行之有效的规章制度。他们自力更生，自己动手改进刀具卡具，生产效率成倍提高。1950 年，战火烧到鸭绿江边，工厂战备疏散，部分北迁。马恒昌小组随厂迁到齐齐哈尔。他们向全国发出挑战，开展爱国生产竞赛，支援抗美援朝战争。他们的成就引起沈阳市总工会、东北总工会和东北人民政府工业部的关注。东北总工会总结了他们的经验，并把他所在的小组命名为马恒昌小组。1950 年 12 月 22 日，全国机器制造业工会工作会议通过《关于进一步深入开展爱国主义生产竞赛的决议》，大力推广马恒昌小组经验。1951 年 2 月，全国总工会作出在全国开展马恒昌小组竞赛运动的决议。中国机器制造业工会筹备委员会号召全国机器制造业职工向马恒昌小组应战。中国纺织工会、中国铁路工会等先后向所属职工发出号召，向马恒昌小组应战。1951 年底，全国已有 2811 个工矿企业和 1.8 万多个生产班组响应马恒昌的倡议。到 1952 年，全国国营企业工人直接参加爱国劳动竞赛的达到 280 万人，各主要产业 80%以上的工人都参加了竞赛。竞赛中先后出现了不少马恒昌式的小组，华北机器总厂车工间的张凤泉小组，作水车横轴超过任务 30%；云南昆明中央机器厂在竞赛中，机械工人们提出“多出一部马达，多打一个敌人”；抗美援朝运动最前线的安东机器业职工，在敌机空袭、工厂停电的困难情况下，用汽车垫起来一个轮带，代替发电转动机床，超额完成了国家临时军事生产任务。

（四）产业工会组织的发展与产业工会领导体制调整

1949 年初，解放后的东北地区率先建立了地方性的产业工会——东北机械工会。接着，解放后的天津、北京、上海先后成立天津五金工会、北京铁工业工会、上海五金工会。1949 年 10 月，全国总工会召开常委扩大会议研究建立产业工会问题，会议决定筹建 21 个全国性产业工会。全国总工会于 1949 年 10 月 28 日决定成立全国总工会五金工会工作委员会，由赵国强、周西风分别任正、副主任。1950 年 3 月 5 日，五金工会工作委员会召集座谈会，决定筹备建立中国机器制造业工会工作委员会。1950 年 12 月 20 日，中国机器制造业工会工作委员会工作会议通过关于成立中国机器制造业工会筹备委员会的决议，选举周西风、赵国有、聂秉举等 30 位同志为筹备委员。

从 1949 年 11 月起到 1950 年 5 月，分别召开全国铁路、邮电电讯、煤矿、纺织、海关五金、食品、出版及文化教育等10个产业工会的全国代表大会，正式成立上述10个产业工会的全国委员会。在全国总工会的领导和部署下，全国性和各地方的产业工会纷纷建立起来。到1950年底，全国各主要产业部门和主要城市的工人基本上组织起来，共建立了16个全国性的产业工会领导机构（包括6个筹备委员会和3个工作委员会），工会会员发展到517万人，占职工总数的43.6%。到1952年底，全国共建立了23个全国性的产业工会（其中包括8个工作委员会、5个筹备委员会）和18万个基层工会。短短3年时间里，全国除台湾、西藏外，各级地方工会组织均已建立起来，工会基层组织发展到20.7万个，工会会员队伍日益壮大，由1949年底的370万人增加到1002.3万人，主要大中城市和产业工人有90%以上参加了工会。

新中国成立初期，中国工会的组织领导是按照产业和地方相结合的原则，以建立全国性产业工会和建立各级地方工会两个体系同时进行。随着工会组织发展工作的迅速推进，如何理顺产业工会和地方工会的组织领导体制和运行机制，成为重要的现实问题。1951年1月，全国总工会常委扩大会议，研究巩固健全工会基层组织问题。同年6月，全国总工会党组扩大会议，针对工会组织建设中存在的问题进行研究，并作出相应的决定。会议决定将已建立的产业工会分成三类：一是铁路、海员等产业工会，以产业为主解决重大问题，其所属基层工会的日常工作应接受地方工会领导；二是纺织、食品、五金、煤矿等产业工会全国委员会，主要任务是配合有关产业部共同研究有关产业全国性问题，并通过地方工会去执行；三是搬运、店员、手工业、教育、医护工作者等产业工会，在全国可以只成立工作委员会，不直接发指示，以地方工会为主。这样，使产业工会和地方工会的关系得到明确，工会组织领导体制和运行机制建立起来，新建工会组织得到巩固，为工会工作有效开展创造了基本条件。

（五）参加“三反”“五反”运动，学习五三工厂经验

新中国成立之初，据北京、上海、天津、武汉等城市调查，有76%以上的工商户不同程度存在偷税漏税行为。例如，东北铁工业奸商杨文运承做志愿军后勤部一批汽车用的防滑链时，不但高抬工价四亿多元，还私吞后勤部的一部分好料，用废铁生锈铁片来做。在天津有49家铁工厂奸商集体偷工减料，盗窃国家资财，他们承做志愿军用的洋镐铁锹，用质量极次的普通铁代替中碳钢，由于镐锹质量差，影响了挖工事。针对这种情况，中共中央和政务院在国家机关和国营企业中开展了反贪污、反浪费、反官僚主义的“三反”运动，在私营工商业中开展了反行贿、反偷税漏税、反盗骗国家财产、反偷工减料、反盗窃国家经济情报的“五反”运动。广大工人积极参加这场运动，华北、华东、东北和西北60个城市的私营企业工人中，90%以上投入了这场运动。到1952年6月，“三反”“五反”运动结束。通过运动，工人觉悟得到提高，工会的地位得到了提升，组织得到了发展。随后在私营机械工厂实行了推行劳资协商会议和签订生产合同工作。不仅生产得到发展，而且职工生活得到改善。

到1952年底，全国国营企业的恢复与改造工作基本完成，但不少厂矿企业在生产中出现了党政工团的力量和组织工作不够协调等问题。在这种情况下，沈阳五三工厂经验应运而生。五三工厂在国民经济恢复时期，紧紧依靠工人群众改造了旧企业，建立了社会主义的经营管理制度，逐年超额完成国家经济计划指标，在经济工作与政治工作方面都积累了一套比较完备的经验，其中工会工作经验是一项重要内容，表现在三个方面。一是政治工作与经济工作相结合。党、政、工、团领导有明确的依靠工人阶级的思想和群众路线的工作方法。二是建立一套正常的工作秩序。党的领导主要体现在政治思想领导方面，行政方面不但把计划和

管理生产，而且把保护劳动、举办职工福利事业也包括在整个工作计划之内，工会工作主要是组织群众的生产竞赛、进行群众教育，丰富群众的物质生活和文化生活。三是充分发扬批评与自我批评的精神。党组织、行政组织、工会、青年团，批评与自我批评成为经常的制度。1952 年 11 月，全国总工会在北京召开全国工会基层工作会议，研究推广五三工厂工会工作经验。12 月 24 日，全国总工会发出《关于推广五三工厂工会工作经验的决定》。12 月 27 日，中共中央批转了全国总工会党组《关于工会基层工作会议的总结报告》。根据中共中央的批示精神，各省、市、自治区都开展了学习推广五三工厂经验的活动。五三工厂经验的推广，是新中国成立初期建立、健全和完善基层工会工作制度、机制的积极探索，对当时及以后基层工会工作的开展产生了重要影响。

（六）新中国成立初期机械工业的发展

新中国成立两年时间，国民经济迅速恢复，机械工业职工人数大大增加，沈阳市 1949 年只有职工 19032 人，1950 年就已有 33450 人。1950 年北京职工人数也比 1949 年增加了一倍。机器制造业生产总值大幅增长，1951 年东北地区的机器制造业比 1949 年增加了 554%，国营机器制造厂在新产品种类上超过 419 种，在规范上已超过 1815 种规格。仅 1951 年上半年全国即出现了 270 余种新的产品，机械工业试制出了铲煤机、钻探机等，还试制成功了 100 马力移动式高压柴油机。产品质量也有了很大的提高，如东北生产的自行车已大大超过了伪满的质量，上海生产的铣刀、钻头、螺丝攻，还有万能磨床等产品，均已达到了国际标准。在治淮工程中，润河集闸坝工程重达 1400 多吨的整套钢铁闸门制造任务交给了上海工人，参加这次工作的单位，有冷铸、电焊、起重、铸钢、高级铸铁、机件加工兼制配、机件单纯加工、冶铸等

98家公私工厂，参加职工有1.2万多人。在机件制造过程中，上海五金工会动员全体职工，充分发挥创造性，克服了无数困难，保证了淮水汛期到来前水闸在工地安装完成。

私营机器制造业方面，由于政府对私营机器业大量贷款、定货，劳资协商会议的建立和劳资集体合同的签订，树立了新的劳资关系。不但使原有的私营机器厂完全恢复，并且建立了许多新的工厂。仅沈阳一市，从1949年到1950年，私营机器工厂即增加了33.62%，职工增加了90%，机器开动台数增加了70%以上。

随着生产的发展，机器制造业职工的生活也得到了提高与改善。工会协助企业行政先后兴办了一系列职工福利设备和场所，在工矿企业中设立食堂、浴室、托儿所、保健室。到1952年，国营企业建立的托儿所已有1380多家。1952年，国家用于修建职工住房的拨款即可解决100万人的居住问题。以太原机器厂为例，在新中国成立后所建造的宿舍为新中国成立前宿舍数的387%。全国100人以上的工厂都已实行了劳动保险条例，解决了工人生、老、病、死、伤、残的问题。100人以下的工厂也逐渐解决职工劳保福利问题。职工文化教育事业也得到较大发展，1950年12月统计，沈阳一地即有195个业余学习班，参加学习的职工有6741人，占全体职工人数的23%。1951年第二季度统计，全国机械工厂已设立图书馆416个，俱乐部154个。

二、新中国成立初期的冶金工人运动

1950年6月6日，中国共产党七届三中全会明确提出，在今后3年左右时间，党的中心任务是争取国家财政状况根本好转。恢复生产首先恢复农业生产、交通运输和解决动力、原料问题，因此，钢铁工业的恢复被提到重要位置。因为东北地区原有的重工业基础较好，恢复工作的重点放在东北地区。各级政府和工会组织在这一时期采取有力措施，克服困难，恢复钢铁工业的生产。

（一）开展清仓查库，献交器材，努力恢复生产

新中国成立之初，全国的工业主要是轻工行业，占整个工业的74%。重工业占整个工业的比重很小，而且偏集于采矿、冶炼等初加工行业。很少的钢铁业有80%集中在东北地区，主要是辽宁省少数城市。新中国成立后，钢铁工业几乎是从废墟上艰难起步，鞍钢经过连年战乱后，几乎是一片废墟。高炉炉膛凝结了炉料和铁水，焦炉炉顶长了荒草，厂房结构锈蚀斑斑，仓库被洗劫一空。残存的生产能力与1945年比较平均降低了三分之二。原材料供应不足，企业难以正常开工生产。1949年春，中共中央和毛泽东主席发出“鞍山的工人阶级要迅速在鞍钢恢复生产”的电令。鞍钢全体职工响应党的号召，把恢复生产作为头等任务，开始了全面修复工作。为了解决器材紧缺问题，公司在全市范围开展了大规模的献交器材运动。市委、市政府、市总工会联合发出《告全市同胞书》，号召广大人民群众有力出力、有物资献物资，为恢复鞍钢生产作贡献。市政府颁发了《物资清查条例》和《献纳器材条例》。市总工会还制定了《关于献交器材运动评功办法》，规定凡献交器材者，给予立功并优先安排就业。鞍钢公司也发出《敬告鞍山各界同胞书》，热情号召各界支持鞍钢恢复生产。从1948年12月至1949年1月10日，鞍钢就有4255名职工献交器材52462件。全市共献交器材1123种21万多件，价值约108亿元（东北币）。

1949年春，鞍钢进入修复设备、恢复生产时期。许多工人把行李搬到厂内，挑灯夜战。各厂修复中急需电机，电修厂工人利用废料装配，十几天时间修复电机300多台。炼铁厂老工人孟泰，看到修复高炉缺少备件，起早贪黑从各处废物堆里收集大小风口、碴口、三通水门、高压风阀，建立起有名的“孟泰仓库”。他还

带领修理班10多名工友跑遍鞍钢十里厂区，修复了300多件有用器材，保证了修复工作顺利进行。在孟泰的率领下，从日伪时期的废铁堆里挖出足够修复四座高炉用的600多吨管材，很快修复了两座高炉、四座平炉。孟泰多次被评为鞍钢、省、市及全国劳动模范，受邀参加开国大典并多次参加全国劳模代表大会，受到毛泽东主席、周恩来总理的接见。

政务院于1950年初开始在全国职工群众中开展清仓查库和献纳器材运动。全国总工会号召各级工会组织工人参加这一运动。很多职工从废物堆中搜寻有用的机器零部件，为工厂企业节省了大笔资金。据统计，从1950年3月至6月底，全国共清理出机器20110部、钢铁19.6万吨、汽车7961台、电动机5825部，此外还有其他大批物资。清仓查库和献纳器材运动不仅加快了工厂恢复生产的过程，同时也提高了广大职工群众的主人翁觉悟。

1949年3月，东北职工总会发出《关于组织生产竞赛运动》的指示，鞍钢职工立即响应，在全公司开展恢复生产竞赛和立功运动。4月5日中板厂首先恢复生产，4月25日一炼钢厂2号平炉恢复生产，4月28日1号平炉修复出钢，6月7日炼铁厂2号高炉比原计划提前修复，流出了第一炉铁水。1949年7月9日，鞍钢举行了隆重的“鞍钢开工典礼庆祝大会”，东北人民政府副主席李富春、林枫，东北总工会主席张维祯，东北工业部部长陈郁等亲临大会讲话祝贺。中共中央、中央军委送来了“为工业中国而斗争”的锦旗。1952年12月2日，鞍钢炼钢厂全体职工为炼钢新成就致电毛泽东主席，汇报炼钢平炉创造了以6小时9分钟炼一炉钢的全国新纪录。毛泽东主席于12月14日回信嘉勉鞍钢炼钢厂全体职工，指出“这不仅是你们的光荣，而且是我国工业化道路上的一件大事。希望你们继续努力，为完成1953年度炼好优质钢的新任务而奋斗”。

1948年10月30日本溪解放，11月2日东北工业部接管本溪煤铁有限公司，各主要厂矿先后恢复生产。1949 年 7 月 4 日，二号高炉流出了第一炉铁水。1948 年 10 月 31 日抚顺解放，11 月 16 日抚顺制钢厂被接管，同年 12 月 8 日就炼出了解放后的第一炉钢。1948 年 12 月 12 日唐山解放，唐山市军事管制委员会接管唐山制钢厂，13 日晚就恢复生产。1949 年 1 月 15 日天津解放，天津市军事管制委员会接管天津炼钢厂，当年 5 月正式出钢，到年底产量就达到 5749 吨，相当于解放前 3 年钢产量总和的 2.2 倍。1949 年 4 月 21 日，太原市军事管制委员会接管西北炼钢厂，仅仅一个月的时间，钢厂的生产就基本恢复。1949 年 5 月 27 日上海解放，上海市军事管制委员会接管上海钢铁股份有限公司及其所属各厂，企业迅速恢复了生产，民营钢铁厂也纷纷复工。石景山钢铁厂解放后，广大工人发挥主人翁精神，投入设备修复工作。1949 年 7 月 1 日，石钢的炼焦、炼铁、铸造、动力、机修、运输全面恢复了生产。这一天，朱德总司令和中共北平市委刘仁等领导同志亲临祝贺。全面恢复生产后，生产水平节节提高。国民党统治的 3 年多时间里，石钢仅产生铁 3.6 万吨。而在解放后的 1950 年一年里，共产生铁 9.34 万吨。1949 年 12 月 6 日，重庆军事管制委员会接管大渡口钢铁厂。1950 年 2 月，中央财委拨发 9500 万斤大米作为建设经费，恢复大渡口钢铁厂生产。工人们提出了“一人当两人，一个钱当十个钱”的口号，以极大的热情投入了恢复生产的工作，4 月中旬实现全面复工生产，5 月 10 日成功轧出了新中国第一根钢轨，为建成新中国第一条铁路——成渝铁路作出了重大贡献。

随着生产的恢复，我国钢铁工业获得迅速发展。生铁产量迅速增加，如 1950 年的生铁产量为 100，1951 年就增加到 144，1952 年更增加到 205。石景山钢铁厂的生铁产量达到敌伪时期年产量的 529%，太原钢铁厂的生铁产量超过了日伪时期最高年产量的 2.7 倍。由于工人成了企业的主人，劳动热情空前高涨，劳动生产率大大提高，国营钢铁企业工人的劳动生产率1949年为3069元，1952年达到10532元，提高了2倍多。

在恢复生产的同时，新中国也开始了钢铁项目的建设。在解放较早的东北地区，一面恢复生产，一面扩建、新建钢铁厂。1950年，中国政府与苏联政府签订了50个建设项目的协议书，其中包括扩建鞍山钢铁公司、本溪煤铁公司，新建北满钢厂（今齐齐哈尔钢厂）。从1951年开始，鞍钢以容积为918立方米的高炉、直径140毫米的无缝钢管轧机和辊径800毫米的大型轧钢机“三大工程”为中心，开始了大规模的重建工作。这是新中国成立后第一个大型钢铁建设项目，打响了中国钢铁工业有计划建设的第一炮。从1953年第一个五年计划开始，中国钢铁工业在全国范围内开展了大规模的建设，钢铁工业的发展进入了一个新的阶段。

钢铁工业战线广大职工经过3年不懈的奋斗，终于把被战争破坏了的钢铁企业恢复起来，并有了新的发展。民族资本家所拥有的钢铁企业经过扶植，也恢复了生机。中国钢铁工业呈现一派欣欣向荣的新景象。到1952年底，全国共恢复和扩建高炉34座、平炉26座，钢铁工业的产值、产量迅速增长。1949年，全国钢铁工业总产值为1.92亿元，1950年为6.10亿元，1951年为9.12亿元，1952年为13.70亿元，比1949年增加了近7倍。到1953年第一个五年计划前夕，各地厂矿基本上完成了恢复生产的任务。钢铁工业恢复和发展的同时，还培养出了一批技术干部和技术工人。鞍山钢铁公司在1952年就培养出4500多名技术工人，这一批新的技术力量推动了我国炼铁工业的进一步发展。

（二）中国五金冶炼工会筹备委员会的成立和开展工作

新中国成立之初，全国800万名工人中，组织起来的工人仅有370万人，远不能适应形势发展的需要。为了贯彻落实全国工会工作会议“在一年左右基本上把全国工人阶级组织起来”的目标，各级党组织加大了对工会工作的领导和支持力度，各级工会在党的领导下，积极组织工人加入工会。

新中国成立之初，全国五金冶炼工人还未建立起统一的全国性的工会组织。随着抗美援朝运动与爱国主义竞赛的开展，为了组织各地五金冶炼工会交流经验、推进工作，加紧筹备建立全国五金冶炼产业工会摆上了议事日程。全国总工会在 1950 年 4 月建立了钢铁冶炼工会工作委员会，8 月决定改称为五金冶炼工会工作委员会，工作范围包括钢铁与有色金属。1951 年 2 月 21 日召开干部扩大会议研究召开五金冶炼工会全国代表大会事项。五金工会国际（世界工联产业部）副主席桑顿在会上作了报告，中央人民政府重工业部副部长钟林及全国总工会组织部部长栗再温也作了报告。大会提出了中国五金冶炼工会 1951 年工作任务大纲，通过了《关于在五金冶炼工业中开展马恒昌小组竞赛运动的决议》《关于五金冶炼工会组织问题的几个决议》。大会提出全国五金冶炼工会筹备委员会名单，推举赵国强、杨克冰、李生兴、石磊、胡云涛等二十八人为筹备委员。会议作出统一全国各地五金冶炼工会组织的决议，规定中国五金冶炼工会的组织范围：凡在从事钢铁及有色金属之开采与冶炼的厂、矿，及在其附属工厂、学校、医院、福利事业机构以及本产业行政管理部门中的以工资收入为其生活资料之全部或主要来源之体力与脑力的雇佣劳动者，均可参加为会员。中国五金冶炼工会的组织系统分为三级，即中国五金冶炼工会全国委员会、区（省）委员会和厂（矿）委员会。中国五金冶炼工会全国委员会以下各级组织在执行上级产业工会的决议、计划、指示时，必须接受地方工会的领导帮助、督促、检查。

工作委员会成立后，集中主要力量下厂，帮助基层工作和总结先进经验，并开办矿山干部训练班，沟通情况、交流经验。

1952 年陆续组成高炉、平炉、矿山三个工作组，分别深入重点厂帮助工作，研究与总结了高炉方面一些先进生产经验和矿山“快速送道”的经验。不仅改进了工作，积累了经验，也培养了干部。筹委会成立后，一是加强时事政治教育，深入开展抗美援朝保家卫国运动；二是贯彻全国总工会关于马恒昌小组竞赛运动的决议，开展爱国主义生产竞赛；三是巩固健全基层组织，加强车间与小组工作，制定各种工作制度，加强民主制度；四是广泛开展职工文化技术教育，推广订立师徒合同，定期召开技术座谈会，举办业余学校，开展车间识字运动，为实现在“三五年内消灭工人中现有的文盲”作出积极贡献。

(三) 开展竞赛运动，支持抗美援朝

马恒昌小组向全国职工提出挑战以后，五金冶炼厂矿广大职工群众热烈响应。各企业从钢铁工业与有色金属工业具体情况出发，学习马恒昌小组先进生产方法，在五金冶炼工业中开展马恒昌小组竞赛运动。龙烟铁矿马万水小组首先向马恒昌小组应战，随后全矿有 215 个小组应战。当年 7 月，根据华北、西南六个单位统计，五金冶炼单位已有 940 个小组向马恒昌小组应战，有色金属 26 个单位有 3.9 万人参加了应战。各级工会组织在马恒昌小组竞赛运动中，团结动员工人做到保证质量，增加产量，节省原料，降低成本，保证完成和争取超过国家生产任务。在生产竞赛中，各级工会经常关心工人日常生活的利益，特别注意安全卫生、劳动保护工作，改善劳动条件。各企业建立了技术研究会，订立了师徒合同，使得劳动竞赛与提高技术结合起来。各企业还改善了劳动组织和企业管理，实行了经济核算制，逐步建立了科学的管理制度。结合劳动竞赛运动，各企业进一步开展了爱国主义教育，提高了工人的阶级觉悟，有些单位订立了集体合同，许多厂矿都订立了小组爱国（生产）公约，有力地推动了劳动竞赛，提

高了职工的政治觉悟及爱国生产热情，推动生产计划的超额完成。新纪录在竞赛中不断涌现，太原钢铁厂炼钢部平炉炼一炉钢时间从10时42分缩短至4时54分，湖南锡矿山在竞赛展开后，每一矿工平均日产矿石为过去的208%。

新中国成立后的两年间，五金冶炼工人在党的领导下，在生产建设事业中取得了辉煌的成就。全国各厂矿在恢复生产的基础上，经过红旗运动、立功竞赛、新纪录运动等形式的竞赛，大大推动了生产。1951年7月，中国五金冶炼工会召开生产工作会议，东北、中南、西南、华东、华北21个五金冶炼主要单位工会生产工作负责同志及马万水、邓应生等10位先进生产组长出席会议。会议重点研究了模范冶炼炉与模范生产小组的经验。经过深入研究讨论，找出了炉、组生产竞赛的关键，并在冶炼炉组织生产竞赛问题上提出了新的努力方向。

抗美援朝、保家卫国运动展开后，各钢铁企业掀起了轰轰烈烈的爱国主义竞赛。钢铁工人在“多出一吨钢，多增加一份国防力量”，有色金属工人在“多打一个炮，好比多消灭一个美国鬼子”等口号下，以极高的爱国热情积极行动起来，使生产更提高一步。在抗美援朝运动开始后，沈阳冶炼厂电解车间首先响应全国劳模赵国有抗美援朝生产大竞赛的号召，带动了本系统各单位新的竞赛高潮。1951年7月，各厂矿普遍开展了订立爱国公约及增产捐献运动。据不完全统计，全国主要厂矿认捐的战斗机已多至44架。普遍订立爱国公约及增产捐献飞机大炮的运动，有力推动了生产的不断提高与管理的逐步改善。五金冶炼工业产量与产品总值大大提高。天津钢厂订立爱国公约后，钢锭中一级品产量即自70%提高至93%，太原钢铁厂轧钢部开展增产捐献运动后，两周之内就创了七次新纪录。在运动中，各厂矿中涌现出许多劳动模范，以及许多模范集体，如湖南锡矿山邓应生小组、龙烟铁矿马万水小组等都作出了突出成绩。

随着生产的提高，职工的安全、健康以及厂矿安全卫生亦有了显著改善，文化生活也逐步充实。1951 年，鞍钢文盲入学者已占其总数的 45%。华北各钢铁厂矿参加业余学校者占职工总数最低达 16.9%，最高达 55.2%，西南各钢铁厂参加业余学校者占职工总数达 30%，最少的也有 17%左右。各主要厂矿均建立了俱乐部，并有了歌咏队、秧歌队等组织。随着生产的发展，工会组织也获得较大发展。据 1951 年 5 月统计，钢铁工业工会会员已占职工总数 80.1%；有色金属工业工会会员也已占职工总数 34.1%。

（四）合理化建议与技术革新运动

新中国成立初期，党和工会组织广泛开展创造新纪录运动、合理化建议和技术革新运动，一系列的生产纪录被相继刷新。东北各地工矿企业在生产新纪录运动中，工人和技术人员密切配合，各种新纪录层出不穷。1949 年 10 月，鞍钢召开第一次工人代表大会，掀起了创造生产新纪录的高潮。至年末共创生产新纪录 808 次。华中钢铁公司机械厂杜莱顺车工班向马恒昌小组应战后，仅 1 个月的时间连创 3 次新纪录，车一个矿车轮由 3 小时缩短到 15 分钟，生产效率提高 11 倍。杨家杖子矿 7 个月中涌现出 4528 件新纪录。抗美援朝战争爆发后，鞍钢职工热烈响应中央号召，一方面坚守岗位，坚持生产，另一方面加紧开展爱国主义劳动竞赛，为了支援中国人民志愿军，鞍钢职工还捐献了“鞍钢号”飞机 6 架，组织汽车司机入朝支前，有 240 名优秀职工参加中国人民志愿军入朝参战。炼钢及轧钢各厂承担了为人民志愿军制造军用炮弹钢及军用飞机副油箱、军锹、军镐、钢盔等任务，按时按质出色地为抗美援朝战争作出了贡献。

在技术革新运动中，各地五金冶炼厂矿创造了很多先进经验，出现了大批劳动模范和先进生产小组，如太原钢铁厂王贵英小组，东北某铜矿的朱明远小组等。竞赛中职工踊跃提出合理化建议，1951年5月唐山钢厂仅炼钢、轧钢两个部合理化建议就有22件。西南区钢铁工会筹备处组织动员各厂矿群众，3年提出的合理化建议12733件，解决了生产中许多关键问题。如双钢喂钢法、快速炼钢法、燃烧定硫法等，及时解决了阻碍生产的难题，提高了劳动生产率。通过竞赛运动，全国各厂矿主要产品大规模提高了产量、质量，降低了成本，安全生产也有了很大的提高。

针对新中国成立前遗留下来的落后设备、落后生产工艺及落后操作方法，鞍钢各级工会在生产实践中组织职工大胆革新，提合理化建议，以提高生产效率和改善生产条件，并逐渐形成了群众性的热潮。1951年2月，鞍钢首次开展合理化建议运动，在一个月内共收到合理化建议3636件，当月实现1521件，取得了良好的经济效益。老英雄孟泰在技术革新中带领群众改进了高炉冷却水系水管，每天节约高炉用水2万吨。青年技术员周传典在2号高炉用烧结矿冶炼低硅铁成功，降低了炼铁成本，提高了产量，被评为鞍山市特等劳动模范。其中最为著名的是小型轧钢厂压延车间工人张明山创造的“反围盘”。小型轧钢厂是1935年兴建的老厂，设备十分落后，5架光轧机组成一个横列，轧件需通过光轧机反复轧制3至7次才能成材。生产中工人要手持大铁钳将火红的轧件用铁钳夹住反复喂送，稍有不慎，上千摄氏度的轧件就脱钳穿飞，造成人身伤亡。张明山从1949年起就反复研究，克服重重困难，终于在1952年9月研制成功实现光轧自动化的“反围盘”。不仅使工人彻底从手工劳动中解放出来，而且大大推动了当时全厂、全鞍钢以至全国范围的技术革新活动，连当时在鞍钢的苏联专家华西列夫也称之为“爆炸性新闻”。鞍山市政府、市总工会、鞍钢公司授予张明山特等劳动模范称号，全国总工会发来贺电，张明山被评为全国著名劳动模范，先后赴北京和莫斯科参加了观礼，其事迹被拍成电影，写成专著，广为传颂。1954

年，张明山被选为一届全国人大代表，1956 年出席了全国先进生产者代表大会，并当选为全国先进生产者。在“反围盘”创制成功的推动下，小型轧钢厂掀起了向机械化、自动化进军的热潮，几个月时间创造成功 15 种新设备，对 23 台旧设备进行了改造。《人民日报》发表了题为《努力推进现有企业的技术改造工作》的社论，推动了全国掀起的技术革新、技术革命热潮。

在群众性的合理化建议和技术革新运动的高潮中，炼钢生产取得突破性进展。1952 年钢产量超过伪满时最高年份的 33%。快速炼钢法全面推广，进一步加快了炼钢生产的发展。1953 年鞍山钢铁公司劳动生产率比 1952 年提高了 24%。机械总厂王崇伦创造的万能工具胎投入生产后，能使一台刨床代替六台插床的工作，一年内完成了 4 年 1 个月 17 天的工作量。天津钢厂线材部轧钢车间刘长福小组，1951 年推行经济核算制，小组工人树立了经济核算的观念，人人做到心中有数，开动脑筋，发挥智慧，生产成绩平稳上升。中央重工业部钢铁工业局推广了刘长福小组经济核算制的先进经验。东北有色金属管理局、东北有色金属工会开展了增产节约、找窍门等运动，出现了许多先进操作方法，如石咀子矿单乙兴的复式凿岩法、陈顺的快速送道、芙蓉矿安全竖坑小组、扬家杖子矿钱仲举的快速天井、高悦臣的多孔送道、清源矿的快速浮选法等，这些先进经验大大提高了工作效率。通过竞赛，钢铁冶金战线涌现出一大批劳模模范和先进人物，一批工人走上了生产管理岗位，龙烟铁矿工会从 1950 年到 1953 年共培养出模范小组 27 个，模范坑道 2 个，模范个人 81 名，仅从马万水小组便提拔小组长以上的生产管理干部 42 名。

三、新中国成立初期的建筑建材工人运动

由于在国民党反动统治时期不事建设，建筑工人一年中工作

不了半年，新中国成立初期，50%以上的工人陷于饥寒状态。新中国成立后，在党的领导下，各地迅速地建立工会，组织工人生产自救。北京、南京等地组织了工人生产合作社，重庆等地组织了生产站，仅上海一市就发了273万余斤的救济粮，使3万多名工人及其家属解决了吃饭问题，渡过了难关。新中国成立后，中国建筑工人在党的领导下，经过“三反”“五反”“反把”民主改革一系列的运动，在政治上、经济上发生了翻天覆地的变化。

（一）新中国建材工业的恢复和发展

新中国成立前夕，由于日本帝国主义的破坏和国民党政府的腐败，许多建材企业厂房残破，矿山荒芜，器材散失。东北地区14个水泥厂中，有辽宁的安东、辽阳、泉头、吉林的哈达湾、庙岭等地5座水泥厂遭受严重破坏，有的设备被拆走，无法恢复生产。新中国成立后，各地建材工业管理部门立即开展恢复生产工作。发动群众进行民主改革，建立工会组织，团结原有工程技术人员，招聘知识分子，群策群力恢复生产。翻身后的企业职工焕发出了极大的爱国热情，积极献出器材和配件，为恢复生产作出了贡献。1948年国民党军队撤退时，把锦西水泥厂透平发电机上的励磁机抛到大海里。该厂职工为了恢复生产，采取修旧利废的办法，找来直流发电机代替。经过紧张艰苦的工作，一批残破瘫痪的建材企业迅速恢复了生产。到1949年底，全国共有14个大中型水泥厂投入生产，大连、沈阳、秦皇岛的3个玻璃厂全都恢复生产。唐山、温州等地的建筑卫生陶瓷厂和各地的一批砖瓦企业也先后恢复了生产。到1952年底，主要建材产品的产量都超过了历史最高水平，全国水泥产量达286万吨，超过旧中国最高年产量的25%；平板玻璃产量达到198万重量箱，超过旧中国最高年产量的54%；建筑卫生陶瓷达34.2万件，石棉水泥瓦108.4万平方米，黏土砖148.8亿块，都超过历史最高水平。

(二) 废除旧的劳动制度，开展反把头斗争

新中国成立之初，建筑业满目疮痍，百废待兴。建筑工人队伍人数为全国产业工人之冠，根据 1951 年各大行政区的材料统计，东北有建筑工人 123478 名，华北五省二市有建筑工人 164335 名，华东三个地方有建筑工人 76197 名，中南（包括武汉、广州、郑州）有 71661 人，西南重庆有 3 万人，上述共计有建筑工人 47 万多人，其中工会会员 183309 人。

建筑工人有着与其他产业工人不同的特点。一是流动性大，二是成分不纯，三是文化水平低，旧社会遗留下来的封建行会、帮派思想很浓厚，深受封建把头的剥削。以武汉市建筑业为例，建筑工人中有掌握机械的产业工人，也有手工业工人；有大学毕业甚至留洋的学生，也有一字不识的文盲；有熟练劳动的工人，也有刚从其他行业转来的临时工人；有技术工人，也有无一技之长的苦力工人。在旧中国建筑行业普遍存在着包工头、把头、帮头、脚行头等封建制度。把头制度是世界上最封建、最残酷、最野蛮的一种剥削制度，把头依靠长期形成的帮口势力，对工人实行残酷的剥削和奴役，将工人劳动收入的大部分占为己有。有些地区工人实得工资仅占应得工资的 30%—50%，而且连工人实得的这区区之数，把头们也还要巧立名目加以剥削。有的私刑拷打工人，逼死人命。甚至有把头以工人面目混入工会内部，想方设法被选为工会干部，然后借合法名义以售其奸，还有的把头竟私自成立“工会”。

把头制度起源于旧建筑业的包工制，由建筑商包给“大柜”，然后由包工大柜再包给二柜、三柜，一直到小工，层层转包。在包工制度下，建筑公司和营造厂不负招收工人和调配劳动力的责任，而由专门从事中间剥削的把头来担负这一工作，层层转包、层层剥削的结果是降低了工程质量。如 1949 年举行中华人民共和

国开国大典，要把新华门修饰一下，但建筑公司层层转包之后偷工减料，原规定用七美元一两的银朱红，他们却用3000元一两的洋红代替；原规定用赤金，他们用低于赤金价格一百倍的洋金代替，被斥为“偷到国家的大门口了”。新中国成立后，各地修建工程与日俱增，以北京为例，1950年的建筑面积相当于1949年的14倍。在这种情况下，许多投机奸商、反动分子也都钻入营造业来狼狈为奸，投机倒把，偷工减料，如北京市一个把头在短短的半年内就剥削了工人的工资、红利等达6.2亿多元，陷工人生活于拔麦苗充饥状况，置工程质量于风刮房屋倒的境地。为此，人民政府在建筑行业废除了旧的劳动制度，全国各大城市如哈尔滨、沈阳、天津、太原、济南、长沙、广州等都建立了统一的劳力调配机构，摧毁了把头控制工人的基础。同时各地逐步建立了国营公司，推行民主管理，调整私营企业中劳资关系，建立了新型的人际关系和劳动关系，工人直接参加管理生产，阶级觉悟大大提高，使工程质量大大改进、工作效率大大提高，并涌现了大批积极分子，如沈阳、天津两市在“五反”中即从工人中提拔了730名干部，使工会组织得到进一步的壮大；北京市的建筑工会会员占职工的比例由10%增加到80%，生产率提高30%。

各级工会把工人组织起来，通过揭露把头罪恶，教育工人提高阶级觉悟，打破封建剥削制度。1950年1月至4月，政务院分别批准并公布了搬运工会、煤矿工会、纺织工会全国代表大会关于废除封建劳动制度的决议和办法。1951年6月召开的第一次全国建筑业工会工作会议指出：工会工作必须面向工地，深入群众，展开反对封建把头运动。各大城市在党委的领导下展开了轰轰烈烈的反把头斗争。尤其是结合“三反”“五反”运动，对不法奸商予以取缔，对长年盘踞工人头上的封建把头严厉打击，公开处理了一批要案要犯。北京市人民政府监察委员会对永茂建筑公司北郊砖瓦厂因偷工减料粗制滥造造成砸死工人5名、砸伤工人25

名的严重事件进行了严肃处理，主要责任者被撤职。1952年，建筑业基本上完成了企业民主改革工作，取缔了“皮包公司”，建立了国家管理机构。根据60个城市的统计，反掉把头7127个，80%以上的工人受到了一次深入的阶级教育。通过反把头运动，纯洁了工会组织、整顿了队伍，改造了旧的技术人员看不起工人和不依靠工人的旧观点。建筑业的把头不少是技术工人出身，本身有一定的设计和施工经验，有些小把头自己也参加劳动，政府对这部分人员进行教育改造，使他们得到自新的机会。

经过“三反”“五反”运动，基本上摧毁了封建把头制度，使工人从政治上得到彻底的翻身，从经济上得到很大的改善。工人从反把头运动中深刻体会到自己组织的重要。工人从政治上获得解放，阶级觉悟也大大提高，从过去依靠把头、依靠资本家转向依靠国家、依靠工会。同时，他们也深深地体会到只有共产党才是他们的救星，只有依靠共产党才是唯一的出路。

（三）建筑业新型施工队伍建立与发展

废除旧制度后，建筑行业由国家设立建筑工业管理局，中央各产业部设基本建设处，设立国营建筑公司，由政府的劳动行政部门和工会负责统一调配劳动力，一方面可以保证劳动力的充分供应，同时也从根本上消灭了把头控制工人的物质基础。1952年8月7日，中央人民政府委员会第十七次会议通过决议，成立中央人民政府建筑工程部，任命陈正人为部长，万里、周荣鑫、宋裕和为副部长。到1952年，建筑施工队伍已由1949年的20万人增加到104.8万人。在国营建筑业迅速兴起的进程中，中央政府十分重视施工队伍的建设，北京颁布了《北京市营造业管理暂行规定》，在组织个体生产者走合作、联合道路的同时，有计划地组织和发展了国营建筑公司。上海解放后，人民政府即接收官僚资本营造厂，组建了公私合营的国华建筑公司，随后建立华东建筑工程公司，除承担华东地区的建筑任务外，业务开展到了华北等地区。1952 年 6 月，在华东建筑工程公司、上海市工务局公营建筑公司、上海市营造建筑公司、国华建筑公司 4 个公司的基础上，成立了华东军政委员会建筑工业部（后改为华东建筑工程部）。1952 年初，党和国家决定一部分部队集体转业参加经济建设，建筑行业增加了一支生力军。这一时期，全国冶金、煤炭、电力、交通、铁道等工业部门都组建了各种专业建筑企业，几方面力量的汇合，进一步壮大了建筑行业的队伍。1952 年，全民所有制建筑企业，包括各专业部施工力量在内，达到 99.5 万人，比 1949 年增加近 5 倍。

（四）建筑业职工劳保福利工作的开展

新中国成立初期，工会组织大力开展劳动保护和职工福利工作，切实改善建筑工人生活福利设施与劳动条件，保证建筑工人身体健康。1952 年 12 月 24 日，全国总工会建筑工会发出关于加强劳保工作的意见，要求各地工会组织必须在党的领导下，坚决反对那些单纯任务观点、不重视工人生命安全的资本主义思想和官僚作风。在实行增产节约的同时，必须注意职工的安全健康和福利事业。工会组织在发动工人开展增产节约运动时，一方面结合实际，经常向工人进行安全生产教育，另一方面在计划和布置生产任务当中，把安全健康的具体措施列为必要项目，把执行安全生产工作的好坏作为评定生产成绩的主要条件。同时，工会组织协助行政制订安全卫生措施和计划，切实改善安全卫生设施。东北工程公司在施工现场设立了医务所、澡塘、理发室、俱乐部与图书室、广播站等，解决了职工医疗与生活福利问题。工地还成立伙食管理委员会，定期听取行政管理人员报告，改进伙食工作。抚顺市建筑工会、鞍山工程公司等单位通过合同与小组公约的形式为职工配备了工作服、胶鞋、风镜、口罩、手套、安全带等劳保用品。据华北区建筑业工会对 11 个市、1411 个施工现场中的统计，共设立医务所 122 个、合作社 21 个、理发室 91 个、澡塘 19 个。在《中华人民共和国劳动保险条例》出台之后，各地根据实际情况制定了实行《条例》的具体办法，签订了集体合同或以公司为单位签订了劳保合同。东北、华北、华东、西北等的 23 个市制定了保险合同。

（五）先进工作法的推广

随着国家进入大规模的经济建设时期，各地建筑工程日益增多，为了完成建设任务，建筑工会开展了推广先进工作法的工作。东北工业部建设工程公司的瓦工苏长有是建筑业的劳动模范，自 13 岁起即在沈阳一带学徒。东北解放后，在东北本溪煤铁公司参加工作，被大家选为瓦工班长。1951 年 2 月，苏长有瓦工班在苏联专家和单位工程师的帮助下，创造了“分段连续砌砖法”，使生产效率超过定额 128%，节省了三分之二的技术工人。在他的影响下，木工谢万福创造了木工流水作业法，提高效率 232%；杨德重抹灰流水作业法也提高效率 60%；各地相继出现了许多先进经验，掀起了中国建筑业生产改革运动。为了迅速地推广这些生产经验，全国总工会建筑工会发出关于建筑业推广先进经验的意见，要求在党委统一领导下，由党、政、工、团及有关部门组成推广委员会，加强推广工作的领导。1952 年 1 月，召开推广先进经验大会，由先进经验的创造者进行介绍，以参观、表演、实地练习等方法传播先进经验。苏长有、谢万福小组向全国发起挑战，迅速掀起了一个推广先进经验的浪潮。全国各大中城市如北京、天津、长春、哈尔滨、济南等地都相继召开了推广大会，先进工作法得到推广，先进经验汇成巨流，建筑业生产面貌为之一新。不到一年，东北地区基本上普遍地使用了先进工作方法，如哈尔滨市采用苏长有砌砖法的技工占技工总数的 84%、采用谢万福木工流水作业法的技工占技工总数的97%、采用杨德重抹灰流水作业法的技工占技工总数的95%，华北4个城市已有1336个小组实行了先进工作方法。各地工会组织都把推广先进经验作为组织群众生产竞赛的主要环节，组织召开操作表演会、展览会、经验介绍报告会及生产劳动竞赛等，运用黑板报、广播等各种形式，掀起了学习或推广先进经验的热潮，在运动中又出现了许多新的先进经验，如于东海的流水勾缝法、张连庆的混凝土搅拌及灌浇流水作业法、黄德茂的铁筋工流水作业法等。同时在工具上也有改进，如多刀多刃刨子、脚踏锯等。推广先进经验的同时，各企业积极进行生产管理改革，推广流水作业和平行作业法，按指示图表有节奏生产，使工程施工时间大为缩短。东北工业部大力推广流水作业和平行作业，调动了工人积极性，提高了劳动效率，最高可使工期缩短71%。1952年据60个大中城市的统计，使用先进工作法的小组已有8100多个。

（六）在建筑企业中推行民主管理与爱国增产节约运动

在废除旧的劳动制度后，建筑工会在建筑企业依靠工人阶级，实行民主管理，由业主、包工公司、工会三方面组成工地管理委员会，吸收工人代表参加现场管理工作。业主与建筑公司订立营造合同，工人与建筑公司订立集体合同、工地合同，通过实行民主管理，调动了工人的劳动积极性，保证了工程质量。在许多建筑企业，工会协助行政制订施工计划，发动群众讨论，召开职工代表会议贯彻施工计划，在工会领导下订立爱国公约，展开劳动竞赛，使得工程进度显著提高。通过民主改革与生产改革，职工群众充分发挥了积极性与创造性，不仅加速了经济建设的进程，而且为我国建筑业走向机械化、工厂化奠定了基础。

（七）中国建筑工会的建立与发展

1951 年 6 月 10 日，全国总工会召开建筑业工会工作会议，各大行政区和中心城市建筑业工会工作者及建筑企业行政干部出席会议，全国总工会副主席李立三、全国总工会组织部部长栗再温参加会议并作报告。会议提出，为切实整理和改革建筑业，首先必须加强建筑业工会工作。会议建议，全国总工会成立建筑业工会工作委员会，筹备建立统一的建筑业工会组织，加强全国建筑业工会工作的领导。全国建筑业工会工作会议以后，当时任山东省德州地区地委书记的张进同志调任建筑工会主任，同时又从四川、河北等地和全国总工会机关抽调干部搭起了工作班子。1952 年 1 月 15 日，全国总工会建筑工会召开北京市建筑工人代表会议，建筑工会北京市委员会总结了北京市建筑业的反把头经验，还邀请苏长有、谢万福、杨德重三位同志到会作了关于先进生产方法的介绍。1952 年 12 月 30 日，全国总工会作出《关于加强基本建设中工会工作的决定》，指出基本建设部门的工会组织的任务，是在中国共产党的领导下，组织基本建设中的工人、技术人员、职员，不断提高阶级觉悟，保证完成与超额完成基本建设中的各项计划指标；协助工业工程部门在可能范围内改善职工群众的劳动条件，提高技术水平；关心群众生活，办好福利事业。为了加强基本建设中工会工作的组织与领导，全国总工会设立基本建设委员会，吸收有关产业工会参加，负责指导基本建设中工会工作事宜。随着建筑业的发展，各地工会组织都得到了发展壮大，1950 年北京市只有 1 万多名会员，到了 1951 年就增加到 8 万多名。1952 年底，建筑业工会的基层组织已普遍建立，会员数已占工人总数 58%。大部分建筑工人享受到劳保待遇，北京、天津、太原、西安等地都签订了劳保集体合同，工人生活稳定，工伤事故已逐渐减少，如北京 1952 年较 1951 年死亡人数降低 90%。

各地工会还利用冬闲季节训练职工，全国受过教育训练的职工占20%左右，仅北京市统计就有 2 万名工人受到了教育。不少工地建立了俱乐部、广播站、流动图书馆，组织职工政治、文化学习，有的城市还组织了文化服务队，深入工地放映电影、演出话剧，活跃了工人文化生活。

第四章

第一个五年计划和社会主义改造时期的机械冶金建材工人运动

从1953年到1957年，国家制定和实施了第一个五年计划，为保证大规模经济建设和工业化的需要，国家建立起计划经济体制，实行了新的工人招收和调配制度。新形势下，中国工会第七次全国代表大会确立了新的工运方针，各级工会积极动员组织职工广泛开展群众性生产运动，把职工劳动竞赛、技术革新运动和先进生产者运动不断推向新的水平。在这一时期，工人阶级积极参加和推动了社会主义改造，工会组织建设进一步加强。机械冶金建材战线广大职工群众，为国家建设作出了巨大的贡献。第一个五年计划的胜利完成，奠定了新中国工业发展的基础。随着生产的发展，职工群众物质文化生活明显改善和提高，工会工作面貌一新。

一、“一五”时期的机械工会与工人运动

从1953年起，中国共产党提出了党在过渡时期的总路线，基本内容是努力实现国家的工业化和对农业、手工业和资本主义工商业的社会主义改造。工会组织在党的领导下，团结工人阶级和全国人民作出了新的巨大贡献。

（一）推广先进操作法，提高机械工人技术水平

第一个五年计划期间，全国各行各业十分重视总结本系统的先进经验，各地各产业都把总结、学习、推广先进经验作为推动劳动竞赛的关键环节，努力把先进生产者的经验变为广大职工所掌握的共同财富。1953 年，中共中央发出“增加生产，增加收入，厉行节约，紧缩开支，超额完成国家计划”的号召，机械工业职工开展了轰轰烈烈的增产节约运动。

在“一五”时期，机器制造业新工人占很大比重，如何加速培养大量的技术工人，成为亟待解决的课题。1955 年，第一机械工业部、第一机械工会筹备委员会、中华全国科学技术普及协会联合发出《关于推广“机械工人速成识图法”的联合通知》，重点推广华中工学院赵学田教授的“机械工人速成识图法”。根据这一方法，原来不懂机械图的、稍具生产知识的机械工人经过 10 小时的讲课和 10 小时的讨论复习，即能看懂一般的机器零件图与简单的装配图，并能在实际工作中做到按图施工。武昌机车车辆制造工厂开办“机械工人速成识图”训练班，参加学习的青工完成速成识图学习后，消灭了因看不懂图而造成的废品。昆明 203 厂技工彭松福在培养学徒的过程中，创造出“车工技术速成教学法”，使一般徒工在 3 个月内可以掌握车工的基本技术。该厂钳工指导员马子显和郑祥创造了“钳工速成教学法”，使徒工在 1 个月内学会了钳工的基本技术操作知识。许多类似先进经验的推广，对提升职工技术素质起到了极大促进作用。

“一五”初期，机械产业的文盲与半文盲占全体职工总数的 19.2%。为了提高工人技术水平，全国总工会决定 3 年内扫除职工中的文盲，第一机械工会加强职工业余文化教育，将这一计划提前到两年内完成。1956 年 3 月，沈阳第一机械系统 19 个工厂发出关于加速扫盲的联合倡议，一机部、一机工会转发了这一倡

议，系统各级工会采取扫盲班、识字组、识字小先生、包干制、互教互学合同等有效形式，发动与组织职工利用一切可以利用的力量，开展群众性识字运动。1956 年 11 月，中国第一机械工会全国委员会主席团第四次会议通过《关于加强生产技术与科学知识宣传工作的决议》，要求各级工会把生产技术与科学知识的宣传当作工会工作的重要内容，在职工中广泛传播先进的生产技术经验，帮助职工进行创造活动，帮助职工学习与掌握新技术、新工艺和基本技术理论知识。各级工会组织职工学习和推广先进操作法，开展合理化建议和技术革新活动。在机械加工部门推广高速切削和多刀多刃切削法。天津机器厂开展了高速切削的试验，普遍提高了生产效率 2 倍—10 倍。1952 年 10 月，东北总工会在沈阳召开高速切削多刀多刃切削法先进生产者代表会议，组织了华北、华东、中南、西南、西北五大行政区 23 个城市 100 多人的参观团列席会议。全体人员参观了先进生产者运用高速切削、多刀多刃切削法的操作表演，交流与推广了先进经验，促进了全国机器业职工的相互学习。

与此同时，各级工会进一步挖掘潜力，推广了杨守训造型法、漏模造型法等先进经验。1953 年 3 月，第一机械工业部召开第一次全国翻砂会议，各地区基层企业的铸造工人、劳动模范、工程师、技术人员和各级行政管理干部、工会工作者 170 多人出席会议，苏联专家到会作技术指导。1953 年 5 月，第一机械工业部、中国机器制造业工会筹委会发出《关于改进铸造工作的联合指示》，要求在劳动组织方面推广苏联先进经验——“阶段分工制”，在技术管理方面推行工艺规程，在铸造技术方面大力推广漏模造型法。在推广先进经验过程中，抚顺重型机器厂工会举办先进经验学校，上海机床厂实行推广先进经验协议书，行政和工会密切协作，及时找出生产薄弱环节和关键问题，提出解决措施，对学习先进经验有显著成绩的职工，给予必要的物质奖励。1956

年 4 月，全国机械工业先进生产者代表会议结束后，第一机械工会调集了 32 名先进生产者、10 名技术人员和 8 名工会工作者组成 4 个检查和推广先进经验工作队，在 3 个月时间内分别深入 17 个市和 93 家工厂，推广了精刨代刮研、机动攻螺丝、机械加固刀具、精车大走刀、调整六角车床等 30 项先进经验，取得了显著效果，受到广大工人和工程技术人员的欢迎。

各行各业总结推广的数以千计的先进经验，有力地促进了生产的发展，促进了企业管理水平和职工技术水平的提高。除机械系统的高速切削、多刀多刃切削以及翻砂铸造等先进经验外，还有纺织系统总结出的“保全工作法”、煤矿系统的马六孩“多孔道掘进循环作业法”、建筑系统的谢万福“木工流水作业法”、铁路系统的“孙孝菊调度法”“郭春林养路法”、公路系统内河航运的“一列式拖带法”、电力系统的“科学安全运行法”等，据不完全统计，“一五”期间，全国各产业系统共总结推广 3370 多项先进经验，产生了巨大的经济效益。

（二）全国机械工业先进生产者代表会议

随着全国社会主义建设掀起高潮，群众性生产竞赛运动如火如荼，各地涌现了大批先进企业、先进班组和先进生产者。1956 年 2 月，全国总工会第七届执行委员会主席团第十次会议通过了《关于开展先进生产者运动的决议》，对开展先进生产者运动的指导思想、原则及评定授予荣誉称号等问题提出了具体意见。全国 11 个产业工会协同各产业主管部门，分别召开了本产业系统的先进生产者代表会议，表彰了各产业的先进生产者和先进工作者，总结交流了先进经验。

1956 年 4 月 10 日，全国机械工业先进生产者代表会议在北京召开。出席会议的有来自各地机械工业企业、设计部门、安装公司和试验研究所等单位的先进生产者和先进集体的代表 769 人，列席代表222人。应邀参加会议的还有苏联运输和重型机器制造工人工会中央委员会和机器制造工人工会中央委员会的代表团，日本五金机械工会访华代表团也应邀参加了会议。毛泽东和中共中央政治局委员接见了代表。全国总工会主席赖若愚到会并讲话，要求每个职工都要积极学习先进经验，掌握新技术，改进工作方法，不断创造更高的生产定额。第一机械工业部副部长汪道涵、第一机械工会主席康永和分别作了有关推广先进经验、开展先进生产者运动的报告，号召机械工业的广大职工积极响应党中央和全国总工会的号召，把机械工业先进生产者运动普遍地开展起来。会议通过了关于推广先进经验和开展先进生产者运动的决议。会议期间，机械工业先进生产者代表举行了技术表演，苏联列宁勋章获得者、优秀铣工列昂诺夫用他创造的片铣刀进行了铣切表演，受到热烈欢迎。会议之后，各级工会组织代表传授先进经验，动员职工学习先进经验。太原矿山机器厂为了系统地推广先进经验，开办了先进生产者学校，掀起了学习先进经验的热潮。通过先进生产者运动，第一机械工业部、电机工业部超额完成了国家计划。1956年上半年生产总值比上年同期增长了85%，劳动生产率提高了54.9%，可比产品成本降低了24.6%。在运动中，工会建立和加强了处理合理化建议的专职机构和工作制度，总结和推广先进经验，调动了群众的创造性和积极性。

1956年4月30日，全国先进生产者代表会议在北京召开。参加会议的有28个省、市、自治区，22个产业的正式和特邀代表6186人。毛泽东、刘少奇、朱德、陈云、邓小平等党和国家领导人出席了会议开幕式。刘少奇代表中共中央在大会上作祝词，赖若愚作了《把先进生产者运动持久地开展下去》的报告。全国先进生产者代表会议的召开，标志着先进生产者运动已经成为一个全国性的广泛的群众性运动，到1956年底，全国涌现出的先进集体单位达11.4万个，先进生产者125.9万人。

（三）广泛开展群众合理化建议和技术革新活动

群众合理化建议活动对调动职工的积极性、创造性，促进生产建设发展有着重要作用。在 1953 年到 1956 年的 4 年中，由于劳动竞赛、技术革新和先进生产者运动的推动，全国职工合理化建议运动也获得更广泛发展。1953 年全国职工提合理化建议 73.8 万件，被采纳 35.7 万件，1956 年职工提出合理化建议已达 183.1 万件，被采纳付诸实施的 75.7 万件，极大地促进了企业改进生产过程和管理、提高技术水平，取得重大效益。

1955 年 6 月 23 日，第一机械工会全国委员会发出《加强群众合理化建议工作的指示》，要求各级组织认真协助和监督同级行政，加强对于群众发明和合理化建议工作的组织与领导。第一机械工会沈阳市委员会组织沈阳机械、电工各厂职工开展合理化建议运动，改造旧有设备、工具，改进操作技术和劳动组织，据 24 个国营厂统计，1953 年第四季度和 1954 年第一季度提出并实现 5578 件合理化建议，大大提高了劳动生产率。太原矿山机器厂 1952 年职工共提出合理化建议 784 件，付诸实施 775 件，1953 年共提出合理化建议 689 件，实施 602 件，大大地提高了劳动生产率。与此同时，各级工会组织动员广大职工参加企业技术、质量、经济管理，组织技术人员参加讨论计划，使技术人员和工人的创造智慧相结合。沈阳第一机床厂工会协助行政修改工时定额、改进车间管理、推广先进经验，对完成生产任务起到积极促进作用。山西机器厂发动群众参加技术管理，围绕增产节约目标开展劳动竞赛，产品质量显著提高。上海电机厂工会根据群众意见，合理调整劳动组织，发动群众进行工艺工具分析，先后在 9 个工种、5 个业务系统中组织了 27 次同工种、同业务先进经验表演会，总结与交流了 80 多项先进经验，推广了高速割刀、列昂诺夫铣刀、强力刨刀等先进工具，提高效率 30%—200%。齐齐哈尔第一机床厂工会运用合同形式，组织车间与科室签订联系合同，通过组织竞赛来保证合同的实现。沈阳水泵厂工人与技术员签订互助合同，通过学习先进经验、提合理化建议、互相检查等具体措施，以保证合同的实现。

各企业工会扩大与健全企业管理的民主制度，吸引群众参加企业管理。沈阳变压器厂、风动工具厂、矿山机器厂等单位，充分发挥职工代表作用，把职工代表大会决议列入每月工作计划加以贯彻。太原矿山机器厂规定了职工代表大会对企业管理的检查监督、人事（选举厂长）、财务等方面的权力。实行企业民主管理制度，使职工群众的主人翁责任感进一步加强，职工群众的积极性与创造性得到充分发挥。第一机械工会还大力推行班组经济核算，依靠群众精打细算，加强企业管理。长春第一汽车厂发动机车间全面推行个人核算，把指标具体下达给每个工人，通过个人核算开展竞赛，保证任务的完成。同时，积极推进企业集体合同，1956 年 6 月，第一机械工业部和第一机械工会全国委员会发出《关于推行集体合同的决定》，明确了企业行政和职工在全面完成国家计划、改善职工物质生活和文化设施方面承担的义务。沈阳机械一厂签订集体合同后，全体职工积极努力，提前完成了国家计划，职工生活福利也随着生产的发展得到提高。

（四）第一机械工会的成立与产业工会组织系统的加强

第一机械工会在 1950 年 12 月成立时，定名为中国机器制造业工会。1952 年 9 月第一机械工业部成立，经全国总工会批准，于 1953 年 9 月改为中国第一机械工会。中国第一机械工会第一次全国代表大会于 1955 年 8 月 15 日在北京举行。到会代表 212 人，代表 21 个省、3 个市的机械工业工会会员 42 万人。中共中央向大会发来祝词，要求进一步密切工会与群众的联系，进一步提高职工群众的政治觉悟，发扬工人阶级艰苦奋斗的优良传统，发挥机械工业部门全体职工的积极性和创造性，为胜利完成第一个五年计划而奋斗。全国总工会主席赖若愚到会致祝词，要求各级工会领导机关密切与群众的联系，将全国机械工业职工更好地组织起来，动员起来，为祖国的社会主义建设事业和社会主义改造事业贡献力量。中国第一机械工会筹备委员会主任康永和作了题为《为完成和力求超额完成第一个五年计划而奋斗》的工作报告。提出机械工会在“一五”时期的主要任务是：深入地、广泛地开展劳动竞赛；大力组织群众掌握新的技术，改进和提高技术；大力开展教育工作，提高职工的政治觉悟和技术、文化水平；在发展生产和提高劳动生产率的基础上，逐步地改善职工群众物质生活与文化生活；加强工会建设，密切工会与群众的联系，更好地发挥工会组织作用。大会还听取了第一机械工业部副部长汪道涵和第三机械工业部部长张霖之关于机械工业在第一个五年计划中的任务的报告。大会选举康永和为中国第一机械工会全国委员会主席。

大会讨论通过了《关于中国第一机械工会组织问题的决定》，对第一机械工会组织范围、组织系统等作出规定：中国第一机械工会组织范围包括中华人民共和国第一机械工业部所属单位和中华人民共和国第三机械工业部所领导的机械工业的单位的全体职工。基层组织一般设工厂（机关）委员会、车间（部门）委员会、小组三级。工厂的工会小组按工段的工作班、组或工段建立。组织系统为全国委员会、市委员会、基层委员会三级。截至 1955 年，第一机械工业系统共建立省工作委员会组织 3 个、省筹备委员会 1 个，市委员会 16 个、市筹备委员会 3 个、市工作委员会 1 个，基层数 7789 个，共有职工 499596 人、会员 452443 人。

（五）贯彻中国工会七大精神和过渡时期总路线，深入开展劳动竞赛和先进生产者运动

中国工会第七次全国代表大会于1953年5月2日至12日在北京召开，出席会议的代表830人，代表着全国1020万名会员。刘少奇代表中共中央在致词中指出："我们祖国现正开始进入一个新的历史时期，并向我们提出了新的历史任务，这就是实现我们国家的工业化和逐步过渡到社会主义社会的任务。为了完成这个新的历史任务的目的，我们必须尽最大的努力充分发挥广大工人群众的积极性和创造性，为完成与超额完成国家的经济计划而奋斗。为了这个目的，我们必须对工人群众加强共产主义的教育，提高工人群众的觉悟程度，使他们认识到全体人民的利益、国家的利益与个人的利益的一致性，同时，必须采取批评与自我批评的方法去克服企业中的各种缺点和错误，反对官僚主义，反对破坏劳动纪律的各种现象。为了这个目的，我们必须经常地、密切地关心工人群众的生活状况，在增加生产的基础上，按照必要与可能逐步改善工人的物质与文化生活和工人的工作条件。提高工人阶级以及全体劳动人民的物质和文化福利，并使我们国家不致受到外国帝国主义的侵略，这是我们国家发展工业以及其他一切措施的最后目的。"赖若愚作了《为完成国家工业建设的任务而奋斗》的工作报告。报告指出，在新的历史时期，工会组织的首要任务就是团结全体职工，发展生产，为逐步地实现国家工业化和过渡到社会主义社会而奋斗。而工会组织搞好生产的基本方法，就是逐步地引导群众进行劳动竞赛。通过劳动竞赛发挥工人、工程技术人员和职员的积极性和创造性，改善劳动组织、改进生产、改良工具和操作方法，以提高劳动生产率。大会选举产生了全国总工会第七届执行委员会。选举刘少奇为全国总工会名誉主席，赖若愚为主席，刘宁一、刘长胜、朱学范为副主席。

1956 年 3 月，第一机械工业部和第一机械工会全国委员会发出《关于在新形势下加强对于社会主义竞赛领导的联合指示》，对竞赛内容、竞赛组织、竞赛领导等提出要求。竞赛内容包括，突破工时定额、提高产量、掌握新技术、完成品种计划、减少废品、提高产品质量、节约金属以及节约燃料、电力、各种费用等；竞赛的形式主要有同工种竞赛、同业务竞赛、科室劳动竞赛、厂际竞赛等。同工种竞赛是把以往互不联系的各厂同工种车间组织起来，交流技术经验，互相取长补短，对鼓励职工学习先进经验、提高技术水平有很大推动作用。第一机械工会先后在北京、沈阳、齐齐哈尔、旅大、天津、太原、重庆、南昌等主要城市推行了按工种组织竞赛的方法，最早参加竞赛的工种是翻砂，竞赛取得了很大成绩，以沈阳市为例，从 1953 年 5 月至 9 月，参加竞赛的 14 个翻砂车间生产均衡率提高 11.56%，质量提高 2.66%，每月超额完成生产任务，还提高了铸件质量、降低了废品率。一些城市还组织了金工、锻工小组的同工种竞赛。北京市总工会通过同工种竞赛，各厂各车间的产量、质量、安全生产等方面均有很大提高。东北机械十二厂学习五三厂经验，在同工种竞赛的基础上，采用了以百分计算成绩的方法（同工种百分竞赛），全面展开竞赛，由于目标明确、计分方法科学，收到明显效果。

一些企业工会还组织技术人员和管理人员参加科室劳动竞赛，把竞赛由车间推向科室，由一线工人推向技术人员。第一汽车制造厂工艺处、冶金处和 13 个基本生产车间提出“开展同产业工艺工作者社会主义竞赛”的挑战书，向全国兄弟机械工厂的技术、工艺、冶金部门提出挑战。它们在挑战书中提出：教会生产工人正确地贯彻监督并维护工艺纪律；做好资料图纸管理工作，保证全厂各部门及时获得正确、完整、可靠的工艺文件；贯彻增产节约精神，保证生产工艺的先进性，做好技术定额管理工作等条件。第一机械工业部和第一机械工会号召本系统工程技术人员响应倡议，推动各种技术工作。太原市机械系统 13 个单位开展了设计、工艺、技术检查、供应、生产、计划、设备动力、工具、劳资、安全、财务、教育等 12 种同业务的厂际竞赛。太原矿山机器厂运用“作业计划竞赛图表”改进科室工作，技术人员主动深入车间，及时解决生产关键问题，推广先进经验、改进工作方法。沈阳水泵厂组织技术人员下车间，帮助工人找窍门，实现合理化建议，密切了与工人的关系。上海电机厂设计科展开“图样如期供应”竞赛，采用交叉平行作业、分段出图。齐齐哈尔第一机床厂劳动工资科面向车间依靠群众，把工作计划与竞赛条件结合起来，通过“访问组”和“联系合同”的形式，在竞赛中互助协作，共同提高。

厂际竞赛是由全国产业工会和相应的工业部共同组织的。从 1954 年开始，第一机械工会同第一工业机械部共同组织上海、天津、沈阳三个自行车厂的劳动竞赛，取得了良好效果。这三个厂职工人数、设备条件和生产规模大体相同，在日伪时期同属于一个老板，产品都用一个牌号。新中国成立以来，三个厂的生产水平都有提高，但是进步的程度则相差较大。沈阳自行车厂的产量、质量和劳动生产率都低于上海、天津自行车厂。1955 年第二季度，第一机械工业部第一机器工业管理局与中国第一机械工会筹委会共同领导开展厂际劳动竞赛，以提高产品质量、降低产品成本为主要目标，改进电镀、油漆、焊接、热处理四项主要工艺为关键，推动各厂互相学习、互相帮助，提高企业管理水平和技术水平。通过竞赛，三个厂在四个主要工艺（电镀、油漆、焊接、热处理）上都有显著的改进。厂际竞赛半年后，沈阳自行车厂不仅产品质量赶了上去，在电镀、油漆、焊接三个主要工艺方面也居领先地位。

1955 年 8 月，第一机械工业部、第三机械工业部、第一机械工会全国委员会发出《机械工业国营、地方国营、公私合营企业厂际劳动竞赛奖励暂行办法的通知》，要求参加竞赛各厂互相取长补短、交流学习先进经验，有效地提高企业的技术水平与管理水平。1956 年 2 月，中共中央批转了中国第一机械工会全国委员会《关于三个自行车厂厂际竞赛的主要经验和改进今后劳动竞赛领导的意见》，《意见》指出：这三个自行车厂厂际竞赛很好，他们的经验证明，组织类型相同、设备相仿、产品相近的工厂企业间的厂际竞赛，能够更好地推动落后企业赶上先进企业，先进企业更加先进，达到共同提高的目的。《意见》要求各级党组织、各工业行政部门和工会组织充分发挥广大职工群众的创造性和积极性，将劳动竞赛推向前进。之后，机械工业系统组织了机床、机车、电机、重型机械、动力机械等 20 种同类产品的厂际竞赛，收到了显著效果。北京第一机床厂和重庆机床厂倡议开展全国机床厂厂际竞赛，国营上海电机厂倡议开展全国电机厂厂际竞赛，一机部机车车辆工业管理局组织五个机车车辆厂开展了厂际同工艺车间、同工种、同业务竞赛。通过竞赛，调动了各方面的积极因素，促进了在职工中形成互助互学、赶先进帮后进的风尚，推动了企业生产的发展。

（六）加强新厂建设时期工会工作

第一个五年计划中，机械工业发展迅速，许多现代化的新企业迅速地建设起来。在建设初期，职工来自四面八方，技术参差，情况复杂，新建单位大都处于偏僻地区或市郊，生活困难。为保证新建厂的顺利建成，早日投产，第一机械工会于 1956 年 12 月召开了新厂建设时期工会工作座谈会，拟订了“新厂建设时期工会工作纲要草案”。新建企业工会大力加强职工政治思想教育，教育工人发扬勤劳勇敢、艰苦奋斗的优良传统，克服困难；针对新厂技术工人短缺、技术水平低的现状，协助行政做好培训工作，开办各种技工训练班、夜校、专题讲座等，提高职工的管理水平与技术水平；围绕生产组织开展劳动竞赛，发挥职工的积极性、创造性。新建厂初期，职工群众的文化物质生活条件比较艰苦，各级工会关心职工文化物质生活，积极督促与协助行政帮助职工解决实际困难，使职工群众安心生产。各建设单位的职工宿舍不够分配，有相当数量的职工居住困难，工会主动反映职工的意见督促加快职工住房建设。针对生活服务设施不足的问题，如食堂小、托儿所床位少、卫生条件差等，工会监督行政福利部门、生活服务部门合理使用经费，还通过组织炊事人员开展竞赛，学习先进食堂经验，改进服务态度、提高饭菜质量、降低伙食成本。通过一系列的工作，促进了新厂建设的顺利完成。

（七）在改造私营工商业中加强工会工作

1953 年 8 月，全国总工会召开七届二次主席团会议，通过了《关于加强资本主义工业中的工会工作的指示》，对开展资本主义工业中的工会工作作出规定。一是确定了资本主义工业中的工会工作必须贯彻“发展生产，劳资两利”的政策及利用、限制和改造的方针；二是明确了工会在资本主义工业中的任务，就是团结和领导全体职工，积极协助资本家改善经营管理、改善劳动条件，增加数量、提高质量、降低成本，并切实监督和教育资本家遵守国家法令、遵守公司合同和劳资合同。1956 年，社会主义改造掀起高潮，全国机、电系统公私合营企业的工会组织广泛地向职工群众进行和平改造、赎买政策的教育；进行企业性质变化和当家作主的思想教育；发动职工搞好生产，迎接公私合营。公私合营后，各级工会广泛发动职工，开展先进生产者运动，提高了劳动生产率，促进了企业生产的发展。为了适应公私合营后企业发生的新变化，做好公私合营企业的工会工作，全国总工会于 1956 年 11 月召开全国公私合营企业工会基层工作会议，研究了公私合营企业工会如何处理好各种关系，确定了工会在合营企业中的地位、任务，以及如何更好发挥工人的作用等问题。机械系统各级工会高度重视对私营企业职工进行阶级教育和政策教育，帮助他们理解关于资本主义工商业改造的方针政策，充分认识私营企业工人同国营企业工人利益的一致性。同时对资本家展开政策宣传，促进其自觉接受改造，走公私合营道路。私营企业工会一方面组织职工开展劳动竞赛，协助资方改进经营管理、改善劳动条件，增加产品种类数量，促进生产发展；另一方面发动群众对已具备合营条件的私营企业推动其申请合营，在批准合营后，组织群众帮助公股代表清产核资、安排人事、改革制度、巩固改造成果。同时对企图抵制改造、违法乱纪的资本家进行坚决斗争。中国第一机械工会上海市委员会所辖机械工业和重工业两个产业基层，资本主义工业占比很大，数量占总户数的98.2%；职工人数占职工总数的79.6%；产值占总产值的74.2%。在合作化高潮中，工会组织贯彻执行党的方针，把生产和改造相结合、改造企业和改造资本家相结合，协助政府拟订改造计划，发动群众支持公方代表，团结资本家搞好清产核资、确定股息、人事安排等工作，帮助职工解决在合营中的困难。在合营以后，提出“保证搞好生产改革，更好地完成国家计划”的口号，发动群众开展劳动竞赛，使企业管理水平逐步向国营企业看齐；改选工会领导机构，纯洁工会组织，使工会工作水平向国营企业看齐。各级工会在教育职工尊重资方职权的同时，组织职工帮助监督资方守职尽责，随时了解资方思想动态，消除职工与资方之间的历史隔阂。还组织发动资方人员参加先进工作者运动，帮助其逐步改造成为自食其力的劳动者。资方人员在竞赛中被评选为先进工作者的，同样给予表扬奖励。在先进工作者运动中，各地机械厂资方从业人员都有先进工作者涌出。如上海徐汇区双轮双铧犁竞赛中，55个资方就有26人得奖，占47%以上。武汉市公私合营农业药械厂44个资方从业人员，就有11人被评为先进工作者，并出席全国先进生产者代表会议。

工会组织也在资本主义工商业的社会主义改造中，各级工会组织旗帜鲜明地维护职工群众利益，在私营企业普遍建立民主管理组织，通过工会代表参与企业管理，对资本家开展斗争，限制过分剥削，改善生产设备、劳动保护及卫生条件，在增加生产的基础上提高职工工资。另外，在监督企业的生产经营活动的同时，教育职工顾全大局，对企业的生产技术、财会计划等方面提出合理化建议，促进企业发展。各级工会特别是私营和合营企业工会卓有成效的工作，极大地调动了工人群众参加资本主义工商业改造的积极性，广大工人发扬主人翁精神，履行领导阶级职责，在私营工商业改造中发挥了工人阶级先锋作用，涌现出许多先进典型。

（八）加强劳动保护工作

在第一个五年计划初期，在社会主义建设高潮中，一些工厂存在单纯任务观点，忽视安全生产，有些干部甚至认为“生产就是战斗，战斗就有伤亡”，一段时间内职工伤亡事故频发，不但损害了工人的安全健康，也严重地影响了工人的生产积极性，使生产受到损失。1955 年 2 月，全国总工会党组向中央报送的《全总党组关于几年来全国伤亡事故简况报告》，反映了全国职工因工伤亡的情况，在报告中提出建议：建议中央责成工伤比较严重的各工业部门和相应的产业工会，对近几年的安全技术和生产卫生工作情况进行系统检查，定出有效的预防措施；企业行政方面建立安全负责制，健全安全技术专职机构，对新工人进行入厂教育和现场教育；对使用易燃易爆物品、电器设备及危险性比较大的特种机械，制定统一规程和标准并进行监督；在大专院校设立劳动保护课程。

针对这些问题，中共中央作出加强安全技术劳动保护工作的指示，国务院发布了《工厂安全卫生规程》《建筑安装工程安全技术规程》《工人职员伤亡事故报告规程》等法规，全国总工会发出认真贯彻国务院劳动保护法规的指示。为做好劳动保护工作，全国总工会于1955年和1956年两次召开全国工会劳动保护工作会议，推动工会劳动保护工作的开展。各级工会积极协助政府工业主管部门制定劳动保护法令、规则、条例，并协助监督执行。各级工会自上而下建立健全工会劳动保护工作机构，通过安全检查、签订劳动保护协议书、开展安全活动日等活动，充分发挥工会在保障安全生产中的作用。

中国第一机械工会积极监督与协助企业行政贯彻劳动保护法令，编制和贯彻安全技术措施计划，认真贯彻三级教育制（入厂教育、车间教育、工段教育），向行政提出改善劳动条件的建议，组织发动职工提合理化建议，不断改善劳动条件。同时还运用树立典型、推广经验、召开座谈会、举办展览会等形式，把安全教育贯穿到生产各个环节。1954年5月，中国第一机械工会重庆市委员会与中央第一机械工业部西南办事处联合举办安全生产巡回展览会，使广大职工受到一次深刻的安全生产教育。1956年7月，第一机械工业部和中国第一机械工会全国委员会联合发出《关于开展安全大检查的联合指示》，组织各单位对安全卫生状况进行安全大检查，努力扭转工伤事故上升的局面。1956年12月，第一机械工会在哈尔滨召开劳动保护会议，要求加强基层对劳动保护工作的领导，建立健全各级劳动保护组织，监督并协助企业行政贯彻国务院颁布的三大劳动保护法规，积极参加伤亡事故的调查研究，加强工伤事故分析，并协助行政采取有效措施防止事故发生。

工会同行政签订劳动保护协议书是工会劳动保护工作的一种重要形式。第一机械工业部与中国第一机械工会筹委会发出联合通知，制定《安全技术劳动保护协议书暂行实施办法》，要求协议书草案须经企业工会委员会讨论通过后，由企业领导人和基层工会主席共同签署。针对一些企业存在的加班加点问题，工会组织提出，对企业进行群众性监督，不经劳动行政部门批准和工会同意擅自加班加点，工会必须严加制止。由加班加点而引起的人身、机械事故，应追查责任，并根据其情节轻重，建议劳动行政部门给予必要的惩处。1957 年 7 月，第一机械工业部、电机制造工业部、第一机械工会全国委员会联合制定《防病防伤措施计划暂行实施办法》，要求各企业在每年编制年度生产计划和安全技术劳动保护措施计划的同时，统一研究布置年度的全厂的防病防伤工作。计划的主要内容包括职业病、慢性病、季节性多发病的预防和医疗措施，疗养事业的举办、改善管理措施，生活福利设施的卫生管理措施等。计划草案拟订后，召开行政、工会联席会议讨论通过，由厂长和工会主席签发，向群众公布执行。

在加强职工劳动保护工作的同时，职工劳动保险事业也在快速发展。1953 年 1 月，政务院通过了《关于中华人民共和国劳动保险条例若干修正的决定》，进一步扩大了劳动保险的实施范围，由原来的铁路、邮电、航运和 100 人以上的工厂、矿场，扩大到工厂、矿场及交通事业的基本建设单位和国营建筑公司。1954 年 2 月，政府决定把劳动保险事业归工会统一管理，全国总工会成为全国劳动保险业务的最高领导机构，工会基层委员会成为执行劳动保险业务的基层单位。1954 年 3 月，全国总工会召开全国工会劳动保险工作会议，进一步明确劳动保险必须坚持为群众、为生产服务的方针。各级工会组织都建立健全了劳动保险工作机构，培训了数以万计的劳保积极分子，他们满腔热忱，全心全意为职工服务，成为职工和家属的贴心人。到 1957 年，享受劳动保险的职工已达 1150 万人。

（九）积极支援农业合作化运动

“一五”时期，随着农业合作化的发展，对新式农具和农业机械提出了大量需求。工会组织动员机械工业战线的工人积极支援农业生产，支持农民兄弟走合作化的道路。1956 年 1 月，全国总工会七届四次会议通过了《关于动员职工支援农业合作化和农业生产的决议》，号召全国职工积极行动起来，支援农业合作化。《决议》指出，所有生产和供应农民生产资料和生活资料部门的工会组织，都应该组织和教育全体职工努力增产、厉行节约，满足农民日益增长的物质文化生活的需要。所有工业、交通运输、邮电、商业、银行、手工业、文化、教育、科学、卫生等部门的职工，应当发挥积极性和创造性，支援农民，并且以工人阶级建设社会主义的模范行为来影响农民，共同为建设伟大的社会主义而奋勇前进。

机械工业部和中国第一机械工会在 1955 年邀请全国 40 个农具机械制造厂的代表，在北京签订支援农业合作化劳动竞赛合同，全国 2000 多家农具制造厂职工参加了竞赛活动，广大职工通过劳动竞赛降低成本、提高质量，生产农具支援农业。1955 年 11 月，第三机械工业部在北京召开全国农具专业会议，根据农业合作化运动大发展的新情况，决定在 1956 年内增产更多的新式畜力农具。1955 年 12 月，一机部、三机部和第一机械工会召开了全国农具制造工作者会议，康永和主席作了“积极支援农民兄弟走合作化的道路”的报告。会议通过了组织全国农具制造厂开展支援农业合作化劳动竞赛的倡议书，制定了厂际劳动竞赛组织办法，签订了厂际劳动竞赛合同。会后，各地农具厂热烈响应倡议，开展厂际竞赛。竞赛中各工厂充分调动职工群众的积极性和创造性，虚心学习先进经验，大力降低产品成本。全国许多农机具工厂组织技术人员和工人成立技术支农小队，利用业余时间到农业生产合作社，辅导农民使用和推广新式农机具。各地农业技术推广站的职工积极参加推广新技术的活动，帮助农业生产合作社培训技术力量。仅辽宁省在1956年就帮助培训了10万多名农民技术人员。各地职工通过各种竞赛形式，不断创造出新的成绩。北京农业机械厂的职工自愿组织了170多人的支援队，利用假日与业余时间分头到各兄弟厂去巡回参观、学习先进经验，该厂双轮双铧犁车间在10天内就创造12项生产新纪录。1956年第一季度，参加竞赛的各农具厂生产双轮双铧犁74万部，完成国家计划的115.5%，在提高质量的基础上，工时成本也显著降低。工人阶级对农业合作化的支援，加快了农业合作化的步伐，到1956年底，全国建立了75.6万个农业生产合作社，入社农户占总农户数的96%，加入高级社的农户占总农户数的88%。

（十）做好职工工资改革、福利和家属工作，开展文体活动

工资制度直接关系到职工的切身利益。1951年至1952年期间，全国各省市普遍进行了一次工资改革。进入第一个五年计划时期后，国民经济快速发展，但职工工资增长却没有相应及时跟上，1954年全国工业企业劳动生产率提高15%，平均工资提高2.3%。据全国总工会对一些地方国营企业的调查分析，其主要原因是劳动工资工作落后于生产发展，工资基金使用不合理。针对上述情况，1956年6月，国务院通过《关于工资改革的决定》，对企事业单位和国家机关实行工资改革。7月全国总工会发出通知，要求各级工会教育和发动职工，监督企业正确执行工资改革的各项规定。各地工会加强调查研究，建立健全工资工作委员会，协同行政进行工资改革。1956年1月，第一机械工会全国委员会第二次全体委员（扩大）会议通过《关于加强群众工资工作的决议》，要求本产业工会各级组织积极协助行政做好工资改革工作，监督企业正确执行国家工资计划和工资法令。《决议》要求各级

工会均须建立健全工资工作机构。随后，第一机械工业部和第一机械工会全国委员会发出《关于做好企业工资制度改革工作的联合指示》，对工资改革作出具体规定。电机工业部、第一机械工会全国委员会联合作出《关于如何贯彻工人技术等级标准的通知》，要求贯彻新修订的技术等级标准，在改革工资等级制度的基础上，推广和改进计件工资制。1957 年 1 月，机、电两部国营企业的工资改革工作顺利结束。通过这次改革，职工工资普遍有所增加，生活得到改善。1956 年第一机械部和电机工业部职工工资水平分别比 1955 年提高 18. 1%和 15. 5%。全国总工会高度重视对新公私合营企业的工资改革，会同劳动部联合向中共中央写了《关于资本主义和公私合营企业工资问题的报告》。1956 年 9 月，中共中央批转全国总工会代国务院拟定的《关于新公私合营企业工资改革中若干问题的规定》，对公私合营企业的工资进行了改革。通过工资制度改革，初步建立起反映按劳分配原则的工资制度，职工的工资普遍获得提高。和 1952 年相比，职工实际工资平均增长了 30%，工人群众实实在在享受到了经济发展的成果，亲身体验到社会主义的优越性，生产积极性大为提高。

20 世纪 50 年代初期，职工住宅严重不足，机械制造企业职工与家属老少三辈共住一间屋，两三户职工挤住一间房的大有人在。“一五”时期，机械工业各级工会高度关注职工生活福利问题，不断加强群众生活福利工作。1956 年 7 月 26 日，第一机械工业部和第一机械工会发出《关于解决职工生活福利方面的几个问题的联合指示》，要求下大力气解决职工的住宅、因病欠债、生活困难补助、食堂、托儿所等问题。经国家计划委员会批准，第一机械工业部在 1956 年投资兴建宿舍 40 万平方米，工会组织积极协助行政做好施工计划、施工准备和组织工作。同时主动争取党委支持，调整与修缮现有的职工住宅，做好“自建公助”职工住宅工作，对缓解职工住房困难起到了重要作用。

1955 年 7 月，湘潭电机厂四级工全少汉写信向组织反映自己的生活困难。他每月工资 42 元，负担 5 口人，在湘潭每月生活费只需 26. 7 元，除吃肉、看电影等外，还剩 6 元。调到哈尔滨电机厂后，生活费最低需要 46. 5 元，入不敷出。第一机械工会通过调查了解到，他的情况并不是个例。除了职工反映的情况，还有随着调动的工人的家属失业等问题。对此，第一机械工会除了协助解决部分职工生活困难问题，还通过帮助职工家属参加工作、组织家属从事副业生产、鼓励家属之间进行临时性的小额经济互助等方式，解决职工家属生活困难。第一机械工会哈尔滨市委员会组织本系统 10 个厂 300 多名家属开展副业生产，受到职工和家属的欢迎。瓦房店轴承厂举办家属短期训练班，动员家属配合搞好增产节约竞赛。北京农业机械厂家属积极分子组织起来开办了幼儿班，组织洗衣、缝纫、临时工、拆洗线手套等 4 个副业生产小组。家属委员会还把一些生活比较困难的家属组织到厂里做临时工，使其增加了家庭收入，改善了生活。在各方面的努力下，职工的生活状况有了很大的改善与提高。1956 年沈阳各厂生活困难职工在全体职工中所占的比重已由 1955 年的 25. 33%降到 18%，特殊困难职工所占的比重由 8. 43%降为 4. 5%。通过家属工作，职工家庭出现了新的气象，改善了婆媳、夫妻关系，许多家庭制订出夫妻增产节约计划，家庭达到了空前团结。

为解决职工疗养问题，第一机械工会开办了沈阳疗养院、无锡疗养院、重庆疗养院等多家职工疗休养机构。重庆疗养院在新中国成立前是国民党军阀的别墅，新中国成立后被改建为疗养院，于 1957 年 12 月接收 44 名首批疗养员。这些疗养员在黑板报上写出了自己的心里话：“一个普通工人得了肺病，在旧社会里是没有人管的，而是被人遗弃，今天我们能住这么好的疗养院，家庭生活还由组织上照管，只有在中国共产党的领导下，才有今天的幸福日子。”新中国成立后，机械行业的女工逐渐增加，针对这一情况，各企业加强对女职工的特殊保护，对孕妇不能胜任原工作时，调动轻便工作，照发原工资；对哺乳女工给予一定的哺乳时间，工资照发，不安排夜班；许多企业建立了托儿所、托儿站、哺乳室、幼儿园，解决了女职工的生产生活困难。“一五”时期，第一机械工会还大力开展职工体育运动，1955 年 2 月，第一机械工业部和第一机械工会筹备委员会发出《关于加强职工体育运动的联合指示》，要求建立健全基层体育工作的组织机构，积极组织基层体育协会，充分依靠群众推动职工体育运动的开展。据 1954 年底对 68 个基层单位不完全统计，已有各种体育组织 1567 个，经常参加各种体育活动的职工 4.6 万余人，占职工总数的 60%左右。

二、“一五”时期的冶金工会与工人运动

（一）中国重工业工会的成立与组织建设的加强

第一个五年计划期间，重工业是优先发展的部门。1949 年中央人民政府重工业部成立，1954 年改称为中华人民共和国重工业部。成立相应的中国重工业工会以加强产业的领导，被摆上重要议事日程。全国总工会决定中国五金冶炼工会筹备委员会和中国化学工会筹备委员会合并，筹建重工业工会。1954 年 8 月 16 日，中国重工业工会第一次全国代表大会在北京召开，中共中央发来贺电，全国总工会主席赖若愚到会并讲话，筹委会主任赵国强作了题为《为完成和争取提前完成国家第一个五年计划而奋斗》的工作报告。大会根据中国工会第七次全国代表大会的决议和国家在过渡时期的总任务，提出了重工业工会成立后的任务。大会选举产生了中国重工业工会领导机构，选举王群、方金栋等 55 人为中国重工业工会第一届全国委员会委员，王荫、尚志等 15 人为候

补委员，赵国强当选为重工业工会全国委员会主席，高宗智、江浩然、袁致和、石磊当选为副主席，赵国权为秘书长，李启新为经审会主席。

中国重工业工会组织范围包括钢铁工业、有色金属工业、基本化学工业和建筑材料工业全部国营、地方国营、公私合营、私营生产厂矿和中央重工业部所属基本建设企业的全体会员，组织系统分为三级——全国委员会、省（市）委员会、基层委员会。重工业工会成立后，相继建立了450个工会基层组织，本产业60余万名职工85%以上都参加了工会。到1956年，省、市产业工会大都建立起来。重工业工会成立后，加强干部学习培训，要求工会干部必须学习企业管理和生产的知识。1954年3月至10月，在北戴河办了三期基层干部训练班，通过培训，进一步提高了基层干部的思想水平和业务水平，加强了工会工作的事业心，充实了企业管理知识。重工业工会各级组织十分注重向广大职工进行政治教育。在民主改革过程中进行了阶级教育；在抗美援朝期间进行了爱国主义和国际主义教育；在中国工会第七次全国代表大会以后，进行了建设时期工会工作方针任务的教育和巩固劳动纪律的教育；国家在过渡时期的总任务公布以后，进行了总任务的教育；中华人民共和国宪法草案公布以后，又进行了宪法草案的学习和讨论。一系列的教育提高了广大职工的觉悟程度和组织程度，鼓舞了广大职工建设社会主义的劳动热情。

重工业工会着力加强工会组织建设与制度建设，“一五”期间，冶金系统工会加强以职工代表大会为基本形式的职工民主管理活动，据1957年不完全统计，有270个单位（其中冶金184个、化工55个、建材31个）先后推行了职工代表大会制度。在协助行政推行生产区域管理制的过程中，工会组织在工厂中按工作班划分小组，按班次吸收委员，成立车间委员会。矿山方面按坑口建立委员会，按区设委员，按工作班建立小组。同时建立相应的工作制度，车间委员会建立健全车间生产会议制度、小组长联席会议制度，在工会小组建立班前班后会议制度以及交接班制度，形成了完善的工会工作体系。

（二）开展劳动竞赛和合理化建议活动

1953年9月6日，《人民日报》发表题为《增加生产，增加收入，厉行节约，紧缩开支，超额完成国家计划》的社论，发出了开展增产节约社会主义劳动竞赛的号召。9月15日，全国总工会发出《关于进一步开展增产节约劳动竞赛，保证全面地完成国家计划的紧急通知》。1954年3月，全国总工会发布《关于在国营厂矿企业中进一步开展劳动竞赛的指示》，全国各地各产业、企业的职工群众纷纷响应，重工业工会根据“一五”建设计划要求和中国工会七大提出的方针任务，及时响应全国总工会号召，迅速开展竞赛，加强群众生产工作，组织动员职工超额完成国家生产任务。“一五”计划中，钢铁工业、有色金属工业、基本化学工业和建筑材料工业职工都担负着艰巨的任务。钢铁工业要改建鞍山钢铁公司和进行武汉和包头两个钢铁联合企业的建设，有色金属工业要进行铜、铝、铅、锌生产基地的建设和锡、钨厂矿的改建，化学工业和水泥工业也有许多新建和改建工程。完成这一艰巨任务，需要发挥全体职工的积极性和创造性，而劳动竞赛是发挥职工积极性和创造性的重要手段。重工业工会各级组织动员广大职工群众开展劳动竞赛和群众合理化建议活动。1955年4月，重工业部、中国重工业工会作出《关于加强劳动竞赛的指示》，要求各基层工会在党的领导下，深入组织劳动竞赛。重工业工会基层组织根据全国总工会和产业工会制定的“面向生产、面向基层、面向群众”的方针，加强劳动竞赛的计划性、组织性，不仅推动了企业管理，也推动了工会工作。在增产节约竞赛中，工会组织大力发动群众找窍门、挖潜力、推广先进经验；在竞赛形式上，除巩固班组竞赛外，还逐步组织同工种竞赛和同产业的厂际竞赛。

在劳动竞赛中，各级工会推广生产会议制度，加强合理化建议工作，有些单位还用集体合同推动劳动竞赛和工会工作。在劳动竞赛形式上，开展了炉、工段、车间、区、坑口、工地之间以及同工种之间的竞赛。沈阳市重工业工会还组织了厂际同业务科室竞赛。北京、太原等地的基层组织参加了地方工会组织的厂际竞赛，扩大了竞赛的范围。在劳动竞赛中涌现出了一大批技术革新成果和先进经验。鞍钢小型轧钢工人张明山，创造了轧钢机上的“反围盘”，不仅使生产效率提高了45%，每年为国家增产节约1321亿元（旧币），而且根本改善了劳动条件，消除了挟钳工人的职业病。鞍山钢铁公司机械总厂刨工王崇伦抱着“只要咱们干得好，社会主义就来得早”的决心，从1951年12月到1953年5月，曾先后改进了8次工具，发明了“万能工具胎”，使刨床代替了插床的工作，大大提高了生产率，创造了一年完成4年工作量的奇迹，被誉为“走在时间前面的人”。1954年1月，重工业部发出关于学习王崇伦首创精神的通报。1954年2月，《工人日报》刊发社论《学习王崇伦的先进榜样》，号召广大职工学习王崇伦的社会主义思想和社会主义的劳动态度，学习他的技术革新精神，并且以技术革新者的革命精神，努力学习和推广先进经验，为把中国建设成为一个伟大的社会主义国家而奋斗。各级工会发动广大职工，在学习王崇伦的首创精神中，把增产节约竞赛和合理化建议运动推向了高潮。据重工业部所属厂矿不完全的统计，自1952年到1954年第一季度，群众共提出建议237418件，采纳了117381件，执行了66796件。

1956年2月，重工业部、中国重工业工会作出《关于组织社会主义竞赛的几项规定》，大力加强劳动竞赛的管理，规定产业系统的竞赛由重工业部、中国重工业工会全国委员会共同领导，并组成竞赛办公室，研究确定竞赛规划、方针，审查、批准竞赛条件、组织办法和奖励办法，检查各竞赛单位的工作，组织推广新技术，总结与交流各竞赛单位的先进经验。在《规定》指导下，各单位的行政和工会组织结合本单位的具体情况制订竞赛计划，加强协作，认真组织竞赛，把厂内竞赛和厂际竞赛密切结合起来，经常交换竞赛情况，交流竞赛经验，达到共同提高。

通过劳动竞赛和合理化建议工作，许多长期阻碍生产的关键问题得到了解决。据重工业部 1954 年 1 月至 10 月不完全统计，共采纳合理化建议 28038 件，其中创造价值 1 亿元以上的 112 件。1956 年冶金工业部生产总值完成计划的 105.7%，比 1955 年提高 36.9%；化工部完成计划的 110.3%，比 1955 年提高 43%；建材部完成计划的 110.14%，比 1955 年提高 38.11%。与 1955 年相比，冶金工业部劳动生产率提高 17.8%，化工部提高 31.06%，建材部提高 76.8%。提前达到了第一个五年计划的生产水平。

（三）开展技术革新和机械化自动化运动

1954 年 4 月 20 日，全国总工会召开七届五次主席团会议。赖若愚作了题为《劳动竞赛已经开始走上了一个新阶段——技术革新》的报告，提出在全国范围内开展技术革新运动。5 月 27 日，《工人日报》发表题为《积极开展技术革新运动，保证完成国家计划》的社论。劳动竞赛和技术革新运动在全国范围内广泛展开，极大地激发了职工群众的创造热情和创造活力。

冶金行业技术革新和机械化运动是从鞍钢小型厂发源的。1952 年，鞍钢小型厂发动职工讨论增产节约计划中，提出了“机械自动化，产品标准化，操作合理化”的口号，经过总结和推广乙班姜兴家小组先进的“一三五孔同入”经验，使每轧一根钢时间由 17 秒缩短至 11.5 秒。张明山创制的反围盘试验成功后，送料方面出现了运料机，加热炉上出现了自动推钢机，毛轧南部出现了翻钢机，冷却台上出现了自动回转棒。小型轧钢厂从加热炉到剪断和精整的整个生产过程，全部依靠机械“劳动”了。一系列的机械化自动化，改变了该厂落后状态，也掀起了鞍钢各厂矿技术革新的浪潮。1953 年底，鞍钢所属 33 个单位在机械、电器设备等方面提出技术革新 545 项，试验成功 309 项，改进创造了数以百计的机械和设备，有 900 多名工人从笨重危险的劳动条件下解放出来。东北总工会于 1953 年 1 月派出工作组调查总结鞍钢经验，调研表明，机械化运动使企业增加了产量，提高了质量，降低了成本，节省了劳动力。实践证明，这种依靠群众智慧使原有工厂设备逐步实现机械化、自动化的创举，不仅改善了落后的技术设备状态，而且给国家创造了巨大财富。

1954 年 4 月，在北京劳动人民文化宫举办了鞍钢技术革新展览会，连续展出 3 个月，参观人数达 37 万人。随后又在上海、武汉巡回展出，参观人数达 35.7 万人。鞍钢技术革新经验在各大城市及工矿企业中引起了强烈反响。全国总工会主席赖若愚指出，为了胜利地完成国家经济建设计划，必须高度发挥工人、工程技术人员和职员的积极性、创造性。鞍钢的技术革新运动充分地表现了工人阶级的集体智慧之伟大，代表着当前的劳动竞赛的方向。4 月 15 日，全国著名劳动模范张明山、王崇伦、唐立方、黄荣昌、刘祖威、朱顺余、傅景文等 7 人向全国总工会提出《关于在全国范围内开展技术革新运动的建议书》，并提出 9 项共同奋斗目标。全国总工会报经中共中央同意，作出了《关于在全国范围内开展技术革新运动的决定》，号召全国劳动模范、先进生产者和职工群众积极投入技术革新运动中来。铁道部、重工业部、纺织工业部、燃料工业部等产业部门，上海、武汉、山西、河南等 48 个省市作出了开展群众性技术革新运动的决定。1954 年 6 月，重工业部和中国五金冶炼工会筹备委员会发出《关于开展技术革新运动的指示》，要求各级工会组织教育职工树立技术革新的观念，不断提高生产技术水平与企业管理水平，提高劳动生产率，保证完成和超额完成生产计划，加速我国社会主义工业化的进程。此后，各地掀起了学习技术、改进技术的热潮，在技术革新和机械化自动化运动的策源地鞍钢，1953 年 10 个月内即有 51 个革新项目问世，有 22 个项目使 247 名工人摆脱了高温操作，有 40 个项目使工人摆脱了笨重体力劳动。有色金属矿山在技术革新运动中推广了硬质合金钎凿岩，探矿效率提高 10%—30%，采矿效率提高 34%—50%。在钢铁企业，平炉推行了“快速炼钢”、冷热修及炉体维护等经验；在建材企业，水泥回转窑推行了快速转窑等先进经验，运转效率有极大提高。在技术革新运动中涌现了一批革新能手，北京永定机械厂的青年工人倪志福经过刻苦钻研和反复实验，制造出 60 多种钻模，使 60%以上的产品实现了钻模化，提高工效 20 倍。他的小组荣获技术革新优胜小组的称号，本人被誉为“钻头大王”。“倪志福钻头”在工业生产中的推广应用，为国家创造了大量财富。倪志福认为，他创造的钻头是群众智慧的结晶，应该定名为“群钻”。群众性技术革新活动带来劳动生产率的大幅提高，以华东和西南为例，1954 年华东地区工交企业生产定额平均比 1952 年提高了 150%，西南地区工交企业生产定额平均比 1952 年提高了 186%。

（四）广泛开展厂际竞赛，推广先进经验

在劳动竞赛中，重工业工会注重开展同工种竞赛和厂际竞赛。1955 年 12 月，重工业部和中国重工业工会联合召开企业行政领导干部和工会主席联席会议，确定重工业部 1956 年广泛采用和推广几十种先进技术经验，大力开展 14 个工种和产品的厂际同工种竞赛。1956 年在冶金、化工、建筑材料 3 个工业系统内开展了 43 个工种的厂际竞赛，参加竞赛的职工 50 余万人。厂际竞赛中，广大职工互相学习、互相帮助、取长补短、共同提高。几种主要产

品的产量如钢、铁、烧碱、合成氨、水泥等产品提前达到了1957年的生产水平。1957年4月，冶金工业部、中国重工业工会联合发出《关于继续开展厂际和同工种竞赛的联合通知》，组织冶金、化学和建筑材料系统35种产品厂际同工种竞赛。江西、湖南、吉林、沈阳、上海等省市的产业工会还组织了本省市同产业的厂际竞赛。石景山钢铁厂发出倡议，号召全国工人阶级以主人翁的态度展开同工种友谊竞赛，保证五年计划四年完成。1956年1月，重工业部、重工业工会全国委员会给石景山钢铁厂全体职工回信，要求各厂矿企业单位广大职工响应倡议，为提前和超额完成五年计划而奋斗。1955年12月抚顺钢厂、重庆第二钢铁厂、大连钢厂、本溪钢铁公司钢厂、太原钢铁厂、大冶钢厂6个厂的厂长和工会主席在北京签订了厂际竞赛合同。1957年抚顺、本溪、大连3个特殊钢厂签订了长期全面互助合同，组织7个能力相同的电炉开展了同设备竞赛，后来进一步发展到所有电炉同设备竞赛。重工业工会帮助其总结经验，在各单位加以推广。竞赛活动中，冶金、化工、建材系统65个单位签订了64份技术互助合同，大冶钢厂电炉车间还根据工人技术水平签订互助合同，组织职工与工程技术人员订立理论教学合同，师徒之间签订“培训合同”，规定了师傅奖励，徒弟升级的制度。

在竞赛中涌现出许多好的操作经验，重工业工会注重先进经验的推广，各单位采用先进经验循环推广队、先进经验学校、签订厂际技术互助合同等形式，提高企业生产技术水平。鞍钢公司通过定期召开技术研究会，组织先进经验表演会总结先进经验。石景山钢铁厂等12个单位，通过上百次的互相参观交流经验等活动，学习和推广了566项先进经验，有力地推动了生产。据3个工业部的不完全统计，1956年共举办了100多次厂际先进经验学校和专业会议，推广了242项重大先进经验和新技术。平炉快速炼钢能使冶炼时间缩短、成品率提高、燃料消耗减少、炉体寿命延长。1955 年 9 月底，重工业部发布了“关于在各平炉车间组织快速炼钢的决定”，钢铁工业管理局于 1956 年 4 月在天津钢厂召开快速炼钢经验交流会议。通过推广平炉快速炼钢经验，全国平炉炼钢时间平均缩短了 12%至 30%。此外重工业部和重工业工会还推广了快速铸锭、地坑快速周转、天车长期安全运转、快速检修等先进经验。竞赛活动的开展和先进经验的推广，使我国钢铁工业、有色金属工业得到迅速发展。据中央重工业部统计，1953 年与 1952 年相比，钢铁工业生产总值增长 31. 1%，有色金属工业增长 30. 7%，劳动生产率提高 18. 2%。

这一时期重工业战线涌现出许多先进班组、先进生产者和劳动模范，如马万水、孟泰、王贵英、程和龙、钱仲举、邓应生、周传典、邹承祖等，成为广大五金冶炼职工群众的榜样。1956 年 3 月，重工业部和重工业工会联合召开第一届先进生产者代表会议，出席会议的有钢铁工业、有色金属工业、化学工业、建筑材料工业、地质、设计和建筑安装等部门的先进生产者 939 人，企业党、政、工、团负责人 373 人，共计 1312 人。毛泽东、刘少奇、周恩来、陈云、彭真、邓小平等党和国家领导人，全国总工会、重工业部、重工业工会领导人赖若愚、王鹤寿、赵国强等接见了参加会议的代表。赵国强在先进生产者代表会议上的报告指出，社会主义竞赛形成了一个新的高潮，产业已有 90%以上的职工参加了社会主义竞赛。这一时期群众创造的先进工作法和提出的合理化建议比过去任何一个时期都多。会议期间，59 个专业小组交流了各方面的先进经验共 416 项，26 个专业签订了竞赛合同，其中涉及 224 个单位、36 万余名职工。

1957 年 7 月，重工业工会和冶金工业部联合召开了全国黑色冶金矿山第一届先进生产者代表会议。参加会议的共有 84 位先进生产者。代表们交流了采矿、掘进、爆矿、选矿、设备维护等各个工种以及生产管理方面的 21 项先进经验。出席会议的先进生产者通过决议，号召全体职工按照勤俭建国、勤俭办企业的方针，发扬工人阶级艰苦奋斗的优良传统，保证全面完成增产节约任务，生产更多的铁矿石，为支援钢铁工业和国家的经济建设而奋斗。

（五）加强劳动保护工作

在发展生产的同时，各级工会高度重视群众工资、劳动保护、劳动保险等方面工作。在全国总工会第一次劳动保护工作会议后，许多省、市产业工会都设立了劳动保护专职干部，广泛建立了劳动保护工作委员会和劳动保护检查员，训练了劳动保护积极分子，普遍签订了劳动保护协议书。1956 年，重工业工会召开矿山、工厂、建筑安装企业的劳动保护工作会议，并在锡矿山召开了防治矽肺经验交流会。截至 1958 年，据 200 个生产厂矿的不完全统计，已有基层和车间的劳动保护委员 4767 名，小组劳动保护检查员 11388 名。“一五”时期，冶金、建材、化工 3 个工业部用于改善劳动保护设施方面的投资达到 7800 万元。

新中国成立前，五金冶炼业中劳动条件极其恶劣、职业病问题非常严重。新中国成立后，在共产党领导下，工会和行政部门一起为改善劳动保护状况做了大量工作，劳动条件有了极大的改善。但在一些企业仍然不同程度地存在劳动保护不足问题，如 1953 年夏天，很多冶炼工厂没有及时采取各种防暑措施，以致连续发生工人中暑事件。1953 年 7 月，中国五金冶炼工会筹备委员会发出《关于迅速解决工人中暑问题的紧急通知》，要求全国各五金冶炼厂、矿、工地中的工会组织认真调查有关高温作业的情况，研究改进办法，降低车间温度，改善劳动条件。1955 年 4 月，重工业部、中国重工业工会再次作出《关于做好防暑降温工作的联合通知》，要求各企业全面实施防暑降温计划，必须及时发给盐汽水等清凉饮料、防热护具，制定合理的休息制度并向职工公布。在工会的动员、组织和协助下，各厂矿在防暑降温方面做了大量工作，普遍设立饮水站，供应盐汽水、绿豆汤、酸性饮料等清凉饮剂，在车间附近设休息室，准备必要的防暑药品，延长休息时间等，保障了职工的职业健康。针对一些企业劳动保护不到位、安全事故增多的问题，1955 年 11 月，重工业部、重工业工会发出《关于在厂（矿）企业中开展签订劳动保护协议书工作的通知》，要求企业行政应与工会签订劳动保护协议书，协议书草案应经过工会基层委员会的研究通过，由工会主席和厂（矿）长在职工大会或代表会上举行签字仪式。协议书加强了群众劳动保护工作，改善了劳动条件，密切了工会与群众的联系。1956 年 1 月，重工业部召开矿山安全生产会议。1956 年 2 月，重工业部和中国重工业工会发出《关于贯彻“消除矿山灾害、改善劳动保护工作的意见”的联合通知》，要求各级企业行政和工会组织制定加强安全生产工作、大力改善劳动条件的具体规划，有步骤地克服矿山安全生产工作落后的状况。两三年内基本消灭冒顶、片帮、爆破、中毒、交通运输、坠落及触电等方面的事故。

矿工矽肺病是对职工危害较大的职业病之一。新中国成立初期，冶金系统接触矽尘工人约 10 万人。1956 年 5 月国务院颁布了《关于防止厂、矿企业中矽尘危害的决定》。冶金部在 1956 年 7 月和 1957 年 3 月两次发出关于防治矽肺工作的指示和办法，要求坚决制止矽肺病及关节炎等职业病发展。1956 年 9 月、1957 年 8 月，重工业工会先后在锡矿山、铜官山召开防治矽肺经验交流会议。1957 年 12 月，中国重工业工会主席赵国强在中国工会八大上发言，提出要在第二个五年计划内消灭矽尘危害。各级工会组织配合行政制定加强通风、实行标准化湿式凿岩、改进采矿方法、开展群众性密闭清扫等制度，在卫生保健方面定期组织职工身体检查，举办小型疗养所，推行呼吸体操等措施，有效地降低了矽尘危害。

在劳动保护工作中，工会组织依靠和充分发挥广大职工群众的监督作用。重工业工会系统大多数厂矿企业建立了基层和车间的劳动保护工作委员会、小组以及劳动保护检查员队伍，提出了大量改善劳动条件的建议。不少单位总结探索出行之有效的工会群众劳动保护工作的经验和群众监督形式，如组织专题劳动保护工作调查、进行安全活动分析、建立劳动保护检查员建议簿、签订劳动保护协议书等。1956 年 9 月，中国重工业工会建立驻企业劳动保护技术检查员。1957 年 6 月，冶金工业部与中国重工业工会发出《关于试行工会劳动保护技术检查员制度的联合通知》,《通知》规定，工会劳动保护技术检查员享有下列权利：在所驻企业内无阻通行，检查了解劳动保护工作；要求行政提供与工作有关的资料；参加与安全生产劳动保护工作有关的会议与调查组，听取行政的工作报告，必要时可以要求召开专门的会议；有权对所驻企业的安全生产劳动保护工作提出建议和批评，可以代表工会对单位劳动保护工作提出批评意见，必要时代表工会向法院提起诉讼。

（六）推进工资改革，关心职工生活

随着我国冶金工业的发展，职工的工资、奖励收入不断增加，生活水平也日益提高。1954 年 12 月，全国总工会召开了第一次全国工会工资工作会议，明确了工会工资工作必须贯彻“面向生产、面向基层、面向群众”的方针。重工业工会贯彻全国工会工资工作会议精神，在工资改革中，大多数单位成立了工资接待室，车间成立了工资接待站，接待职工的来访来信。重工业工会协助配合重工业部推行计件工资制，大力宣传计件工资的优越性，制定计件工资的实施方案办法，发动工人和技术人员交流先进经验，帮助工人达到和超过定额。经过工资改革，逐步建立了八级工资制，根据不同工种推行了计件、计时和奖励等工资制度。从 1952 年至 1957 年，冶金工业企业中的计件工资和奖励工资，约占基本

工资总数的10%。产业职工中90%以上增加了收入。1956年冶金工业系统职工工资水平比1952年增长约36%。建材部职工平均工资比1955年提高13.18%，化工部同比提高12.48%。此外，国家还按照工资总额支付工资附加费，作为企业的劳保基金、医疗补助和其他补助之用。第一个五年计划期间，给各冶金企业支付的工资附加费即达2亿元，占冶金企业工资总额的16.7%。

由于工厂、矿山和建筑工业的迅速发展，职工人数大量增加，但生活福利工作未能及时跟上，造成某些单位生活物资的供应脱节，有些企业的领导对职工的生活福利关心不够，加重了职工经济上的负担。与此同时，有不少企业忽视安全生产与工人健康，大量加班加点。为此，重工业部、中国重工业工会于1956年4月作出《关于关心职工生活，严格禁止非法的加班加点，切实保证安全生产的指示》，要求各企业领导深入了解职工生活情况，对于生活困难的职工制订补助计划，要求各企业严格禁止非法加班加点，不准以义务劳动献工名义变相加班。产业工会各级组织在改进职工物质文化生活方面做了许多工作。1956年5月，重工业部、中国重工业工会作出《关于各企业必须重视副食品供应工作，以解决职工生活上实际困难的指示》，要求各局（公司）、院、分局（分公司）成立福利负责机构或有专职人员负责企业福利工作。在制定企业规划中，应将职工生活福利作为主要项目进行规划。1956年6月，冶金工业部、中国重工业工会发出《关于组织各企业（基层工会）制定本单位的福利规划的联合通知》，对改善职工住房，救济职工生活困难，改进食堂工作，扩大职工托儿所、疗养院，解决工矿区域的生活供应问题等方面作出了具体规定。1957年重工业工会与冶金部联合召开冶金系统的生活住宅工作会议，交流了锡矿山举办职工福利工作和唐山钢厂自建公助宿舍、东北铜铅锌矿务局解决矿山食品供应等经验。通过一系列工作，重工业系统职工生活得到很大改善。据不完全统计，在

1954 年，仅钢铁产业系统的厂矿中，就有图书馆 61 所、俱乐部 72 所。在各级工会努力下，产业的职工疗养事业也有了很大的发展。根据重工业工会 1956 年对 88 个生产厂矿统计，共有疗养所 44 个，床位 1420 张；业余疗养所 68 个，床位 2598 张。和 1952 年比较，疗养所增加了 267%，床位增加了 241%；业余疗养所增加了 83%，床位增加了 160%。

第一个五年计划期间，国家用于职工住宅、卫生保健和文化教育等方面的投资占冶金工业建设总投资的 11%左右。新建的住宅、医院（所）、食堂、托儿所和俱乐部等达 820 万平方米。职工住宅新建了 777 万平方米，相当于原有住宅的三四倍；新建医院（所）18 万平方米，床位将近万张。

（七）推行生产会议、班组核算及集体合同制度

重工业工会在开展劳动竞赛中，逐步建立了各级生产会议制度。通过组织生产会议，发挥群众的智慧，提出合理化建议，推广先进经验，保证了生产任务的完成。班组经济核算是职工群众参加管理的一种形式，其特点是在相同的生产条件下，用经济核算的方法，比较各班组不同的经济效果，以调动职工的生产热情。班组经济核算不仅可以使每个职工了解自己每天节约了多少、浪费了多少，对提高企业管理水平也有促进作用。鞍山钢铁公司实行班组节约核算和劳动竞赛相结合的办法以后，在节约原材料、提高产品质量、减少废品、增加产量、提高劳动生产率等方面收到明显效果。中国重工业工会于 1955 年 11 月召开了班组经济核算经验座谈会，介绍了鞍钢中板厂、沈阳冶炼厂、唐山钢厂、天津钢厂、沈阳化工厂、锦西水泥厂、湖南锡矿山、青城子铅锌矿、石咀子铜矿、夹皮沟金矿、龙烟铁矿等 11 个单位推广班组经济核算的经验。通过班组经济核算，过去那种忽视质量、忽视成本、不爱护国家财产的思想和浪费现象大为减少。有的职工说："班

组经济核算是一面镜子，有了班组经济核算，谁也不敢浪费了。”

（八）做好女职工和职工家属工作

“一五”期间，重工业系统的女职工人数不断增加，涌现出大批女性劳动模范和先进生产者。各企业工会高度重视女职工保护工作，在女职工比较集中的单位设立托儿所和哺乳室，解决女职工的幼儿寄托问题。有些单位还设有母子车（女工上下班专用）。在女工集中的场所设立卫生室、休息室，专人负责定期检查女职工健康。1956 年 12 月，冶金工会召开了女工家属工作座谈会议，要求各级工会根据本单位具体情况，协助企业行政制订培养和提拔女职工的具体计划。为了加强对女职工的劳动保护工作，各单位工会协助企业行政制定本企业女工操作范围，对于那些从事有害身体健康工作的女工适当调换工作或加强保护。冶金企业各级工会组织十分关注职工家属工作，解决职工家属生活困难，各企业工会组织职工家属因地制宜开展副业生产增加收入，做到生产和家务两不误，组织互助储金会，解决生活中的临时困难。工会还协同行政加强对职工及家属的宣传教育工作，在家属中开展“五好”运动——家务安排好，家庭邻里团结互助好，教育子女好，鼓励职工工作生产学习好，自己学习好。同时关心她们的成长，组织职工家属参加文化学习，帮助她们提高政治思想水平和业务水平。经过这些工作，职工家属成为一支有组织的队伍，出现了人人争做优秀家属的新气象。

（九）开展职工群众体育活动

重工业各级工会高度重视职工体育工作，在发展体育运动、增强职工体质方面发挥了重要作用，涌现出大批职工体育积极分子，他们大部分是生产骨干或生产能手，如龙烟铁矿的全国劳动模范马万水和鞍山市特等劳动模范王崇伦都是体育运动中的活跃分子。在鞍山职工体育运动大会上，有 18 项 37 人打破了全市最高纪录。在本溪市重工业系统职工第一届运动大会上，有 10 项 21 人打破了最高纪录。1955 年 8 月，重工业部和重工业工会召开全国第一届重工业职工体育运动大会，参加大会的有 913 名运动员。著名劳动模范王崇伦以 29 秒的成绩获得男子 200 公尺低栏第四名。1955 年 10 月 2 日，全国第一届工人体育运动大会开幕，重工业工会有 53 名田径、自行车、举重运动员参加比赛。男女田径均获得团体总分第四名，鹿增祥荣获男子跳高第一名，鞍山运动员李桂芝打破了女子 3000 公尺自行车的全国纪录。

（十）“一五”期间冶金工业的成就

在“一五”计划时期，重工业工会各级组织动员冶金工业、化学工业、建筑材料工业职工响应党中央号召，开展增产节约运动，提前完成了第一个五年计划的建设目标。一批基础工业和新的产业部门建立起来，改变了旧中国工业落后的状况。“一五”期间，钢铁工业取得了很大成就，新建单位有武汉钢铁公司、富拉尔基特殊钢厂、吉林铁合金厂、包头钢铁公司、热河钒钛厂等 5 家，改建了广西来宾锰矿、鞍山钢铁公司、唐山耐火材料厂、大冶特殊钢厂、太原钢铁厂、龙烟铁矿、马鞍山铁矿等 10 家钢铁企业，我国钢铁生产能力大为增加，第一个五年计划前四年，我国生铁的年产能力增加了 239.2 万吨，钢的年产能力增加了 228.9 万吨。1956 年钢铁工业职工人数达 304269 人，在生产不断增长和劳动生产率不断提高的基础上，职工工资和福利也相应提高。新中国成立以来，冶金工业部所属钢铁企业新建居住面积达 84 万平方公尺。全国钢铁工人平均工资 1956 年较 1952 年增长 33.4%。“一五”期间，有色金属工业也得到很大发展。除了建设苏联援助的 13 个重点项目，还依靠自己的力量新建、改建、扩建了一批重点项目。主要有沈阳冶炼厂、山东铝厂、安徽铜官山铜矿、云南易门铜矿、湖北阳新铜矿等。通过“一五”计划，有色金属工业的经济效益得到提高，1952 年工业总产值是 3.72 亿元，1957 年达到 14.68 亿元，增加了将近 3 倍，平均每年增长 31.6%。在出口创汇方面，“一五”期间共进口有色金属 22.8 万吨，出口有色金属 29.4 万吨，换回外汇 7.39 亿美元。

在国际联络工作方面，重工业工会与苏联、南斯拉夫等 10 多个社会主义国家和日本、澳大利亚、荷兰、加拿大、法国、意大利等 7 个国家的 22 个全国性工会组织建立了联系，还派人参加了五金工会国际行政会议，派出钢铁工会代表团访问苏联，并先后接待了访问我国的日本合成化学劳联及水泥工会代表团。

三、“一五”时期的建筑建材工会与工人运动

“一五”时期，各级建筑工会组织贯彻中国工会第七次代表大会“面向生产、面向基层、面向群众”的工作方针，任务是深入职工群众，加强基层工作，协同行政整顿职工队伍，广泛开展劳动竞赛，提高职工技术水平，建设起一支高素质的建筑大军。各级工会加强劳动保护工作，协同行政改进工区、工地的安全技术设施，签订劳动保护协议书，使伤亡事故频率逐渐下降。实行了工资制度改革，推行了计件工资制，对困难职工进行救济，组织职工进行文化学习，增加职工集体福利，逐步改善职工物质文化生活，加强组织建设和思想建设，建立健全了工会组织，训练了干部，培养了积极分子。截至 1955 年，除西藏地区外，各省（市）与自治区都先后建立了建筑工会组织。

“一五”时期，中国建筑工会各级组织团结全国 170 万名建筑职工，克服了缺乏建设经验、技术力量薄弱等种种困难，提前完成了第一个五年计划规定的建筑安装任务。1953 年到 1955 年，地方建筑企业完成 37.7 亿元的任务，建筑面积约 4300 万平方米，

还担负了部分工业和国防工程的施工任务。

(一) 中国建筑工会筹备委员会的成立和建筑工会组织的调整

“一五”时期，随着国家经济的恢复，建设任务的逐步增长，建筑工人队伍不断扩大，据不完全统计，1951 年 6 月，全国建筑工业有 67 万工人；1952 年 9 月有 110 多万名工人；1953 年 5 月人数达 160 万左右。工人队伍的急剧扩大，再加上建筑业季节性、流动性、复杂性等特点，摆在建筑工会面前的重要任务，就是发动、组织、教育广大建筑职工，保证国家基本建设。

1951 年 6 月，中国建筑工会工作委员会成立，1954 年 2 月，全国总工会批准，成立了中国建筑工会筹备委员会。筹委会选举出常务委员会委员 9 名：张天民、张进、程萍、丁克、胡彬、宋安如、万里、李克东、鲁恒。选举张天民为主任委员；张进为副主任委员。筹委会设立一室两部（办公室、组宣部、劳保部）。

1956 年 1 月 13 日，全国总工会第七届执行委员会第四次全体会议作出《关于加强产业工会工作的决议》，确定产业工会全国委员会的职责是：

（1）会同国务院相应的部（总管理局）组织社会主义竞赛。

（2）会同国务院相应的部（总管理局）组织所属企业单位签订集体合同。

（3）吸引职工群众参加改进各级经济管理机关对生产的领导工作，协助并且监督各级行政管理机关改善职工的劳动条件及物质、文化生活条件。

（4）参加制定工资制度及调整工资的工作，监督工资基金的正确开支。

（5）批准所属工会组织的工作计划及工作总结，领导所属工会组织开展劳动保护、劳动保险、生产宣传、文化技术教育、生活住宅、女工家属儿童工作。

(6) 管理工会财务工作，审查、批准所属工会组织的工会经费及劳动保险经费的预决算。

(7) 管理本产业系统的工会干部，培养、训练工会干部。

(8) 管理本产业系统举办的疗养院、休养所。

(9) 指导志愿体育协会的活动，并且帮助其发展。

(10) 发展同外国工会的联系。

1956 年 7 月 19 日至 26 日，中国建筑工会第一次全国代表大会召开。出席大会的正式代表 171 名。全国总工会书记处书记张维桢致祝词。中国建筑工会筹委会副主任张进作《几年来工作的基本情况和今后工作的方针任务》的报告，总结了前几年的工作，提出建筑工会的任务，要求深入持久地开展先进生产者运动，把社会主义竞赛不断地推向新的高潮，有组织有领导地推广先进经验，不断提高职工技术水平。会议选举产生了中国建筑工会全国委员会委员 55 名，候补委员 11 名，经费审查委员会委员 7 名，候补委员 2 名。选举张天民为中国建筑工会全国委员会主席，张进、程萍、丁克为副主席（丁克兼秘书长），张立秀为经费审查委员会主席。大会通过《关于中国建筑工会组织问题的几项规定》等决议，规定中国建筑工会的组织范围包括中华人民共和国建筑工程部、中华人民共和国城市建设部所属建筑安装工程公司及其设计、学校、医院、托儿所等附属单位（城市建设部所属的市政企业除外）和军委后勤部所属建筑安装工程公司的全体会员。中国建筑工会的组织系统分别为全国委员会、省（相当于省的自治区和中央直辖市）委员会、基层委员会，省属市可根据工作需要设立一级工会委员会。

中国建筑工会成立后，于 1954 年 10 月 18 日召开了重点省市的工会基层组织工作座谈会，提出了工会组织的编制方案，确定以行政经济核算单位为基础建立工会基层委员会。1955 年 4 月，建筑工程部、建筑工程部政治部、中国建筑工会筹委会发出《关于工会编制及经费问题的联合通知》，同意这一编制方案。1953年各地已普遍建立了建筑工会组织，并训练了大批工会干部和工会积极分子。据1955年、1956年两年的统计，各地共举办了2496期工会业务训练班，有116629名工会干部和工会积极分子参加学习。1955年1月起，建筑工程部队开始转业工作，转业后迅速建立工会组织，军龄计为工龄，开始实行劳动保险，享受劳动保险待遇。

（二）开展增产节约与技术革新运动，推广先进经验

“一五”期间，建筑工会各级组织积极开展以增产节约为主要内容的先进生产者运动，并通过开展厂际竞赛、同工种竞赛、订立集体合同等，促进了建筑工业发展与建筑工程质量的提高。全国总工会作出在全国范围内开展技术革新运动的决定后，各地建筑职工积极参加技术革新运动，掀起了技术革新热潮。各地建筑工会广泛开展以技术革新为主要内容的劳动竞赛，促进生产设备、生产工具、技术过程、技术标准、操作方法以及劳动条件等方面的改进与提高，不断提高生产技术水平与企业管理水平，提高劳动生产率、提高工程质量、降低工程成本。建筑工业各单位发挥职工的创造性，引导职工提出合理化建议，集中群众智慧，解决生产关键问题。据1954年不完全统计，建筑单位职工共提出合理化建议24513件，实现11919件，其中较重大的技术革新113件。土木建筑方面的苏长有、谢万福、王荪慈，以及工业建筑方面的贺善述、韩庆臣、黄德茂、宋铁珊等，成为建筑业中技术革新的榜样。

1954年10月，建筑工程部、中国建筑工会筹委会联合作出《关于进一步开展增产节约竞赛，保证完成1954年建筑安装任务的联合指示》，要求以庆祝第一届全国人民代表大会胜利召开、

完成第一个五年计划为动力，进一步开展增产节约竞赛。在竞赛中不仅要保证工作进度，而且要提高工程质量，注意安全，厉行节约。1955 年 9 月，建筑工程部、中国建筑工会筹委会再次发出《关于在国营建筑安装企业中进一步开展劳动竞赛的联合指示》，要求建筑安装企业坚决贯彻“增加生产、厉行节约”的方针，发动群众、依靠群众，更加深入开展劳动竞赛。运用多种方式组织工区、工段、班组同工种和个人之间的竞赛，组织工程技术人员和职能人员积极参加竞赛。通过竞赛改善工程质量、提高劳动生产率，在此基础上改善职工的劳动条件、居住、饮食、医疗及其他文化福利设施。针对一些工会在劳动竞赛中存在的形式主义倾向，建筑工会要求各级工会切实改进与转变工作作风，深入群众进行调查研究，帮助工区、作业队、班组分析问题，克服困难；及时发现、总结、推广先进经验。

1956 年 1 月，首都 7 个建筑工程公司和建筑工程部西南第四工程公司全体职工发出倡议，号召全国建筑企业公司开展社会主义竞赛，得到全国建筑业职工热烈响应。1956 年 1 月，中国建筑工会筹委会发出《给建筑业全体职工的一封信》，号召全国建筑业的劳动模范、先进生产者和广大职工群众响应倡议，把建筑业的社会主义竞赛推向新的高潮。不到 3 个月的时间，就有 43 个城市的 99 个单位响应倡议，展开了热火朝天的竞赛活动。在竞赛中，各单位充分发动群众，组织职工学习与推广先进经验，同时关心群众生活，做好劳动保护、工资、奖励等工作。1956 年 2 月，建筑工程部、城市建设总局、中国建筑工会筹委会制定了《关于全国建筑安装企业之间的社会主义竞赛组织办法》，对竞赛的组织领导、竞赛条件、奖励办法等作出详细规定。在竞赛中，各级工会组织采取业余研究、巡回表演、流动展览、师徒合同等方式，学习与推广先进经验。1956 年 3 月，建筑工会作出《关于建筑业推广先进经验的决定》，重点推广了施工管理方面的按指示图表进行分段、平行流水作业的先进施工方法，劳力组织与操作方法和工具改革方面的瓦工分段连续砌砖法、木工流水作业法、混凝土搅拌及灌浇流水作业法、铁筋工流水作业法等先进经验。各地工会通过订立集体合同与联系合同，建立责任制度，组织开展“满地红”劳动竞赛，召开技术操作表演会、展览会、先进生产者座谈会、经验报告会等，使推广工作迅速由点及面，保证了工程质量、加快了工程进度、降低了成本、提高了劳动效率。广大建筑工人以国家主人翁的姿态，积极投入先进生产者运动和社会主义劳动竞赛，通过竞赛激发了广大职工群众的劳动热情，涌现出一大批先进生产者。据 1956 年统计，全国建筑职工中涌现出 102551 名先进生产者和先进工作者，1.2 万余个先进小组。

（三）建筑业工人劳动制度改革

“一五”时期的基本任务之一，就是集中主要力量进行以苏联援建的 156 个重点项目建设为中心，建立我国社会主义工业化的基础。建筑工业承担着重要任务。建筑业工人流动性大，季节性强，传统的管理方式松散，在劳动力使用上经常发生窝工浪费现象，造成了无形浪费。针对这一现象，政府实行了建筑业工人统一调配制度。到 1953 年底，全国有 93 个城市建立了建筑工人调配机构，为基本建设单位调配了大量的劳动力。如 1953 年东北地区为基本建设单位调配建筑工人共计 27 万人次。1954 年 3 月，中央召开了全国建筑工人调配会议，劳动部颁发了《建筑工人调配暂行办法》《关于建筑工程单位赴外地招用建筑工人订立劳动合同办法》《关于订立建筑工人借调合同办法》等政策性法规。在全国范围内统一了建筑工人的招收和调配制度。统一招收和调配制度确保了大规模基本建设时期建筑部门需要的人力保障，为顺利完成“一五”计划作出了巨大贡献。1955 年以后，工人的统一招收和调配制度从建筑业扩大到工矿企业和交通运输等各个部门。1955 年 5 月，全国第二次劳动局长会议明确规定了劳动者统一招收和调配的基本原则，即“统一管理、分工负责”，就是在劳动部门的统一管理下，由企业主管部门分别负责。取消了企业和事业单位在招工、用工方面的权限，在宏观层次上完成了在全国范围内的劳动力的统一配置。

（四）组织职工冬季整训，整顿施工队伍

1952 年冬季，全国建筑业在各级党委领导下，对建筑工人进行了一次有计划的训练。全国共有 37 万余名职工参加学习，其中技术人员及职员共 21290 人。训练的内容包括政治教育与技术教育两个方面。1953 年冬季施工空闲时间，各地继续进行基本建设工人冬训，参训职工达 43 万余人。在冬训中，建筑工会采取专题报告、小组讨论与实际操作表演相结合的形式，进行党在过渡时期的总路线、总任务的教育及共产主义教育；在业务方面，讲解工会工作的基本知识，以及在国家建设时期建筑工业中工会工作的任务等。通过冬训，建筑职工在思想觉悟与业务技术水平上都有显著提高。1955 年，各地工程任务削减，工人窝工，造成生活困难。中国建筑工会筹委会及时向全国总工会报告了这一问题，在加强对职工群众的思想教育的同时，一方面动员部分工人回乡参加农业生产，另一方面实行全国劳力统一调配，支援重点建设。各级工会还积极协助政府组织生产自救，渡过难关。通过时事政策教育和冬闲期间集中的政治、技术训练，大大提高了建筑职工的政治觉悟，加强了组织性、纪律性。

（五）在新厂建设中发挥工会组织作用

“一五”时期，我国工业建设任务十分繁重。例如，我国第一座无缝钢管厂工程，土方工程达 10 万立方米，钢筋混凝土基础 3.5 万余立方米，各种管道 5.7 万余米，机电设备 6000 余吨，钢

架结构2500余吨，筑炉1700余吨，总计原材料设备供应量约达30万吨。而工期要求只有1年4个多月。参加这一工程施工的有土木建筑工程公司、机械安装工程公司、电气安装工程公司、金属结构工程公司、工业管道工程公司、筑炉工程公司等6个公司。在施工中共有28个工种，每日作业工人最多达到6000人。重大工程对职工素质提出了很高要求，而当时建筑工人队伍从全国各地四面八方会集起来，技术水平低、管理经验少，土建工人80%是从农村中招来的，技术人员大多数是刚出校门的学生。为此，建筑工会在建厂过程中加强职工政治思想教育，组织开展群众性劳动竞赛，发动群众开展合理化建议活动，推广先进经验。在施工准备阶段，工会积极对职工进行政治思想教育，激发职工群众的劳动热情，采取有效措施协助行政进行技术准备，解决生活福利设施。在施工时期，工会开展了以推广先进经验为中心内容的劳动竞赛。针对一度出现的窝工、浪费及加班加点情况，组织职工开展了反浪费、反无人负责、建立责任制运动，扭转了施工混乱局面。在收尾验收阶段，工会加强政治思想工作，发动群众进行质量复查，制定调整、试运、安全、保卫等各项制度，保证了工程顺利完工。

（六）全国建筑业劳动模范大会

1956年5月14日，中华人民共和国建筑工程部、国务院城市建设总局、中国建筑工会筹备委员会联合召开全国建筑业劳动模范大会。出席大会的有建筑工程部和城市建设总局所属各建筑安装工程公司、各设计院、建筑技术研究所等单位的劳动模范、模范工作者和先进生产单位的代表508人。苏联建筑业先进生产者代表团和建筑工程部、城市建设部的苏联专家应邀出席会议。建筑工程部副部长周荣鑫致开幕词，建筑工程部部长刘秀峰作了《把建筑部门的先进生产者运动深入地持久地开展下去》的报告。

城市建设部部长万里作了《关于深入开展先进生产者运动，为完成第一个五年计划的城市建设任务而努力》的报告，要求在党的领导下，进一步更广泛更深入地开展先进生产者运动，推广各种有效的先进经验，把工作做得更快更好。中国建筑工会筹委会副主任张进作了《关于加强互助合作，推广先进经验，全面深入地开展先进生产者运动》的报告，表扬了北京市第三建筑工程公司张百发青年突击队取得的突出成绩，要求各级领导和工会组织善于运用各种方式，发挥工人和工程技术人员的主动性和创造性，不断提高劳动生产率。要求先进生产者不满足于已有的成就，学习和掌握新技术，向科学文化进军，永远站在先进生产者的队伍里。会议期间还组织代表按专业工种分别进行了操作表演，经过小组讨论和比较分析，肯定了 197 项先进经验。全国先进生产者代表会议以后，建筑工程部、城市建设部、中国建筑工会筹委会在 1956 年 6 月作出《关于加强领导先进生产者运动的联合指示》，要求加强对先进生产者运动的领导，使建筑安装工业的先进生产者运动更加深入持久地开展。在先进生产者运动中，涌现出先进生产者 82617 名、先进工作者 19934 名、先进小组 1200 多个，还有 12.3 万人受到奖励。

（七）加强劳动保护，改善职工劳动条件

“一五”初期，随着工业建筑的增多，劳动保护工作的任务更加繁重，中国建筑工会高度重视职工安全健康，密切配合行政做了大量工作，组织发动职工群众参加安全卫生大检查，使施工现场的安全卫生状况与劳动条件不断得到改善。1953 年 8 月，中国建筑工会筹委会发出《关于发动群众进行安全卫生大检查的通知》，要求工会组织认真进行安全卫生检查，逐步减少建筑业中严重的人身事故与疾病现象。各级建筑工会密切配合行政，在制订施工组织设计、施工作业计划的同时，制订安全技术措施计划，

教育职工群众严格遵守安全技术操作规程。各级建筑工会组织配合行政，广泛发动群众进行检查监督，及时发现问题，设法切实解决。1954年11月、1955年11月，建筑工程部、劳动部、卫生部、中国建筑工会筹委会两次联合发出《关于做好冬季施工中安全卫生工作的通知》，要求各建筑安装单位在进行冬季施工准备工作的同时，做好安全卫生工作。1955年3月，建筑工程部、劳动部、卫生部、中国建筑工会筹委会再次联合发出《关于做好建筑安装工程开工及复工前安全卫生准备工作的通知》，要求各地区建筑安装单位在开工和复工前，做好安全保护工作。各级工会贯彻安全生产方针，加强安全生产教育，建立健全工会基层劳动保护组织，重点签订劳动保护协议书，从制度上加强劳动安全卫生工作。1956年5月，建筑工程部、城市建设总局、中国建筑工会筹委会作出《关于签订劳动保护协议书工作的联合指示》，各地建筑安装单位普遍签订了劳动保护协议书。协议书签订后，工会定期召集会议检查执行情况，大力发动群众协助与监督行政按期实现。截至1957年3月，据14个省市不完全统计，共签订劳动保护协议书414份。1957年9月，建筑工程部、城市建设部、中国建筑工会发出《关于开展安全大检查的联合通知》，各级工会组织大力整顿与加强劳动保护组织机构，充分发挥劳动保护积极分子的作用，举办劳动保护展览会和劳动保护专业训练班，广泛宣传劳动保护政策，在工作中实行安全活动日、三级教育制、安全作业票制度、编制安全措施计划等，取得显著成绩。经各级工会与行政不懈努力，建筑工人的劳动条件逐步改善。据劳动部统计，1954年全国建筑企业工伤事故次数较1953年降低17.33%，死亡人数降低6.57%。

（八）贯彻建筑业劳动定额与工资改革

1955年7月，全国总工会发出《关于认真贯彻1955年全国建筑工程劳动定额的通知》，要求工会各级组织协助行政制订切实可行的措施计划，帮助工人达到和超过定额。各级工会组织以贯彻定额为中心发动劳动竞赛。在竞赛中协助行政改进了施工管理，改善了劳动组织。有不少施工单位的工人很快地达到和超过了定额。据北京市 13 个较大的建筑单位统计，79%以上的工人达到和超过了 1955 年劳动定额，平均超过 13%。

新中国成立以来，建筑工人生活得到了一定的改善，但职工工资一度未能同步提高，特别是 1953 年以后，部分工人实际收入反而降低了。1956 年 11 月，中国建筑工会提出关于建筑业工资问题的意见与建议，指出建筑业是露天作业、高空作业，受气候条件的影响很大，因为施工期短，和其他产业同样规定标准，工人实际收入必然减少。加上建筑业施工多在边远地区，劳动条件与生活条件均甚艰苦，建筑业职工流动性大，家庭长期分居，都不同程度加重了工人生活负担。建议中央有关部门根据建筑业的具体情况，重新研究建筑业工资改革方案，在制定工资标准时，必须对建筑工人有所照顾。1956 年 11 月，中国建筑工会工资部、城市建设部劳动工资司联合召开城市建设工资专业会议，政府部门认真吸纳了工会意见，改进了工资制度，提高了职工工资。在工资改革中，建筑工会广泛开展宣传教育工作，向工人交代政策，说明发展生产和改善生活的关系。广大职工群众提高了对工资政策的认识，积极热情地支持工资改革。工资改革和技术等级评定后，改革了不合理的工资制度；推行了计件工资制度之后，提高了劳动生产率，增加了职工收入。以建筑工程部系统为例，1957 年职工的平均工资比 1953 年提高了 25. 6%。

（九）关心职工生活，改善职工生活条件

随着国家基本建设的发展，职工群众的生活得到了很大的改善。但是仍有部分职工因为人口多、负担重，加上建筑企业的职

工流动性大，生活更为困难。同时，一些基层干部出现了不关心职工疾苦的倾向，片面认为“工会应面向生产，生活可以少管或不管，少管生活福利不至于犯错误”等不正确认识。有些干部看到施工期紧迫，就只抓生产，忽视工人生活福利。建筑工会在深入了解职工生活困难的基础上，协助企业行政切实改善与建设职工的生活福利设施，解决职工实际困难。1956 年 4 月，建筑工程部、城市建设总局、中国建筑工会筹委会发出《关于制发建筑业职工生活困难补助暂行办法的联合通知》，规定从企业奖励基金中按比例提取困难救济金，交由工会组织，与工会会费 20%的会员困难补助费合并使用，用于改善职工生活，1956 年 8 月，建筑工程部、城市建设部、中国建筑工会筹委会发出《关于解决当前职工及其供养亲属由于疾病和其他灾害而欠债的补助的联合通知》，对职工及其供养亲属由于疾病和其他灾害而造成欠债者，进行一次部分补助或全部补助偿还。此外工会组织还设立互助储金会，以互相帮助的方法解决职工生活困难。

“一五”期间，工业基础规模不断扩大，职工数量大幅上升，而职工住房不足严重影响到广大职工的劳动积极性。为了改善职工家属的居住问题，建筑工程部系统从 1953 年到 1956 年共投资修建住宅 146 万平方米，解决了一部分职工住宅问题。1956 年全国建筑工会拨款补助 10 万元，发动职工自建公助，缓解了职工住房困难。

（十）开展业余文化教育，活跃职工业余文体生活

“一五”期间，建筑系统各级工会协助行政加强职工文化教育工作，提高职工文化水平，积极地开展职工文化艺术活动，活跃职工群众的文化生活，广泛开展体育活动，增强职工体质。新中国成立前，建筑工人文盲占 80%左右；新中国成立后，各建筑企业为职工举办文化学校，扫除文盲和提高职工文化程度。据

1956年统计，基层有职工业余文化学校320所，参加学习的有19.7万余人。建筑工程部、城市建设总局和中国建筑工会筹委会共同召开了全国建筑业职工业余教育会议，提出扫盲任务。1956年3月，中国建筑工会筹委会作出《关于在两年内扫除建筑业职工文盲的工作指示》，要求各级建筑工会组织采取有效措施，保证在两年内完成扫盲任务。各级建筑工会协助行政，动员企业内部有文化的工人、工程技术人员、职员，会同政府文化教育部门及街道、机关动员工地附近的学校教师、学生，由文化较高的职工家属担任职工业余文化教师，安排职工业余学习，通过广泛深入的学习教育，如期完成了扫盲任务。为了发挥工人俱乐部的教育作用，中国建筑工会会同城市建设部、军委后勤建筑部联合拟定《关于建筑业职工俱乐部建设及有关问题的暂行规定》，要求企业行政单位在建设工程时，必须给职工建立俱乐部（室）的活动场所。建筑业的俱乐部必须建立在工区（工地）职工集中居住的地方，便于广大职工参加活动。中国建筑工会拨款46万元，在工地里普遍地建立了简易的小型俱乐部、俱乐室、文化茶园等，建筑工人有了自己的文化休息场所。

1954年1月，全国总工会发出《关于开展厂矿企业中职工体育运动的指示》，要求各地企业充分利用现有体育场所、设备，组织职工开展各种体育活动和普遍推行工间操活动。同年10月，全国总工会和国家体委联合召开全国职工体育工作会议，通过了《关于开展职工体育运动暂行办法纲要》和《职工体育协会暂行组织条例》。会后，全国性产业工会基层普遍建立起职工体育运动协会，职工体育运动蓬勃开展。1956年1月，正式成立了“中国建筑工人体育协会”，各省市和基层也相继成立了建筑工人体育协会。1955年10月，第一届全国工人体育运动会在北京召开，来自全国各地17个产业系统的1709名运动员参加了运动会，建筑产业的运动员在会上取得了良好成绩。

（十一）加强国际交流，参加国际会议

1955 年 3 月，建筑、木材和建筑材料工业工人第二次国际会议在柏林召开。参加会议的有来自亚、非、欧、美等洲的 32 个国家的代表 244 人，代表着 500 多万名建筑、木材和建筑材料工人。由中国建筑工会筹委会副主任张进任团长的中国建筑工会代表团参加了会议。会上先后有 29 个国家的 40 多个代表发言，谴责了美帝国主义者的扩军备战政策。中国代表团在发言中介绍了中国建筑业取得的成就和建筑工会的发展，指出中国工会一贯主张在平等、自愿、互相尊重的基础上同其他各国工会建立和发展友好关系，受到与会者热烈欢迎。

第五章
“大跃进”和国民经济调整时期的机械冶金建材工人运动

自 1957 年起，我国进入了全面建设社会主义时期，中国工人运动也进入了新的发展阶段。在民主革命时期，工人阶级和工会的历史使命是在党的领导下推翻压在中国工人阶级和广大人民群众头上的三座大山，建立人民群众当家作主的新国家；在社会主义时期，中国工人阶级和工会面临的任务和使命就是要在党的领导下全面展开社会主义建设，努力建设社会主义现代化强国。在这一阶段中，机械、冶金、建材行业各级工会组织动员工人阶级以百折不挠的毅力，在崎岖的建设道路上奋力前行。

一、“大跃进”和国民经济调整时期的机械工人运动

（一）党的八大和中国工会八大召开，工人运动面临的新形势新任务

中国共产党第八次全国代表大会于 1956 年 9 月 15 日至 27 日在北京举行。大会的主要任务是正确分析国际国内形势的变化，制定全面建设社会主义的路线方针政策，团结带领全国人民为尽快实现把我国从落后的农业国变为先进的工业国而奋斗。毛泽东致开幕词，刘少奇代表中央委员会作政治报告，周恩来作关于发

展国民经济的第二个五年计划的建议的报告，邓小平作关于修改党章的报告。刘少奇在政治报告中就加强党对工会组织的领导和工会组织如何在社会主义建设中发挥作用问题作了深刻阐述。他指出，党应当加强对工会工作的领导，通过工会把我国工人阶级培养成为一个有组织的、有觉悟的、有文化技术的阶级，使广大工人群众紧密地团结在党的周围。工会组织在社会主义建设事业中，一方面应当用说服教育的方法吸引工人群众，通过社会主义竞赛和先进生产者运动，为不断提高劳动生产率而斗争；另一方面，应当密切关心群众生活，发挥群众的监督作用，向一切企业中违法乱纪、侵害群众利益、不关心群众生活的官僚主义现象进行勇敢的斗争。赖若愚在会上作了《进一步发挥工会组织在社会主义建设中的作用》的发言，就社会主义时期工会的地位、作用、任务，工会与群众、工会与党与行政的关系，以及工会对国家机关和经济文化机关的监督等问题，阐述了基本观点和看法。

党的八大闭幕后，全国总工会发出《关于组织全国职工学习中国共产党第八次全国代表大会文件的通知》，要求工会组织深入细致地组织职工学习大会文件，深入理解和贯彻执行八大规定的党在社会主义建设时期的路线、方针和政策，提高自觉性，为实现八大提出的历史任务而努力奋斗。在党的八大精神指引下，工人阶级和工会积极投入社会主义建设当中，工人运动开始迈出新的步伐。

1957 年 12 月 2 日至 12 日，中国工会第八次全国代表大会在北京举行。出席大会的正式代表 989 人、候补代表 100 人，代表全国的 1630 多万名会员。党和国家领导人毛泽东、刘少奇、周恩来、朱德、邓小平等出席了开幕式。世界工联总书记路易·赛扬为首的世界工联代表团、苏联及其他社会主义国家的工会代表团，以及亚洲、非洲、拉丁美洲的进步工会组织也应邀派代表团出席会议。刘少奇代表中共中央致祝词。全国总工会主席赖若愚向大会作了题为《团结全国人民，勤劳节俭，建设社会主义的新中国》的工作报告。国务院副总理李富春作了《关于我国第一个五年计划的成就和今后社会主义建设的任务、方针的报告》。

中国工会八大明确了工人阶级和工会在社会主义建设中的任务，为处于社会主义建设中的工人运动和工会工作指明了方向。大会对产业工会组织原则作了重大修改，将按照产业原则组织起来的中国工会，修改为按照产业和地区相结合的原则。工会八大《章程》规定："中国工会是按照产业和地区相结合的原则组织起来的。产业原则就是将同一企业、机关、学校单位中的会员，组织在同一个基层组织中。""产业和地区相结合的原则，就是省、自治区、自治州、直辖市、县（镇）工会联合会是当地工会组织和各产业工会组织的地方联合领导机关。中华全国总工会是各地区工会组织和各产业工会全国组织的全国联合领导机关。"把工会七大《章程》中"将国民经济同一工业部门中的工会会员组织在一个全国性的产业工会组织中"的规定，修改为"同一国民经济系统中，或者性质相近的几个国民经济系统中的会员可以组织在全国性的或者地方性的产业工会组织中"。

工会八大选举产生了新一届全国总工会执行委员 137 人，候补执行委员 69 人。在全国总工会八届一次执委会议上，选举赖若愚为主席，刘长胜、朱学范、许之桢、陈少敏为副主席；刘长胜、许之桢、栗再温、董昕、张维桢、张修竹、顾大椿、康永和、郗占元为书记处书记。

1958 年 3 月 8 日至 26 日，党中央在成都召开政治局扩大会议。会议通过了 37 个文件，直接对工会发生重要影响的是《关于工会组织问题的意见》。《意见》提出：各级工会组织应该以同级党委领导为主，同时接受上级工会的领导。各省、市、自治区工会联合会可以考虑改为省、市、自治区总工会。产业工会的组织也应该作适当的调整：有的可以保留；有的可以适当合并；有的可以保留名义，实际上成为各级工会的一个部门；有的可以取消。4月，全国总工会召开八届三次主席团扩大会议，提出了产业工会调整的初步意见。8月6日召开了全国总工会八届二次执委会议，通过了《关于工会体制的决议》《关于改变劳动保险工作和集体劳动保险事业管理的决议》等文件。在产业工会体制上，规定保留的产业工会全国委员会实际是全国总工会的工作部门，具体任务是根据党中央的指示，调查研究，反映情况，检查工作，总结和交流经验，进行国际活动。

中共中央于1957年开始的整风、反右运动，和1958年下半年开始的"大跃进"和人民公社化运动，给工会工作带来严重冲击。工会曾经错误地提出"工会消亡""工会纳入公社"等主张和做法，严重影响了工会工作的正常开展。从1958年冬起，中共中央逐渐觉察并采取措施来纠正实际工作中的"左"的错误。工会工作逐步纠偏，重上正轨。在1961年1月的党的八届九中全会后，开始实施国民经济"调整、巩固、充实、提高"的八字方针，各级工会组织坚决响应中央的号召，积极组织广大职工努力完成各项任务，帮助职工战胜困难，在国民经济调整中充分发挥了工会组织和工人阶级的带头作用。

(二) 增产节约运动的深入开展和"五好"竞赛

进入全面建设社会主义时期后，工会积极组织广大职工广泛开展增产节约运动。第一个五年计划建设任务胜利完成、第二个五年计划建设任务即将开始的时候，增产节约运动进一步向纵深发展。1956年11月，党的八届二中全会在北京召开。党中央提出在全党和全国人民中开展增产节约运动的号召。1957年元旦，《工人日报》发表题为《响应党的增产节约运动的号召，继续开展先进生产者运动——迎接1957年》的社论，要求全国职工以更大的热情进行创造性的劳动，努力争取提前超额完成第一个五年计划，迎接第二个五年计划的到来。全国总工会在1957年1月召开群众生产工作会议，强调了开展增产节约运动的重要意义，指出增产节约运动的具体做法就是开展先进生产者运动。2月，中共中央发出《关于1957年开展增产节约运动的指示》。根据中共中央的指示精神和全国总工会的工作部署，机械工业战线广大职工积极投入以增产节约为中心的先进生产者运动中。1959年4月，二届全国人大一次会议提出开展全民的增产节约运动，8月，党的八届八中全会作出《关于开展增产节约运动的决议》，要求掀起新的生产大高潮，迎接中华人民共和国成立十周年。全国总工会于6月和8月先后召开了省、市、区工会主席会议和八届六次主席团扩大会议，下发了《关于工会组织在增产节约运动中若干经验纪要》，号召全国职工掀起增产节约运动新高潮。

机械工业原材料在生产中占到成本的60%—70%，原材料的不足成为制约机械工业增产的严重困难。因此，大力节约金属材料是机械工业部门开展增产节约运动的重要方向。机械工业企业充分发挥先进生产者、老工人和技术人员的作用，努力降低原材料的消耗，贯彻经济核算制，作出了显著的成绩。机、电两个工业部所属企业仅1957年上半年就为国家节约了1万多吨金属材料；有的企业还创造了成套节约金属材料的经验，对增产起到了直接促进作用。铸锻是制造机器产品的第一个程序。铸锻件在重型机械的总重量中占70%—80%，在机床等产品中也占60%以上。为提高铸锻的生产能力，第一机械工会大力开展铸锻同工种竞赛，1959年4月，第一机械工业部会同冶金部、铁道部、纺织部、化工部组织了全国范围的铸锻竞赛。全国有26个省、市、自治区3000多个铸锻车间（工厂）、40多万名职工参加了竞赛。在竞赛中，工会采取经验交流会议、工种代表会议、现场会议等方式，以及组织先进经验推广队，组织同行业铸锻技术互助组，开办技术训练班和技术讲座等形式，使铸锻行业的生产技术水平有了很大提高。

同一时期，全国机械系统广泛开展了对口赛、对手赛，保钢一条龙协作竞赛、连环赛、大会战、生产运动会等多种形式的劳动竞赛，实行“两参一改三结合”（“两参”即工人参加管理、干部参加劳动，“一改”即改革不合理的规章制度，“三结合”即干部、工人、技术人员相结合），大搞技术革新和技术革命的群众运动，创造出了“积木式机床”、泥型铸造、新型冷却技术汽轮发电机等技术装备。1959 年，冶金设备、发电设备、金属切削机床等产品的产量提前 3 年达到或超过了第二个五年计划目标。机器设备自给率从第一个五年计划期间的 60%左右提高到 1959 年的 80%以上。这一时期也在一定范围内出现了忽视质量和品种要求的现象，出现了浮夸风和瞎指挥风，有些竞赛指标定得偏高，表面上轰轰烈烈，实际上挫伤了群众的积极性，造成了浪费。

国民经济调整时期，工会发动职工群众开展以增产节约为中心的劳动竞赛，进一步发展到了以技术革新和技术革命为中心的新阶段。这一时期增产节约运动的特征，就是以技术革新和技术革命为中心，与加强改进企业管理相结合，与加强班组建设相结合，与开展群众性的技术协作相结合，推进运动向深入发展。在技术革新运动中，黎明机械厂在车间里建立了“跃进宫”“群英会”“诸葛台”，90%以上的职工投入了技术革新运动，在短短的两个多月中提出技术革新 310 多项，实现 120 多项。西安中兴电机制造厂青年钳工张秉礼用冲床取代手工制造电动机磁场冲槽工具冲头，从过去 2 小时减少到 22.5 秒，四级青年钳工王文煜在此基础上继续改进，由热冲改冷冲，又提高工效 15 倍。1958 年 6 月，第一机械工会向张秉礼、王文煜发出贺电，授予张秉礼为西安一机系统技术革新标兵、王文煜为技术革新尖兵称号。在“大跃进”中，针对许多工人出现的单纯拼体力的现象，第一机械工会及时组织职工从技术革新着手，改进工夹具、改进设备、改进工艺，在减轻体力消耗的同时，提高了工作效率。

随着群众性的增产节约运动不断深入，1962 年底，先后有 15 个省、市、自治区和 11 个中央工业交通部门提出了开展“五好”企业（政治工作好、完成计划好、企业管理好、生活管理好、干部作风好）、“五好”职工（政治思想好、完成任务好、遵守纪律好、技术学习好、团结互助好）的社会主义竞赛。此后，“五好”竞赛活动很快在全国企业中开展起来。1963 年 10 月，中共中央、国务院批转了《国家经委、全国总工会关于在工业、交通企业中开展“五好”企业和“五好”职工竞赛问题的报告》，要求把“五好”竞赛和先进生产者运动结合起来。第一机械工业部、中国机械工会发出《关于开展“五好”竞赛的通知》，要求在工业、交通企业中开展“五好”企业和“五好”职工竞赛，并对“五好”标准作了补充，增加了“五好”班组内容，即政治工作好、完成任务好、班组管理好、经常学习好、团结互助好。通知要求通过“五好”竞赛发动群众找差距、挖潜力，促进后进赶先进、先进更先进，更好地完成国家计划任务。1963 年 11 月到 12 月，中国机械工会分别与第一机械工业部、第四机械工业部、农业机械部联合发出关于开展“五好”企业和“五好”职工竞赛的通知，动员广大企业、事业单位和职工积极参加到“五好”竞赛中来。在“五好”竞赛中，各级工会通过社会主义教育，结合“讲三史”（阶级斗争史、厂史、家史），不断提高广大职工的阶级觉悟。通过增产节约运动和“五好”竞赛，各企业紧紧围绕着党的方针和机械工业的中心任务，推广了大量的先进经验，培养了一大批“五好”职工，对提高产品质量、发展产品品种，促进全行业生产技术的发展，都起到了积极的作用。

（三）积极支援农业生产

赖若愚在中国工会八大报告中指出：工人阶级不仅在发展工

业、建设我国现代化工业方面直接肩负着伟大而艰巨的任务，而且在发展农业方面也肩负着极其重大的任务。对于机械工业的职工来说，就是要为有计划地逐步实现农业机械化而努力，为农民生产出适合我国农村特点的农业机械、农田水利机械和运输工具等。机械工业部门在1956年农业合作化的高潮中，曾经广泛开展了全国农具制造厂的社会主义竞赛，对促进农业合作化起到了积极推动作用。随着农业的发展，在后来的“大跃进”和人民公社化运动中，农村出现人力畜力不足的现象，对于机械的需求越来越迫切。在这种情况下，机械工业积极担负起支援农业发展生产的任务，1957年12月底，第一机械工业部召开农田排灌机械和农业机械化会议，研究了各地农业合作社对于排水和灌溉机械的迫切需要，决定1958年动员45个国营和地方动力机械厂以及27个水泵厂，生产50万马力的动力排灌机械供应农村，其中20万马力必须在1958年4月以前制成交货，以满足春耕的需要。50万马力排灌机械，几乎等于我国40多年来农村所有排灌机械的总数。一年之内要使这么多机器下乡，任务十分艰巨。1958年1月，中国第一机械工会发出《关于动员和组织职工群众支援农业生产的指示》，要求各级工会组织立即行动起来，把又多又好又快又省地完成支援农业的产品任务，作为深入开展社会主义竞赛的具体内容，发动群众开动脑筋，改进管理工作，提高技术水平。不仅要快，而且要好，保证一台机器要顶一台用。此外，还要发动群众想办法节约原材料、降低成本，保证供应农民以价格低廉的机器。

为了全力支援农业生产建设，湖南农业机械厂向生产煤气机的33个工厂提出生产“大跃进”的倡议，得到兄弟厂职工的热烈响应。长春第一汽车厂、沈阳农业机械厂、潍坊柴油机厂、天津拖拉机厂、湖北农具厂等厂职工积极投身友谊竞赛。在支农生产高潮中，公私合营临汾太记铁工厂职工，提出了“农村需要什么我们就生产什么”“农村建设到哪里我们就跟到哪里”的口号，制造出45马力高压水泵、拔棉杆机、动力石磨，以及小型动力榨油机、动力扇车、动力水泵等新产品。辽宁省凤城农具机械厂试制和生产了四行水田锄草器、离心水泵、干燥机、插秧机、两用锄草机、饲料粉碎机等9种新式农具。武汉市国营通用机器厂试制成功适合南方小块平原、丘陵地带和一般山区水田耕作的小型万能拖拉机。北京市工会联合会召集各产业工会与基层工会主席会议，组织北京通用机器厂等承制锅驼机的30多个单位开展生产竞赛。江苏省提出“宁让机器等农时，不让农时等机器”的口号，各农业机械厂之间掀起了农业机械竞赛新高潮。四川省农业机械部门采取了大厂带小厂、老厂带新厂等办法，在全省展开大协作，组织50多个技术设备较强的工厂承担主要配件，保证了产品的成套供应。第一机械工会在第五次全体委员（扩大）会议期间，召集了承制煤气机的8个国营工厂的工会主席交流工作经验，一致达成协议，动员本企业职工积极响应湖南农业机械厂的倡议，保证实现“跃进”计划。机械工业各级工会加强对农业技术装备设计人员的思想教育，鼓励他们深入农村和农民交朋友，帮助农民总结经验，创造出适合我国农业特点的农机装备。与此同时，工会配合有关部门组成农村访问团，一方面向农民传授农业机械技术，帮助修理农械，一方面征询农民的意见，改进农业技术装备。保定机械厂派出技术员和技工去邯郸、石家庄水利训练班做教员和辅导员，教农民使用农业机械。武汉机床厂和湖北安陆县签订互相支援协议书，帮助安陆县建立农具厂，为了加强该县的技术力量，还为安陆县调来的徒工担负了代训的工作。许多机械厂都采用厂社挂钩的方式，分片包干，传授技术，包教包学、包修包用，支援农业技术改造和抗旱斗争。无锡柴油机厂通过“请进厂来”和“派到社去”等方式，共为农村培养了2550名柴油机手，做到“机到、人到、技术到，台台机器开动好”。

1959年入冬以后，我国大部分地区降水量较常年为少，部分地区旱情严重。中共中央和国务院发出“关于动员抗旱的紧急指示”，要求各地提前超额完成排灌机械的生产和修配任务。1960年2月，一机部、农机部、中国第一机械工会全国委员会联合召开工业支援农业防旱、抗旱保麦，春播竞赛电话动员大会，号召所有机械工厂开展工业支援农业的群众运动。在工会组织动员下，各企业把技术革新和技术革命运动同支援农村抗旱斗争紧密结合，迅速掀起了支援农业抗旱竞赛的热潮，有力地保证支援了农业生产和农村抗旱斗争。

（四）技术革新运动

1958年5月5日，中国共产党在北京召开了第八次全国代表大会第二次会议。会议正式通过了“鼓足干劲、力争上游、多快好省地建设社会主义”的总路线。广大职工积极响应党的号召，在开展增产节约运动中，开展了技术革新和技术革命运动。这一运动以改进操作技术、改良设备、改进产品设计为主要内容，旨在通过技术改进与革新提高劳动生产率。各级工会根据中央的要求和全国总工会的部署，积极推进运动的开展，把职工群众的劳动热情引导到技术革新和技术革命上来。

1960年初，中共中央连续批转关于技术革新与技术革命的报告。1960年1月，中共中央批转《中共太原市委关于开展以机械化和半机械化为中心的技术革新和技术革命运动的决议》。2月，中共中央批转《一机部党组和第一机械工会分党组关于推广半机械化机械化自动化经验的黑龙江现场会议的报告》。3月，中共中央发出《关于加强当前技术革新、技术革命运动领导的批示》，同时印发了《全国总工会党组关于当前技术革新、技术革命情况的报告》。5月，中共中央批转了全国总工会、第一机械工业部、共青团中央《关于全国技术革新、技术革命重庆现场会议的报告》。党中央的一系列指示精神为深入广泛开展技术革新和技术革命运动指明了方向。1960 年 2 月，全国总工会召开八届三次执委会议，提出动员和组织广大职工群众大搞机械化、半机械化和自动化，把技术革新和技术革命群众性运动推向新的高潮。第一机械工业部和第一机械工会全国委员会于 1960 年 1 月在哈尔滨召开了推广半机械化、机械化、自动化经验的现场会。第一机械工业部部长助理江泽民到会讲话指出，为了使机械工业适应国民经济继续“大跃进”的形势，满足国民经济各部门的需要以及机械工业本身的技术改造，必须大搞以技术革新和技术革命为中心的群众运动，不断提高生产能力，提高劳动生产率。在党中央领导和各级工会组织下，机械工业系统中的技术革新和技术革命运动不断推向深入，不少企业、车间和工段生产能力、劳动生产率成倍提高。哈尔滨市量具刃具厂在 1959 年 10 月到年底的短短两个多月中，就有 3482 项手工操作变为机械化生产，出现了 164 条自动生产线，该厂的丝锥生产建成自动生产线以后，设备由 15 台减为 10 台，年产量却由 33 万件猛增为 270 万件。通过技术革新运动，铸锻机械化程度大为提高，生产能力成倍增长。以上海市为例，1960 年铸铁产量为 1957 年的 2.6 倍，铸钢为 1958 年的 6.5 倍，锻造为 1957 年的 12.5 倍。1959 年机械工业的总产值比 1958 年增长了 40%多，机械设备的自给率超过 80%，冶金设备、发电设备、金属切削机床等主要产品的产量已经达到或超过了原定在 1962 年的计划目标。通过技术革新，解决了不少生产中的关键问题，促进了生产效率的大幅提高，还在一定程度上改善了工人的劳动条件，减轻了劳动强度，保证了安全生产。

(五)“总路线”中的生产高潮与“大跃进”中的挫折

党的八大二次会议提出社会主义建设总路线，会议肯定了“大跃进”，号召全党和全国人民认真贯彻执行社会主义建设总路线，争取15年或者在更短的时间内，在主要工业产品产量方面赶上和超过英国。并提出了新的第二个五年计划的高指标。

1958年1月，中国第一机械工会全国委员会发出《关于加强对生产高潮的领导的指示》，提出根据机械工业的实际情况，凡是供不应求、需要迫切的产品，如冶金工业设备、农田排灌机械、机车车辆等，在原材料有可能、产品质量有保证的条件下，应当发动群众增产。同时积极发展新种类产品，加强经济管理工作，更大地降低成本。在各级工会组织下，群众性生产高潮迅速兴起。上海大隆机器厂第9车间90名工人仅在22天中，就创造了81次新纪录。全国先进生产者上海机床厂车工盛利，以7小时10分钟完成了10小时的工时定额。甘肃农具制造厂铸工车间生产的暖气片，由日产320片左右提高到710片，废品率由20%降低到10%以下。黑龙江机械厂铸钢车间经过群众讨论，把原来1958年计划2400吨铸钢产量提高到4401吨，比1957年提高一倍；废品率降低到5%以下；每吨成本降低550元。

在贯彻执行总路线的过程中，全国各地出现了以片面追求工农业生产和建设高速度、大幅度地提高和修改计划指标为标志的“大跃进”。在“大跃进”过程中，机械工业出现了大搞“突击”，追求数量、轻视质量的倾向，在一些企业甚至发展到只要数量，不要质量。天津拖拉机厂搞突击时，由于任务一加再加，计划一变再变，生产长期处于混乱状态。突击任务紧张时，机床坏了不许停，时间紧了减工序；零件装不上就用锤子敲。该厂生产的铁牛40型拖拉机，有的出厂就成了“残废”。工人们说：“我们厂出的拖拉机，开始是开出去的，后来是拖出去的。”很多用户反映：“宁要黄牛，不要铁牛。”有些工厂为了赶任务，不执行设备检查计划，对设备造成较大损坏，不仅严重地影响了产品的质量和任务的完成，还给国家造成巨大的浪费。沈阳电缆厂机修车间42台车床仅一年多的时间，就有近40台均遭到不同程度的损坏。以上问题引起了主管部门和工会组织注意，第一机械工业部、第一机械工会发出《关于加强安全生产的联合指示》，要求企业行政和工会不仅在生产上要保证完成国家任务，并负有安全生产的重要责任。特别在生产高潮中要加强技术教育，认真贯彻有关规程制度。1958 年 4 月，第一机械工业部和第一机械工会在沈阳召开机械系统东北区安全生产和爱护设备积极分子代表会议。五三工厂等 34 个机械厂向全国第一机械系统各厂发出了保证安全、加强设备维护的倡议书。第一机械工会还按《三大纪律八项注意》曲谱，创作了《设备维护之歌》："机械工人个个要记牢，机器设备就是国家宝，要像战士爱护武器，经常注意把它保护好。机器结构性能要知道，操作技术必须学习好，认真贯彻规章制度，文明生产人人要做到……"在职工中传唱，收到良好效果。许多企业把维护保养设备作为劳动竞赛内容之一。工会协助行政加强设备维护保养工作，组织检修工的同工种竞赛，总结推广爱护设备的典型经验，不仅大大减少了设备故障，也保证了生产任务的完成。

(六) 发展职工教育，提高职工文化技术素质

中共中央、国务院和全国总工会对大力发展职工教育、提高职工文化技术素质十分重视。1958 年 9 月，中共中央、国务院发布《关于教育工作的指示》，强调要把扫除文盲、普及教育、培养又红又专的工人阶级知识分子队伍，作为全党全国人民巨大的历史任务之一。1959 年 3 月，国务院第二办公室在北京召开全国工矿企业职工教育工作会议，提出了今后职工教育的方针、任务，以及办学、教学等方面的具体要求。全国总工会根据中央的指示精神，及时作出工作部署。第一机械工会顺应形势的发展需要，全力抓好职工教育，大力提高职工文化技术素质。1958 年 2 月，教育部、全国总工会、共青团中央、全国妇联、全国扫除文盲协

会等单位在北京召开扫盲先进单位代表会议，会后，第一机械工会各级组织协同有关部门，发动和组织职工开展了扫盲运动。仅1958 年全年就扫除职工中的文盲 200 万人，接近第一个五年计划期间扫除职工中文盲的总数。各级工会积极兴办各种形式的职工业余学校。第一机械工会大力发展多种办学形式，方式有厂矿企业办学——包括厂矿企业内部的办学和厂矿企业外部的企业联合办学、协作办学、产业系统办学等，以及举办政治、文化、技术三结合的红专学校、技术学校，举办各类短期学习班、职工业余大学、电视大学和广播大学等，接纳和吸收了大量职工入学。到1960 年，第一机械工业系统参加业余政治、文化和技术学习的职工，已经从职工总数的 50%左右上升到 80%以上。经过各级工会不断努力，文盲和半文盲已经基本扫除，职工文化技术素质不断提高。在国民经济调整时期，各级工会组织和各有关部门大兴调查研究之风，认真总结了 1958 年以来职工业余教育的经验教训，从实际出发确定办学规模和调整办学形式，制订和修订了教学计划。1960 年 5 月，第一机械部和第一机械工会在太原召开机械工业职工教育现场会议，分析了职工业余教育的状况和存在的问题，确立了“鼓足干劲、实事求是、巩固提高、稳步发展”的方针。通过上述一系列措施，职工业余教育工作逐步改进。

（七）全国群英会

在广泛深入开展的增产节约和技术革新、技术革命运动中，广大职工发扬工人阶级的光荣传统和优良作风，掀起“比先进、学先进、赶先进、帮后进”热潮，各行各业都涌现出许多英雄模范人物和先进生产集体。为了表彰他们的重大贡献，总结推广他们的先进经验，推动增产节约和技术革新、技术革命运动及社会主义劳动竞赛的深入开展，中共中央、国务院根据全国总工会的建议，在 1959 年 10 月召开全国工业、交通运输、基本建设、财贸方面社会主义建设先进集体和先进生产者代表大会（全国群英会）。出席会议的代表共6576名，其中先进集体代表2565名，先进生产者代表3260名，还有特邀代表751名。出席大会的代表有一直保持先进的全国劳动模范和先进集体、先进生产者，如全国著名的马恒昌小组、马万水小组、裔式娟小组，孟泰、苏广铭、赵梦桃、倪志福、王崇伦、黄荣昌等，同时涌现出大量新的先进典型，如王进喜、李瑞环、张百发、罗淑珍、马学礼、吴良潮、詹水晶、王凤恩、徐呈龙、徐永基等。

朱德代表中共中央、国务院向大会致祝词。强调了最广泛地动员人民群众，最充分地发挥人民群众的积极性和创造性的重要意义。国务院副总理李富春和薄一波在向大会所作报告中，要求工矿财贸各条战线广泛开展“比学赶帮”竞赛活动并推向新高潮。这次群英会在鼓舞全国职工建设社会主义的劳动热情，深入开展增产节约、技术革新、技术革命和劳动竞赛，提高群众觉悟、推动国家建设等方面发挥了十分重要的作用。全国群英会闭幕以后，沈阳市8300名先进生产者组成了740个生产跃进服务队，深入车间、深入群众，帮思想、带作风、传技艺。北京、上海、长春、济南、重庆等地区学习推广了1.39万余项先进生产经验。河北省的1687个主要厂矿142万人次参加了技术表演，推动了各个企业生产任务提前完成。

（八）“工业学大庆”运动

大庆油田是中国石油工业乃至全国工业战线的一面旗帜，大庆石油工人是中国工人阶级的优秀代表。大庆油田从1960年5月开始建设，经过几万名石油职工的3年艰苦会战建成，至1963年底，累计生产原油1000多万吨。在开发建设过程中培养锻炼出一支有技术、有组织、有纪律、能打硬仗的石油工人队伍，涌现出以1205钻井队和铁人王进喜为代表的先进集体和英雄模范人物，

1964年12月毛泽东发出“工业学大庆”的号召。机械工业工会积极组织广大职工群众投入学大庆运动。1963年12月，全国总工会八届五次执委会议研究学习大庆油田的经验，提出认真贯彻自力更生、奋发图强、艰苦奋斗、勤俭建国的方针，坚持勤俭办一切企业，在广大职工群众中树立起勤俭节约的风气。机械工业广大职工群众认真学习大庆人“一不怕苦、二不怕死”的革命精神，学习大庆人艰苦创业、立志改变祖国落后面貌的爱国主义精神，掀起建设社会主义的生产热潮。1966年4月，全国总工会与国家经委在大庆联合举办学习班，部分省、市和工矿企业党、政、工会干部500余人参加学习。与此同时，工人日报社派出记者团深入大庆采访，连续报道了大庆油田艰苦创业的经验和巨大成就，介绍王进喜等人的先进事迹，弘扬中国工人阶级的英雄气概和革命精神，有力地推动了“工业学大庆”运动的开展。

(九) 职工技术协作活动

中国机械工会在这一时期蓬勃开展了职工技术协作活动。沈阳是群众技协活动的主要发源地。1961年6月，沈阳空气压缩机厂工人出身的工程师、市劳动模范吴家柱在参加沈阳市先进生产者代表会议上，主动联系了沈阳拖拉机厂技术员林海丰、沈阳高压开关厂技术员吴大有等人，倡议发起职工技术协作活动，约集一批技术人员、能工巧匠开展技术研讨协作，帮助工厂解决技术难题。他们在两年多的业余时间里奔走了几十个工厂，联络了成百上千名技协积极分子，帮助企业解决了不少技术难题。从1961年6月至1962年11月，共革新了280多个技术项目，帮助63个企业单位解决了140多项重大生产关键问题。全国人大常委会副委员长彭真在东北视察时，听了沈阳市委的汇报后，会见了参加技协的积极分子，鼓励他们将这一活动持久深入地开展下去。从此，吴家柱等人发起的技协活动迅速由沈阳推广到辽宁全省，又由辽宁推广到全国。在其他许多地区也开展了群众性的技术协作活动。北京的倪志福、邹瑞禄，黑龙江的苏广铭、孙茂松，四川的黄荣昌，天津的单书等全国劳动模范都带头组织起群众性的技术协作委员会，为职工技术协作活动的发展起到了推动作用。

（十）产业工会组织体制和机构的调整变化

1957 年，原第一机械工业部、电机工业部和第二机械工业部合并成为第一机械工业部，大批国营企业下放归地方领导。为了适应工业部门体制的变化，1958 年 2 月，全国总工会决定将一机、二机工会合并为第一机械工会。1958 年 3 月，原一机与二机两个产业全委合并以后，改进了体制、精简了机构，委员共 101 人，全委机关编制减为 30 人。自 1958 年 7 月 1 日起，各级组织不再向全委缴款，全委不再管理经费和劳保金。由产业工会垂直领导和任命的检查员制度，已与合并后的形势不相适应，为此，中国第一机械工会全国委员会 1958 年 6 月发出通知，停止实行基层劳动保护检查员制度。1958 年 8 月，全国总工会第八届执行委员会第二次会议决定，将全国总工会与产业工会全国委员会管理的劳动保险财务、集体劳动保险事业均下放由省、市、自治区工会统一管理。全国总工会和各产业工会全国委员会在各地举办的疗养院、休养所、残废院、养老院等事业单位也完全下放，交给所在地的省、市、自治区总工会管理。1958 年 8 月，《第一机械工运》停刊，人员下放、遣散。

1959 年，国家为了加强农业机械的发展，单独成立了农业机械部。1960 年 4 月，中国第一机械工会在重庆召开了全国委员（扩大）会议，根据全国总工会指示，工会组织范围不仅包括第一机械工业部系统的企业单位，而且包括农业机械部系统的企业单位。会议一致通过，将“中国第一机械工会”的名称更改为“中国机械工会”。选举李云川为全国委员会主席，增选齐平为副主席。李云川在全委会上作了《高举毛泽东的旗帜，为实现1960年机械工业更好更全面地跃进而奋斗》的报告。要求产业工会各级组织坚决贯彻执行党的总路线，深入动员和团结全体职工群众树雄心、立大志，以不断革命的精神，开展以机械化、半机械化、自动化、半自动化为中心内容的技术革新和技术革命运动，大力支援农业技术改造，保证提前和超额完成国家计划。在当时“工会消亡风”“工会纳入城市公社”的影响下，报告提出，产业工会各级组织必须根据当地党委的统一部署，积极参加组织城市人民公社的工作。在公社成立后，把工会工作纳入公社的工作中去。受此影响，一些省、市厂矿企业摘掉了工会的牌子，引起了工会干部和职工群众的思想混乱。后来，由于全国总工会对“工会消亡”风的纠正，以及试办城市公社活动的中止，“工会纳入城市公社”的主张才未能付诸实现。

（十一）在国民经济调整中发挥工会作用

1961年1月，党的八届九中全会后，开始实施国民经济“调整、巩固、充实、提高”的八字方针，各级工会组织响应中央的号召，积极组织广大职工贯彻落实八字方针，帮助职工战胜困难，在国民经济调整中充分发挥了工人阶级的带头作用。

这一时期，中国机械工会认真开展调查研究工作。1961年，中国机械工会紧密配合国防工委、三机部、一机部和农机部，深入重点企业进行调查研究，及时反映情况，总结和交流经验。在国防工业方面，配合国防工委和三机部抓了企业整风工作、职工生活和工业“七十条”的试点工作，并组织东安、伟建和新风3个单位生活福利系统的同业务厂际竞赛，调查研究了北京有线电厂“三包一奖”的经验；在民用机械工业方面，总结介绍了阿城继电器厂连续3年优质、高产、多品种的经验和马恒昌小组12年保持先进的经验等，加强了同产品、同行业厂际竞赛的领导，总结交流了厂际竞赛的经验，推动了厂际竞赛深入开展；在支援农业方面，配合农机部调查研究了四川省农业机械系统支援农业厂际竞赛的情况，与农机部动力局、江西省总工会、省农机厅联合组织了全国 105 系列柴油机、煤气机制造行业同产品厂际竞赛；在精简工作方面，以北京五四七厂、北京第一机床厂、北京农业机械厂等单位为重点，并到沈阳、哈尔滨、齐齐哈尔等地的机械工业企业调研，了解各厂贯彻执行精简政策和职工群众的思想情况，及时向全国总工会领导和有关方面进行了反映。1963 年，中国机械工会在抓“五好”竞赛的同时，对企业组织职工技术学习、开展技术革新、练基本功进行了专题调查，系统地研究总结了厂际竞赛的经验，推动了厂际竞赛进一步发展。1964 年，围绕增产节约和社会主义教育运动，配合工业部加强职工思想政治工作，以北京广播器材厂为重点，对职工群众学习毛泽东著作进行了调查，总结了职工活学活用毛泽东著作的经验；以五三工厂为重点，进一步总结了组织开展“五好”竞赛的经验，研究了在开展竞赛中加强思想政治工作，开展“比学赶帮”的问题。1965 年，集中力量深入基层调查研究技术革新、技术革命，总结交流推广先进技术、先进经验。配合一机部、机械工程学会，在北京组织了全国各种先进刀、夹模具展览会。配合工业部研究总结了全国水泵行业厂际技术协作和“比学赶帮”活动的经验。

1959 年至 1961 年，由于遭受自然灾害和“大跃进”“人民公社”运动中的“左”倾错误影响，给人民经济生活带来了暂时的困难，也在一定范围内引起了职工的思想波动和不满。中国机械工会通过对五四七厂等企业职工思想情况调研，发现了职工思想上的一些问题。为了激励职工群众发挥工人阶级主力军的作用，战胜困难，工会组织积极向职工群众进行宣传教育，利用各种宣传工具，采用广播、板报、墙报、文艺宣传、影剧座谈会等多种宣传形式，结合形势和工人思想实际，对职工开展国际、国内形势教育，掀起学习马列主义、毛泽东著作，学雷锋、学大庆、学铁人的活动高潮。天津、北京、上海、哈尔滨、沈阳等城市职工成立了学习哲学小组、学习毛泽东著作小组等。涌现出许多学习先进集体和模范人物。为了把我国工人阶级的优秀品质和光荣传统世世代代传下去，开展了“讲三史”“写三史”的活动。各级工会进行调查访问，搜集、整理、分类、编纂了大量有关我国工人阶级的历史文献资料，编写了许多厂史、路史、矿史、地方史、产业史、工运大事记、人物传记等，编写老工人家史、干部成长史等。各级工会还采取办展览、编演文艺剧目、观摩会演、电影电视等形式加强教育，振奋职工的革命精神，激发职工的劳动热情。

在“大跃进”中，城镇人口和职工总数激增，到 1960 年，全国职工人数已超过 5000 万人，比 1957 年增加一倍以上。为了减轻城市负担，扭转国民经济的困难局面，1961 年 6 月中共中央制定了《关于减少城镇人口和压缩城镇粮食销量的九条办法》，发出了《关于精减职工工作若干问题的通知》，全国总工会根据中央指示，召开了省、市、自治区工会主席会议，专门成立了精减办公机构。各级工会组织做了大量艰苦的细致思想工作和组织安排工作。广大职工也表现出高度的阶级觉悟和组织纪律性，特别是党、团员，工会积极分子纷纷带头响应党和政府的号召，主动报名下放，毅然携带家眷奔赴农村，支援农业生产第一线。从 1961 年到 1963 年，全国共精减、下放职工 1887 万人，全国职工总数压缩到 3183 万人。三年困难时期，职工生活受到严重影响。各级工会大力抓好职工群众的生活问题，密切了工会与职工的关系，也推动了工会组织发展。全国总工会于 1961 年 3 月召开干部座谈会，研究贯彻中共中央关于工会抓职工生活工作的指示，交流了在职工生活工作中加强思想政治工作，切实抓好食堂、住房调整，搞好农副业生产，开展防病治病，搞好女工保护等方面的经验。全国总工会派出干部深入各地蹲点总结经验。机械工会各级组织发动职工家属自己动手，利用空闲地种粮种菜，发展副食基地，解决职工粮油不足问题。庆华工具厂充分发动群众因陋就简，建立了年产 30 万斤的粉条厂和年产 12 万斤的酿酒厂，又建立了 3 个蔬菜生产队，利用空地种植蔬菜，基本解决了副食品供应问题，不仅改善了职工生活，更鼓舞了职工的生产干劲。

（十二）国民经济调整时期工人阶级的贡献

在国民经济调整时期，我国工人阶级在十分困难的条件下，坚守岗位、坚持生产，挖潜革新、艰苦创业，贯彻执行国民经济的“调整、巩固、充实、提高”的方针，为争取形势好转进行了艰苦奋斗。大批职工响应党的召唤，奔赴条件艰苦的边远落后地区，投入内地建设，各条战线上涌现了许多英雄模范。上海机械行业的职工克服困难，造出万吨水压机，电业职工研制了双水内冷发电机，造船工人造出了具有国际先进水平的万吨远洋货轮。航天部一院 211 工厂高级工程师陈钟盛和他的焊接研制小组成员，从 1962 年攻关铸铁冷焊技术，经过上万次试验，先后研制出 9 种碳钢焊条，为我国铸铁冷焊技术闯出了一条新路。煤炭战线老模范、山西大同煤矿的马六孩，开滦煤矿的艾有勤几十年如一日坚持多出煤、出好煤，为国家解决能源困难。以“铁人”王进喜、“钢铁钻工”吴全清为代表的大庆油田职工，在冰天雪地的北国荒原奋战 11 个月，突破进尺 10 万米大关，创造了当时世界上最高的钻井纪录。仅用了 3 年时间，就胜利攻下了具有国际先进水平的大油田，继而又开发了胜利、大港、华北等油田，彻底甩掉了“中国贫油”的帽子。

经过工人阶级的艰苦奋斗，到 1963 年全国工业生产开始回升，从 1963 年至 1965 年，工业每年平均递增 17.9%。同时新建扩建了大批重要企业，工业主要产品产量有较大增长，机械工业形成了门类比较齐全的机械制造体系，主要机械设备自给率达到90%以上。新兴的电子工业、核工业、航天工业从无到有，逐步发展壮大。交通运输、邮电和文教卫生事业也有了较大发展。1964年12月，周恩来总理在三届全国人大一次会议上宣布，调整国民经济的任务已经基本完成，国民经济步入新的发展阶段。

二、“大跃进”和国民经济调整时期的冶金工人运动

（一）开展调查研究，总结先进经验

1958年8月，全国总工会八届二次执委会议通过《关于工会体制的决议》及《关于改变劳动保险工作与集体劳动保险事业管理的决议》。《关于工会体制的决议》提出全国总工会和产业工会全国委员会取消垂直领导，省、市、自治区工会联合会改为省、市、自治区总工会。全国总工会、产业工会全国委员会的具体任务是：根据党中央的指示调查研究、反映情况、检查工作、总结和交流经验，进行国际活动。保留的产业工会全国委员会实际上成为全国总工会的工作部门，不再向下发布决议、指示，只是在必要时召开代表会议或全国委员会。《关于改变劳动保险工作与集体劳动保险事业管理的决议》提出，将全国总工会与产业工会全国委员会管理的劳动保险财务、集体劳动保险事业及劳动保险日常工作中具体问题的处理，均下放由省、市、自治区总工会统一管理。

这次会议对产业工会作出调整：保留重工业、一机、煤矿、水利电力、石油、建筑、地质、纺织、轻工业、铁路、邮电、公路、海员、教育、财贸、农林等16个全国委员会；合作社工会筹委会、金融工会工作委员会撤销，工作并入财贸工会；盐业工委撤销，工作并入轻工业工会；粮食工委、民航工委、外事工委撤

销。各产业工会的具体任务是根据党所提出的政治任务、中心工作和全国总工会要求，结合各产业的具体情况，着重面向基层进行调查研究，反映情况，组织交流经验和进行国际联络工作。

在此之前，1958年4月15日，重工业工会召开一届五次全委会议，决定自1958年7月起，把全委垂直管理的经费、会费和劳动保险金全部移交地方工会联合会管理。同时精简了组织机构，由140多人减少为28人。重工业工会加强了调查研究工作，参加全国总工会组织的工作队分别到鞍钢、重钢、上钢等单位进行调查研究，开展大办钢铁群众运动。党中央提出，“种试验田是一种彻底克服官僚主义和主观主义的方法”。1958年7月，重工业工会各级组织干部深入基层种“试验田”，真正做到“干部工人化，生活群众化，劳动经常化”。工会干部除日常工作之外，每人抽出一定时间同工人一道劳动，了解他们的生产情况，熟悉他们的思想情绪，帮助他们解决困难。在调研中相继总结交流了钢铁、黑色矿山群众生产运动与企业管理相结合的经验。1959年全国群英会以后，先后组织了大平炉、转炉、小中型高炉、千米钻等6个推广队，广泛传播先进操作技术经验。但由于要求过急，因时因地制宜不够，一定程度上影响了推广效果。1960年下半年，根据中央“大办粮食、大办钢铁”的指示和“调整、巩固、充实、提高”八字方针，重工业工会深入基层，调查了冶金矿山发动群众搞好设备维修、开展技术革命和勤俭办矿等方面的经验，总结交流了化肥企业开展设备升级赛、搞好工艺规程、试行内部定保等方面的经验。对职工生活、劳动保护、工资奖励和工会基层工作进行调查研究，向全国总工会反映了情况。

1961年，重工业工会根据全国总工会党组指示，配合冶金部和化工部重点抓好大型铁矿和化肥厂的群众工作。先后到大冶铁矿总结发动群众搞好设备维修的经验，到庞家堡铁矿调查研究整风运动问题，总结利国铁矿技术革新和勤俭办矿的经验，在《工人日报》《冶金报》上作了介绍。在抓群众生产工作的同时，重工业工会高度注重职工安全生产和生活问题，到龙烟铁矿和江西有色矿山调查研究安全防尘问题，对企业副食品生产、职工食堂、工资奖励作了调查研究。1962 年，根据中央“调整、巩固、充实、提高”的方针，在化肥和有色矿山两个行业调查研究了班组工作的情况和经验。1963 年 3 月，中共中央发布《关于厉行节约和反对贪污盗窃、反对投机倒把、反对分散主义、反对官僚主义的指示》，重工业工会根据中央指示精神，在全国总工会党组领导下着重抓了群众生产活动，派出工作组分别到鞍钢、南京化工厂、锦西矿山等地进行调查，召开重点钢铁企业工会干部座谈会，研究总结开展增产节约运动的经验。

（二）大搞群众运动，掀起生产新高潮

“大跃进”的进程中，最明显的标志就是大炼钢铁。1958 年 8 月，中央政治局扩大会议提出要在当年把钢产量翻一番，达到 1070 万吨。此后全国迅速掀起了大炼钢铁的群众运动。工人阶级和各地群众以极大的生产热情，全力投入大炼钢铁运动中。冶金行业更是首当其冲，各级地方工会、基层企业工会发动广大职工参加炼钢，有些全天生产的工厂，或由三班制改为两班制（每班 12 小时），或由三班制改为四班制，抽出一班去炼钢铁。1958 年 1 月，中国重工业工会发出在全产业范围内掀起生产新高潮的通知，要求工会大力支持群众的革命积极性和创造性，团结引领全国钢铁工业、化学工业、建筑材料工业全体职工，争取在第二个五年计划的头一年就打一个漂亮的胜仗。随后召开群众生产工作会议，交流了领导生产新高潮、加强竞赛的组织领导、做好安全生产等方面的经验。重工业工会主席赵国强和冶金、化学、建筑材料三个工业部的负责人作了报告。经过大炼钢铁的群众性运动，1958 年钢产量达到了 1100 多万吨，生铁 1400 万吨，钢铁工业获

得空前的发展。第一个五年计划期间我国钢产量共增加了 400 万吨，每年平均增长 31.7%，而 1958 年一年就胜过了以往 5 年。以钢为纲的群众运动也带动了机械、煤炭、交通运输、地质勘探、电力等相关工业空前发展。但与此同时，“大跃进”中的缺点也表现出来：一是计划不周，发展不平衡；二是有些企业在运动中对规章制度破多立少，或破而未立，造成操作混乱，设备与人身事故增加；三是在全民大炼钢铁工业过程中，许多部门的正常工作受到影响，例如，由于制造冶炼设备而不得不推迟其他部门需要的设备制造，为了及时运输钢铁而不得不推迟了其他部门的运输。

在“大跃进”的气氛中，钢铁行业提出 1959 年的任务，钢产量达到 1800 万吨，生铁比 1958 年增加 1000 万吨左右，钢材增加一倍以上。1959 年 3 月，冶金工业部和中央人民广播电台举行全国钢铁职工高产优质竞赛广播大会，中心会场设在中央广播大厦音乐厅，全国各地数百万名钢铁工业职工在岗位上收听了大会广播。大会由冶金工业部副部长吕东主持，冶金工业部部长王鹤寿致开幕词，国务院副总理李富春、全国总工会主席刘宁一、共青团中央第一书记胡耀邦到会讲话。刘宁一要求全国钢铁职工积极动员起来，在全国范围内掀起一个高产优质的社会主义竞赛运动，为超额完成 1800 万吨钢而奋斗。广播大会后，全国钢铁生产出现了新的跃进局面。1959 年 4 月，冶金工业部和重工业工会召开钢铁工业生产“大跃进”会议，介绍了石景山钢铁厂、太原钢铁厂、本溪钢厂的经验。当时认为，实现这个任务，就能很快赶上或超过英国。事实上，这是一个当时条件下难以完成的目标。钢铁“大跃进”造成了严重的后果，大伤了国民经济元气。到 1960 年，不得不终止“大跃进”，转入国民经济调整时期。

(三) 群众性技术革新运动蓬勃发展

1958年，群众性技术革新运动在冶金、化学工业单位蓬勃展开。主要内容是改进生产设备、生产工具、操作方法和施工方法，扩大新产品、革新工艺过程、改进劳动组织等。钢铁职工创造了许多先进经验，炼钢方面，太原钢铁公司职工创造了三槽出钢，使平炉的生产能力比过去提高了1.6倍。平炉方面，创造了多装、快炼、高温、长寿并举的操作方法，轧钢方面，创造了多条喂钢、快速轧钢等先进操作经验。重庆钢铁公司职工创造了耐火砖快速烧成经验，使烧成时间由原来的60—80小时缩短到9—10小时。冶金工业部建筑科学研究院青年工人马景云和研究人员合作，研究成功了摩擦焊接法，不仅解决了铝的焊接问题，也解决了铝与钢、铝与铜之间的焊接问题。石景山钢铁厂炼铁车间的青年技术人员与老工人技师们一起，组织了用冷风吹制渣棉的试验获得成功。上海第三钢厂转炉车间创造了三排风眼炼钢法，为发展转炉炼钢和提高钢的质量作出了贡献。

中国重工业工会在1958年4月召开的一届五次全体委员（扩大）会议上，提出工会组织要在党的领导下，结合本企业的具体情况，主动地、积极地促进群众性技术革新运动的开展。在工会组织发动下，各企业开展了比先进、学先进、赶先进的竞赛，发动群众献计献策，开展合理化建议，攻克技术堡垒，进一步促进了技术革新运动的发展。

这一时期，冶金工业企业体力劳动和手工操作劳动占生产工人劳动形式的50%以上，矿山和运输部门手工操作的比重更大，有的达到70%以上。党中央提出开展以机械化、半机械化、自动化、半自动化为中心的技术革新和技术革命运动以后，有色金属矿山职工广泛开展技术革新和技术革命运动。武钢第四工程公司一年创造和革新的土洋结合机具达1700多件，大大减轻了工人的体力劳动，成倍地提高了劳动生产率。在土方工程方面，制造了松土机、震动夯土机、自动卸土车等机具和滑道卸土法等方法，使工人摆脱了用扁担挑土和木石夯土等笨重体力劳动。重庆钢铁公司运输部的职工先后革新与制造了运输机械和工具 400 多件，提高运输效率 2—4 倍，节省了劳动力 740 多人。上钢三厂工人出身的值班主任陈纪潮和工人一起，利用废料创造扁钢反围盘成功，使手工操作变为机械操作，产量提高 20%左右，劳动强度大大减轻。通过技术革新运动，矿山机械化、自动化程度显著提高，有些单位还出现了自动化和半自动化生产联动线。庞家堡、烟筒山两矿在穿孔、爆破、装运方面出现许多革新成就，在此基础上展开了“千米机、万吨铲、万吨车”运动。1960 年 3 月，重工业工会同冶金工业部召开全国有色金属矿山采矿掘进现场促进会议，交流了技术革新和技术革命运动的经验，推动了技术革新和技术革命运动广泛深入开展。

(四)“鞍钢宪法”的产生及其影响

1960 年 3 月，鞍山市委向省委和中央报告了鞍山地区的技术革新和技术革命运动开展情况，总结了运动的主要特点和经验。1960 年 3 月 22 日，毛泽东对报告作出批示：鞍山市委这个报告很好，使人越看越高兴，不觉得文字长，再长一点也愿意看，因为这个报告所提出来的问题有事实，有道理，很吸引人。毛泽东的批示以《中央批转鞍山市委关于工业战线上的技术革新和技术革命运动开展情况的报告》文件下发，高度评价了鞍钢的经验，提出了管理社会主义企业的原则，即开展技术革命，大搞群众运动，实行“两参一改三结合”，坚持政治挂帅，实行党委领导下的厂长负责制。并把这些原则称为“鞍钢宪法”，在全国范围内推广。很快全国掀起了学习“鞍钢宪法”的高潮。“鞍钢宪法”极大促进了企业的技术革新与技术革命运动，时至今日仍然有着重大而深远的影响。

（五）开展社会主义劳动竞赛

1957年，重工业工会相继组织了冶金、化学、建筑材料工业系统35种厂际同工种竞赛，通过先进经验推广队、现场评比会议、厂际技术互助合同等活动，掀起了企业之间比先进、学先进、赶先进的高潮。湖南、江西、吉林、辽宁等地重工业工会召开了地区性的先进生产者代表会议，一些先进经验得到迅速推广。1957年，重工业工会召开了16次现场评比会议，评比了17个专业工种，交流了67项管理经验、214项技术经验、67项群众工作经验。在竞赛中，落后的单位主动向先进单位提出学习项目，先进单位给予同志式的帮助与支持。例如，太原钢铁厂炼钢车间访问鞍钢炼钢厂，学习烧结炉底的技术经验，鞍钢炼钢厂大力给予积极支持，并向太原钢铁厂学习平炉冶炼合金钢的经验；大冶钢厂炼钢车间向重庆二钢学习电弧冒口加热、降低热装金属料等经验，重庆二钢也向大冶钢厂学习提高合金钢收合率措施的经验。本溪、抚顺、大连3个钢厂签订厂际技术互助合同，获得了显著成绩。事实证明，厂际技术互助合同可以加强职工集体主义思想、加强企业之间相互协助、加强先进经验的交流。重工业工会发现这一经验后，立即深入三厂深入总结、积极推广。很多企业纷纷学习这一经验，在钢铁和黑色矿山评比会议上，有29个单位签订了51份厂际技术互助合同，商定了155项技术互助项目，取得了良好结果。

“大跃进”以来，冶金工业系统广泛开展比先进、学先进、赶先进、帮后进的社会主义劳动竞赛，开展了对手赛、“一条龙”协作赛、标兵赛、技术表演赛、厂（矿）际竞赛等多种多样的劳动竞赛，出现了许多重大的技术革新成就，如平炉三槽出钢，高炉高冶炼强度操作，平炉、电炉混合炼钢，耐火材料快速烧成，多条快速轧钢，以及矿山方面的快速掘进、快速剥离，有色金属冶炼和加工方面的提高冶炼强度、提高设备利用率、提高金属回收率和产品质量等先进经验。1959 年 3 月，重工业工会召开基层工作会议，研究深入开展社会主义劳动竞赛的经验。1959 年 8 月，重工业工会召开全国重点钢铁企业工会干部会议，介绍了鞍钢炼铁厂、鞍钢炼钢厂、重钢公司小平炉车间、重钢二厂、天津钢厂等 9 个厂的经验。鞍山钢铁公司的广大职工在运动中创造了技术表演赛的形式，通过现场观摩表演，职工亮出拿手技艺，互相学习、不断提高。鞍钢首次联合技术大表演竞赛就有 46 个厂矿、12 万名职工参加。青岛市 12 个钢铁单位开展群众性技术表演竞赛，15 个冶金工种创造了 33 项先进经验。在表演竞赛中，经过互教互学、取长补短，许多原来落后的单位一跃而为先进单位。

1959 年 10 月 26 日，全国群英会在北京开幕。冶金工业出席这次全国群英会的代表中钢铁方面有 425 人，有色金属方面 107 人，基本建设和设计方面 67 人，地质矿山方面 69 人。其中有本溪第一钢铁厂、鞍钢九号高炉等著名的先进红旗集体，以及孟泰、黄荣昌、李绍奎、曹太保、杨万才、马万水等劳动模范。1959 年 11 月，重工业工会召开冶金工业系统先进经验交流会议，分别在炼铁、钢铁综合、有色金属、地质矿山、基建、设计、运输、生活福利等 8 个方面开专业经验交流会议，又进一步按炼铁、平炉、转炉、电炉、轧钢、耐火材料、焦化、钢铁机械动力、采矿、选矿、有色机械动力、有色冶炼加工、大型矿山、小型矿山、地质勘探、木工、瓦工、电焊工、基建综合、设计、运输、生活福利等 25 个专业组开小型座谈会，交流了 330 多项先进经验。冶金工业系统出席群英会的先进生产者和先进集体代表经过 14 天的经验交流，向全国冶金企业职工提出倡议，号召全国冶金企业职工更多更快更好更省地全面超额完成冶金工业生产建设任务。会后，冶金工业部、重工业工会发出通知，积极支持和实现全国群英会冶金系统代表的倡议，要求各级行政和工会组织发动职工群众响应倡议，不断总结和推广新的经验，广泛开展“比先进、学先进、赶先进、帮后进”的社会主义劳动竞赛。1959 年 8 月，鞍山钢铁公司全体职工向全国钢铁企业的职工发出了为提前完成钢、钢材、生铁生产计划开展友谊竞赛的倡议。9 月，本溪第一炼铁厂青年高炉和太原钢铁公司青年高炉响应鞍钢职工的倡议，联合向全国各地青年高炉发出了开展“日日超产，炉炉优质”友谊竞赛的倡议。冶金工业部、全国总工会、共青团中央发出联合通知，热烈支持他们的倡议，号召全国钢铁企业的职工和全国所有青年高炉的职工积极参加竞赛活动，要求各企业、工会和团组织加强对竞赛的领导，积极组织本地区、本单位的职工参加竞赛，总结先进经验，推动技术革新，提高生产水平。

这一时期重工业工会还开展了反浪费、找差距运动。各企业在揭发浪费、找差距，制订计划的基础上，展开群众性的增产节约竞赛。石钢发动职工围绕增加品种规格、提高质量、提高工效、降低消耗和搞好设备维护等要求，比先进、找差距、争上游，提合理化建议，学习提高技术，推广先进经验。许多企业学习石钢等单位反浪费的经验，掀起了群众性的反浪费运动，以算“一厘钱”的细账，挖“一厘钱”的潜力，调动了全体职工增产节约的积极性。经过反浪费运动，广大职工受到了深刻的社会主义教育，加强了主人翁责任感，企业管理也有了很大程度的改善。

（六）学习马万水小组先进经验，开展“千米钻”运动

龙烟铁矿马万水小组早在 1950 年就是全国先进小组之一。1955 年 10 月，这个小组曾创下月进 128 公尺的纪录。10 年中先后 9 次创造全国掘进新纪录，创造了先进经验 200 件以上。在“大跃进”中连续四次创造全国掘进新纪录，成为矿山掘进的一

面旗帜。1958 年，马万水掘进队的全体工人倡议开展超额完成 1958 年国家计划、提前完成第二个五年计划的社会主义竞赛。重工业工会发出通知，号召广大职工响应马万水掘进队的倡议，在矿山掘进专业中掀起比先进、学先进、赶先进的运动。随后，冶金工业部、中国重工业工会发出联合通知，对竞赛形式、竞赛内容作出安排，要求各单位努力总结和推广先进经验，使先进的不断前进，落后的赶上先进，推动生产“大跃进”。

“千米钻”是地质勘探部门职工群众的创举。早在 1956 年，河北冶金勘探系统开始出现月进千米的钻机；在“大跃进”中的 1958 年 12 月，“千米钻”又在湖南 238 队再次出现；1959 年，湖南省 10 个勘探队，队队出现“千米钻”，其中 5 个队成为“千米队”。1960 年 1 月，重工业工会和冶金工业部召开全国冶金系统探矿工程现场会议，组织了现场技术表演，围绕“千米钻”运动交流了经验。1960 年 2 月，冶金工业部、重工业工会抽调湖南、辽宁等省、市先进勘探队组成“千米钻”先进经验观摩表演队，到山东、山西、吉林等地传播经验，在全国开展了冶金系统“千米钻”运动队际竞赛。同月，全国总工会转发了重工业工会开展“千米钻”运动的报告，一个以“千米钻”为中心，以取得更多矿产储量为目标的群众运动在全国各地广泛开展起来。1960 年 1 月至 9 月，全国共出现“千米钻”607 台次，比上年增加 6 倍多。这一运动过程中，也出现了过分夸大人的主观能动性的倾向，提出了一些过高、过急的要求。例如，在地质勘探部门提出的“普及千米钻，攀登双千峰”，在矿山系统提出的“千米机、万吨车、万吨铲”“大战两个月，实现机械化”等口号，实际上都是不可能或在短时期内不可能实现的。

（七）加强职工培训

随着冶金工业的发展，新工人逐年增加，在一些新建扩建企业中新的工人的比例达到70%、80%，甚至达到90%以上。这些新工人绝大部分来自农村，文化程度不高，为培养他们成为一支高素质职工队伍，重工业工会在新工人中开展“五好”竞赛（政治进步好、劳动生产好、学习技术好、团结互助好、道德品质好），提高他们的思想觉悟和技术水平。工会贯彻“自力更生，培训为主，调配为辅”的方针，从1958年到1960年，培养了技术工人80万人，基本上满足了冶金工业急需的技术力量。辽宁省的冶金企业不仅为自己培养了3.3万多名技术工人和干部，而且先后为全国26个省、市代培了1.2万多名技术工人和干部，有力地支援了全国各地。鞍钢通过开办业余技术理论训练班，以师带徒、以高教低，半工半读、分批轮训，自编自讲、现场教学等方式，为全国200多个企业培养4万多名技术工人。

（八）开展“工业学大庆”活动

1964年1月，冶金部召开企业党委书记和厂矿长会议，集中讨论了学习大庆油田的经验，加强企业政治思想工作。重工业工会选派40个重点企业工会主席参加会议。1964年2月，马鞍山钢铁公司领导干部去大庆学习，回来后发扬大庆人艰苦创业的革命精神，大搞文明生产和设备管理，先后搬掉了几十座渣山，运走了几十万吨垃圾，整理了上亿元的物资，在企业初步形成了“严、细、狠、韧、恒”的革命作风，成为冶金系统学习大庆的榜样。冶金部于11月在马鞍山召开现场会，推广了马钢学大庆的经验。《工人日报》《冶金报》在头版报道了“马钢学大庆、一跃变先进”的消息，《冶金报》发表了《像马钢那样学大庆，像大庆那样办企业》的社论。鞍钢、包钢、石钢等都以马钢为榜样，开展文明生产活动。工会干部带头学习，在工作中坚持“四个第一”，把政治工作做在业务工作的前头，渗透到了各项群众活动中，改变了工作作风，促进了工作进步。

（九）开展群众性劳动保护工作

这一时期，国家根据冶金工业高温、粉尘和危险操作的生产特点，加强劳动保护工作，在厂矿建立了一系列劳动保护设施。在降温方面，高炉、平炉、转炉以及其他高温作业场所，陆续安设了水炉门、水帘、水幕隔热板、石棉隔热板、隔热抽气罩，推行了吹风风扇、喷雾风扇、空气淋浴等通风方法。各级工会注重群众性劳动保护工作，1957 年 3 月，重工业工会与冶金、化学工业部试行劳动保护技术检查员制度，在鞍钢弓长岭铁矿、锡矿山锑矿、个旧市工会联合会、芙蓉铜矿、五〇一厂、大冶钢厂、大连化学厂、永利久大沽厂等 8 个单位派驻了 8 名劳动保护技术检查员。在取得经验的基础上，1958 年 2 月，重工业工会发出《关于建立驻企业劳动保护技术检查员的通知》，要求各企业选拔政治可靠、联系群众、熟悉生产的劳动保护技术检查员。检查员的任务和职责是：宣传党的安全生产方针，同不重视劳动保护的官僚主义现象作斗争；深入现场检查和监督国家劳动保护法令和制度的贯彻执行；协助督促企业采取措施，消除劳动保护方面的缺陷；定期分析所驻企业的劳动保护工作情况，向有关单位反映汇报和提出改进意见，等等。劳动保护技术检查员制度成为工会开展群众性劳动保护活动的一种有效形式。劳动保护技术检查员在贯彻国家劳动保护政策、推动劳动保护工作方面起到了有效作用，受到企业的欢迎和支持。他们深入车间，依靠老工人和工程技术人员进行专题调查研究，解决了不少安全生产关键问题。

由于产业工会体制与任务的变化，1958 年 9 月，重工业工会发出关于撤销驻厂（矿）劳动保护技术检查员制度的通知。安全员制度撤销后，工会劳动保护工作并未停止。1959 年 7 月，冶金部、劳动部、公安部、重工业工会联合组织冶金安全生产检查团，检查了 18 个省、2 个自治区和 2 个直辖市的 177 个冶金企业的安全生产工作。检查发现，各级领导对安全生产工作领导大大加强，厂矿普遍建立了安全科，安全规程制度已普遍恢复建立。但是也有少数单位没有健全的独立机构，新建企业和中小型企业由于经费的限制，许多重大安全问题不能解决。重工业工会据此提出加强企业安全生产工作的建议，在一定程度上促进了企业安全生产工作的改进与提高。

（十）做好矽肺病防治工作

新中国成立后，矿山职工劳动条件大为改善，普遍采用了湿式凿岩、机械通风和加强防尘工作的管理，防尘工作有了根本的改进，矽尘浓度显著下降。但由于种种条件所限，矽肺病仍很严重。1956 年 5 月，国务院颁布了“关于在厂矿企业中防止防尘危害的决定”。1956 年 9 月，冶金部和重工业工会在锡矿山召开安全保护会议，对防尘工作作出进一步安排。会后，不少矿山制定防尘规划，探索矽肺治疗经验。如湘西钨矿以副业生产形式进行疗养，锡矿山建立呼吸体操，加强营养和医药治疗等，取得了较好效果。为了进一步推动防尘工作，1957 年 8 月，冶金部和重工业工会在铜官山召开了第二次防尘现场会议，交流了锡矿山、龙烟、盘古山、天宝山、湘西钨矿等单位的经验，研究和讨论了防尘规划，明确了“预防为主，采取综合措施”的方针，要求各单位在抓生产的同时，在党委领导下统一规划、分工协作，发动职工共同做好防尘工作。1958 年 3 月，冶金部、劳动部、卫生部和重工业工会组成 5 个工作组，分别到辽宁、吉林、河北、湖南、江西、广东等 6 个省 26 个矿山进行防治矽肺工作检查。1958 年 5 月底，冶金部和重工业工会联合在龙烟铁矿召开了全国生产防尘现场促进会议，龙烟铁矿和锡矿山矿务局系统介绍了防尘经验。1958 年 6 月，冶金部、重工业工会发出通知，要求在生产“大跃进”的同时，积极消除矽尘危害。1959 年 1 月，冶金部在江西大吉山锡矿召开了矿山安全生产和防尘工作现场会议，介绍了安全生产和防尘工作的经验。防尘工作是一项复杂的技术工作，同时也是一项细致的群众工作，各矿山在党委统一领导下，集中优势兵力打歼灭战，工作成绩显著。各矿山采用防尘展览会、老工人现身说法、组织宣传队、组织家属积极分子到坑下参观等宣传形式进行防尘宣传教育，发动工人围绕防尘提合理化建议，进一步完善防尘措施。提出“四同时”，即在下达和检查生产任务的同时，下达和检查防尘要求和措施；在制订采掘计划和作业计划的同时，编制防尘措施项目和具体施工计划；在编制技术措施计划的同时，编制防尘技术措施计划；在安全检查和安全活动分析的同时，检查和分析防尘工作。各企业工会对接触矽尘作业的工人定期进行身体检查，把病情严重的职工调离坑下，分配较轻的工作，或调作农副生产，边劳动、边生产、边疗养。各级工会组织向职工大力进行防尘知识宣传，1958 年，重工业工会在有关部门的协同下，拍摄了一部防尘影片，受到各矿欢迎。与此同时，在矽肺治疗方面采取积极治疗的方法，部分患者大有好转。

（十一）重工业工会国际交流活动

这一时期，重工业工会注重加强与国际上社会主义国家产业工会的交流活动。1958 年 5 月，苏联冶金工会代表团应中国重工业工会邀请，在我国进行了为期三个星期的访问。代表团先后参观了石景山钢铁厂、太原钢铁厂、鞍山钢铁公司、大连钢厂、武钢基建工程、上海钢铁公司等钢铁企业，广泛交流了有关工会工作和生产技术等方面的经验，并在太原钢铁厂等作了炼钢现场表演。1959 年新年到来之际，苏联冶金工会向中国冶金工人祝贺新年。祝全体中国冶金工作者和全体中国人民在新的 1959 年里获得更大的劳动成就。

三、“大跃进”和国民经济调整时期的建设建材工人运动

（一）开展劳动竞赛，完成基本建设任务

在“大跃进”的形势下，大规模的基本建设任务对建设建材行业提出了更高要求。1958年2月，中国建筑工会召开第三次主席团（扩大）会议，研究深入整风和领导生产新高潮的问题。会议认为，在“大跃进”中，建筑业职工要坚决贯彻中央多、快、好、省的方针，切实保证工程质量、降低工程成本，保证按期和提前竣工。会议提出，为了领导好生产建设新高潮，实现生产建设大跃进，工会组织必须密切联系群众，认真转变作风。同月，中国建筑工会发出《关于在生产新高潮中建筑业工会组织主要任务的指示》，要求贯彻中央勤俭建国、勤俭办企业和多、快、好、省的方针，鼓起革命干劲，促进生产建设大跃进。各级工会组织要教育职工树立“优等质量光荣，质量低劣可耻；节约国家资金光荣，浪费国家资金可耻”的思想，组织职工群众大力改进提高工程质量，组织职工学习和掌握新技术，提高技术水平。认真处理群众合理化建议，进行先进经验的总结、鉴定、推广工作。《指示》还指出，职工群众积极性和劳动热情高涨之后，易发生单纯拼体力和忽视安全生产的现象，应注意防止这种偏向，搞好安全生产，深入贯彻建筑安装安全技术规程，推行劳动保护协议书、意见簿、安全代表会议等群众监督经验，力争消灭死亡事故和重大事故，减少一般事故。

1958年3月，上海、南通等36个建筑单位发起在全国建筑安装企业中开展社会主义竞赛的倡议书。建筑工程部、中国建筑工会号召全国广大职工响应倡议，投身竞赛。1960年4月，北京、天津、保定、太原等地建筑企业63个青年突击队代表向全国

建筑工人提出倡议书，提出大力推广“四四”砌砖法，大搞“六化”，普遍推广“十二条龙”等提高工效的措施。全国总工会、建筑工程部、共青团中央发出通知，号召建筑业的全体职工、全体青年突击队响应倡议，广泛开展比先进、学先进、赶先进、帮后进的大协作的竞赛运动，迅速掀起一个大普及、大推广、大提高、大竞赛的新高潮。在竞赛中，各级工会围绕生产关键，发动群众改革机械工具、改进工艺过程、改进操作方法、改善劳动组织，进一步加强管理，争取高产、高质、高效率。各建筑企业发扬“十分指标，十二分措施，二十四分干劲”的精神，调动一切积极因素，掀起竞赛热潮。1959 年 4 月，建筑工程部、中国建筑工会发出联合通知，在非金属矿企业开展矿际竞赛，竞赛的主要内容是发动群众开展以改革与创造新工具和机械、节约和代用原材料为中心的技术革命运动，总目标是增加产量、提高质量、降低成本、提高劳动生产率、保证安全生产。各地建筑安装企业和建筑材料企业纷纷提出开展社会主义竞赛的新指标和新倡议，辽宁省旅大市第一建筑公司和安东市建筑公司向全国建筑公司提出了开展新年开门红、全年满堂红竞赛的倡议；南京江南水泥厂向全国水泥企业提出了开展竞赛的倡议；陕西省地方建筑材料企业向全国地方建筑材料企业提出开展基本建设“后勤”竞赛的倡议。1960 年 1 月，建筑工程部、中国建筑工会发出号召，热情支持这些单位提出的竞赛倡议，并号召全国各省、市、自治区建筑安装企业和建筑材料企业掀起增产节约运动新高潮。在竞赛中，各建筑建材企业针对生产中的关键问题和薄弱环节，大力推广先进经验，解决关键问题。哈尔滨市在瓦工、抹灰 2 个工种 29 道工序中，总结和推广了 29 种先进工具和先进操作方法，劳动生产率大为提高，工程质量全部达到优良。建筑工程部第一工程局和陕西等地组织“技术革命检阅会”，由领导干部、工程技术人员和工人组成“三结合”工作组，对在生产中产生各种革新创造进行总结鉴定，成功的大力推广，不完善的研究改进。随着竞赛的深入发展，劳动竞赛的形式在原来的矿际竞赛基础上，又增加了分行业同工种的竞赛和以矿厂为单位的技术互助协作赛。

1963年4月，中国建筑工会在北京召开部分省市建筑工会主席座谈会。提出广泛深入地调动职工积极性，开展以增产节约为中心、以“五好”为内容的社会主义劳动竞赛，努力增产节约，大力支援农业，更好地进行社会主义建设。随后，建筑工程部、中国建筑工会发出在增产节约运动中开展“五好”企业竞赛的联合通知，明确“五好”企业的标准是：执行政策好、完成计划好、经营管理好、工程质量好、思想作风好。各单位迅速制定开展“五好”劳动竞赛计划和评比办法，掀起“比学赶帮”的热潮。各级工会协同企业行政建立健全各种管理制度，吸引职工参加企业管理，引导职工自觉遵守劳动纪律，严格执行岗位责任制。紧密围绕生产推广先进经验、开展技术革新，发动群众围绕生产技术关键提合理化建议。1964年1月，建筑工程部召开建筑安装工作会议，交流了第六工程局、重庆市建筑安装公司等单位开展“五好”竞赛的经验。在建材行业，1963年10月，建筑工程部、中国建筑工会发出在砖瓦、石灰企业中进行“五好”企业评比的通知。各建材企业通过“五好”竞赛，全面完成了国家计划，主要产品产量大幅增长，质量普遍提高，成本普遍降低，上缴利润超额完成。大连玻璃厂把组织劳动竞赛作为全面完成任务的重要手段，坚持8年从未间断，年年超额完成国家计划。在增产节约运动中，开展“节约一斤煤、一度电、一颗钉子、一寸板材、一寸玻璃”的活动，推动了增产节约运动的深入开展。洛阳水泥厂投产6年，年年亏损，在“五好”竞赛中结合本厂的情况算细账、找差距，依靠群众加强设备管理、提高质量、增加产量、降低消耗，很快摘掉了亏损帽子。辽阳小屯水泥厂在“五好”竞赛中，以先进生产者为骨干，组织老工人、工程技术人员开展技术协作活动，引导职工围绕生产业务找差距、比指标、定措施，全厂25项主要经济指标中有20项达到历史上最高的水平。据30个大中型水泥厂的不完全统计，从1962年到1963年底，共签订了1000多个技术协作项目，交流了近千项先进经验，对解决生产技术关键、提高技术水平起了很大的推动作用。

（二）开展群众性技术革新

“一根扁担一把锹，一砖一刀一弯腰”，长期以来，我国建筑施工的方法都是笨重的手工劳动。党的八大二次会议后，建筑行业开展了以改良和创造工具、机械为中心的技术革新运动，首先指向建筑业中最落后的环节——肩挑人抬的运输方式。建筑工程部和中国建筑工会在技术革新现场会议上向全国建筑业职工发出号召：“两个月放下扁担，消灭肩挑人抬；半年内全部使用改良工具；积极准备条件，向施工机械化、建筑工业化迈进。”在“放下扁担”的运动中，上海建筑工人创造和改进了40多种运输工具，制造出1400辆各式各样的车子、200多架起重吊装机械，劳动效率大为提高。许多省、市的建筑公司实现了地面运输车子化、垂直运输机械化，建筑工人实现了“放下扁担，解放两肩”。天津市建筑业采取干部、技术人员、工人“三结合”的方法，大力开展技术革新，经过“放下扁担、放下落后工具、新工具定型成套”三个阶段，改变了建筑业的落后面貌。很多地方还大力改进施工技术，推行了快速施工方法。山西、云南、黑龙江等地还提出了“工人学习多种技术，精一兼数、人人学当多面手”的口号，许多建筑企业工人技术水平普遍提高。与此同时，运动中也不同程度出现了创造发明、试验制作较多，推广使用少、开花结果较少，“展览会上轰轰烈烈，现场操作冷冷清清”的现象，有些机具未能成套，效率不一，施工中发生脱节现象，影响了生产效率的进一步提高。1960年1月，建筑工程部、中国建筑工会发出开展技术革新和技术革命运动的联合通知。各地建筑企业开展了以抓"五龙"攻"两关"为中心的技术革新和技术革命运动。抓"五龙"就是全面推广砌砖、混凝土、钢筋、抹灰、吊装五个工种土洋结合的"一条龙"施工经验；攻"两关"就是集中力量攻破土方和运输两个薄弱环节。河南省132名砌砖工人发出开展大面积高产"一条龙"同工种友谊竞赛倡议书，建筑工程部、中国建筑工会号召全国砌砖工人支持响应倡议，掀起同工种竞赛运动高潮。竞赛获得了显著的效果，上海市建筑职工通过技术革新和技术革命运动，使砌砖、吊装和粉刷等主要工种的生产效率都提高50%以上。1958年5月，建筑工程部和中国建筑工会联合召开全国砌砖综合技术鉴定会议，总结推广了先进砌砖方法，砌砖工的劳动效率大大提高。

这一时期，建筑企业还推行了立体交叉流水作业和昼夜连续施工。过去采用平行流水作业法，强调专业分工、工序流水步距和进度节奏，工作面过于分散，施工进度缓慢。实行立体交叉流水作业和昼夜多班连续施工后，工地可以组织多工种、多工序在同一时间内交叉作业，充分利用了空间和时间。这些先进经验和操作法的推广，在很大程度上促进了建筑业生产效率的提高。在各级工会组织动员下，建筑材料生产企业大力进行技术革命和技术革新，推广水泥、玻璃、陶瓷、非金属矿抓好原料、材料、燃料的供应和节约，加强设备维护检修，提高设备利用率，推广行之有效的先进经验，保证了生产的步步高升。

在先进生产者运动中，建筑建材系统涌现了一大批劳动模范和先进人物，如时传祥、于春和、李瑞环等。时传祥是北京市崇文区清洁队一名掏粪工，15岁来到北平在私人粪场掏粪。1949年北平和平解放，人民政府接管了旧卫生局的清洁总队，成立了"粪业工人工会"，时传祥被选为工会小组长。1956年，时传祥第一批光荣地加入了中国共产党。1959年10月，全国群英会在北京隆重召开，时传祥出席大会并被选为大会主席团成员。10 月 26 日下午，刘少奇主席、朱德委员长、周恩来总理等党和国家领导人接见了与会代表。刘少奇主席握着他的手说："你掏大粪是人民的勤务员，我当国家主席也是人民的勤务员，这只是革命的分工不同，都是革命事业不可缺少的一部分。"北京市第二建筑工程公司瓦工于春和青年突击队，自从 1954 年建队以来一直按质、按量、按时、按成本完成工程任务，先后获得公司、北京市和全国先进集体的光荣称号。北京市第三建筑工程公司青年木工李瑞环，原来只有初小文化程度，经过苦学、苦钻，创造出 9 种简易计算表和"土公式"。人民大会堂宴会厅铺人字地板，李瑞环设计了一种简便的划线方法，仅用了 8 天就完成了原定 45 天的任务。

1959 年 10 月 26 日，全国群英会在北京开幕。来自全国的 6500 余名代表汇聚人民大会堂。参加群英会的建筑系统代表有先进集体 205 个、先进生产者 295 个。其中包括依靠群众勤俭办企业的南通市建筑公司；大搞技术革命、厉行增产节约，连续 40 个月全面超额完成任务的旅大市第一建筑公司；大搞群众运动，加强企业管理，提高劳动生产率的上海市第四建筑公司 403 工区；创造高速度施工经验的北京市第三建筑公司张百发青年突击队；保持 7 年优质高产的哈尔滨市第二建筑公司李学义混凝土工作队等。中国建筑工会主席张天民在全国群英会建筑系统先进经验交流会议上，要求建筑业广大职工以实际行动响应党中央的号召，大搞群众运动，大搞快速施工，大搞技术革命，大搞多种经营，大搞共产主义协作，加速基本建设速度，保证工程质量，降低工程成本。1959 年 11 月，建筑系统先进集体和先进生产者代表向全国建筑工业战线上全体职工提出倡议，号召建筑企业要充分发扬"大跃进"的精神，多快好省地全面超额完成任务。在各级工会和广大职工共同努力下，建筑建材工业呈现出高质量快速发展的局面。

（三）做好劳动保护工作

在“大跃进”中，一些地方建筑行业出现了忽视职工健康安全的倾向。中国建筑工会在天津、西安、武汉、甘肃等地建筑企业中调查发现，有些单位加班加点过多、工作时间过长的现象比较严重。西安市第二建筑公司三工区二工段在连续86天当中，工人只休息了4天，在实际工作的82天中，每天加班都在3小时以上。兰州市第一建筑公司二工段在连续17天中，有13个晚上是“跃进日”。过多的加班加点不仅影响了职工群众的身体健康，还挤掉了职工的业余学习时间，妨碍劳动效率的提高。造成加班加点过多的原因，除了有些工程任务很紧，确需采取短期突击的办法来完成，许多是由于领导干部认识不足、管理不善、计划安排不周，造成白天窝工，夜间苦战。1960年8月，建筑工程部、中国建筑工会针对加班加点现象发出通报，要求企业合理安排建筑职工的生产与生活。建筑工会提出，必须切实改进领导作风和领导方法，统一安排职工的生产、工作、学习和生活的时间；进一步改进企业管理，加强计划性，组织有节奏的施工，尽量避免停工窝工和加班加点现象。各级工会督促所属单位合理安排人力，充分利用工时，确保实行工作8小时、学习2小时的制度；在工程任务紧急必须加班加点时，也要保证职工每天睡眠8小时，吃饭、休息4小时。

各级建筑工会认真开展劳动保护工作，在建筑工业生产任务逐年增长、职工人数增加、劳动生产率不断上升的情况下，实现工伤事故下降。1959年建筑安装完成率比1958年增长22.4%，水泥生产率比1958年增长32%，重大事故率比1958年下降57.2%。为保障职工职业健康，大连玻璃厂和上海耀华玻璃厂改进工艺，采用湿法作业，使空气中的粉尘浓度降低到国家标准以下。青岛水泥厂创造了土收尘器，诸城云母矿创造了土通风机，改善了作业环境。在防暑降温方面，露天工地普遍增设了凉棚休息室，调整了工作时间，供应清凉饮料，基本做到了无中暑和晕倒事故发生。各地工会开展安全卫生大检查和“百日无事故”运动，有效地克服了许多影响生产的不安全因素。不少公司、厂矿充实了安全技术组织机构，恢复建立了安全生产管理制度。工会与劳动部门、卫生部门密切协作，通过安全生产“五好”评比和“百日无事故”运动，树立安全生产标兵，总结与推广先进经验，改善了工人的劳动条件，提高了劳动生产率。

（四）开展职工技术协作活动

这一时期，中国建筑工会大力开展群众合理化建议和职工技术协作活动。1963 年沈阳市基本建设系统职工提出合理化建议 485 件，采纳实现了 355 件，节约 15 万元左右。沈阳市汽车公司修配厂职工改进了汽车输油泵杆装置，每月节油 3000 公升。在技术协作活动中，不少单位结合工人冬训开展了传播技术、交流经验的活动。各单位工会加强技术协作活动的领导，使技术协作活动有组织、有领导、有计划地开展，有效地解决了企业生产关键问题，调动了群众的积极性，形成了一支以“五好”职工、先进生产者为先锋，以老技术工人为骨干，以工程技术人员为参谋的技术协作积极分子队伍。1958 年 3 月，北京市建筑工会和北京市建工局组织工人、工程技术人员到天津开展技术协作活动，其中有北京市建筑系统“五好”班组标兵、瓦工组长于春和，“青年鲁班”李瑞环，著名青年突击队长张百发等。在天津组织了参观表演，交流了操作经验。李瑞环为天津 50 余名木工讲了“简易计算法”，天津建筑职工学校还邀请了张百发作报告，介绍了开展技术协作的情况和经验。

（五）开展职工文化教育

1960年代初，建筑职工的文化程度与新中国成立初期文盲占职工总数70%—80%的情况相比已经有了很大提高，但仍然总体偏低。据建筑工程部统计表明，职工中文盲约占20%，小学程度的不到60%，中学程度的不到20%，大专程度的仅占1%，仍难以适应形势的发展和建设的需要。随着技术革新、技术革命运动的深入开展，手工操作和体力劳动被机械所代替，许多工人原来熟悉的操作技术不够用了。1959年5月，中国建筑工会与建筑工程部召开全国建筑工业职工教育现场会议，对职工文化教育工作作出部署。1960年6月，建筑工程部、中国建筑工会发出在工人群众中开展大规模技术学习运动的指示，要求各单位加强领导，发动群众，掀起学习“机电手”的群众运动，以适应生产高速度发展的需要。许多单位采用政治、技术、文化教育与生产相结合的方式，掀起了“千人教、万人学”的学习高潮。陕西省三建公司利用业余时间，本着“大忙少学、小忙多学”“尽量固定、力争不停”的原则，保证职工每周不少于6小时进行学习。经过学习，职工的政治、技术、文化水平大大地提高，生产月月“满堂红”，年年超额完成任务。北京市第五建筑公司明确规定，各级行政负责人同时也是教育工作的负责人，实行“一套人马两个任务”，在安排、布置、检查、汇报生产的同时必须抓好职工教育工作。为了适应建筑业的特点，各级工会在办学形式上，开展分级办学，灵活多样，有些单位实行队组包干，做到哪里有职工、哪里就有教学，有的采取集中上课、分别辅导，分片包干、包教保学，送教上门等方法，做到了教学不因生产变化而停止。在教学内容上，适应职工不同年龄、不同要求确定教学内容，把生产、教育、研究结合起来，更好地推动生产的发展。为解决师资问题，各级工会采取“就地取材，能者为师”的办法，发动企业工程技术人员、管理人员和有条件的工人讲课，同时积极争取外援，和有关单位、学校合作解决师资问题。

这一时期，各级工会加强职工思想政治工作，组织职工学习毛泽东著作，对职工开展爱国主义和社会主义教育，启发职工对新社会的热爱。牡丹江水泥厂工人反映，学习毛泽东著作后站得高了，看得远了，想得宽了。各企业还通过忆苦思甜，回忆对比，邀请老红军、老干部、老工人、老农民讲阶级斗争史、厂史、家史，组织职工学雷锋、学“好八连”、学习先进单位和英雄模范人物的事迹，使广大职工的阶级觉悟有了很大的提高。

（六）学习南通经验，勤俭办企业

南通市建筑公司是一个区域型建筑公司，任务分散零星、施工期限短、流动性大，技术力量薄弱。公司坚决贯彻勤俭办企业的方针，在工地开展反浪费运动，加强群众监督，用勤俭节约、艰苦奋斗的事例教育干部。他们还帮助甲方精打细算，采取节约措施，降低取费，受到甲方欢迎与感谢。从 1955 年到 1957 年底，南通市建筑公司先后开展了 7 次反浪费运动。公司在各项开支中，凡能节省的就不多花钱，出行骑自行车，因公出差少住旅馆、住小旅馆；提倡一人多职，以减少人员编制；严格控制非生产用工，组织干部参加体力劳动，等等。公司副经理陆修根到了工地，经常和大家一块儿做壮工活，随时随地收拾工地的零料、剩料和残料，教育工人珍惜一砖一木、一瓦一石。他在出差旅途中，常常拿车站和机关的传达室当旅馆；上下车站或轮船码头经常肩挑行李，不肯雇车。通过一分一厘的勤俭节约，南通市建筑公司在第一个五年计划期间，共为国家节约间接费用 796235 元，其中行政管理费 302334 元。南通市建筑公司勤俭办企业的经验，先后在《工人日报》和《人民日报》发表。1958 年 3 月，建筑工程部、中国建筑工会发出联合通知，号召建筑安装企业学习南通市建筑公司经验，学习他们的艰苦奋斗、勤劳节俭、刻苦钻研、精打细算的精神，学习他们依靠群众、深入生产、与群众同甘苦共呼吸的优良作风。很快，在全国各地建筑安装企业中掀起了学南通、赶南通的热潮。1958 年 6 月，建筑工程部和中国建筑工会在南通召开现场会议，进一步总结推广南通市建筑公司勤俭办企业的经验。在“学南通”活动中，上海市建筑工程局、西北工程管理局、西安市建筑工程局、西安市建筑工会等单位组织职工去南通“访贤参观”，把南通的经验变为实际行动。天津市建筑企业制订了学习南通的计划，掀起了学南通、赶南通的热潮。济南市第二建筑公司提出了“苦学一年，赶上南通”的口号，工地主任每天轮流劳动，许多干部纷纷下工地与工人同吃同住，跟班劳动。石家庄市建筑公司在学习南通经验之后，职能科室只留少数人员做内勤工作，大部分人员都深入基层劳动，每天晚上碰头工地情况和业务工作，财务科亲自到工地审核预算，简化了财务手续，降低了 7%的开支。

（七）建筑工会组织体制调整

1958 年 3 月，中共中央通过关于工会组织问题的意见，确定各级工会组织以同级党委领导为主，同时接受上级工会领导。产业工会的组织作出适当调整，有的保留、有的合并、有的取消，成为各级工会的一个部门。全国总工会党组第三次扩大会议以后，开始对产业工会进行调整。在调整中，中国建筑工会的组织机构的规模逐渐缩小，一些福利事业设施相继交给建筑工程部管理。1958 年 5 月，中国建筑工会发出《关于省、市建筑工会财务工作移交地方工会管理的通知》，把原先管理的各省、自治区、直辖市建筑工会财务工作交由地方工会统一管理。1958 年 10 月，中国建筑工会将原主管的各疗养院移交建筑工程部管理。随着性质、任务的变化，中国建筑工会几次精简机构，干部由 120 人减少到

20人左右，后又减到4人至5人。1962年，中国建筑工会与中国地质工会合并办公。根据形势的发展，1964年中国建筑工会与中国地质工会分开办公，并充实了中国建筑工会的领导力量。

(八) 贯彻国民经济调整方针，协助政府精简队伍

“大跃进”中，基本建设投资额成倍增长，施工队伍相应地急剧膨胀，国营施工队伍职工人数从1956年的300万人猛增到640万人，到1960年达到693万人。1960年冬，国家对国民经济实行“调整、巩固、充实、提高”的方针，基本建设投资由1960年的338.7亿元锐减到1961年的127.4亿元，1962年又减至71.3亿元。从1961年开始，国营施工队伍开始调整工作，采取的办法一个是“转”，即将一部分国营施工企业转为集体企业；一个是“减”，即将一部分固定职工精简，回到农业生产上去；一个是“放”，即将中央各部所属的部分国营施工企业下放到地方管理。1961年国营施工队伍的职工人数缩减到397万人，1962年再次精简压缩到245万人。在建筑职工队伍精简过程中，各企业工会向职工群众讲清形势、交代政策。一些单位采取“三会”（报告会、讨论会、谈心会）、“五谈”（谈形势任务、谈困难和措施、谈如何执行党的方针政策、谈思想认识、谈工作学习和生活的关系）、组织老工人进行阶级教育等方式，教育广大职工正确对待个人利益和集体利益、目前利益与长远利益、局部利益和整体利益的关系。广大建筑职工响应号召，表现出高度政治觉悟。通过调整，一部分国营施工企业转为集体企业，推动了集体经济的发展，一部分建筑工人回到农村，对兴修农田水利、发展农村经济起到了积极作用。中央各部下放的国营施工企业，支援了力量比较薄弱的地区，促进了建筑施工力量在地区上的均衡分布。建筑职工队伍精简后，中国建筑工会一方面动员职工群众，开展增产节约运动，集中必要的人力和物力，加速重点工程建设进度，一方面教

育职工群众发扬艰苦奋斗的优良传统，自力更生，战胜困难。同时关心职工群众，及时解决职工生活中的问题。各级工会大力发展副食品生产，努力改善职工生活。各级工会还开展互助活动，对困难职工进行帮助救济，并积极组织家属参加生产和从事服务性劳动，关心女职工的特殊保护，办好托儿所、疗养院等集体福利事业，保证了职工队伍的稳定和生产建设任务的完成。

1963 年以后，随着国民经济形势好转，建筑安装任务有所增加，国营施工队伍又出现了增长的势头。1963 年国营施工队伍职工总人数达到 266 万人。到 1966 年底，全国国营施工队伍人数达到 418 万人。从 1964 年开始，中国开展大规模的三线建设，近 100 万人的国营施工队伍从沿海调到内地，从城市调到山区。广大建筑职工为三线建设作出了重大贡献。

第六章

“文化大革命”和徘徊转折时期的机械冶金建材工人运动

一、“文化大革命”时期的机械冶金建材工人运动

1966年至1976年的“文化大革命”给党、工人阶级和全国人民带来了巨大损失。

1966年5月16日，中央政治局扩大会议通过了《中国共产党中央委员会通知》（《五一六通知》），同年8月8日，党的八届十一中全会通过《中国共产党中央委员会关于无产阶级文化大革命的决定》，“文化大革命”全面发动。动乱局面迅速蔓延至工业领域，机械冶金建材产业企业出现了“停产闹革命”的现象。“文化大革命”对工人阶级和工人运动造成的严重损害表现为：

派性组织出现，工人阶级队伍被分裂。“文化大革命”一开始，林彪、江青一伙就煽动建立各种派性组织，挑动群众斗群众，使工人阶级队伍陷于分裂。他们利用群众组织的派性斗争，煽动停工停产，制造流血武斗，把群众组织作为他们乱中夺权的工具。上海彭浦机器厂成立了“彭浦机器厂造反纵队”，厂内五花八门的“造反派”组织纷纷产生，把斗争矛头指向厂党委。1967年初，在“一月风暴”影响下，该厂“造反纵队”篡夺了厂党委和厂行政的权。大部分干部被“赶鸭子”“掰蟹脚”，下放劳动，一些群众遭到无辜的打击和迫害。

劳动模范、先进人物、知识分子和老工人受到迫害和打击。据天津市1980年统计，劳动模范惨遭迫害者达736人，占全市3200名劳动模范的23%。据黑龙江省哈尔滨、佳木斯、牡丹江、鸡西、双鸭山等市的不完全统计，“文化大革命”前有全国劳动模范338名，省、市劳动模范2837名，“文化大革命”中被揪斗的有870名，立案审查的有21名，其中并定为“特务”“反革命”而被关押、判刑的有8名，被迫害致死的有13名。长春市出席1959年全国群英会和出席1963年省群英会的250名劳动模范中，有40名受到打击和迫害。在“踢开党委闹革命”中，企业党委及生产指挥机构被砸烂，干部靠边站。一大批具有丰富经验的党政领导干部被揪斗，大批工程技术人员、知识分子和劳动模范也被批判。建筑工程部第二任部长刘秀峰、第三任部长刘裕民均遭受残酷迫害，含冤逝世。北京市基建系统几千人被揪斗、抄家、受审查。时传祥同志被诬陷为“工贼”，遭受严重迫害，被赶回原籍山东，1975年5月19日含冤逝世。工会干部受到污蔑、摧残。据辽宁省总工会统计，在“文化大革命”期间，全省地、市以上工会领导人几乎全部被打倒，如旅大市总工会有中层以上干部24人，其中18人被造反派组织揪斗或关进“牛棚”。

（一）“文化大革命”对企业生产和工会组织的严重破坏

“文化大革命”给机械冶金建材产业带来严重灾难，企业生产受到严重破坏。抚顺电瓷厂1966年虽然完成工业总产值2050万元，但利润一分钱都没有上缴，企业亏损29万元。1968年，工业总产值下降到建厂以来的最低水平，亏损89万元，欠缴利润120万元。彭浦机器厂在动乱的10年中，只有3年勉强完成生产任务，产品质量下降，废次品率上升。太原重机厂在“文化大革命”十年中几次停工停产，少为国家生产机器产品5万至10万吨，少创利润1亿元左右。

1967年，上海造反派刮起“一月风暴”，全国各地也纷纷刮起“夺权风”。鞍钢武斗开始升级，出现抢占大白楼、钢铁研究所大楼、运输部大楼等一系列事件，导致生产指挥和厂区交通不畅，生产大幅下降。最严重时，10座高炉只有1座生产，铁的日产量下降了85%。3个炼钢厂的22座平炉停产18座，钢的日产量下降了90%以上。太钢在被造反派组织“夺权”后，党政领导机构处于瘫痪状态，生产严重退坡。铁路运输时常中断，各种原燃料供应极度紧张。1号高炉被迫停炉。由于武斗频发，太钢1968年的生产跌降到有史以来的最低水平，钢产量只有6.7万吨，钢材只有10.18万吨。唐钢大部分领导干部被打成“走资派”，科技人员被下放到基层劳动改造，工厂出现了生产秩序混乱、劳动纪律松弛、有章不循的局面。1968年，陈伯达强令唐钢恢复“大跃进”时期的小高炉。唐钢不得不违心建成4座小高炉。由于没有焦炭，只有1座小高炉象征性点火，之后全部拆除，造成资金、材料、人工的极大浪费。

“文化大革命”中，建设建材行业受到前所未有的冲击。1967年7月，建筑工程部实行军事管制，撤销“一委三部”（国家建委和建筑工程部、建筑材料工业部、中央基建政治部），机关工作人员92%下放“五七”干校劳动。建工部直属的建筑施工、勘察设计、科学研究、大专院校等企事业单位职工下放20万人。建筑业建立起来的一整套制度、办法，统统被当作“管、卡、压”进行批判，企业管理陷入瘫痪。由于停工、停产，游行、武斗，建筑业劳动生产率急剧下降，“一五”时期，大中型建设项目平均施工周期不超过6年，“文化大革命”时期，很多大中型项目多在10年以上。建材工业大批职工被卷入运动，一批领导干部被迫靠边站，各级管理机构不能正常工作，生产水平和经济效益大幅下降。1967年到1968年，全国水泥产量连续两年递减30%以上，全员劳动生产率也下降30%以上。

正在进行的三线建设受到严重冲击。四川德阳第二重型机器厂受到“文化大革命”波及，设备安装指挥部未及开展工作就瘫痪了，建厂指挥部和二重厂各级组织的工作也受到严重影响，建成投产的时间整整被推迟了4年。事实证明，“文化大革命”扰乱了工人阶级队伍的思想，对生产力造成巨大破坏，给我国的社会主义革命和建设带来严重的恶果。

“文化大革命”开始以后，工会正常工作受到冲击。1966年12月底，造反组织“全红总”强占全国总工会机关办公大楼，全国总工会被迫停止工作和活动。全国各级工会组织也先后受到严重冲击和破坏，许多省、市、自治区工会乃至基层工会被造反派夺权，工会办公室被占、财产被分，档案遭抢劫，工会干部被批判，工会组织陷于瘫痪状态。1967年，上海所谓“一月夺权”后，唐钢工会组织受到冲击，处于瘫痪状态。承钢也出现了“造反派”夺权，厂工会被迫停止活动。锡矿山的各级工会组织瘫痪，工会业务无人问津。大冶钢厂工会组织被冲垮，工会干部下放劳动，工会工作停顿。1966年5月，中国建筑工会工作陷于瘫痪，建设建材行业“工代会”取代了工会职能。1973年4月，根据中共中央有关文件精神，工会组织恢复活动，进行了组织整顿，并逐步开展起各项工作，在当时情况下对工人运动起到了一定促进作用。

（二）广大干部职工对“文化大革命”的抵制

面对“文化大革命”的错误做法，一些老工人和劳动模范自发组织和团结起来，抵制妨碍生产和搞乱秩序的极端行为。当为工会工作作出过贡献的干部被冲击时，不少工人群众自发地抵制斗争，他们有的贴大字报表明反对看法，有的设法保护被迫害的老工会干部，有的直接反对林彪、“四人帮”。全国著名劳动模范时传祥公开反对批判刘少奇，因而遭到批斗和迫害。广大工人群众在社会动乱中坚持生产，竭力减少“文化大革命”错误造成的经济损失。他们自觉坚守生产岗位，坚持生产，使国民经济仍然取得了一定进展。“文化大革命”初期，鞍山局势动荡不安，影响了正常工作秩序。鞍钢职工在极其困难的条件下，排除干扰，团结奋战，在1966年动乱的情况下，全面完成了生产计划，许多技术经济指标创造了历史最高水平，并有十几项技术经济指标跨入世界先进行列。1971年，林彪反革命集团被粉碎，周恩来总理主持中央日常工作，国民经济开始出现回升趋势，鞍钢的生产建设事业也开始出现了回升。1971年，鞍钢职工广泛深入开展革新、挖潜、改造。建成容积2025立方米的11号高炉，生铁产量、质量都有了提高。1974年10月，邓小平主持中央日常工作，鞍钢根据邓小平的指示进行企业整顿，混乱局面得到扭转。在动乱期间，由于鞍钢广大工人、工程技术人员顶住各种干扰破坏，坚守岗位，使鞍钢能够在极其困难的境地坚持生产，并在一些方面有所发展，充分体现了工人阶级的主人翁精神和高度思想觉悟。“文化大革命”期间，承钢大多数职工坚守岗位，克服困难，努力工作。随着厂工会恢复活动，先后涌现出了“攀高峰掘进队”“老工人业余攻关队”“青年突击队”等一批先进集体和许多劳动模范标兵，为承钢的生产建设作出了突出贡献。1975年，运输部老工人翟汉杰，炼钢厂老工人穆振祥，机修厂老工人王春久、王荫阁4名同志发起组织承钢“老工人业余攻关队”，利用业余时间针对全厂生产薄弱环节和关键问题进行攻关。在钢铁会战中，170多名队员修复钢锭模250多支，为国家节约8万多元。

在“文化大革命”中，马恒昌小组始终坚持民主管理，不断修改和完善小组的各项规章制度，建立健全了以工人岗位责任制为主，包括班组长、工管员职责范围等在内的一整套小组民主管理制度。太原重机厂在“文化大革命”中，虽然生产受到严重冲击，但大多数职工在极其困难的情况下努力坚持生产，1966 年下半年，在工厂秩序已经相当混乱的情况下，仍然全面超额完成了国家计划。德阳二重在党政机关的印章被“造反派”抢走，各级领导干部陆续被迫“靠边站”的情况下，许多老工人和技术人员不计报酬、不图名利，坚守岗位，日夜奋战在第一线。正是由于广大工人阶级的坚守与奉献，我国机械、冶金、建材工业战线在“文化大革命”中仍然取得了相当的成就。1968 年，常州内燃机厂、大连工矿车辆厂、石家庄动力机械厂等单位自行研制成功我国第一批静压传动内燃机车，使我国内燃机生产技术跨入世界先进行列。1969 年，我国第一台 12.5 万千瓦双水内冷汽轮发电机组胜利建成并运转发电。这是我国自行设计、自行制造和安装的具有世界先进水平的大型汽轮机发电机组，它标志着我国电机制造工业的发展进入了新的发展阶段。1970 年我国自行设计、建造的攀枝花钢铁基地投产。这些成就在很大程度上减少了“文化大革命”造成的损失。这一时期，随着我国对外关系的发展，以中国建筑工程公司为首的建工系统共承担了 42 个国家的 415 个经援项目，房屋建筑面积 492 万平方米，涉及轻工、纺织、农业、食品、机械、建材等十几个行业，建成的工程包括车站、码头、厂房、文化宫、体育馆、办公楼、住宅、医院、学校，以及城市基础设施等。累计派出专家、技术人员 18 万人次，约占全国派出总人数的 45%。

1971 年九一三事件后，“文化大革命”开始出现转机。在周恩来主持下，工业部门开始了纠“左”的努力。1971 年 12 月至 1972 年 2 月，全国计划会议强调加强统一计划，整顿企业管理，落实党对干部、工人、技术人员的政策。在企业管理上，明确规定要恢复和健全岗位责任、考勤、技术操作规程、质量检验、设备管理和维修、安全生产、经济核算等 7 项制度，好质量、品种、质量、原材料燃料动力消耗、劳动生产率、成本、利润等 7

项指标。经过不懈努力，1972 年工业产值比上年增长 6.6%，1973 年工业产值比上年增长 9.5%。

“文化大革命”初期，“工代会”取代了工会，但它没有真正关心生产建设和职工权益，引起广大职工的强烈不满，纷纷要求恢复工会组织的正常活动。根据党中央指示精神，到 1973 年底，全国 28 个省、市、自治区召开了工会代表大会，选举产生了领导机构。省、市、自治区以下的工会组织也陆续整顿和恢复，工人运动的混乱局面有了好转。但到了 1974 年初，江青一伙借“批林批孔”运动，把矛头指向周恩来等老一辈革命家。各地帮派分子大肆宣扬所谓“儒法斗争史”，煽动停工停产。工会组织再度陷入瘫痪，工人队伍再次陷入分裂，工人运动重陷困难局面之中。1975 年 1 月，四届全国人大一次会议召开，周恩来总理在《政府工作报告》中重申了三届全国人大提出的发展国民经济的两步设想：第一步，在 1980 年以前，建成一个独立的比较完整的工业体系和国民经济体系；第二步，在本世纪内，全面实现农业、工业、国防和科学技术的现代化，使我国国民经济走在世界的前列。这一宏伟目标的重新提出，给处于“文化大革命”困难时期的工人阶级和全国人民带来了巨大的鼓舞和希望。四届人大闭幕后，周恩来病情加重，邓小平主持中央日常工作，提出了全面整顿的指导思想。邓小平批示，工会不能只抓阶级斗争，对生产、生活福利还是要抓的，对困难补助、劳保福利、食堂、托儿所、文体活动都要管。全面整顿首先以铁路作为突破口，逐步扩展到各个领域。广大职工衷心拥护整顿方针，用实际行动为扭转生产下降的形势作出了重大贡献。1975 年上半年工业生产和交通运输情况趋于好转，在率先进行整顿的铁路、钢铁部门，全国 20 个铁路局中的 19 个超额完成计划；钢铁工人奋发努力，使钢铁生产显著回升。在“四人帮”诬陷和挑拨下，1975 年 11 月错误地发动了“批邓、反击右倾翻案风”运动。广大工人群众对此进行了坚决抵制，江苏省吴桥县机械厂工人李连兴给县委寄出一封公开信，批判姚文元及其一伙“抢班夺权”“大搞唯心主义”“篡改马列原理”。杭州木材厂供销科干部张渭铨看到“造反组织”的大字报歪曲历史，污蔑攻击老一辈革命家，他旗帜鲜明地表示：革命老干部是党的宝贵财富，谁要打倒老干部，我就要反对谁。为此受到批斗并被投进了监狱。粉碎“四人帮”后，张渭铨的沉冤终于得到了昭雪。北京市房修二公司青年工人韩志雄参加悼念周总理的活动，被捕后坚持真理，不为所屈。粉碎“四人帮”后终于获得自由。山西青年工人王立山在悼念周恩来总理时，写下“欲悲闻鬼叫，我哭豺狼笑，洒泪祭雄杰，扬眉剑出鞘”一诗，成为人民愤怒和抗争的象征。他们的斗争，表明工人群众的日益觉醒，站在了反对“四人帮”斗争的前列。

1976 年 1 月 8 日，周恩来逝世。毛泽东提议由华国锋主持中央日常工作。“四人帮”对此非常不满，他们压制人民悼念周恩来的活动，继续鼓吹和煽动“批邓、反击右倾翻案风”运动。首都人民对于“四人帮”的倒行逆施早已义愤填膺。从 3 月底开始，首都群众在人民英雄纪念碑周围放满花圈、花篮，张贴诗词、悼文和传单。针对“四人帮”收、毁花圈的卑鄙手段，北京重型电机厂的职工特制了一个 4 米多高、一吨半重，由钢架、铁叶和钢花组成的大型钢铁花圈，从西郊送到天安门广场，表达工人阶级的钢铁决心意志。

1976 年 10 月 6 日，华国锋在叶剑英等老一辈革命家支持下，果断决定对“四人帮”实行隔离审查。“四人帮”覆灭，“文化大革命”结束，中国工人运动进入新的发展阶段。

二、徘徊转折时期的机械冶金建材工人运动

（一）“文化大革命”结束后的形势与工人运动的任务

“文化大革命”结束后，工人阶级和工会组织深入揭批“四人帮”反革命集团的罪行，清查他们的帮派体系，肃清其流毒和影响，积极恢复和发展国民经济，迅速扭转十年动乱造成的经济困难，从政治上、思想上和经济上进行拨乱反正，推动国家尽快走上健康发展轨道，中国的社会主义建设事业和工运事业胜利实现伟大的转折。

工运领域是“文化大革命”的重灾区。粉碎“四人帮”后，在中共中央领导下，在全国普遍开展了清查“四人帮”帮派体系，逐步调整各级领导班子。广大干部群众积极投身对“四人帮”的揭发批判和帮派分子的清查活动，全国上下迅速形成群众性的揭批查高潮。各级工会在党委领导下，组织职工和工会干部揭发批判“四人帮”利用工会充当篡党夺权工具的罪行和他们分裂工人阶级队伍、砸烂工会组织、迫害工会干部、劳动模范、老工人的罪行；批判了他们炮制所谓“工运黑线统治论”等谬论，煽动无政府主义、鼓动停工停产、败坏工人阶级优良传统和作风的罪行，清查了工会系统与“四人帮”篡党夺权阴谋活动有牵连的人和事，基本上摧毁了“四人帮”在工运领域的帮派体系。全国有半数左右的省、市、自治区工会调整了领导班子，工会组织初步恢复了正常工作。

（二）党的十一大召开，全国总工会恢复活动

1977年8月12日至18日，中国共产党第十一次全国代表大会在北京召开。党的十一大宣布，以粉碎“四人帮”为标志，

“文化大革命”宣告结束。这次大会的历史责任，是要调动党内外、国内外一切积极因素，团结一切可以团结的力量，为在本世纪把我国建设成为伟大的社会主义的现代化强国而奋斗。大会报告指出：要加强党对工会、共青团、妇联等群众组织的领导，把这些组织整顿好、建设好，充分发挥它们应有的作用。

根据中共中央的部署，1978年4月22日至24日，全国总工会在北京召开第八届第七次执委扩大会议。出席会议的有全国总工会负责人、执委、候补执委和各省、市、自治区工会负责人共190多人。这是全国总工会停止活动11年之后召开的第一次执委会议，标志着全国总工会活动正式恢复。会议研究了关于召开工会九大的问题，一致同意10月在北京召开中国工会第九次全国代表大会。会议总结了一年多来工会系统揭批“四人帮”的成果，强调要引导各级工会和广大职工群众继续深入批判“四人帮”反革命纲领和极“左”路线在工运领域的表现，为开好中国工会九大作思想、理论上的准备。会议回顾了新中国成立以来的工人运动和工会工作，一致认为，新中国成立以来全国总工会各级工会在党的领导下，做了大量工作，成绩是主要的，广大工会干部和积极分子是好的和比较好的，他们同林彪、“四人帮”的干扰破坏进行了坚决的抵制和顽强斗争，作出了应有的贡献。会议集中清理和批判了“四人帮”搞乱工运领域的谬论和罪行，包括污蔑工会是“生产工会”“福利工会”和“全民工会”；煽动无政府主义等，指出这些反动言行给工人运动和工会工作造成巨大损失，必须彻底肃清。会议讨论通过了《关于召开中国工会第九次全国代表大会的通知》，《通知》要求各级工会组织发动职工群众响应中共中央关于“提高整个中华民族的科学文化水平”的号召，掀起一个新的持久的学习运动；组织以增产节约为中心的社会主义劳动竞赛，全面完成和超额完成国家计划；关心职工生活，保护和发扬职工的革命积极性和劳动热情；发动职工积极参加企业整顿，在整顿企业的同时把工会整顿好、建设好。《通知》号召全国职工发扬工人阶级的革命传统，向社会主义四个现代化宏伟目标奋勇前进，用优异的成绩迎接中国工会第九次全国代表大会的召开。

全国总工会八届七次执委扩大会议后，全国总工会在 1978 年 4 月 27 日至 29 日召开了全国劳动模范座谈会。115 名全国著名的劳动模范聚集一堂，畅谈粉碎“四人帮”的喜悦心情，交流坚持生产、同“四人帮”斗争的经验，并联名发表《决心书》，号召全国劳动模范争当新长征的排头兵。

1966 年至 1978 年，全国产业工会受到“文化大革命”冲击，被迫停止工作。中国工会九大以后，1979 年 4 月，全国总工会恢复组建了包括机械和国防工业两个部分在内的中国机械工会全国委员会。1979 年 9 月，经全国总工会决定，国防行业从机械工会全国委员会中分出，恢复中国机械工会全国委员会名称。1980 年 3 月 25 日至 31 日，中国机械工会在北京召开恢复活动后的第一次全国工作会议，全国总工会主席倪志福和国务院机械工业委员会副主任沈鸿等人到会讲话。中国机械工会全国委员会副主席李潜主持会议并作工作报告。

1966 年 5 月起，受“文化大革命”影响，重工业工会全国委员会停止工作。1979 年 11 月，中国重工业工会恢复工作。1980 年 4 月，中国重工业工会分为中国冶金工会和中国化学工会。1981 年 10 月，中国冶金工会召开恢复活动后的第一次工作会议，全国总工会副主席顾大椿到会讲话。中国冶金工会主席江浩然作了工作报告。冶金部、有色金属工业总公司等单位领导到会致贺词。

（三）机械冶金建材产业工人为恢复国民经济贡献力量

粉碎“四人帮”后，工人阶级和全国人民的生产积极性得到解放，以极大的热情投入各项建设工作中。1978 年 4 月 20 日，中共中央颁发《关于加快工业发展若干问题的决定（草案）》。对企业整顿提出了具体标准，明确规定：企业要以生产为中心，理直气壮搞好生产；坚持以责任制为核心的各项规章制度，大力提高企业管理水平。1978 年 5 月 7 日，国务院发出通知，要求贯彻逐步改善职工生活的方针，有条件、有步骤地实行奖励和计件工资制度。11 月 25 日，国务院批转财政部《关于国营企业试行企业基金的规定》，允许完成国家计划的企业提取一定数量的利润作为企业基金，用于举办集体福利事业和奖励职工。全国不少企业和单位把企业经营成果同企业和职工切身利益联系起来，恢复了计件工资和奖金制度。在恢复发展生产的过程中，广大职工群众决心把“四人帮”耽误的时间夺回来，把“四人帮”造成的损失补回来。他们以“大干社会主义有理、大干社会主义有功、大干社会主义光荣”的豪迈誓言，在全国范围内迅速掀起社会主义劳动竞赛的热潮。1977 年 3 月，郑州铁路局和北京铁路局率先相互开展竞赛，引发全国铁路系统的强烈反响，使铁路运输生产稳步上升，当年第二季度就创造了历史最高纪录。在铁路带动下，劳动竞赛推向全国。钢铁企业职工积极配合企业的整顿，发扬主人翁精神，使企业面貌很快改观，到 1977 年 10 月，全国钢铁生产已超过历史最高水平。机械系统发挥工会积极作用，在“工业学大庆”运动中贯彻“鞍钢宪法”，积极组织群众参加企业管理，通过狠抓班组建设，努力建立一支思想红、作风硬、纪律好、技术精、贡献大的“铁人”式的队伍，发动和组织群众开展社会主义劳动竞赛，引导群众大搞技术革新活动。经过广大职工的努力奋斗，全国工业总产值从 1977 年 3 月起逐月增加，到 6 月，有 24 个省、自治区、直辖市超过 1976 年同期水平。到 1977 年 6 月，80 种主要工业产品的产量绝大多数已高于上年同期水平，其中 26 种创造了历史最高月产水平。1977 年的工业总产值比上年增长

14.6%，全国有60%的职工不同程度地增加了工资。1978年的工业总产值比上年增长13.5%，80种主要产品中有65种完成和超额完成了国家计划，其中钢产量达到3178万吨，比1976年增长55.3%，扭转了连续几年在2000万吨左右徘徊的局面。遭受“文化大革命”严重破坏的工业生产得到初步恢复和发展，带动了整个国民经济的恢复和发展。

机械冶金建材系统广大职工，在国民经济恢复发展的进程中发挥了主力军作用。各级工会在“工业学大庆”运动中，为创办大庆式企业充分发挥积极作用。天津第一机械系统各企业立足自身特色开展学大庆运动，争创大庆式企业。天津机车车辆机械工厂开展“学大庆抓根本，认真看书学习”活动，天津绝缘材料厂贯彻“鞍钢宪法”，积极组织群众参加企业管理，内燃机电机厂坚持深入开展社会主义劳动竞赛。各级工会坚持用毛泽东思想育人，认真组织工人学习马列和毛泽东著作，努力建设一支“铁人”式的队伍。各级工会还通过抓典型、树标兵，运用广播、板报、文艺、美术等多种形式，大讲“三老四严”“四个一样”的好作风，广泛宣传本单位、本系统的标兵事迹，使广大职工学有榜样，赶有目标。同时组织一支群众性的思想政治工作的骨干队伍，组织开展家庭访问和思想谈心活动，开展群众性的思想工作，把职工思想问题解决在萌芽状态。

这一时期，机械冶金建材系统工会狠抓班组建设，制订和落实班组学大庆规划，树立明确的指导思想、具体的奋斗目标、有力的保证措施，在此基础上抓好班组长培训，配好配强班组长，采取一事一训、以会代训、交流经验等方式，不断充实核心力量，抓好班组的定期分析，分类指导工作，推动先进班组总结提高不断前进，促进一般班组学习提高。

这一时期，机械冶金建材产业各级工会还发动和组织群众开展社会主义劳动竞赛。围绕优质、高产、低消耗、多品种、安全生产的要求，引导群众大搞技术革新活动。1977 年 7 月，天津机车车辆机械厂工会、天津金星搅拌机厂工会、天津第八机床厂工会、天津电瓷厂工会、天津内燃机螺丝厂工会、天津中建螺丝厂工会等 7 个单位向天津一机局各厂工会提出开展“六比六赛”竞赛的倡议，包括思想政治学习、班组建设、工作积极性、关心群众、工会自身建设等内容。活动开展以后，各企业把竞赛纳入工会重要议事日程，指定专人负责，定期汇报，定期研究，并采取走出去参观学习和请进来传经送宝等形式，向兄弟单位学习，携手并进共同提高。竞赛取得了良好成效。

第三编

改革开放和社会主义现代化建设新时期的机械冶金建材工运事业

第七章
改革开放初期的机械冶金建材工运事业

以1978年12月召开的党的十一届三中全会和此前不久召开的中国工会九大为标志，中国社会主义建设和工人运动开始进入改革开放新时期。在这一阶段，中国共产党实行改革开放和坚持四项基本原则的战略决策，形成了一个中心、两个基本点的基本路线，开拓了建设中国特色社会主义的新道路。在党的领导和工会的组织动员下，工人阶级积极投身经济建设和改革开放的大潮，广泛开展增产节约、劳动竞赛、合理化建议和技术革新活动，为国家经济建设和社会发展作出重大贡献。机械、冶金、建材产业各级工会紧紧围绕经济建设中心，团结组织广大职工奋力投身经济建设，坚定不移地支持改革，同时努力加强自身建设，工会工作不断开创新局面。

一、贯彻落实党的十一届三中全会和中国工会九大精神

1978年10月11日至21日，中国工会第九次全国代表大会在北京召开。这是距1957年12月召开的中国工会第八次全国代表大会21年后首次召开的工会代表大会。中共中央副主席、国务院副总理邓小平代表中共中央、国务院向工会九大致词。致词中深刻阐明了工会在社会主义现代化建设中的性质、作用和任务。要

求工会为实现经济战线技术、制度上和组织上的重大改革作出贡献，教育全体会员努力提高自己的政治、经济、管理、技术、文化水平，发扬艰苦奋斗，大公无私，遵守纪律，服从调动，爱厂如家的光荣传统，确实保证国家利益、集体利益和个人利益的统一；要求工会努力保障职工的福利，监督和帮助企业行政和地方行政在可能的范围内，努力改善职工的劳动、居住条件；要求工会密切联系群众，使广大职工都感到工会确实是职工自己的组织，是职工信得过的、能替职工说话办事的组织。工会本身必须是民主的模范，能为工人的民主权利奋斗的组织。

倪志福作了题为《中国工人阶级新的伟大历史使命》的工作报告。深刻阐述了工人阶级新的历史使命和当前任务，提出要在本世纪内把我国建设成为四个现代化的社会主义强国，使我国国民经济走在世界的前列。为了完成这一新的历史使命，工人阶级必须不断提高政治觉悟，努力掌握现代科学技术，迅速发展社会生产力，必须造就一大批又红又专的技术干部和管理干部，提高企业的技术水平和管理水平，同时还要支援农业现代化，在新的基础上巩固工农联盟。

大会选举产生了全国总工会新的领导机关。在九届一次执委会议上，倪志福当选全国总工会主席。朱学范、马纯古、康永和、黄民伟、陈宇、宋侃夫、王崇伦、韩荣华、刘玉娥、章瑞英为副主席。

中国工会九大是工会拨乱反正的起点，也是我国工人运动和工会工作新的伟大开端，对于动员工人阶级和广大工会工作者，按照新时期党对工会工作的要求，为实现新时期的总任务而奋斗具有巨大的推动作用。

1978 年 12 月，中共中央召开了第十一届中央委员会第三次全体会议。这次全会纠正了“两个凡是”的错误方针，实现了全党工作重点的战略转移，也为新时期工人运动和工会工作指明方向。

各级工会贯彻落实党的十一届三中全会和工会九大精神，在工运领域深入开展拨乱反正工作，平反了李立三、赖若愚等一大批冤假错案，为一大批受到迫害的老劳模、老工人平反和恢复名誉。机械冶金建材系统各级工会在短时间内，全面恢复了工会的各项活动。

1979 年 2 月，全国总工会召开第九届第二次常委（扩大）会议，作出了《加强安定团结，广泛深入地开展增产节约运动的决议》。机械冶金建材各级工会组织动员广大职工，以多种形式开展增产节约运动。一是开展形式多样的劳动竞赛，主要有小指标百分赛，同行业、同产品、同工种的厂际竞赛，如“百条龙”同行业厂际竞赛、同行业同工种竞赛等。二是广泛开展技术协作和技术表演交流活动，提高职工的技术操作水平，解决生产技术关键问题。三是开展质量月和群众性质量管理小组活动，推动产品质量、工程质量和服务质量水平提高。此外还开展了学习大庆、赶马恒昌小组、创产品质量信得过班组活动，以及各种形式的立功创模活动。基建系统的职工广泛开展了创造“全优工程”和实行“全优综合超额奖”竞赛活动。这些竞赛活动充分调动了广大职工的生产积极性，为国家经济的恢复发展起了促进作用。

（一）机械行业学习先进班组、创建先进班组活动

经过十年动乱，企业百废待兴。中国机械工会从加强班组工作入手，发动群众推进企业整顿，巩固企业整顿成果。齐齐哈尔第二机床厂马恒昌小组自 1949 年建组以来，一直是全国学习的榜样。在 1950 年全国第一次工农兵劳动模范代表大会上被命名为全国劳动模范小组。在抗美援朝中，他们发起开展爱国主义劳动竞赛，得到全国工人阶级的热烈响应。从 1949 年到 1978 年，年年超额完成国家计划，实现技术革新 840 多项。29 年中组长换了 13

任，组员换了12茬，小组的好思想、好作风、好传统代代相传，成为机械工业战线一面永不褪色的红旗。1978年，机械工业部决定在全国机械工业战线开展学大庆、赶马恒昌小组的群众运动。1979年5月，全国总工会、第一机械工业部、黑龙江省和齐齐哈尔市联合举办了马恒昌小组建组30周年经验交流现场会，发出“进一步推广马恒昌小组经验，大力加强班组建设，向四个现代化进军”的号召。出席会议的100个先进小组代表联合向全国机械职工发出“学赶超马恒昌小组”的倡议。1979年7月12日，全国总工会副主席康永和以答记者问的形式，在《工人日报》上阐述了加强班组建设对深入开展增产节约运动、大干“四化”的重大作用。短时间内，全国机械系统掀起了新时期班组建设的活动高潮。各地结合实际，对本地区、本企业的班组建设作出部署。1980年5月，第一机械部、农机部、国家仪表总局、中国机械工会颁发《机械工业班组工作条例》（试行草案），从选好班组长、配好工管员、健全基本制度、提高管理水平，努力提高班组的生产技术水平，做好班组的思想政治工作等方面，对班组工作作出规定。许多地方和企业狠抓班组长和班组骨干的调整与培训，大力普及先进班组管理制度，使班组管理普遍加强；推行全面质量管理，使班组向着管理科学化迈进；广泛推行了班组经济核算，推动了增产节约运动。在活动中总结交流了本地区、本企业先进班组的经验，命名表彰了一批马恒昌小组式班组，全系统很快涌现出马恒昌小组式班组406个，质量信得过班组6600多个。

（二）开展群众性技术交流活动

这一时期，中国机械工会广泛开展群众性技术交流活动。1979年9月，中国机械工会会同一机部、农机部、国家科协在上海举办了全国机械工业先进技术交流表演会，来自全国各地的劳动模范、革新能手互相交流技术、畅谈形势，研讨开展群众技术革新活动。全国总工会主席倪志福参加会议并会见了各地代表。1980年7月，中国机械工会和机械部、全国焊接学会联合在哈尔滨举办了新中国成立以来首次全国焊接技术表演赛，评选命名了32名“全国优秀电焊工”，奖励了21项科研技术成果。会议期间，通过技术表演、专题报告、技术讲座、参观展览、成果介绍等多种形式，交流了焊接工人的培训、考核及提高焊接技术水平等方面的经验。这两次大的群众活动，为开展群众性技术进步活动起了先导作用。1980年7月，中国机械工会举行全国锅炉、压力容器制造业焊接技术表演赛，来自28个省、市、自治区的69名焊工选手进行了实际操作考试和基本理论知识考试。同时对各省、市、自治区报送的34项焊接科研、技术革新成果组织了展览、介绍和参观、评议活动，分别评选出30名优秀焊工和21项焊接科研、技术革新成果。全国总工会、第一机械工业部、中国机械工程学会焊接学会给优秀焊工颁发《优秀焊工证书》，并给前10名颁发奖状。

（三）开展外事技术交流活动

1979年5月和1980年10月，全国总工会分别派出两批以铸造工人、工程技术人员为主的中国机械工人访日代表团。同期，日本全国金属工会访华团和工人技术交流团相继来中国访问交流。通过技术交流，一些先进生产技术在中国机械工业得到应用。1979年去日本访问的中国机械工人代表团带回来的磨削监听器资料，在太原工具厂学习、消化后，仿制出同类产品，解决了高精度磨削的技术难题；访日代表团带回来的呋喃树脂自硬砂，在上海汽轮机厂进行试验研究取得了较好效果。日本京磁老工人技术交流团在沈阳拖拉机厂帮助改进冲天炉，使铸铁水温度提高，硅、锰烧损率下降，取得了明显效益。1981年9月，中国机械工会会同一机部、农机部在沈阳举办了冲天炉技术交流会，邀请日本铸造技术人员小宫信太郎讲解了单排大风口冲天炉的结构、理论和熔炼技术。沈阳拖拉机厂介绍了他们将三排小风口 5 吨/时冲天炉改为单排风口的经过、工艺参数和取得的效果。这几次互访在交流生产技术经验的同时，增进了中日两国机械工人之间的友谊。

二、机械冶金建材工会组织的恢复与扩大

“文化大革命”时期，产业工会被迫停止工作。1979 年初，产业工会陆续恢复活动。1979 年 9 月，全国总工会书记处决定，国防工会从机械工会分出，恢复中国机械工会全国委员会名称。1980 年 5 月在国防、机械工会分别建立分党组。李潜任机械工会分党组副书记，姜昭明、王致敬、曹玉如、何其庸为机械工会分党组成员。1980 年 3 月 15 日，全国机械工会工作会议在北京举行，这是机械工会中断工作 10 多年后召开的第一次工作会议。全国总工会主席倪志福和国务院机械工业委员会副主任沈鸿等领导同志到会讲话。全国机械工会工作会议以后，各地相继建立起机械工会地方组织。至当年年底，北京、天津、上海、江苏、福建、辽宁、新疆等 13 个省、市、自治区和沈阳、哈尔滨、武汉、重庆、西安、济南等 32 个省辖市共恢复建立 56 个地方组织，各基层工会也进行了初步整顿。至此，全国机械工会的组织系统初步恢复建立起来。

1980 年，中国冶金工会恢复活动。1981 年 2 月，全国总工会党组决定组建全国冶金工会分党组，江浩然任分党组书记，宫林任副书记，王维清为成员。1981 年 10 月，中国冶金工会召开第一次全国工作会议。全国总工会领导倪志福、顾大椿、王崇伦出席会议并讲话。冶金工业部部长唐克、副部长钱传钧到会讲话。衡阳冶金机械厂、鞍山冶金矿山公司、齐大山矿工会、本钢运输部党委、上海冶炼厂工会、北京特钢工会、鞍钢化工总厂工会、

鞍钢修建公司工会、葫芦岛锌厂工会等15个单位介绍了工作经验。

1982年，全国总工会党组撤销原机械工会分党组、原冶金工会分党组，另组建机械冶金工会分党组。吕宗德担任分党组书记，李潜担任副书记，宫林、何其庸、王维清、崔映国为成员。中国机械工会和中国冶金工会再次合并，组成中国机械冶金工会全国委员会。

中国工会九大召开前后，中国建筑工会正式恢复活动。1979年12月，在国家建筑工程总局召开全国施工处长会议期间，中国建筑工会召开部分省（市）建筑工会干部座谈会，这是中国建筑工会恢复后召开的第一次全国性会议。会议交流了北京、上海、天津开展“创全优工程”竞赛的情况与经验。国家建委副主任张百发，全国总工会副主席金直夫、王崇伦和韩荣华到会讲话。会议提出，各地应尽快恢复与加强省、市、自治区建筑工会。1981年10月，中国建筑工会在北京召开了全国建筑工会工作会议，交流了邯郸二建、齐齐哈尔一建和天津六建等单位搞好职工代表大会制度、推行经济责任制、加强思想政治工作和自身建设等方面的经验。1984年10月，全国总工会书记处决定，五个合署办公的产业工会根据工作需要分开办公。1985年11月，中国建筑工会向全国总工会提出建议，在城市经济体制改革中加强城市建设工会的工作。1986年2月，中国建筑工会改名为中国城建建材工会。1991年5月，全国总工会批复，名称更改为中国建设建材工会。

到20世纪90年代初，机械冶金产业下辖鞍钢、武钢、首钢、马钢、本钢、包钢、太钢、攀钢、宝钢等特大型钢铁联合企业，上海、天津、河北、河南等省市10多个年产百万吨钢以上的钢铁联合企业，以及重庆、齐齐哈尔、大冶、抚顺、大连、长城等一大批特殊钢铁企业；甘肃金川公司、白银公司、云南锡业公司、东川矿务局、安徽铜陵有色公司、山西中条山有色公司、江西铜业公司、新疆有色公司、湖北大冶有色公司等九大生产基地；第一汽车厂、第二汽车厂等四个汽车工业企业集团；由哈尔滨三大动力机厂、四川东方集团、西安电力机械公司等集成的四个电力设备制造基地，以及第一重型机器厂、第二重型机器厂、沈阳重型机器厂、洛阳矿山机器厂、太原重型机器厂等特大型重型机器厂，中国机械冶金工会会员数达 1243 万人。

（一）机械冶金系统职工代表大会的恢复与扩大

职工代表大会制度是保障职工参加管理，办好企业的一项根本制度，也是工会组织发挥作用的重要形式。在“文化大革命”时期，职工代表大会制度遭到严重破坏。党的十一届三中全会以后，党中央和全国总工会着手恢复这一传统。1980 年五届人大三次会议指出：职工代表大会或职工代表会议作为权力机构，有权讨论和决定自己职权范围内的重大问题，有权选举、罢免或建议任命、建议罢免本单位的行政领导人员。机械工业工会恢复之后，把职代会建设工作列为重大任务，大部分企业恢复了职工代表大会制度，至 1980 年底，北京机械局有 131 个单位建立职代会制度，占企业总数的 84.5%；天津一机局有 261 个单位，占 95%；上海机电一局有 342 个单位，占 82%；重庆有 90 个单位，占 93.5%。

工会九大以来，冶金系统逐步恢复、建立和健全职工代表大会制度，到 1980 年，建立职代会制度的单位已占 80%以上。职代会对加强企业民主管理，调动各方面的积极性，促进安定团结，推动生产起到了积极作用。工会作为职代会的工作机构，积极主动地做了大量工作，使工会组织在企业中的地位和面貌发生了显著的变化。1981 年 7 月，中国建筑工会、国家建工总局发出通知，要求各级工会学习贯彻《国营工业企业职工代表大会暂行条例》，把搞好职工代表大会作为工作重点，通过职工代表大会提高职工群众主人翁的责任感，办好社会主义企业。

职代会在参与企业经营决策、维护职工利益、民主选举和评议干部方面发挥了重要作用。许多企业通过建立职代会制度，增强了职工的主人翁责任感，解决了一些长期未能解决的职工生活问题，调动了广大群众的积极性，企业民主管理气氛越来越浓，群众生活福利逐步得到改善。在推行职代会制度过程中，企业工会承担职代会工作机构职责，从组织职工代表选举、收集职工提案、筹划召开大会，到督促检查大会决议的贯彻执行，发挥了重要作用。一些科研、设计院所也开始建立和推广职代会制度，对调动科研技术人员的积极性发挥了积极作用。衡阳冶金机械厂从1979年开始实行厂部和车间两级职工代表大会制度，他们坚持群众路线，民主选举职工代表；充分发扬民主，保证代表发言权；支持和维护职工代表的民主权利，保证职代会有实实在在的决定权。这些举措极大调动了职工群众的积极性，1979年，工厂任务远远超过了实际生产水平。通过召开职代会把任务、困难如实地向群众交了底，代表们提出了合理化建议159项，这些合理化建议得到采纳之后，全年提前45天完成了生产任务，有5项指标创历史最高水平。鞍山冶金矿山公司齐大山铁矿工会把推行职工代表大会制度作为工作重点，带动了生产竞赛、生活劳保、业余教育等各项工作，企业面貌发生深刻变化。上海冶炼厂的“三废”危害是群众最关心的突出问题，职工代表大会根据群众的呼声作出决议，厂里仅用了半年时间就基本消灭了长期存在的废气两条“龙”，促进了生产、改善了环境，收到了行政满意、工人高兴的效果。

（二）工会协作组和职工技协的发展壮大

机械冶金产业内部行业众多，各行业的职工和基层工会为了完成共同的任务，提出了加强横向联合的需求。1982年，重型机器行业的17个主要企业基层工会首先联合起来，建立了同行业工会协作组，研究本行业共性问题，交流工作经验。重型机器行业的经验受到其他行业的重视，开始纷纷效仿。1984年1月，中国机械冶金工会通过《机械工会同行业协作组织办法》，同年3月出台《中国机械冶金工会关于开展工会工作协作交流活动的意见》，对同行业协作组的职能和活动方式作出规定。1987年2月，中国机械冶金工会再次发出《关于进一步加强机械系统工会同行业协作活动的几点意见》，对同行业协作组进行指导。在机械冶金工会指导下，同行业工会协作交流活动不断发展壮大。1982年至1988年，仪表、机床、轴承、拖拉机、电机、锅炉、汽轮机、变压器、电线电缆等30多个行业都成立了工会协作组。冶金、有色金属系统的十大钢厂、八大铝厂、铁合金、有色金属加工、施工企业等行业也陆续联合起来。各行业工会协作组根据本行业的特点，选择不同的工作侧重点开展工作。1985年9月，全国重型矿山行业举办先进刀具交流会，6个单位进行了18种刀具的现场切削表演，一重、二重、太重、彭浦、柳工、洛矿等7位代表在会上作了交流发言，这一活动体现了工会工作群众性的特点，使行业工会的交流活动从工会一般业务转向专题交流。

这一时期，职工技术协作活动也十分活跃。在机械冶金系统，汽车行业首先成立了技协联谊会（简称汽技联），冶金系统组织了钢铁技协联合会（简称钢技联），有色金属工业系统组织了有色技协联合会（简称有色技联）。职工技术协作活动的开展，有力促进了技术革新和企业发展。1984年5月，冶金工业部、中国机械冶金工会发出关于开展企业间群众技术协作活动的通知，在冶金系统企业之间开展技术协作、技术交流和技术咨询服务活动。对在企业间技协活动和技术服务中作出优异成绩的职工，由受益单位根据经济效益给予一定的奖励。全国钢技联各成员单位不断加强横向协作，推广了一批新技术、新成果，如鞍钢的“顶压焊”技术，可使管道的高压蒸汽、水、煤气的三漏问题在不停产的情况下进行补焊、修复。1985 年 9 月，钢技联在鞍山举办了 15 期“顶压焊”学习班，培训了全国 23 个省、市企业的 135 名学员。通过技术协作活动，促进了冶金企业的技术进步，也促进了自身发展，一年时间内，钢技联成员单位已由 14 个企业发展到 27 个企业。

三、广泛开展增产节约运动，为“四化”立功

1980 年 4 月，全国总工会召开九届常委第四次（扩大）会议，作出了《动员职工为“四化”立功，深入开展增产节约运动，迎接党的十二大召开决议》。会议要求各级工会组织动员全国职工掀起一个人人为“四化”立功、争当先进的热潮，进一步推动增产节约运动的深入发展。不久，中共中央办公厅转发了这一《决议》，为增产节约运动的发展进一步指明了方向。各级机械冶金建材工会贯彻全国总工会决议，广泛深入开展增产节约运动。到 1980 年底，这一活动已在大部分企业铺开。一机、仪表系统把 75 个行业的 1074 个工厂和 3 个同工种、6 个同产品的 106 个单位组织起来，开展了同行业“百条龙”厂际竞赛。一些企业把国家计划的大指标分解为各个小指标落实到班组、个人，开展了以小指标百分赛为主要形式的劳动竞赛和同业务一条龙竞赛，一些地方还组织了地区性的厂际竞赛。立功活动对提高企业竞争能力，搞好企业技术改造起到明显作用。重型机械行业的九大重机厂通过厂际竞赛，企业管理水平明显提高。通过竞赛，各企业大力开展产品质量“信得过”活动，涌现出一批质量“信得过”班组、个人和产品，产品质量大幅提高。上海内燃机厂围绕产品夺金牌创名牌的总目标，发动群众开展立功活动，在短时间里提出合理化建议 245 条，柴油机质量迅速大幅提高。

在劳动竞赛蓬勃发展的同时，技术革新、合理化建议活动也

有了新的发展。1978 年 9 月，全国总工会和一机部、农机部、全国科协在上海联合举办全国机械工业先进技术交流表演会。机械工会同一机部和焊接学会举办了全国锅炉压力容器手工焊接技术表演赛，促进了电焊工学习技术的积极性。天津二机局把提合理化建议、技术改革作为立功活动的重要环节，提出了“万、千、百”活动口号，即提出合理化建议一万件、实现一千件、推广一百件。据全国 1677 个企业 1980 年不完全统计，有 248433 人提出建议 69087 件，采纳三分之二。增产节约运动的深入开展，有力地推动了机械工业生产的发展。冶金系统工会在为“四化”立功活动中，发动职工群众深入开展“做主人、反浪费、献计策、增效益”活动，围绕“上质量、增品种、降消耗、提水平”的要求，开展多种形式的社会主义劳动竞赛活动。例如，开展“提高成材率”“提高收得率”“创名牌”和“专业一条龙”等多种形式的竞赛，围绕生产的关键问题开展群众性的技术革新、技术协作及合理化建议活动。例如，天津、上海等地开展的“献百元”和“扛指标”活动，杭州钢铁厂开展的群众小改小革、操作最佳化活动，使炼钢和轧钢普遍实现高产稳产。

1986 年，中国机械冶金工会作出《发动广大职工，开展当改革主力，为“四化”立功的社会主义劳动竞赛的决定》，提出劳动竞赛要与推进改革、搞活企业、改善经营、加强管理、促进技术进步和加强职工队伍建设相结合；要突出产业特点，机械行业按照“三上一提高”的要求，发动广大职工开展适合各行各业特点的劳动竞赛；冶金和有色金属行业要按照提高产品质量，降低原燃材料消耗，提高效益的方针，开展灵活多样的劳动竞赛。在竞赛的组织领导工作中，要学会运用现代化管理方法和手段，加强管理、严格考核，认真总结推广先进经验，发挥先进人物的作用，使社会主义劳动竞赛成为推动两个文明建设的强大力量。1986 年，机械工业系统广大职工积极开展“人人为企业提一条合理化建议，增收一百元”活动，取得了显著效果。据25个省市不完全统计，共提合理化建议138.7万条，增产节约价值5.3亿元。

党的十一届三中全会以后，广大建筑职工积极清除“左”的影响，抓紧企业整顿，企业施工生产和经营管理面貌发生了可喜的变化。1979年，建工系统广大职工深入开展增产节约运动和“创全优工程”竞赛，扫掉了一批“胡子”工程和“尾巴”工程。工程质量普遍提高。北京市六建一工区从1977年春天开始，开展“创全优工号”的社会主义劳动竞赛，各项经济技术指标不断刷新，工程质量合格率、劳动效率、工作量、全员产值大幅提高，企业管理全面加强。国家建委、劳动总局、全国总工会联合召开会议，把六建一工区的先进经验在北京、天津、唐山三市建筑业推广开来，随后逐步扩大到全国各地的建筑业。1978年11月，国家建委、劳动总局、全国总工会联合在京、津、唐三市建筑业开展“创全优工号”劳动竞赛，全国总工会主席倪志福出席动员大会，要求各级工会理直气壮地抓好社会主义劳动竞赛，促进新的生产技术和管理不断地代替旧的生产技术和管理，并把少数先进生产者的水平变为全社会的水平，推动社会生产力的发展。会上三市共同签订了“创全优工号”劳动竞赛协议书。竞赛开展一年间，全优工程大批涌现，水平不断提高。此后，“全优工号”发展为“全优工程”。1980年4月，京、津、唐三市“创全优工程”竞赛领导小组发出倡议书，提出把“创全优工程”竞赛逐步推广到基本建设全行业中去。1980年6月，国家建筑工程总局、中国建筑工会下发开展“创全优工程”竞赛的决定，此后，“创全优工程”竞赛逐步向全国建筑企业普及，由民用建筑发展到工业建筑，由单项工程发展到全优建筑群。全国28个省、市、自治区和国家建工总局直属工程局、基建工程兵等30多个地区和部门广泛开展了竞赛活动。“创全优工程”竞赛促进了施工企业工作量、劳动生产率和盈利增长。河北省邯郸市第二建筑公司靠实干、讲科学、重实效，做到了栋栋工程质量全优，各项技术经济指标在全国居领先地位。在“创全优工程”竞赛中，各级企业工会配合行政做好竞赛的组织发动工作，搞好职工培训，提高职工队伍的政治、文化、技术、业务水平，作出了重要贡献。

北京六建公司隋世忠青年突击队成立于1980年9月，在首都建设事业中发扬以工人阶级高度的主人翁责任感，坚持在本职岗位上学技术、练硬功，在生产第一线抢重活、挑重担，出色地完成了各项生产任务。1982年10月4日，城乡建设环境保护部、共青团中央、中国建筑工会下发《关于开展向北京市第六建筑工程公司隋世忠青年突击队学习》的通知。各地积极开展了学赶隋世忠青年突击队的活动，以隋世忠青年突击队为榜样，学习他们立足本职、勇挑重担的实干精神，学习他们不满足现状、勇于进取的创新精神，并取得了显著效果，涌现出一大批优秀青年突击队。1983年5月，建设部、共青团中央、中国建筑工会联合组织全国建筑青年工人技术比赛，参加工种为瓦工、抹灰工，共有28个省、市、自治区的112名选手参加。1984年2月，共青团中央、城乡建设环境保护部、中国建筑工会在全国建筑行业开展青年突击队竞赛活动。竞赛期间，全国1.5万多支青年突击队、近30万名青年突击队队员奋力拼搏，争先创优，为缩短建设工期，提高工程质量和投资效益作出了显著贡献。通过比赛，进一步激发了广大职工学习技术的积极性，提高了职工队伍素质。1985年3月10日，共青团中央、城乡建设环境保护部、中国建筑工会通报表彰在全国建筑行业青年突击队竞赛活动中成绩显著的100支青年突击队，并向他们颁发优秀青年突击队红旗。

四、在推行经济责任制中发挥工会作用

改革开放初期，一些企业经济效益低下，吃“大锅饭”现象

严重。企业吃国家的“大锅饭”，办好办坏一个样；职工吃企业的“大锅饭”，干好干坏一个样。为了革除弊端，国家大力推行经济责任制。经济责任制是以提高社会经济效益为目的，实行责权利紧密结合的生产经营管理制度，是提高企业管理水平的重大改革，是提高经济效益的有效措施。实行经济责任制中，不少企业用从上到下层层包、自下而上层层保的办法，把企业和每个职工的经济责任、经济权利、经济利益紧密结合起来，调动了企业和个人的积极性，提高了企业管理水平。在这一过程中，工会注意研究新情况，解决新问题，引导职工群众以主人翁的态度投身改革，千方百计提高质量、增加品种、降低成本、提高劳动效率。同时充分发挥职工代表大会的作用，把实行经济责任制和搞好职工代表大会紧密地结合起来，集中群众的智慧，使经济责任制不断完善。机械冶金建材系统工会协助行政根据责权利相结合的原则，逐步建立和健全了岗位责任制，坚持按劳分配原则，搞好定额管理，改进劳动组织、加强劳动纪律，既维护职工的正当权益，又维护国家和集体利益。

经济责任制的实行，大大调动了企业和职工的积极性，提高了企业的管理水平，取得了良好的经济效果。邯郸第二建筑公司按居住小区实行总包，用科学方法组织施工。广大职工生产热情高涨，劳动生产率大幅提高，在 1979 年至 1981 年的两年多时间里，共建成 35. 9 万平方米的建筑物，平均每人一年竣工 62 平方米，且全部被评为全优工程，超过国家规定指标 1. 2 倍，工程成本比计划降低 8. 43%，全员劳动生产率比全国建工系统高 1. 7 倍，平均工效超过国家劳动定额 1. 24 倍，各项技术经济指标在全国居领先地位。1982 年，全国总工会推广了他们的经验。江苏省建工系统推行经济责任制，促进了企业管理水平提高。泰兴县建筑公司把推行经济责任制与创全优结合起来，全优率达到 97%。湘乡水泥厂建立岗位经济责任制，做到管理有目标，工作有标准，生产有定额，考核有计量，经济有核算。通过加强经济核算，节能降耗、增收节支挖潜 400 万元。

五、加强劳动保护，维护职工合法权益

改革开放初期，由于历史的欠账等原因，一度出现劳动保护薄弱、安全事故增多的问题。1978 年 10 月，中共中央发出《关于认真做好劳动保护工作的通知》。全国总工会认真贯彻落实党中央、国务院的指示精神，1979 年 1 月重新颁发了《基层工会和车间工会劳动保护工作委员会工作条例（试行草案）》《工会小组劳动保护检察员工作条例（试行草案）》。1980 年 6 月，全国总工会召开第三次全国工会群众劳动保护工作会议。中共中央书记处书记、国务院副总理万里到会讲话，要求迅速改变劳动保护问题多的局面，把安全生产、劳动保护工作恢复到历史最高水平。各级工会建立健全了工会劳动保护机构，加强了劳动保护制度建设和组织建设，积极协助行政部门制定各种劳动保护和安全生产条例、制度、法规等，还结合实际创造了一些劳保工作的好制度和好方法。各级工会还以安全生产为中心，组织劳动竞赛，开展了“安全月”活动，建立制度，交流经验，评选、表彰安全生产、文明生产先进单位和个人，有力推动了安全生产工作。

中国机械冶金工会积极督促协助行政部门保护职工权益，纠正违反劳保和安全规定、损害工人健康的错误行为。铸造行业在机械制造工业中占重要地位，但铸造行业长期处于设备陈旧、工艺落后、劳动强度大、作业环境恶劣、职工生活福利待遇低的落后状态。1987 年 1 月，中国机械冶金工会就加强铸造行业管理和改善铸造工人待遇问题向全国总工会书记处并国家机械委、国家经委、劳动部等部门提交报告，建议改变铸件不合理的计价方法，变小生产为大生产、变分散为集中、变手工

操作为机械化生产。这一时期，各级产业工会还积极参与事故查处，维护职工权益。1980 年 9 月，江西铜基地所属永平铜矿在进行峒室爆破时发生了死亡 8 人、轻伤 2 人的重大事故。中国冶金工会在与冶金部和江西省上饶地区等有关方面对事故做了调查之后，认为这是一起重大责任事故。向冶金工业部反映了铜基地领导严重的官僚主义和不负责任的工作作风，并提出处理意见，要求严肃认真进行纠正和整顿。1980 年 9 月，沈阳蓄电池厂装配车间因劳动条件恶劣、领导官僚主义发生工人停工事件，中国机械工会调查发现，沈阳蓄电池厂装配车间铅尘浓度太高，工人铅中毒严重。沈阳市总工会机电工委向该厂提出，发动群众对现有防护设备进行检查、检修；对职工身体健康状况进行检查；给予资金支持等六项建议。厂党政领导立即着手进行工作，维护了职工权益。

1970 年代末到 1980 年代初，建筑业基建战线缩短，一些地方出现了建筑施工事故多、伤亡大的严重局面，针对这一状况，中国建筑工会在对建工系统伤亡事故情况进行调查报告的同时，向全国总工会建议，各级建筑工会组织都要充分发挥群众组织的监督作用，对于那些发生事故迟迟不作处理，或推卸责任隐瞒不报的官僚主义作风，必须坚持据理力争，妥善解决。全国总工会转发了《关于建工系统伤亡事故情况的报告》，要求各地加强领导，协助企业行政严格遵守有关安全生产的各项规章制度，坚决制止违章指挥、违章作业。1980 年，国家建工总局、中国建筑工会联合开展安全生产“百日无事故”活动，各级工会广泛发动群众，查隐患、揭险情、制定措施、堵塞漏洞，切实消除不安全因素，促进了生产大上、事故大降。

六、关心职工生活，解除职工后顾之忧

工会九大以来，各级工会组织积极协助党和政府改善职工生活，做了大量工作。1979 年 7 月，全国总工会在北京召开全国工会职工生活工作经验交流会。会议要求发动和组织职工群众开展互济活动，积极协助企业行政改善职工居住条件，从实际出发，做好职工困难补助工作。1980 年 10 月，全国总工会发出《关于进行职工生活大检查的通知》。机械冶金建材各级工会采取有效措施，推动改善职工生活，同时大力抓好群众性的互助互济活动，解决职工群众生活困难。广州机电局工会系统各单位坚持“四必访”，即“伤病必访、职工发生事故必访、有思想问题必访、计划生育必访”。与此同时，机械工业职工疗养事业也得到恢复和发展。上海机电一局每年组织工人赴杭州疗养，常州柴油机厂自办了小型疗养所，当年评出的先进生产者基本上可以轮流休养一次。

长期以来，建筑职工的劳动条件、生活条件比较艰苦，特别是建筑业高空露天作业，多数系手工操作和重体力劳动。中国建筑工会要求各级建筑工会切实关心职工生活，代表职工讲话，积极协助行政解决职工群众急需的生活问题。1982 年 4 月，国家建工总局、全国总工会、中国建筑工会、北京市建工局联合调查组对北京市第三建筑工程公司职工队伍状况进行调查，各地建筑工会也开展了建筑业职工思想政治工作和队伍状况调查。在调查基础上，有针对性地开展思想教育和技术培训，解决职工实际问题，如针对“盖房的没房住”等现象，提出了增建宿舍、浴室，办好托儿所、食堂、卫生室等意见建议。清洁工人长期接触污物，劳动条件比较艰苦，福利设施差，基本工资偏低，住房问题十分紧张。中国建筑工会对此情况进行调查后，建议政府卫生部门对清

洁工人定期进行健康检查，发现疾病及时治疗，努力保证清洁工人的身体健康，降低发病率和死亡率。

七、加强职工队伍建设，培育“四有”新人

培养和造就一支有理想、有道德、有文化、有纪律的“四有”职工队伍，是工会在新时期面临的一项重要任务。1980 年全国职工人数已达 1 亿人左右，20 世纪 70 年代以来进厂的青年职工已成为职工队伍的主体。大力加强对职工特别是青年职工的思想政治和文化技术的教育，成为新时期加强职工队伍建设的重要内容。各级工会针对职工特点，采用多种形式加强思想政治工作，提高职工队伍政治素质。1981 年 2 月 25 日，全国总工会、全国妇联、共青团中央等单位联合发出《关于开展文明礼貌活动的倡议》，倡议开展以讲文明、讲礼貌、讲卫生、讲秩序、讲道德和心灵美、语言美、行为美、环境美为内容的“五讲四美”文明礼貌活动。1982 年 2 月，中共中央宣传部在《关于深入开展五讲四美活动的报告》中规定，每年 3 月为“全民文明礼貌月”。从 1983 年起，中央把五讲四美活动和一些地方开展的热爱祖国、热爱社会主义、热爱中国共产党的活动结合起来，开展“五讲四美三热爱”活动。在活动中，全国总工会拟订了《全国职工守则》，各地工会响应倡议，制定了符合本企业实际的具体守则和实施规划，把“五讲四美三热爱”活动与行业的特点相结合，与日常的思想政治工作相结合，与整顿企业规章制度相结合，收到良好效果。天津市总工会组织“工人业余讲演团”到各单位巡回讲演，向广大职工进行“三热爱”教育，在群众中引起强烈反响。湖南湘峰机械厂工会发动职工、家属开展以“遵纪守法工作生产好，尊婆爱媳勤俭持家好，夫妻和睦计划生育好，遵守公德邻里团结好，教育子女品学兼优好”为内容的“五好家庭”活动，使厂风

家风大为改观，促进了职工队伍建设。

（一）发展职工教育，提高职工文化素质

随着企业科学技术的进步，一线生产工人越来越需要具有较高的文化、技术素质。1981 年 2 月，中共中央、国务院作出《关于加强职工教育工作的决定》，提出了新时期职工教育的方针政策、任务目标及一系列重大措施。同年 4 月，全国总工会召开职工教育工作会议。会议强调，各级工会组织必须把职工教育放在重要位置，认真抓紧抓好。机械冶金系统各企业工会坚决贯彻落实中央决定和全国总工会要求，广泛开展了以青年职工为重点的业余文化技术培训。大同内燃机厂工会在工厂无任务期间，办起脱产半日制文化学习班。天津二机局把业余教育纳入企业整顿验收条件，促进业余教育工作开展，全系统 129 个单位（占 90%），3. 2 万名学员参加学习教育，入学率达 45. 2%。在各级工会的积极努力下，职工教育事业迅速恢复、蓬勃发展。到 1982 年底，全国参加文化技术学习的职工达到 1738. 2 万人，占当年职工总数的 15. 4%，比 1980 年增加了 30. 8%。此外，各级工会普遍开展职工群众文化体育工作，活跃职工文艺生活。全国总工会先后组织了上海工人文化宫的话剧《于无声处》及 19 省市和铁路职工曲艺调演，举办职工文学、戏剧、音乐创作讲习班和职工短篇小说、独幕剧创作评奖。职工群众文化体育工作的蓬勃发展，丰富了职工的业余文化生活。针对一些企业存在的人们不愿意当工人，尤其是不愿当一线生产工人的情况，中国机械冶金工会、中国建筑工会相继提出，采取有力措施提高技术工人队伍的素质，使一线生产工人尤其是中、高级技术工人感到有奔头。1980 年 2 月，国家建工总局、中国建筑工会发出大力开展建筑工人技术培训工作的通知，要求建工系统成立有主要领导干部参加的，包括行政、工会和共青团在内的职工教育工作委员会，并配备专职人员，加

强对技工培训工作的领导。培训内容要从生产需要出发，坚持理论和实践、技术教育和文化教育相结合的原则；采用多种培训方式，实行严格的技术考核制度。经过各级工会几年的努力，机械冶金建材行业职工素质有了明显提升。

（二）“振兴中华”读书活动

1982年，上海等地首先发起了“振兴中华”读书活动。上海市总工会和各基层工会紧紧扣住“振兴中华”这一主题，采用多种形式吸引职工自觉读书，还联合组织了“振兴中华职工演讲团”下基层巡回演讲。1983年4月，全国总工会在上海召开职工读书活动经验交流会，推广了上海等地开展职工读书活动的经验，要求各级工会把职工读书活动作为重要任务认真抓好。全国总工会作出《关于在全国职工中开展读书活动的决定》，并向全国工会系统发出通知，推动“振兴中华”职工读书活动在全国范围内开展。机械冶金系统各单位工会广泛开展了读书演讲、知识竞赛、征文比赛、读书心得交流、故事会等活动，推动“振兴中华”读书活动在产业系统广泛开展。1983年11月，中国机械冶金工会组织了上海冶金工会“振兴中华”职工读书报告团和鞍钢工人近代史故事演讲团，赴西北、内蒙古等边远地区冶金厂矿巡回演讲报告。演讲报告团历时近一个月，行程5000公里，先后去了酒泉钢铁公司、金川有色金属公司、第八冶金建设公司、兰州铝厂、兰州钢厂、宁夏青铜峡铝厂、银川地区、包头钢铁公司等单位（地区），共演讲报告33场，直接听众达3.5万余人次。在开展演讲报告活动的同时，还推广了上海、鞍钢发动、组织和领导读书活动、讲故事活动的经验。演讲报告活动在青年职工中引起强烈反响，激发了他们参加读书活动的热情。1984年5月至6月，中国机械冶金工会组织“振兴中华”职工读书报告团冶金分团赴云南、贵州巡回演讲，先后到昆明钢铁公司、易门铜矿、牟定铜矿、大姚铜矿、云南锡业公司、澜沧铅矿、东川矿务局、会泽铅锌矿、贵州水城钢厂、贵阳钢铁厂、贵州铝厂、贵阳耐火材料厂等单位，以及在昆明市、红河州、个旧市、西双版纳州等地进行了演讲，行程 4600 多公里，演讲 31 场，直接听众 4 万余人次。

第八章
深化改革时期的机械冶金建材工运事业

中国工会九大以后，中国工人运动实现了拨乱反正、继往开来的伟大历史转折。随着新时期改革开放新形势，中国工人运动和工会工作融入全面改革开放的大潮中，以新的姿态不断发展，不断前进。

党的十二届三中全会后，改革的重点由农村转入城市。城市经济体制改革重点是增强企业活力，关键是激发广大职工群众的劳动积极性、智慧和创造力，改革的本质就是要正确确立企业与国家、企业与职工的关系，要扩大企业自主权，使企业真正成为相对独立的经济实体，同时要保障职工在企业中的主人翁地位。因此，工会在动员组织职工积极支持参加改革的同时，必须切实维护职工合法权益。在城市经济体制改革特别是全民所有制企业的改革中，工会工作的新任务，就是组织动员广大职工积极参与和推进改革，在改革中切实维护好职工合法权益，激发职工群众的劳动积极性和创造活力。

一、贯彻党的十二大和中国工会十大精神，投身改革开放大潮

1982 年 9 月 1 日至 11 日，中国共产党第十二次全国代表大会

在北京举行。大会对新时期工运方针作出深刻阐述。胡耀邦在代表中共中央所作的政治报告中明确指出：我们党是工人阶级政党，必须注意依靠本阶级群众，必须大大加强党在第一线的工作，动员符合条件的党员到生产第一线，同时吸收具备党员条件的优秀工人入党。必须大大加强党在工会中的工作，使工会成为联结党和工人群众的强大纽带。必须认真实行职工代表大会制度，使它和工会都能在思想教育、企业管理和工人生活的改善中发挥重要作用。

中国工会第十次全国代表大会于 1983 年 10 月 18 日至 29 日在北京召开。李先念代表党中央、国务院向大会致词。倪志福作了题为《在社会主义物质文明和精神文明建设中发扬工人阶级的主人翁精神》的工作报告。该报告提出新时期工人阶级的六项光荣任务，即提高阶级觉悟，严明劳动纪律；学习文化技术，增长建设才干；推进民主管理，反对官僚主义；着眼国家全局，逐步改善生活；发扬战斗精神，反对歪风邪气；更大规模地开展先进生产者和先进集体活动。报告强调指出，工会一定要从自己是党领导的群众组织这个特点出发，切切实实地为职工多办事、办好事，把职工的积极性调动起来；一定要维护职工的合法权益，勇敢地扶持正气，压制邪气，在社会和国家生活中起积极作用；一定要面向基层、面向职工，密切联系群众，反映职工的呼声和要求，真正成为“职工之家”。

大会还表彰了先进基层工会、先进工会小组和优秀工会工作者与优秀工会积极分子，这在我国历届工会代表大会上尚属首次。

全国总工会十届一次执委会议选举倪志福为主席。

中国工会十大以后，各级工会紧紧围绕经济建设这个中心，动员组织广大职工积极投入物质文明和精神文明建设，投身改革实践。机械冶金建材系统工会全力贯彻新时期工会工作的方针、任务，努力提高职工素质，维护职工合法权益，在两个文明建设中发扬职工的主人翁精神，开创工会工作新局面。

1984 年 10 月，党的十二届三中全会通过了《中共中央关于经济体制改革的决定》。《决定》提出，在实行厂长负责制的同时，必须健全职工代表大会制度和各项民主管理制度，充分发挥工会组织和职工代表在审议企业重大决策、监督行政领导和维护职工合法权益等方面的权力和作用，体现工人阶级的主人翁地位。1984 年 12 月，全国总工会召开十届二次执委会议，作出《认真贯彻党的十二届三中全会精神，充分发挥工会组织在经济体制改革中的作用的决议》，强调要进一步把工会工作的指导思想落实到以“四化”建设为中心，推进经济体制改革上来，正确处理全局和局部的关系，正确解决好发展生产、发展经济与维护职工利益的关系，在改革中注意维护职工利益。广大工会干部和职工群众积极投身改革，不断拓宽工作领域，切实发挥作用，使工会工作和工人运动不断取得新进展。

（一）在深化改革中加强民主管理

企业职工民主管理是工会参与企业改革的切入点，也是各级工会特别是企业工会的一项重点工作。随着企业经济体制改革深入发展，机械冶金系统工会组织不断推进企业民主管理制度化、正常化。工会九大以后，职工代表大会制度在许多企业逐渐恢复和建立。党的十一届三中全会之后，职代会有了更大的发展和提升。随着经济体制改革，企业民主管理进入新的历史发展阶段。1981 年，中共中央、国务院转发《国营工业企业职工代表大会暂行条例》。《条例》发布后，中国机械工会召开部分部直属企业工会主席座谈会，第一汽车制造厂、第二汽车制造厂、第一重型机器厂、第二重型机器厂、大连重型机器厂、东方汽轮机厂、南京汽轮发电机厂、哈尔滨电机厂、沈阳鼓风机厂、南京机床厂、济南第二机床厂、湘西仪表厂、开封仪表厂等 13 家部直属工厂的工会主席就贯彻执行中央文件，加强企业民主管理的情况进行了交流。在推动贯彻落实《条例》过程中，机械冶金建材系统工会积极推动企业制定职工代表大会实施细则。1981 年 7 月，中国冶金工会与冶金工业部发出联合通知，要求各地结合企业整顿，进一步建立健全职工代表大会制度，切实加强企业民主管理。同年 9 月，中国机械工会和机械工业部、农业机械部、国家仪器仪表总局联合发出通知，要求把建立职工代表大会制度作为当前企业整顿的一项重要内容。1982 年 8 月，中国冶金工会先后在鞍山、西安、衡阳召开省市冶金（有色）工会和重点企业工会主席座谈会，交流研究在企业整顿中建立健全职代会制度，提高职代会质量。会后，北京重型机器厂工会等许多单位先后制定了《国营工业企业职工代表大会暂行条例实施细则》，以及《职工代表大会民主制度》《职工代表大会民主程序》《职工代表大会各专业工作小组职责范围》《职工代表大会提案立案基本原则》等一系列制度，使职代会的职权初步得到落实。衡阳有色冶金机械厂等单位还建立了车间职代会和班组民主管理制度，初步形成了厂、车间、班组三级民主管理体系。

职工代表大会制度建立以后，怎样提高职工代表大会质量，充分发挥民主管理、民主监督作用，成为工会工作面临的重要问题。中国机械冶金工会强调，已经建立了职工代表大会制度的企业要不断总结提高，防止把职工代表大会作为“表决机器”，流于形式。1983 年 5 月，中国机械冶金工会在济南钢铁厂召开冶金系统健全与完善企业民主管理工作座谈会，提出职代会要着重抓好民主评议干部工作，并就民主评议干部的组织领导、评议范围和方式等进行了研究。同年 12 月，中国机械冶金工会和机械工业部联合发出《关于机械工业企业民主评议干部制度的几点意见》，对评议的意义、内容、方法等提出了一系列指导性意见。1984 年，中国机械冶金工会先后两次对无锡机床厂、沈阳变压器厂等单位进行了深入调查，提出了改进职工代表大会制度的意见。1984 年 11 月在沈阳召开了全国机械系统企业民主管理研究会，交流了各地区、各企业在实行厂长负责制的同时如何加强企业民主管理的经验。1985 年 4 月，中国机械冶金工会发出《当前冶金系统推进企业民主管理的几点意见》，要求进一步推进企业的民主管理，同实行厂长负责制有机地结合起来，充分发挥职代会的重要作用，提高职代会的质量，正确处理改革和维护的关系，认真履行维护职工群众合法权益的职能，旗帜鲜明地同一切危害国家和侵犯工人阶级利益的现象作斗争。

1981 年 7 月，中国建筑工会、国家建工总局联合下发文件，要求建设建材系统各级工会认真贯彻落实《国营工业企业职工代表大会暂行条例》，把搞好职工代表大会制度作为工作重点，党委要加强对工会的领导，行政要支持工会的工作，职代会要充分发扬民主，依靠群众讨论和解决企业中的重大问题，并逐步使其制度化、经常化。要有计划地进行调整和充实工会干部，选调相当于企业党委副书记、副厂长（副经理）一级的干部担任企业基层工会主席。

1984 年，六届人大二次会议提出，在城市各业中，建筑业可以首先进行全行业的改革，要积极推行以招标承包为核心的多种形式的经济责任制，凡重要工程和城市开发建设的承发包，都必须进行招标、投标。由此启动了建筑业全行业改革的进程。在建筑业改革中，各级建筑工会大力宣传中央的改革方针、政策和措施，组织职工代表讨论研究制订改革方案，动员群众献计献策，保障和促进改革顺利进行。1984 年 7 月，中国建筑工会召开全国建筑业改革工会工作经验交流会，提出健全职工代表大会制度，既要坚决支持改革，又要维护职工权益，为职工说话、办事。重庆一建公司工会在改革中，为了打消工人担心承包后减少收入的顾虑，帮助工人对承包的指标逐项算账，使大家心中有数，提高了工人参加改革的自觉性。上海建工局工会根据改革中出现的新情况、新问题，大兴调查研究，动员工会干部深入实际，寻求解决问题的办法，有效调动了广大职工群众改革的积极性。

1986 年 9 月，中共中央、国务院颁发了《全民所有制工业企业厂长工作条例》《中国共产党全民所有制工业企业基层组织工作条例》和《全民所有制工业企业职工代表大会条例》，推动了职代会职权的进一步落实。各级工会积极落实三个条例，使企业职工民主管理呈现出扎实推进的良好态势。机械冶金建材系统工会进一步健全以职代会为基本形式的民主管理体系，使民主管理真正做到经常化、网络化、制度化。一是把审议企业重大决策作为工作重点，不断强化职代会在审议企业生产经营重大决策等方面的作用；二是以改革的眼光，选举企业行政领导人，加快了企业领导班子“四化”的步伐；三是把民主评议干部与考核、奖惩、使用相结合，并把评议和考核、奖惩、使用相结合，推动干部人事制度的改革；四是实行集体合同制，保证生产的发展，改善职工的生活福利。机械冶金系统一些企业工会建起了厂级、车间、班组三级民主管理网络，先后总结推广了民主评议会、职工代表值班制、民主对话，民主咨询、班组民管员等民主管理形式，促进了基层民主参与的发展。

1987 年 4 月，国务院提出全面推行承包经营责任制，1988 年，国务院颁布《承包经营责任制暂行条例》。关于如何把职工民主管理渗透到改革的全过程中去，机械、冶金、有色金属三个系统企业工会都进行了新的探索。中国机械冶金工会于 1988 年 9 月召开承包经营企业工会工作座谈会，交流推广了株洲冶炼厂、瓦房店轴承厂、抚钢钢管分厂等单位的经验。随着企业改革的深化，企业民主管理面临许多新情况、新问题。中国机械冶金工会于 1985 年在机械系统组织了“民主管理研究会”，对民主管理在经济体制改革中的作用和地位，实行厂长负责制和经营承包制的过程中怎样理顺党、政、工三者关系，怎样组织好民主评议干部，实现民主管理目标化，以及搞好班组的民主管理等问题进行了深入探讨，提出了一系列有益的意见建议，在一定程度上促进了改革的深化和民主管理水平的提升。

上钢五厂在深化改革中，提出了民主管理的三个转变：一是民主管理的内容从以生活福利为主转向以生产经营为主；二是民主管理从职代会的单一形式转向多种形式并存；三是民主管理的势态从静态转向动态发展。该厂提出了“职工与厂长共同承担责任，共同承担风险”的口号，并由工会主席代表全厂职工与厂长签署了“共同协议”。企业利益共同体的建设，形成了干部和职工的地位平等、利益一致，国家、企业和职工的利益紧密相连，经营者和劳动者互相依靠、责任共负、风险共担、效益共创、利益共享的社会主义新型劳动关系。一些企业结合实行厂长负责制，在职工中开展了“假如我是厂长”的讨论，为厂长办好企业出谋划策。鞍钢电修厂青年工人石峰，1986 年 1 月写出了 1 万多字的《为搞好两个文明建设致我厂有关部门的建议书》提出建议 78 条。在他的带动下，短短两个月涌现出合理化建议 1000 多项，创造经济效益达 4000 多万元。1986 年 5 月，国家经委和全国总工会领导人在《工人日报》发表专文，号召广大职工，尤其是青年职工，发扬爱厂如家的主人翁精神，把爱祖国、爱社会主义具体化。工人日报社组织开展了“怎样使千百个石峰涌现出来”的大讨论，推动了企业民主建设。

（二）开展劳动竞赛，为实现“七五”计划建功立业

随着企业承包经营责任制的不断深入，各级工会对劳动竞赛不断完善组织办法，充实新的内容。机械冶金建材系统工会围绕改革和建设，动员和组织广大职工广泛深入地开展劳动竞赛、技术协作、技术革新和合理化建议活动，并不断探索创新，使劳动

竞赛逐步从传统型向现代型转变，职工合理化建议和技术革新从窄领域、分散型向宽领域、集中型转变。机械系统工会紧紧围绕机械工业“三上一提高”的战略，开展群众技术进步活动。冶金系统围绕钢铁、有色金属工业以改善企业素质、提高经济效益为中心，深入开展先进生产者活动。许多企业开展了技术革新、技术协作，合理化建议、技术咨询以及“五小”（小窍门、小改进、小建议、小发明、小创造）活动。1984 年 1 月，中国机械冶金工会机械系统工会工作会议通过《开展群众性“五小”活动的试行办法》，要求各企业将职工在“五小”活动中的成果和表现，作为技术考核、评定技术等级和技术职称、评选劳动模范的重要依据。1984 年 3 月，全国冶金系统工会工作会议提出，围绕钢铁、有色金属工业重点任务，深入开展先进生产者活动。许多冶金企业结合自身情况制订竞赛形式，开展“短距离攻关”“提高成材率”“提高收得率”“创名牌”和“专业一条龙”等多种形式的竞赛，取得显著成果。1984 年 10 月，全国总工会和国家经委举办了部分城市职工技术革新、技术协作成果展览会。中国机械冶金工会组织了 700 多名技术革新能手和技协积极分子参观学习，并分头召开群众技术进步工作座谈会。在机械系统座谈会上，成立了机械系统群众技术进步工作委员会，向全国机械职工发出“积极行动起来，掀起一个广泛深入的群众技术进步活动”的倡议。1986 年，中国机械冶金工会作出《发动广大职工，开展当改革主力，为“四化”立功的社会主义劳动竞赛的决定》，机械工业系统广大职工积极响应号召，开展“人人为企业提一条合理化建议，增收一百元”等活动，取得了显著效果。据不完全统计，机械行业职工在 1986 年共提合理化建议 138.7 万条，增产节约价值 5.3 亿元。

1982 年，国家建材局和中国建筑工会联合组织全国大中型水泥企业“五比”竞赛。通过竞赛，当年全国大中型水泥企业矿山劳动生产率比上年增长 2.67%，全国水泥回转窑可比运转率提高了 1.12%。在当年的总评会议上，选出了 7 个优胜单位。实践表明，“五比”竞赛是加强企业管理，调动和发挥职工积极性的有效组织形式。为使“五比”竞赛深入开展，1985 年 11 月，国家建材局、中国建筑工会颁布《全国大中型水泥企业“五比”竞赛办法》，对原竞赛办法进行了修改，明确了考核销售收入利税率、万元产值耗能、全员劳动生产率、定额流动资金周转天数、可比产品成本等五项竞赛指标。通过“五比”竞赛，对提高企业管理水平起到了很大的推动作用。在竞赛中涌现出一批先进人物和先进单位。1986 年 7 月，国家建材局、中国城建建材工会决定，授予湘乡水泥厂等 92 个单位“全国建材行业先进单位”称号，其中湘乡水泥厂等 22 个单位为行业标兵；授予丁履惺等 228 人“全国建材行业劳动模范”称号。

1986 年 3 月，六届全国人大四次会议通过了第七个五年计划，全国总工会发出通知，号召全国职工积极行动起来，开展社会主义劳动竞赛，为实现“七五”计划建功立业。机械冶金建材系统各级工会职工群众积极响应号召，迅速在全国范围内掀起了竞赛热潮。

一是开展确保电站建设联合立功竞赛。电力建设是“七五”计划的重点建设项目，1986 年，为了确保年内 500 万千瓦发电机组的安装投产和 600 万千瓦发电机组制造任务的完成，机械工业部、中国机械冶金工会全国委员会发出关于开展“全国电站设备制造行业确保电站建设联合大竞赛”的通知，1986 年 5 月，机械工业部、水利电力部、机械冶金工会、水利电力工会作出关于确保电站建设开展联合立功竞赛的决定。在全国总工会的主持下，中国机械冶金工会、水利电力工会与机械工业、水电两部开展了确保电站建设联合立功竞赛，发动机械、水电两个系统的广大职工、工程技术人员投入以保质量、保工期、比效率、比协作为主要内容的立功竞赛活动之中。确保电站建设联合立功竞赛把主机厂和数百家配套厂聚合起来，把电站建设工地和设备供应厂家联合起来，形成“万众一心保重点、齐心协力建电站”的局面。工会还发动群众，在企业内部大力开展群众技术进步活动，献计献策、献技献艺，保证产品质量、保证生产进度。经过一年的奋斗，1986年国家计划装机投运500万千瓦，实际完成512.75万千瓦；计划设备制造600万千瓦，实际完成696万千瓦，超计划16%；全年投入运行的大中型机组达39台，全国新增装机容量达600万千瓦，新增机组质量普遍提高。1987年，确保电站建设联合立功竞赛进入第二战役，竞赛目标是保证1988年上半年装机投运发电设备容量1000万千瓦。1987年1月至1988年6月的一年半时间，共完成1000万千瓦装机任务，完成电站设备制造1364.4万千瓦。两个战役共完成设备制造2060.4万千瓦，完成设备投运1687万千瓦，缓解了我国电力紧张的状况。1988年8月31日，机械电子工业部和中国机械冶金工会联合召开确保电站建设联合立功竞赛电话会议，总结经验，表彰先进，并部署第三战役竞赛任务。国务院总理李鹏作出批示：“向机械、水电两大行业参加‘确保电站建设联合立功竞赛’的广大职工致以亲切的慰问，对你们取得的优异成绩表示热烈的祝贺。希望你们继续努力，密切配合，为进一步扭转电力供应紧张的局面作出更大的贡献。”1991年3月，“全国电站设备制造行业确保电站建设联合大竞赛”历时五年降下帷幕。机电部与中国机械冶金工会在四川省德阳市召开了总结表彰大会，向哈尔滨锅炉厂等89个竞赛优胜单位、东方电机厂等20个优秀设备制造单位以及1245名先进个人颁了奖。向上海汽轮机厂颁发了五一劳动奖状。在确保电站建设联合立功竞赛的五年里，发电设备制造行业共完成4834万千瓦发电设备制造任务；装机投产4235万千瓦；形成大中型发电设备年生产能力达1000万千瓦，超额完成了“七五”计划和竞赛总目标，使我国的发电设备制造工业进入了世界的先进行列。

二是开展增铁保钢厂际竞赛。为适应国家“七五”计划对钢铁生产的需求，中国机械冶金工会和冶金部于1986年组织全国38家重点炼铁厂，开展了增铁保钢厂际竞赛。竞赛以高炉分层晋级、分档达标作为主要内容，发动职工广泛开展合理化建议、技术革新和技术协作活动，改进经营管理，加速技术进步，挖掘生产潜力，提高产品质量。参加竞赛的各企业工会从加强班组建设和提高职工队伍素质等基础工作抓起，广泛发动职工，在钢铁系统形成了群众性增铁保钢“比学赶帮超”的高潮。鞍钢在竞赛中通过职代会决定，从矿山开始组织全公司夺铁保钢一条龙竞赛，在年内使炼铁生产水平达到“七五”计划目标，荣获全国总工会五一劳动奖状。攀枝花钢铁公司炼铁厂把承包责任制与竞赛紧密结合起来，指标层层分解，目标人人明确，在全厂掀起了竞赛热潮，高炉利用系数月月提高。全国增铁保钢竞赛，为全国的钢产量在1986年突破5000万吨大关作出了积极贡献。1987年，增铁保钢竞赛参赛单位由38家扩大到61家，竞赛与企业管理升级、“双增双节”运动紧密结合。1987年全国钢产量达5601.7万吨，提前3年完成了国家“七五”计划。1989年8月，中国机械冶金工会在宝钢召开会议，对3年来竞赛活动进行总结。在没有新的高炉投产情况下，炼铁生产能力增长1257万吨。3年中，有12个单位22厂次被评为红旗单位，4个单位被授予五一劳动奖状。

三是开展宝钢“2050”热连轧机工程一条龙竞赛。“2050”热连轧机是宝钢二期工程的咽喉设备，投资占宝钢二期工程的四分之一。为保证这一国家重点项目如期建成，1987年7月，中国机械冶金工会和国家机械委、冶金部共同组织开展了“2050”轧机成套设备制造、建筑、安装、调试一条龙竞赛。竞赛中，承担设备制造的各重机厂职工，保质量、促进度，做好工地技术服务，配合安装调试，各冶金建设公司职工也开展了多种形式的竞赛，确保工程质量和工期，共同实现“超一期，创一流”的目标。1990年，经过3年奋斗，具有1980年代先进水平的“2050”热连轧机工程如期制造安装完毕。机械电子工业部、冶金工业部、中国机械冶金工会联合召开竞赛总结表彰会，授予上海宝钢冶金建设公司机装公司等64个单位为先进集体，授予张旭金、姚仕荣等116名同志为先进个人。

四是开展有色金属重点工程竞赛。中国机械冶金工会和中国有色金属工业总公司于1987年组织9个重点工程建设单位开展以工期短、质量好、投资省、消耗低、效益高为内容的保重点建设立功竞赛。竞赛形式既有以各单位内部竞赛为基础的厂际综合指标竞赛，又有由工程指挥部牵头组织的质量、安全、文明施工等项竞赛。竞赛中，山西铝厂工程指挥部组织甲、乙、丙三方“共建活动”，通过竞赛改善了甲、乙、丙三方关系，促进了工程建设进度。1988年3月，中国有色金属工业总公司和中国机械冶金工会召开重点工程竞赛总结表彰会议，表彰了红旗单位9个、先进集体21个、一等功11人、三等功28人。到1989年底，一批重点项目先后建成投产，实现了有色金属生产能力突破200万吨的目标。

（三）在改革中推动职工技协发展

随着改革的深入，中国职工技协活动向更广阔领域、更高层次发展。职工技协通过改革，广聚人才，壮大队伍，不断扩大活动的领域，改变活动方式和方法，不但增强了对广大职工的吸引力，而且创造了较高的经济效益。到1984年，先后有北京、上海、天津等20多个省、自治区、直辖市和117个省辖市建立了职工技术协作委员会，许多企业建立了技协组织，职工技协队伍从1982年初的40万人，增加到1984年的100万人。1984年5月，冶金工业部、中国机械冶金工会联合发出关于开展群众技术协作活动的通知，要求在冶金系统开展群众性的技术协作、技术交流和技术咨询服务活动。1985 年，机械系统在 20 多个城市建立了市级技协组织，数千个大中企业建立了职工技协。在企业技协中又按工种、专业、专题建立了许多专业队，许多大型工厂还在车间、工段建立了职工技协组。随着技术协作活动的深入，技协组织迅速扩展。如沈阳市 104 家机械冶金工厂中，建立车间技协组 1004 个、工段技协组 1044 个。技协成员中既有能工巧匠，又有工程技术人员；既有老工人，又有青年革新能手。沈阳市机械冶金系统技协 1985 年共开展技术培训 834 次，开展技术交流 217 次，开展各类技术协作活动 1677 次，有 5.08 万多名职工参加。上海仪表局技协协助企业开发新产品和进行技术改造，仅 1986 年就为兄弟厂开发新产品 9 项，攻关 172 项，创造效益达 1.22 亿元。各级工会还组织能工巧匠、工程技术人员和有专长的退休职工，开展地区间的技术交流活动。职工技协实行有偿服务，不仅技协成员增加了收入，还为职工办了大量好事实事。上海机电技协仅 1986 年用于改善职工文化、福利生活的费用就达 400 多万元，哈尔滨锅炉厂工会利用技协收入为职工盖了一栋宿舍楼，大连起重机厂工会用技协收入为职工修建了一座体育馆。

在冶金和有色金属工业系统，群众性的技术革新技术协作活动也取得了可喜的成果。许多单位围绕生产技术关键，积极开展技术攻关和技术协作活动，受到了各级领导的重视。鞍钢、包钢、本钢和上海冶金局工会等单位技协发出联合倡议，于 1984 年 8 月成立了全国钢铁工业职工技协联席会。1986 年 10 月第二届年会上，改名全国钢铁工业职工技协联合会。钢技联成立后，推广了“顶压补焊”“非金属切割”等一批先进实用技术，举办了多期“创造学”学习班。一些企业技协组织围绕新产品开发、治理环境污染和综合利用，开展了多层次的群众性的技术攻关活动，取得了显著成效。上钢五厂二车间技协改革成功电炉炉顶吹氧新技术，减轻了操作工人的劳动强度，全年可节电 350 万度。沈阳冶炼厂通过技术攻关实现铅烟气制酸，不仅消除了环境污染，增产了硫酸，而且还填补了我国铅烧结烟气制酸的空白。技协还组织了成员厂之间、地区企业之间技术协作，开展了技术支边扶贫活动。1986 年，鞍钢技协对西南铝厂、三明钢厂和包钢开展技术协作，解决了生产重大关键问题。西南铝加工厂热轧系统 3200kW 电动机组和冷轧系统 5600kW 电动机组投产 14 年来没有大修，影响开坯能力的提高。鞍钢技协协助该厂进行大修改造，改造后的热轧机保证了铝加工厂增产任务的完成。鞍钢技协还派出技协小分队，协助包钢新建初轧厂连轧机进行安装、调试工作，协助制定了生产技术操作规程，培训了操作工人。上海冶金局 23 个厂技协同全国 8 个省签订了 1907 项技术协议，增加经济效益 2200 万元。

（四）提高职工科学文化素质，推广“创造学”

机械冶金建材各级工会把提高职工的文化技术素质放在重要地位，大力发展职工教育。由于各级工会的积极努力，我国职工教育事业获得较快发展，到 1985 年底，全国已基本完成了 3000 多万名青壮年职工的文化技术补课任务。1985 年 6 月，全国总工会对 50 名自学成才者首次颁发职工自学成才奖，吸引了更多的职工参加到自学的行列中来。这一时期，机械冶金建材各级工会对职工自学情况进行调查研究，采取措施，为职工自学创造条件，积极鼓励职工自学成才、岗位成才，大力表彰奖励自学成才的典型，推广自学工作先进单位的经验，取得了较好效果。冶金系统各单位举办以青工为主的政治夜校，对青工进行政治教育，配合行政搞好职工“双补”工作，收到了较好的效果。

上钢三厂工会于 1984 年邀请创造学者许立言为职工举办“创造设想培训班”，短时间内在全厂举办 41 期培训班，培训了 921

名骨干。同时围绕生产难题，组织了462次创造设想开发会，动员职工运用“智力激励法”“缺点列举法”“希望点列举法”“特性列举法”等创造技法，提设想、提建议，一年内全厂共提各种设想建议1477条，形成合理化建议931条，采纳731条，实施620条，实现经济效益488万元。1985年7月，中国机械冶金工会在沈阳技协工作研究班上提出了“运用创造学促进群众合理化建议，技术革新活动起飞”的报告，介绍了“创造学”基本知识。“创造学”的推广得到企业领导的重视和支持，机械系统出现一支宣传和推广“创造学”的骨干队伍。中国机械冶金工会在1986年、1987年两年中，在20多个大中城市举办40次“创造学”讲座和培训班，培训了约4000名骨干。“创造学”的推广促进了群众合理化建议、技术革新的开展，1986年据26省市产业工会不完全统计，机械职工提出建议131.4万余条，可计部分创造价值5.4亿元。沈阳、大连、无锡、长春、成都、天水、济南、青岛、哈尔滨、湖南等许多省市的机械工会和重点企业，纷纷开办“创造学”讲座和学习班，一些工厂先后建立“创造学”研究小组和研究会。1988年6月，中国机械冶金工会举办全国机械冶金系统“创造学”合理化建议工作研讨会，总结了学习和推广“创造学”的情况和经验。通过“创造学”的传播、推广和运用，使一大批职工培养起创造意识，提高了求知欲，提升了创造精神，推动了合理化建议、技术革新工作的改革。

这一时期，中国机械冶金工会积极推行全面质量管理，发动群众大力发展以质量信得过小组和质量管理小组活动为重要形式的群众质量管理活动。到1987年上半年，机械工业系统已有QC小组14万个，对保证和提高机电产品质量起到了重要作用。机械与微电子技术的渗透和融合，是现代机械技术发展的方向。这一时期，机械冶金系统工会组织发动职工用现代电子技术对原有设备进行改造，通过经验交流现场会等形式，推动这一活动不断向纵深发展。例如，东方汽轮机厂全厂动员，3个月内就完成了104台大型关键设备的改造工作。至1987年末，据23个电站设备制造厂统计，已用数显技术改造各种设备409台，大大提高了设备性能，保证了加工质量。

二、在城市经济体制改革中发挥产业工会作用

1985年11月，全国总工会召开十届三次执委会议，通过了《团结奋斗，改革创新，为实现“七五”计划建功立业》的决议。会议还讨论通过了《在经济体制改革中加强城市工会工作的意见》。《意见》强调，紧紧围绕着“四化”建设和经济体制改革，使工会工作同城市改革相适应，充分发挥自身的特点和优势，为城市改革出力，增强工会在政治、经济和社会生活中的地位和活力，在城市的两个文明建设中充分发挥作用。

机械冶金建材产业各级工会贯彻落实全国总工会《意见》，从产业层面积极参政议政，参加了涉及职工切身利益的劳动工资、安全生产、社会保障、物价、住房等重大改革政策的研究制定工作。各城市产业工会站在改革的前列，发扬工会优势，推动改革深入发展。引导基层工会研究新情况，解决新问题，探索新路子。沈阳市机械冶金工会、天津第一机械局工会、上海市机电工会、大连市机械重工工作委员会、山东省冶金工会等工会组织，在发挥城市产业工会的作用方面作了有益的探索，他们参与本系统两个文明建设规划的制订，并通过多种形式的竞赛活动，保证规划的顺利实施；发挥劳模、先进人物作用，加强思想政治工作，加强班组建设，建设“四有”职工队伍；加强对企业民主管理的指导，推动企业领导体制改革的正确发展；就安全生产、工业卫生、按劳分配、社会保障、文化技术教育等其他与职工切身利益相关的问题进行调查研究，向有关部门提出建议，并监督贯彻实施。

1987 年 12 月，中国机械冶金工会就在改革中加强城市产业工会进行了调查，调查表明，城市产业工会组织积极参与改革、支持改革，在推行企业民主管理，加强精神文明建设等方面都发挥了积极作用。

（一）推进“职工之家”建设

1984 年 4 月，全国总工会召开全国工会组织工作会议，同年 5 月作出《关于整顿工会基层组织，开展建设“职工之家”活动的决定》。在全国总工会统一布置下，机械冶金系统各基层组织普遍开展了建设“职工之家”活动，仅一年时间，已有近 10 万个基层组织（占基层总数 90%以上）建成“职工之家”，上千个基层被命名为“先进职工之家”“模范职工之家”。各地机械冶金建材企业工会组织认真贯彻执行全国总工会决定，做了大量的工作，取得了显著成绩。在建家活动中，各级工会把企业思想政治工作与经济工作有机结合，为改善和加强企业思想政治工作摸索了新经验，探索了新路子；把厂长负责制与健全职工代表大会民主管理制度有机结合，把厂长的决策、指挥权威同职工群众的积极性、智慧、创造力有机地结合起来，出现了厂长相信群众、尊重群众、关心群众，群众热爱工厂、支持厂长、维护厂长的经营指挥，群策群力、献计献策、同心同德办好企业的新局面。1985 年 7 月，国家建筑材料工业局和中国建筑工会在呼和浩特市召开建设“职工之家”现场经验交流会，交流建材系统工会的建家经验。会议要求充分发挥产业工会作用，切实加强对建家工作的领导，努力把所属企业工会在 3 年内全部建成合格的“职工之家”。各地企业从实际出发，制定或修订建设“职工之家”的规划，党委加强领导，行政重视支持，工会积极工作，努力加快建设“职工之家”的步伐，在增强企业活力、搞好两个文明建设中发挥了重要作用。

（二）创建先进班组活动

班组是企业的细胞，也是企业的基础，做好班组工作，对企业的发展起着重要作用。在为“七五”计划建功立业和“双增双节”运动中，机械冶金建材各级工会十分重视加强企业班组建设，努力使班组建设提高到新水平。机械系统开展创建先进班组的群众运动已有多年的历史。1978 年，在“工业学大庆”活动中，广泛开展了创建产品质量信得过班组活动。1979 年，以马恒昌小组建组三十周年为契机，开展了创建马恒昌小组式班组活动，掀起了创建先进班组活动的新热潮。创建先进班组活动的深入开展，有力地促进了企业科学管理，提高了企业的产品质量和经济效益。在此基础上，机械系统大力开展以政治思想工作好、完成任务好、科学管理好、民主管理好、学习文化科学技术好、生活管理好为主要内容的“六好班组”创建活动，取得显著成效。

1985 年 9 月，全国总工会发出《关于加强企业班组建设的通知》，提出了加强企业班组建设的四项任务，即加强班组建设的领导；加强班组的民主管理，认真搞好班组各项建设工作；广泛开展班组竞赛和学赶先进班组活动；认真搞好班组长和班组骨干的培训。1986 年 4 月，全国总工会再次发出通知，要求各级工会组织企业班组广泛开展创合格班组、信得过班组、先进班组升级竞赛，把全国班组建设提高到一个新的水平。在创建先进班组活动中，中国机械冶金系统工会做了以下几个方面的工作。

一是制定标准，加强指导。1980 年中国机械工会会同机械工业部制定了《机械工业班组工作条例》，作为创建“合格班组”的标准，同时制定了信得过班组和马恒昌小组式班组的标准。1983 年 9 月，中国机械冶金工会和机械工业部召开班组工作会议，总结了第二汽车厂工会班组工作经验，并重新修订公布了马恒昌小组式班组、信得过班组、合格班组的标准和验收奖励办法。

据 1984 年统计，机械系统已创建信得过班组 1.1 万多个，马恒昌小组式班组 1500 多个。1986 年 8 月，中国机械冶金工会和机械部在全国机械系统表彰了 151 个先进班组。同年，全国总工会和国家经委召开班组工作会，表彰 296 个全国先进班组，其中属机械冶金产业系统的有 70 个，占表彰总数的 23.6%。

二是开展班组长培训，提高班组管理水平。太原钢铁公司工会连年举办了 11 期班组长培训班，培训班组长 5043 人，使现职班组长基本上都轮训了一遍。在培训中突出知识向能力转化，能力向效益转化，理论与实践结合，专业管理和民主管理结合，培训和整顿结合，取得良好成果。有色金属工业系统和机械工业系统各企业也都组织了班组长培训，使大批懂现代管理、懂群众工作、能带头实干的班组长成长起来。为帮助各地不断提高班组骨干培训工作水平，1986 年，中国机械冶金工会摄制了一套班组工作讲座录像片发行到各地，系统地介绍了班组各项管理工作，并由中央电视台开办了班组工作电视讲座。1987 年 8 月，中国机械冶金工会举办了班组工作培训班，培训全国机械、冶金、有色金属三大系统的班组工作干部 200 多人，推广了班组工作新经验。

三是建立班组工作研究会，研究班组工作新问题。为不断探索研究新情况，解决新问题，推动班组工作的发展，中国机械冶金工会和机械工业部于 1983 年 9 月共同组建了机械工业班组工作研究会。研究会每年举行年会总结交流经验，研讨班组工作理论和新情况、新问题，互通信息，交流研究成果。研究会成员分工合作，共同编写班组工作经验汇编和班组建设教材，发行 20 多万册。1987 年 3 月至 8 月，班组工作研究会在北京、西安、兰州、西宁四市开展了班组工作咨询服务，帮助和推动这些城市的班组工作。班组工作的加强，不仅巩固了企业整顿成果，为企业推行现代化管理打下了基础，而且加强了职工队伍建设，密切了工会同职工群众的联系。1987 年 8 月，全国总工会、国家经委等单位在北京举行全国首次班组建设优秀成果发布会，全国有 65 个班组的优秀成果当选，36 个班组代表发布了自己的班组建设成果，引起了强烈反响。创造先进班组活动，加强班组建设，也有力地促进了企业科学管理，有效地提高了企业的产品质量和经济效益。

三、开展安全生产和技术培训

工会的维护职能首先体现为维护职工生产安全和健康。机械冶金系统各级工会切实加强劳动保护和安全生产工作，减少伤亡事故和控制职业病的发生，在积极建立群众性的安全监督网的同时，督促与协助行政采取措施，积极改善劳动条件，治理环境污染。1984 年，机械冶金工会提出，在深入开展社会主义劳动竞赛中，要切实加强劳动保护和安全生产工作，在企业技术改造和新建、扩建工程中，要监督行政贯彻“三同时”的方针。加强经常性安全检查，反对违章作业，反对违章指挥，防止恶性事故的发生。1985 年 2 月，全国总工会召开各省、自治区、直辖市总工会劳动保护部部长会议。讨论修改了加强工会劳动保护工作的三个条例，即《工会劳动保护监督检查条例》《工会小组劳动保护检查员工作条例》和《基层（车间）工会劳动保护监督检查委员会工作条例》。此后，机械冶金建材各级工会加强劳动保护队伍建设，设立工会劳动保护监督检查员，检查员依照条例规定开展劳动保护监督检查工作，发挥了重要作用。在经济承包中，一些单位片面追求产量和利润，安全管理一度混乱，违章指挥、违章作业情况严重。针对这种情况，1986 年 7 月，全国总工会制定了《关于加强群众监督大力减少伤亡事故的几项措施》，要求各级工会审查落实经济承包方案中的安全措施，消除事故隐患，制止违章指挥、违章作业。机械冶金建材各级工会把劳动保护问题列入职工代表大会议事日程，建立各级责任制，做好检查与考核工作，在企业安全生产工作中发挥了重要作用。

（一）建材行业“百日无事故”活动

1978年10月，中国建筑工会在全国建工系统所属企业开展安全生产“百日无事故”活动。在活动中，各级工会组织结合讨论事故教训，教育职工自觉遵守国家劳动保护法令和安全生产规章制度；积极参加企业的安全宣传、安全竞赛、安全检查和女工保护等工作，体现了群众的监督作用。此外，各级工会还着重建立健全安全生产责任制度，坚持管生产必须管安全的原则，推广各级领导干部轮流值班为主要内容的“安全值班员岗位责任制”的经验。各地建委、建工局、建筑工会高度重视，上海建工局抓住5个重点、10个薄弱环节开展安全活动。四川建工局在企业自检的基础上进行查领导、查措施、查制度、查事故处理等“九查”活动。活动的开展，有力促进了安全生产形势的好转。1982年至1985年，城乡建设环境保护部、中国建筑工会连续印发通知，以《国营建筑企业安全生产工作条例》《关于加强集体所有制建筑企业安全生产的暂行规定》和《关于加强劳动保护工作的决定》中的十项安全技术措施为标准，对建筑企业进行安全检查。检查表明，各级工会在配合和监督行政做好职工劳动保护工作方面，发挥了重要作用。

（二）组织开展技术培训

1987年9月，中国机械冶金工会调查发现，在深化改革中，职工队伍特别是一线工人队伍不稳，技术素质下降。一些技术工人宁可放弃技术岗位而去做辅助工，生产工人的技术素质普遍下降，一些职工缺乏学习技术的热情，许多企业生产上的一些特艺绝技随着老工人的相继退休濒临失传。基于此，机械冶金工会多次呼吁，大力提倡正确的“人才观”，强调指出，在“四化”建设中不仅需要大批的专家、工程师，也需要培养、造就一支有较高文化素质、较好技术水准的职工队伍，知识分子是人才，技术工人能工巧匠也是人才。应大力提倡自学成才、岗位成才。对自学成才和岗位成才者给予奖励，对能工巧匠给予重奖和大的荣誉。同时提出，应实行工人技师制度，通过工人技师制度来肯定高级技术工人亦是人才，引导生产工人，尤其是青年工人岗位成才。并通过各种宣传方式大力营造尊重、爱护工人技师、高级技工的社会舆论。

在20世纪80年代初期，建筑工人技术等级全国平均仅3.19级，其中还有相当多的人达不到本等级应知、应会的要求。这种状况影响了工程质量、劳动效率的提高。为此，国家建工总局印发《1979年至1985年建筑工人技术培训规划》，各省、市、自治区建工局、直属各工程局和各企业普遍成立了包括行政、工会和共青团在内的职工教育工作委员会，通过举办各种短训班、业余学校、技工学校、电视大学等，开展职工教育培训工作。为保证培训工作的顺利进行，各级工会做到教师落实、教材落实，提供必要的培训工具，保证学习时间。各单位抽调有教学能力的人员，逐步建立了教师队伍，抽调本单位有教学能力的人才。根据工人技术等级标准、安全技术操作规程和施工验收规范的要求编写技术教材，在培训中实行严格的技术考核制度，成绩记入工人档案，作为培养、使用、选拔人才和调资的重要依据。

（三）发展职工福利，关心职工生活

1984年4月，全国总工会在天津召开全国企事业单位生活福利工作经验交流会，会后，机械冶金建材各级工会推广天津市工会经验，积极兴办职工集体福利，改善职工生活条件，在改善和方便职工生活，解决职工后顾之忧方面发挥了重要作用。冶金、

有色金属系统的矿山地处边远山区，职工生活条件比较艰苦，中国机械冶金工会组织专题调查，并向有关主管部门建议，参照煤矿井下工人“农转非”的政策加以解决。在国务院有关部门和地方政府的重视下，甘肃、青海、云南、广西、陕西等地先后采取不同措施陆续解决，促进了矿山职工队伍的稳定。1976 年唐山强烈地震，唐钢是重灾户之一，职工住房在地震中全部遭受严重破坏。地震发生 8 年后的 1984 年，还有相当部分职工住在早期的抗震棚中。职工住房的紧张状况，已经影响了职工的正常工作。1984 年 8 月，中国机械冶金工会就唐山钢铁公司职工住房情况的调查向冶金工业部提交报告，建议上级有关主管部门多方设法解决职工住房困难。在有关部门的努力下，唐钢职工的住房条件陆续得到了改善。

机械冶金建材系统工会关心职工生活，积极组织为职工办好事实事。上海等地开展了为群众做好事活动，解决了许多长期没解决的问题。山东省冶金工会在全省冶金厂、矿开展了生活后勤系统的厂际竞赛；宣钢开展“食堂餐馆化，单身宿舍旅馆化”达标活动，显著地改善了职工生活福利设施。这些活动不仅解决了职工群众的困难，而且也密切了工会与群众的联系。鞍钢矿山公司工会和吉林部分冶金矿山工会还试行贷款扶贫，帮助特困户搞生产自救，取得良好效果。中国机械冶金工会于 1983 年 6 月在宣化钢铁公司召开现场会议，推广了这些单位的经验。

1985 年 8 月，中国建筑工会就城市环卫战线存在的环卫工人“两低一难”（社会地位低，工资福利低，住房困难）的问题，召开了京、津、沪等 16 个城市环卫部门负责同志座谈会，建议提高环卫工人工资标准，在每年统建住宅总面积中，划出一定比例分配给环卫职工。1986 年 8 月，城乡建设环境保护部和中国城建建材工会在牡丹江市召开了全国城市市容环卫行业改革工作经验交流会。提出改变现有环卫行业的工资和福利待遇，解决环卫队伍后继乏人的问题；建立环卫职工轮休假制度，建议对从事环卫工作满 15 年的职工，其配偶和子女属于农村户口的，分期分批逐步转为城镇户口，以解决环卫职工的后顾之忧。1987 年 3 月，城乡建设环境保护部和中国城建建材工会决定，为从事环卫工作 25 年以上的职工（包括离退休职工）颁发荣誉证书。

在职工业余文化生活方面，机械冶金系统各厂、矿工会坚持“业余、群众性、小型多样”的方针，开展了大量文化体育活动。中国机械冶金工会自 1983 年以来，先后协同冶金工业部、有色金属工业总公司分别举办了产业系统的篮球赛和职工书法、美术、摄影展，对基层群众性文体活动的广泛开展发挥了促进作用。

四、深化工会自身建设改革

随着改革的全面推进，工会工作面临新的机遇和新的挑战，机械冶金建材各级工会组织努力加强自身建设水平，取得明显成效。

1982 年 4 月，中国机械工会、中国冶金工会合并为中国机械冶金工会全国委员会，组成机械冶金工会分党组，合并后的本届委员会定为中国机械冶金工会第二届全国委员会。至 1989 年底，全国机械冶金工会全国委员会下属的省、市、自治区产业工会组织共 56 个，省辖市产业工会组织共有 61 个。

1986 年 2 月，全国总工会决定将中国建筑工会全国委员会改名为中国城建建材工会全国委员会，负责管理和指导城乡建设环境保护部和国家建筑材料工业局系统的工会工作，不另成立建材工会。1991 年 5 月，又改名为中国建设建材工会全国委员会，孙中强、张鸿兴任主席，副主席为李凤兰。

为加强基层工会建设，1983 年 2 月，机械工业部、中国机械冶金工会作出《关于机械系统企事业基层工会干部管理办法的暂行规定》，要求企业、事业基层工会主席应按厂、所（院）级党政副职选配。中共中央组织部、全国企业整顿领导小组、全国总工会发出《关于在企业整顿中抓紧调整基层工会领导班子的通知》之后，1985 年 5 月至 1986 年 1 月，中国机械冶金工会分别同机械工业部、冶金工业部、有色金属工业总公司发出关于配备、调整和管理企事业基层工会领导班子的通知，要求把年富力强、有文化专业知识、有开拓精神的中青年干部选拔到工会领导岗位上来。在选配中要防止把工会作为安置老弱干部的场所。要把调整基层工会领导班子和工会组织创建"职工之家"活动紧密结合起来，作为考核验收"职工之家"的一项重要内容，凡未按规定调整基层工会领导班子的不予验收。

在此基础上，机械冶金工会还开展了系统各企业间同行业的工会协作交流活动。1984 年，全国机械、冶金企业工会系统相继建立同行业协作组织，在中国机械冶金工会指导下开展活动。同行业协作组根据工作需要，召开成员厂工会主席联席会，联合举办竞赛、技术表演活动、专项攻关活动，组织业务培训等。到 1988 年已建立起 38 个同行业工会协作组织（其中机械 23 个、冶金和有色金属 15 个），有 532 个企业工会参加，覆盖企业职工近 200 万人。1984 年初，在中国机械冶金工会的组织下成立了全国蓄电池行业工会工作协作组。协作组成立后，着力解决蓄电池行业职工劳动环境恶劣、职业病严重问题，1984 年 5 月，中国机械冶金工会在沈阳召开了全国蓄电池行业骨干厂工会主席座谈会，并就治理蓄电池行业铅毒危害问题向全国总工会书记处提交报告。1985 年 12 月，再次就蓄电池行业职业病情况和建议，给全国总工会党组、机械工业部党组、劳动人事部党组写出报告，在做好企业技术改造、加强环境监测和职业病的普查防治等方面提出建议。报告引起各方面重视，上述问题得到较好解决。沈阳蓄电池厂为此专门写报告给全国总工会书记处，为中国机械冶金工会请功。

这一时期，机械冶金系统还进行了试办企业集团工会联合会的探索。二汽集团从 1981 年 4 月成立以来，经过多年发展，由原来的 8 家企业发展到跨 27 个省、市、自治区的 194 家企业，成为我国汽车工业的重要力量。1986 年 10 月，国家计委批准二汽集团实行计划单列。工会工作如何同行政工作同步，如何调动经营者与劳动者的积极性，成为集团面临的现实问题。东风汽车工业联营公司组织 31 个紧密和半紧密联营厂的工会，成立了东风汽车工业联营公司工会。1987 年 6 月，全国总工会批复成立东风汽车工业联营公司工会联合会，以主体厂工会为主，吸收各紧密联营企业工会参加。东风汽车工业联营公司工会联合会围绕与企业集团的发展和职工利益相关方面，采取工会主席联席会的形式开展共同活动，建立信息网络，开展了质量创优竞赛和技术协作活动，以及保名牌产品质量的联合立功竞赛等，取得了较好成效，扩大了工会的影响。

（一）在科研院所中重建工会

科研院所是知识分子集中的地方，20 世纪 60 年代后，各科研院所的工会组织大部分停止了活动。从 1980 年开始，中国机械工会首先帮助机械系统在京各科研设计院所恢复、重建工会，并在科研院所推行职工民主管理。1982 年 10 月，中国机械工会发出《关于在科研设计单位推行职工代表大会制度加强民主管理的几点意见》，到 1982 年底，全国半数以上科研单位工会恢复起来，部分单位建立了职工代表大会制度。1983 年，中国机械冶金工会发出《进一步开展科研单位工会工作的几点意见》，先后在沈阳、湘潭召开院所工会工作会议和加强知识分子工作的研讨会，研讨科研院所工会在经济体制改革中的工作内容和工作方法，交流民主管理经验。会议要求把做好知识分子工作列为工会自身改革的一项重要内容，发挥知识分子在民主管理、技术进步工作中的骨干作用，积极为知识分子说话、办事，排忧解难。1985 年 5 月，机械系统在沈阳召开院所工会工作研讨会，讨论制定了《机械系统院所工会工作试行条例》，从此科研院所工会工作开始步入正轨。当年，机械系统有 90%的院所单位恢复或建立了工会，70%的单位建立了职代会。1987 年，中国机械冶金工会根据《全民所有制企业职工代表大会条例》精神，制定了《全国机械、冶金、有色金属系统科研设计院所职工代表大会条例》（草案）。许多科研单位根据具体情况，制定职工代表大会条例或实施细则。实践证明，科研院所实行职代会制度，是广大科技人员当家作主、开展民主管理的有效形式。提高了广大科技人员的主人翁地位和责任感，调动了科技人员的积极性，推动了科研工作的发展。

（二）加强职工思想政治工作，学习先进集体和先进人物

机械工业担负着为国民经济各部门提供先进技术装备的繁重任务，必须通过强有力的思想政治工作，充分发挥职工的积极性和创造性。1980 年 5 月，第一机械工业部和中国机械工会联合召开了思想政治工作座谈会。会议认为，在四个现代化建设的新的历史时期，思想政治工作只能加强，不能削弱。企业的思想政治工作必须紧紧围绕生产进行，更好地渗透到生产、技术、经营管理和各项业务工作中去，最大限度地发挥职工的积极性。会议要求，凡有利于调动职工献身“四化”建设的事情，工会都应关心支持；凡是碍于调动职工大干“四化”建设积极性的事情都要反对，并参与解决。1983 年 1 月，全国总工会会同中宣部、中组部、中央书记处研究室、国家经委等单位，在北京召开了首次全国职工思想政治工作会议。1983 年 7 月，中共中央正式批转了《国营企业职工思想政治工作纲要（试行）》。各级工会按照《纲要（试行）》的要求，根据经济体制改革的新形势和职工队伍的

新特点，大力推进职工思想政治工作。1986 年 7 月，全国总工会在北京召开全国工会职工思想政治工作会议，分析研究了我国职工队伍的思想状况和思想政治工作面临的新形势与任务，探讨进一步加强和改善职工思想政治工作，提高职工队伍素质的途径，推进改革顺利发展。

1982 年 11 月，全国总工会作出决定，号召全国职工向蒋筑英、罗健夫、张同星学习。机械工业部 1982 年 12 月作出了《关于开展学习蒋筑英、罗健夫同志活动的决定》，随后，冶金工业部也发出了向蒋筑英、罗健夫等同志学习的号召。中国机械冶金工会要求机械、冶金工业系统各级工会积极开展学习蒋筑英、罗健夫的活动，在机械、冶金系统全体职工中造就一大批蒋筑英、罗健夫式的先进模范人物，为振兴机械、冶金工业作出贡献。

李双良是太原钢铁公司加工厂的工人技师，早在 20 世纪 50 年代就以工业炉爆破能手闻名全国。1982 年底，太钢公司排渣告急，退休的李双良承包了搬运废钢渣的任务，带领渣场职工以“愚公移山”的精神，把堆积了半个世纪的 1000 万立方米的一座渣山搬掉，外运废渣 1949 万吨，回收废钢 83. 76 万吨，创造价值 1. 415 亿元，使原来污染严重的渣山变成了美丽的花园。先后荣获山西省优秀共产党员标兵、劳动模范、特等劳动模范、全国劳动模范等称号和全国五一劳动奖章，联合国环境规划署把他列入“保护及改善环境卓越成果全球五百佳名录”，并授予“全球 500 佳金质奖章”。江泽民在视察太原钢铁公司的时候，高度评价了李双良的事迹，并题词“学习李双良同志一心为公、艰苦创业的工人阶级主人翁精神，把太钢办成第一流的社会主义企业”。1986 年 5 月，中国机械冶金工会发出向李双良学习的通知，号召全国机械、冶金战线职工向李双良学习，冶金系统还积极开展了“学双良、作主人、比贡献、创一流”活动，收到良好效果。

中南工业大学材料科学与工程系讲师席辉楚，长期从事有色金属工业材料的科研和试制工作，曾多次被评为先进工作者和优秀教师。1985 年 10 月 11 日在本溪市执行厂校科技协作任务时，积劳成疾不幸逝世。1986 年 3 月，中共湖南省委、湖南省人民政府、中国有色金属工业总公司、中国机械冶金工会全国委员会追授席辉楚优秀共产党员、优秀教师、全国有色金属工业特等劳动模范和湖南省特等劳动模范称号，号召全国有色金属工业系统和湖南省的广大共产党员和职工群众向席辉楚学习。

李放是长春第一汽车制造厂工人、共产党员、车间工会兼职生活委员。参加工作以来，处处抢挑重担，吃苦在前，不辞辛苦地为职工群众排忧解难，身患癌症仍坚持工作，于 1990 年 3 月因病不幸逝世，年仅 39 岁。1991 年 6 月，全国总工会决定追授李放“优秀工会积极分子”称号，颁发五一劳动奖章。中国机械冶金工会、机械电子工业部作出向雷锋式的好工人李放学习活动的决定，机电部与中国机械冶金工会联合组织李放事迹报告团分四路赴全国各地巡回报告，在全国 15 个大中城市报告 27 场，直接听众达 2. 5 万人，在各地引起强烈反响。

田守道自 1983 年担任天津铁厂工会主席以来，始终以振兴企业、造福职工为己任，尽心竭力为职工群众办实事、好事，努力维护职工的合法权益，作出了不平凡的业绩。他所领导的天津铁厂工会被评为天津市和全国的“模范职工之家”，他先后荣获天津市优秀工会工作者、“七五”立功先进个人、市劳动模范、全国冶金系统优秀政治工作者等称号。田守道因积劳成疾，病倒在工作岗位上，于 1993 年 5 月不幸逝世。1993 年 10 月，全国总工会决定追授田守道“全国优秀工会干部”荣誉称号，号召全国工会干部向田守道学习。

第九章

在改革、发展、稳定中推进机械冶金建材工运事业

在城市改革取得初步成果的基础上，党的十三大提出深化和推进改革的目标任务，为工人运动和工会工作的发展指明了方向。到 20 世纪 80 年代末，党中央提出治理整顿的方针，工人阶级和各级工会组织坚定不移贯彻落实中央方针政策，维护和发展安定团结的政治局面，为实现治理整顿和深化改革的目标，保证国民经济的持续、稳定、协调发展而努力奋斗，发挥了中流砥柱作用。在 1989 年的政治风波中，机械冶金建材系统各级工会组织以及广大工会干部和职工群众立场坚定、旗帜鲜明，在党的领导下坚决反对动乱，为稳定大局作出了重大贡献。

一、贯彻党的十三大和中国工会十一大精神，加强产业工会工作

1987 年 10 月召开的党的十三大，全面系统地阐述了社会主义初级阶段的理论，制定了党的基本路线，即领导和团结全国各族人民，以经济建设为中心，坚持四项基本原则，坚持改革开放，自力更生，艰苦创业，为把我国建设成为富强、民主、文明的社会主义现代化国家而奋斗。党的十三大高度重视在改革中发挥工会等群众组织的重要作用，提出要理顺党和行政组织同群众团体

的关系，使各种群众团体能够按照各自的特点独立自主地开展工作，能够在维护全国人民总体利益的同时，更好地表达和维护各自所代表的群众的具体利益。

随着经济的迅速发展和经济体制的转轨，一些深层次矛盾逐步暴露。1988 年下半年以后，出现了生产、建设、流通领域的经济秩序混乱，诱发 1988 年下半年全国性的抢购风潮。1988 年 9 月，党的十三届三中全会提出了治理经济环境、整顿经济秩序、全面深化改革的指导方针。中央强调，这一重大决策的实施，要依靠职工群众的积极性，推进深化企业改革，提高经济效益，克服社会和经济生活中的各种消极现象。

中国工会第十一次全国代表大会于 1988 年 10 月 22 日至 28 日在北京举行，倪志福作了题为《推进工会改革，团结亿万职工，在全面深化改革中发挥主力军作用》的工作报告，提出了工会在全面深化改革中的方针和任务，即以经济建设为中心，立足改革全局，把发展生产力和维护职工利益结合起来，增强基层工会活力，实现工会的群众化、民主化，团结广大职工为建设有中国特色的社会主义而奋斗。报告提出，当前和今后一个时期工会改革的主要内容是：进一步明确工会的社会职能，理顺工会与党、工会与政府、工会与企事业行政方面的关系，以增强基层工会活力为中心环节，密切工会和群众的关系，改革工会的组织制度和活动方式，实现工会的群众化、民主化。

大会选举产生中国工会第十一届执行委员会，在全国总工会十一届一次执委会议上，倪志福当选全国总工会主席，朱厚泽、王厚德、陈秉权、章瑞英、郑万通、李容光、李沛瑶为副主席。在全国总工会十一届一次主席团会议上，选举朱厚泽为全国总工会书记处第一书记，王厚德、陈秉权、章瑞英、郑万通、李容光、李沛瑶、方嘉德、张富有、于庆和为书记。大会还宣布表彰了 237 个模范职工之家、621 名优秀工会工作者和 971 名优秀工会积极分子。

中国工会十一大以后，中国机械冶金建材系统工会积极参加和支持治理整顿工作，广大产业职工在支持改革开放、维护社会稳定中发挥了重大作用，显示了工人阶级和工会组织的巨大力量。

（一）积极开展“双增双节”，参与支持治理整顿

党中央、国务院实施治理整顿措施，解决改革中出现的问题，得到了各级工会和广大职工群众的响应。机械冶金建材系统各级工会组织动员广大职工群众以广泛深入开展“双增双节”和合理化建议活动的实际行动，支持和参加治理经济环境、整顿经济秩序、深化改革。1989 年 7 月，全国总工会十一届三次主席团（扩大）会议作出《动员全国职工深入开展“双增双节”运动》的决议，要求各级工会发动和依靠广大职工群众，深入开展以“双增双节”为主要内容的社会主义劳动竞赛。机械冶金工会按照全国总工会部署，于 1989 年 8 月发出通知，要求机电系统各级工会组织从本单位实际出发，发动群众广泛开展多种形式的竞赛活动，把群众的积极性、智慧和创造力引导到增产适销对路产品、提高产品质量、节约能源、降低物质消耗、增加企业经济效益上来。在“双增双节”运动中，机械行业按照上质量、上品种、上成套、上水平，提高经济效率、提高服务质量的要求，组织职工为企业的改革和发展献计献策，努力提高企业经营管理水平、促进技术进步、提高经济效益。一汽集团向职工发出了“人人为企业发展献一计、立一功、节约一千元”的“三个一”活动倡议，取得丰硕的成果，全年节约“五大动能”1716 万元，节约原材料 9010 万元。全厂职工实现增收节支 1.23 亿元，人均 1537.2 元；提出合理化建议 55965 项，采纳 27741 项，实施 16585 项，创造经济效益 8216 万元。二汽工会围绕企业上品种、上能力、上质量、增效益的目标开展的第二届“质量效益杯”立功竞赛，全厂

8万职工提出合理化建议415010条，采纳率为77.5%，实现率为78.2%，创造直接经济效益4903.8万元。天津市冶金局工会积极组织劳模和先进人物，开展了以“降低成本，提高质量，加速资金周转”为主要内容的调研服务活动，发动和组织各级先进人物结合所在单位和岗位的实际，制定为企业排忧解难的任务和目标，对经营管理等方面工作进行调查研究，提出建议，收到了显著效果。同时组织了以劳模、先进人物为主体的调研服务队，深入基层进行攻关活动，帮助解决关键问题，先后解决各种难题48项。

1990年7月，机械电子工业部、中国机械冶金工会发出《关于在机电系统广泛深入开展群众性合理化建议和发明创造活动的意见》。广大职工以高度的主人翁责任感，积极为企业发展献计出力。此后短短一年多时间，职工提出的合理化建议件数和创造的价值均有较大幅度增长。同年9月，中国机械冶金工会召开合理化建议和发明创造活动经验交流会。部分省、市产业工会和大中型企业的工会主席共60余人出席。沈阳、天津等地产业工会和第二汽车制造厂、哈尔滨锅炉厂、上海电机厂等19个单位在会上作了经验介绍。

建材行业职工开展合理化建议活动有着光荣的传统，早在1947年，以大连水泥厂朱家贵和大连玻璃厂刘茂有为代表的大连建材工人率先提出了恢复生产、改进技术的合理化建议，在全市工人中引起了强烈反响，并迅速普及东三省，扩展到全中国。在治理整顿和“双增双节”运动中，广大建材产业职工发扬光荣传统，在工会发动和组织下，投身“双增双节”劳动竞赛、合理化建议及发明创造、职工技协活动，取得显著成果。陕西省耀县水泥厂面对基本建设规模压缩、市场疲软的局面，紧紧依靠职工办企业，广泛深入开展合理化建议和技术改进活动，解决了生产经营中的难题，提高了企业效益，1986年到1990年，全厂职工共提出合理化建议1312条，实施915条，重大建议和技术改进312

条，创造经济效益1200万元。1991年6月，中国建设建材工会在大连召开全国建材行业合理化建议活动现场经验交流会，总结交流了经验，促进了合理化建议工作。

1990年10月，由共青团中央、劳动部、全国总工会、机械电子工业部、纺织工业部、建设部、商业部联合举办了首届全国青工技术大赛。大赛共有9个竞赛工种，其中包括7个通用工种和2个专业工种：车工、钳工、焊工属于机械冶金行业，瓦工、抹灰工属于建材行业。据不完全统计，有4000多万青工参加了群众性技术练兵比武活动。本次大赛规模之大、参赛人数之多，为新中国成立以来第一次。在决赛中，顾振林、于建友等20位职工取得了建筑系统竞赛瓦工、抹灰工前十名。建设部、中国城建建材工会授予他们技术能手称号。

（二）为实现“八五”计划而奋斗

1990年12月，党的十三届七中全会审议通过了《中共中央关于制定国民经济和社会发展十年规划和“八五”计划的建议》。随后，国务院制定了“八五”计划纲要，在七届全国人大四次会议审议通过。增强企业特别是国有大中型企业的活力，是“八五”期间深化经济体制改革的中心环节。全国总工会发出动员职工为实现“八五”计划献计出力，建功立业的号召。机械冶金建材系统工会动员职工群众，深入开展以“质量、品种、效益年”为中心的劳动竞赛，在竞赛中，广大职工充分发挥创造精神，大搞技术革新、技术发明和技术协作，促进企业的技术改造和技术进步。

为贯彻落实“八五”计划纲要，中国机械冶金工会印发《中国机械冶金工会“八五”工作规划》，结合机械、冶金、有色金属产业特点，对贯彻落实“八五”计划作出具体安排。中国建设建材工会发布《建设建材系统“八五”期间工会工作规划》，提出“八五”期间建设建材系统工会工作的主要任务和目标。机械冶金建材系统工会积极组织开展多层次、多形式的劳动竞赛。机械冶金系统广大职工以高度的责任感和劳动热情，争先进、创一流，促进了产品质量上档次、新产品开发和效益的提高。建设建材系统工会围绕“八五”计划，在建筑业以抓质量、保工期、抓安全、保效益、抓管理、上工艺为中心，搞好重点工程建设；建材工业以节能降耗为重点，在推广新技术、开发新产品、改造老企业、提高管理水平等方面下功夫。各单位以质量效益为中心，深入开展群众性的合理化建议活动，在推动企业技术进步，提高劳动者素质等方面取得了显著效果。1990 年 5 月，一汽集团组织开展了第一届工人技术运动会。全厂共有 4 万多名职工直接参加比赛。这次以体育运动会形式呈现的职工技术比武，在职工中产生了巨大反响，引发了职工学习技术热潮。通过技术运动会，全厂共攻克技术难关 1000 多项，职工提出合理化建议共 52254 条，创造经济效益 5267.5 万元。1992 年 3 月，一汽以“整车创国优，工作争一流”为口号，举办了第二届工人技术运动会，参加比赛的人数猛增到 6 万人，献绝招特技的表演项目也由第一届的 16 项增加到了 28 项。宝钢工会围绕企业重点工作开展劳动竞赛，确保二号高炉一次点火成功，创造了国内大型高炉投产的最好成绩。机械冶金建材系统群众性的劳动竞赛和合理化建议活动，促进了行业生产的发展和经济效益的提高。

二、在改革、发展、稳定中发挥机械冶金建材产业工会重要作用

（一）探索承包经营中的工会工作

随着改革的深入，机械、冶金、有色金属系统中的大中型企

业普遍推行承包经营责任制，给工会工作带来新的问题。机械冶金系统各级工会在推行企业承包经营责任制的进程中，积极组织职工参加改革，参与制订承包方案，在选聘承包人以及在人事、劳动制度改革方面做了大量工作。许多单位的职工代表大会在招标承包和配套改革的过程中发挥了积极作用，为深化和发展承包经营责任制作出了贡献。许多单位在承包经营中，坚持民主、平等、公开、择优的原则，一批工人和一般干部走上了中层领导岗位。沈阳电工机械厂通过竞争投标招聘厂长，武汉重型机械厂、瓦房店轴承厂、株洲冶炼厂、沈阳冶炼厂等单位也先后在厂内实行招标承包或招标选聘中层干部。在这一进程中，许多企业开始探索建立诸如职工自主管理制度、双向包保合同制度、签约制度等行之有效的管理制度。

与此同时，也有些单位不尊重工会和职工代表的民主权利，少数企业在内部改革的重大问题上，不同工会商量，不经过职代会审议；有些企业借改革之名，任意侵犯职工群众的合法权益；一些单位以包代管、以罚代教，侵犯群众利益的现象有所抬头；有的单位急功近利，单纯追求完成生产指标，忽视安全和劳动保护，造成恶性伤亡事故不断上升；有的单位借改革之名，任意改变或取消职工的劳动保险待遇，取消病假工资，削减工伤待遇；有的单位强令职工长期加班加点，如此等等。1989 年，中国机械冶金工会对部分企业推行优化劳动组合的情况进行调查，发现少数企业在劳动组合中出现侵犯群众利益的行为，如名为“优化”，实则为人际关系的组合和派性组合，甚至出现了生产、技术骨干被“组合”下岗的现象。为此中国机械冶金工会提出建议，要求必须在深化改革中加强民主管理，发挥工会组织作用，加强民主管理。劳动组合必须认真贯彻党的全心全意依靠工人阶级方针，按照治理整顿和深化改革的要求稳妥进行，不能把它变成对老、弱、病、女的惩罚手段。1988 年 9 月，中国机械冶金工会召开全国机械冶金工会承包企业工会工作研讨会，交流推行承包经营责任制中工会工作经验。会议要求，各级工会要在深化改革中加强民主管理，把民主管理、民主监督渗透到改革的全过程，积极动员吸引职工参加改革、推动改革。明确提出对改革涉及职工切身利益的有关决定，应提交职工代表大会审议同意后方可执行。工会要切实依法维护职工的合法权益，积极反映职工群众的要求。上海市机电工会制定《关于工会、职代会参与招聘经营者的意见》，提出政府主管部门招聘经营责任者，必须征求职工代表的意见，各级工会和职代会要参与招聘招标经营者全过程。投标者公开答辩时，应有全体职工代表或经过一定民主程序推选的部分职工代表参加。经营者确定后，职代会应认真审议其年度承包方案，并协助行政做好方案的分解落实工作，组织和动员广大职工支持经营者完成承包任务。

上钢五厂在承包经营中，工会代表广大职工群众，与代表经营者群体的厂长签订了以责任共负、风险共担、效益共创、利益同享、大计共商、目标共识的“利益共同体”协议书，进一步确立了职工群众在承包中的主体地位，进一步发挥了职工群众的主体作用。1991 年 12 月，中国机械冶金工会发出通知，大力推广首钢、四平鼓风机厂、成都轴承总厂等单位的承包经验。

（二）加强源头参与，维护职工合法权益

在治理整顿中，机械冶金建材各级产业工会强化源头参与，积极维护职工的合法权益，协调社会矛盾，促进安定团结。1987 年，中国机械冶金工会分别同机械工业委员会、有色金属总公司、冶金部联合发出了各级机械冶金工会参加政府有关会议和工作机构的通知。1989 年，建设部与中国城建建材工会联合发布《关于发挥各级工会民主参与作用的若干规定》，要求各级行政支持工会依法维护职工的合法权益，自觉接受职工群众的监督。规定建

设部及各地建委（建设厅）在研究制定涉及职工切身利益的重大方针、政策和法规时，应吸收同级工会组织参加，并在充分听取工会意见后再作出决定。中国机械冶金工会先后就优化劳动组合问题，经济调整对机械、冶金、有色金属企业的影响，以及机械、冶金、有色金属三大系统职工的劳动保护问题和部分有色金属矿山由于资源枯竭造成职工生活困难等问题进行调查研究，提出相应对策，并通过全国产业的协商对话，使得问题逐步解决。建筑系统各级工会组织把企业的难点、职工的热点，作为工会工作的重点，多次通过全国总工会和建设部向中央反映了建筑业的困难和问题，并就提高建筑业的地位、保护国营大中型企业、稳定职工队伍、提高队伍素质、消化或转移富余人员等方面提出了建议，得到党政领导和有关部门的重视，促进了问题的解决。1988 年 12 月，中国城建建材工会在积极协助政府做好建筑业的治理整顿工作的同时，抓住涉及职工利益的重大问题进行专题调查，针对施工企业产值连年上升、经济效益连年下降、生产成本不断提高、企业负担过重、拖欠工程款严重、企业经营管理粗放等问题，针对性地提出深化企业改革、增强企业活力、整顿建筑市场、强化行业管理、发挥职工积极性、搞好企业民主管理等一系列意见建议，得到主管部门的认同与采纳。在实施治理整顿的过程中，各级工会把维护经理的管理权威同尊重职工的主人翁地位统一起来，充分调动经营者和生产者的积极性，使企业成为经营者和生产者的利益共同体。组织职工深入开展群众性的“双增双节”活动，挖掘企业潜力，努力降低成本；发动广大职工献计献策，千方百计承揽任务；与此同时大搞多种经营，发展第三产业，增加财源，提高企业经济效益，对建筑企业渡过难关起到了积极促进作用。

1989 年，中国机械冶金工会针对国外发电设备大量进口，使我国发电设备制造业陷入困境的问题进行调查研究，写出了翔实的调查报告。报告指出，到 1989 年底，我国已具备年产至少 1000

万千瓦的生产能力，并能制造单机容量60万千瓦的亚临界火电机组和转轮直径达11米的水轮机组。但是到1988年2月底，签订进口合同的发电设备有46套1200万千瓦；加上利用国际贷款及其他项目，共计将进口3727万千瓦。“八五”“九五”期间年进口估计将达300万千瓦以上。为此，机械冶金工会建议国家计委、国务院有关部门统筹规划，制定正确合理的发电设备进口政策。“在国际招标上，不应对自己的民族工业持歧视和排斥的态度”。时任国务委员兼国家计委主任邹家骅对报告批示：“要支持保护国家的发电设备制造业。不要造成一方面国内制造能力闲置，而另一方面又花外汇从国外进口。只有国内完全空白或者确实能力不足，或一时不能增加能力，考虑适当进口。”调查报告对于保护和发展国内发电设备制造企业起到了积极促进作用。在机电部工作会议上，哈尔滨和中国东方发电设备制造公司对机械冶金工会的调查报告致以真诚的谢意。此外，各地还创造了多种开拓民主参与的形式。例如，哈尔滨轴承厂创造了在每次职工代表大会召开之前先由厂长同职工代表座谈，由职工代表超前献策的制度；许多企业建立了党、政、工领导的民主接待日，现场办公制度，并出现了各种类型的恳谈会、评议会、质询答辩会、领导信箱等民主形式。

1991年12月，中国机械冶金工会分别与中国有色金属工业总公司、国家黄金管理局、冶金工业部、机械电子工业部举行联席会议。回顾总结了重点工程方面建设、安全生产等方面取得的成绩，决定围绕搞好国营大中型企业，提高产品质量，提高企业效益，提高企业素质，全心全意依靠工人阶级，开展社会主义劳动竞赛、调动职工主人翁积极性。1992年4月，机械电子工业部、中国机械冶金工会、中国国防工业工会印发《机械电子工业部同中国机械冶金工会全国委员会、中国国防工业工会全国委员会工作联系制度》的通知，要求机械电子工业部同中国机械冶金工会、中国国防工业工会定期召开的工作协调会议，每年不少于两次。机械电子工业部每年召开的全国厅、局长会议，应邀请中国机械冶金工会、中国国防工业工会领导参加，机械电子工业部要支持中国机械冶金工会、中国国防工业工会代表产业职工参加机械电子工业的民主参与、民主管理活动及其他有关工作。机械电子工业部及有关司局在研究和制定经济技术发展规划，制定有关行业重大方针、政策时，应征求中国机械冶金工会、中国国防工业工会的意见。在进行劳动制度、工资制度、保险制度、劳动保护条例及涉及职工民主权利和物质利益的重大改革时，应吸收中国机械冶金工会、中国国防工业工会参加研究，听取意见。机械电子工业部同中国机械冶金工会、中国国防工业工会共同组织搞好国家重点工程劳动竞赛，群众性合理化建议和发明创造活动，技术比赛、交流、推广工作，开展劳动模范评选、表彰、宣传工作，班组建设工作及专业培训等工作。以上联席会议制度，对于沟通交流产业情况、深入推进企业改革、维护产业职工合法权益起到了积极作用。

三、贯彻落实党的全心全意依靠工人阶级方针，发挥工人阶级主力军作用

（一）企业民主管理的不断深化

1989 年 6 月 23 日至 24 日，党的十三届四中全会在北京举行，全会选举江泽民为中央委员会总书记。全会强调，要继续坚决执行党的十一届三中全会以来的路线、方针和政策，继续坚决执行“一个中心、两个基本点”的基本路线，全心全意依靠工人阶级。在党的十三届四中全会上，江泽民重申了党的全心全意依靠工人阶级指导方针。江泽民指出，我国宪法明确规定，中华人民共和

国是工人阶级领导的、以工农联盟为基础的人民民主专政的社会主义国家。我们必须全心全意地依靠工人阶级。1989 年 12 月，党中央发出《中共中央关于加强和改善党对工会、共青团、妇联工作领导的通知》，强调各级党委必须牢固树立全心全意依靠工人阶级和人民群众的思想，高度重视工会、共青团、妇联的工作；党对工会实行统一领导，支持工会依照法律和章程独立自主、创造性地开展工作，充分履行自身社会职能；支持工会在维护全国人民总体利益的同时，更好地代表和维护自己所代表的群众的具体利益；充分发挥工会在思想政治教育中的作用；发挥工会在国家和社会事务中的民主参与、民主监督作用；增强基层工会的活力；加强工会干部队伍建设。全国总工会于 1990 年 4 月在吉林市召开了十一届六次主席团会议，通过了《全国总工会贯彻执行〈中共中央关于加强和改善党对工会、共青团、妇联工作领导的通知〉的意见》《关于动员全国职工广泛开展合理化建议和发明创造活动的决议》，号召全国广大职工，以国家主人翁的姿态，发扬工人阶级的创造精神，紧紧围绕"双增双节"的目标和任务，在各行各业广泛深入地开展合理化建议和发明创造活动。1991 年，中共中央办公厅批转了全国总工会党组《关于进一步发挥工人阶级主力军作用需要解决的几个问题的报告》。《报告》提出，各级政府和政府部门在制定国家与地方的经济和社会发展计划、经济和政治体制改革方案，以及有关社会主义精神文明建设、廉政建设、社会分配等重大方针政策时，要广泛听取职工群众的意见，并建议在提名、选举各级人民代表大会的代表时，适当增加产业工人的名额。在人民政协委员中，也需适当增加产业工人名额。《报告》还提出，要切实保障职工群众在企事业单位中的主人翁地位和权利，认真落实职代会职权，组织职工深入开展社会主义劳动竞赛，认真解决分配方面存在的问题，进一步完善社会保障制度、劳动保护制度。根据这一精神，一些省、市总工会和全国性产业工会先后制定关于在政府工作中发挥民主参与和社会监督作用的文件。

工会代表职工参政议政，主要是就有关经济体制改革的宏观决策以及各项涉及职工群众切身利益的重大改革方案和措施的制定，积极反映广大职工的情况和意见，向党和政府提出建议，推动和参与同职工利益有关的法律、法规和条例的制定，并积极协助贯彻执行。机械冶金建材系统工会高度重视在深化改革中促进企业民主管理。1979 年以来，机械系统的民主管理工作基本分为三个阶段。第一阶段，从 1979 年开始，特别是在 1981 年党中央和国务院颁发了《国营工业企业职工代表大会暂行条例》以后，各地的大中型企业普遍逐步恢复和建立了职工代表大会及民主管理制度，为民主管理工作打下了基础。第二阶段是 1986 年“三个条例”的颁布和 1988 年《企业法》的实施，为企业民主管理工作提供了法律依据。各地各企业重视按条例理顺党、政、工三者关系，促进了企业民主参与、民主管理和民主监督，全系统以职代会为主要形式的民主管理工作走上法制化、制度化的轨道。第三阶段以党的十三届五中、六中全会的召开为标志，各企业的民主管理工作渠道进一步拓宽，形成了厂级、车间、班组三级民主管理网络，民主评议干部和职工代表培训工作全面展开，民主管理走上网络化、规范化轨道。1990 年，中国机械冶金工会提出《关于落实全心全意依靠工人阶级的指示当前需要解决的若干问题的意见》，要求将进一步加强民主管理，把全心全意依靠工人阶级的方针落到实处。

1988 年 7 月，中国城建建材工会提出在全民所有制建筑企业承包经营中加强民主管理的意见，要求在承包经营中要切实保障职工的民主权利，企业承包经营责任制方案和生产经营目标，必须经职代会审议。在企业实行优化劳动组合时，必须增强透明度，按照公开、平等、竞争、择优的原则进行，反对各种不公正、不正当的组合办法。在执行承包合同的过程中，经营者要定期向职代会报告工作，自觉接受职工代表的评议和监督。为推动建筑业改革的深入发展，中国城建建材工会于1988年10月召开了推广鲁布革工程管理经验试点企业的工会工作座谈会，探索建筑业施工管理体制改革中的工会工作，总结推广鲁布革工程管理经验过程中工会组织体制、工会工作方法以及职工民主管理的新路子。1989年10月，中国城建建材工会、建设部作出《发挥各级工会民主参与作用的若干规定》，提出确立各级工会与同级行政相互尊重、相互支持、亲密合作的新型关系。1993年7月，中国建设建材工会召开建筑业项目法施工中工会工作研讨会，提出工会各级组织都要围绕项目法施工，加大参与企业深化改革和生产经营的力度、维护职工合法权益的力度、协调企业劳动关系的力度。

职工自主管理活动是把全心全意依靠工人阶级的指导方针落到实处的一个重要途径。上海宝钢总厂和武汉钢铁公司在职工中广泛开展了职工自主管理活动，大大提高了职工队伍的素质，增强了企业活力。武钢推行自主管理，在职工中强化了主人翁意识、参与意识、问题意识、改进意识，充分调动了职工积极性，对企业的进步和发展起到了重要促进作用。武钢开展自主管理活动以来，合理化建议的件数年平均增加23.3%，采纳率上升21%，实效率上升20%。武钢计控厂工人丁裕东完成的课题——“四号高炉热风充压自动补偿调节系统”，超过了日本的设计水平，每年可创经济效益60多万元。攀钢、重钢、鄂钢、衡钢、太钢、酒钢等许多单位结合企业实际推行自主管理，收到了很大成效。1992年5月，中国机械冶金工会召开职工自主管理活动经验交流会，交流了宝钢和武钢推行职工自主管理的经验。各省、市产业工会和基层工会把推进职工自主管理活动同深入开展合理化建议和推广运用“创造学”紧密结合起来，同深化企业民主管理结合起来，增强了活动效果。

1991年下半年，中国机械冶金工会在机械系统开展企业民主管理基本状况调查，调查表明，各地大中型企业普遍逐步恢复和建立了职工代表大会制度，民主管理开始走上法制化、制度化的轨道。调查涉及的企业中，已建立职代会的有1356个，占企业总数的99%以上。多数企业成立了职代会专门工作委员会。职代会在参与企业重大决策上发挥作用，如企业工作方针、任务、计划，企业经济责任制方案、重大技术改造项目、工资调整方案、住房分配方案、劳动保护措施、厂规厂纪、集体福利事业等都要经职代会审议通过后再行实施。许多企业建立了工厂管理委员会，工会主席及部分职工代表直接参与工厂的管理活动。还有一些企业实行了联席会制度，厂长接待日，职工代表咨询、质询活动，还有的建立了职工代表巡视制度，充分发挥职工代表作用，推进企业民主管理。调查涉及的企业中，有360家签订了共保合同，在职工群众和经营者之间建立起利益共同体。一些省、市产业工会与政府建立了民主协商或联席会议制度。如上钢五厂把加强民主管理当作完善承包经营机制的重要内容，通过三级民主管理，把国家放给企业的经营自主权落实到每个职工，使职工群众参与企业大事有途径、有渠道、名副其实。西安市机械冶金工会与市冶金机电局共同召开联席会，建立了定期对话、互派联络员和信息交流制度。还有的省、市产业工会与行政共同发文，将民主管理工作纳入企业评比内容，促进了企业党政工齐抓共管，企业民主管理呈现良好发展态势。1991年，西安市机械冶金工会在本系统65个企业中开展了民主管理达标竞赛活动，并将达标竞赛活动与评先树标和企业升级结合起来，没有达标的企业不能评为先进企业，党组织不能评为先进组织，工会不能评为先进工会，企业党政工负责人不能评为先进个人。各地产业工会还积极创造条件参政议政，参与改革，并就带有产业特点的生产经营、民主管理和职工生活的重要问题开展调查研究，向政府和有关部门提出意见建议。江苏省产业工会对冶金矿山进行调查，撰写了“江苏省铁矿职工的忧和盼”调查报告，提出了扶助矿山建设、解决职工后顾之忧的意见和建议，引起了省政府和冶金厅的重视，并从江苏省冶山铁矿入手，逐步解决了矿山的发展后劲问题。

(二) 贯彻落实实施《企业法》，协助转换企业经营机制

1988 年 4 月 13 日，《中华人民共和国全民所有制工业企业法》正式颁布，同年 8 月 1 日开始实施。《企业法》明确规定厂长是企业的法定代表人，在企业中处于中心地位，同时规定职工代表大会是企业实行民主管理的基本形式，是职工行使民主管理权力的机构。1989 年 12 月，全国总工会十一届二次执委会议提出，贯彻落实《企业法》，进一步健全职工代表大会制度，工会要协助行政转换经营机制，完善企业领导体制，重视职工在经营承包中的地位与作用。

机械冶金建材系统工会认真贯彻会议精神，贯彻落实《企业法》，通过建立健全职工代表大会制度及三级民主管理网络，使职代会的各项职权程序化、制度化，工作经常化。在转换企业经营机制中，机械冶金建材系统许多企业制定了职工代表大会实施细则，建立民主评议干部办法、职代会提案征集和处理办法等各项民主管理制度。工会和职代会还积极参与了企业内部劳动人事和工资福利制度的改革。职工的民主参与，维护了职工的合法权益，增强了企业的凝聚力和职工对改革的承受能力，保证了改革的顺利进行。

1989 年 7 月，中国机械冶金工会召开部分企事业负责人会议，提出认真贯彻《企业法》，落实《企业法》赋予职工代表大会的五项权利。1992 年 9 月和 10 月，中国机械冶金工会分别在广州市和重庆市召开了冶金、有色金属系统部分省、市产业工会和大中型企业工会经验交流会，交流深化企业改革中发挥工会作

用的经验。会议要求，在深化企业改革中要调动和发挥职工群众的积极性，依靠职工搞好改革，认真落实《企业法》规定的职代会的五项职权，维护职工的主人翁地位，发挥职工群众的主力军作用。西南铝加工厂规定，工厂的改革方案和涉及职工切身利益的重大问题，必须提交职代会或职工代表组长联席会审议通过后才能出台，改革方案必须在广泛听取群众意见的基础上修改后，才能提交职代会审议；在职代会审议通过后才能实施。

（三）班组建设不断深入与加强

班组是企业的细胞，企业的一切活动归根结底要落实到班组。自1986年全国总工会、国家经委联合召开班组工作会议和下发《关于加强企业班组建设的意见》以来，班组建设工作得到全面恢复和发展，各企业围绕企业升级工作，进一步强化了班组建设，展示了班组建设的新特点和新风貌。1989年4月28日，全国总工会给马恒昌小组建组40周年发出贺信，要求大力倡导学习和发扬马恒昌小组的光荣革命传统，使热爱祖国、热爱党、热爱社会主义，胸怀全局、无私奉献，廉洁奉公、艰苦奋斗，勇于拼搏、开拓创新的精神在全体职工中更加发扬光大。中国机械冶金工会提出《进一步加强机械工业企业班组建设工作的意见》，要求进一步健全班组建设工作的领导体制，企业要把班组建设纳入企业升级轨道。班组要加强各项基础工作，健全民主管理制度，调动每个职工当家作主的积极性。各地产业工会参照国家机械委、中国机械冶金工会颁发的新的《班组工作条例》《质量信得过班组》和《模范班组》条件，广泛深入地开展创先进班组的升级竞赛活动。吉林碳素厂开展了以“四化”（环境整洁优美化、人际关系和谐化、人员行为规范化和班组工作标准化）为目标的建小家活动，大大改善了基层班组的工作环境，提高了班组素质。武钢在班组中开展创标准岗活动，实行上标准岗、干标准活、一切按标准办事，把贯彻实施岗位作业标准的好坏同评先进、同经济利益挂钩，推动了班组的安全、优质、低耗、高效和文明生产。太钢首创了以“理论教学、回组调查、外出考查、跟踪考核、竞赛创优”为内容的班组长培训方法，把理论与实践、解决本单位实际与学习外单位先进经验结合起来，并对培训效果进行跟踪检查。这一经验在全国冶金企业普遍推广，提高了班组长培训效果。1991 年 10 月，中国机械冶金工会和冶金工业部在唐钢公司联合召开了全国冶金企业班组建设工作经验交流会，交流了冶金企业加强班组建设的基本经验，提出了今后 10 年班组建设的指导思想和基本任务。

（四）加强劳动保护，维护职工切身利益

改革开放初期，机械冶金系统由于技术装备陈旧、劳动条件差，致使生产事故多、职业病发病率高，在金属矿山和接尘（毒）作业的单位尤为严重，重大人身事故频频发生。机械工业系统尤其重型机器行业事故死亡率也很突出。为了加强劳动保护工作，机械冶金工会各级组织早在 20 世纪五六十年代就开展过多种形式的群众劳动保护工作，如配合行政部门组织安全大检查、组织群众性的安全教育和培训、签订安全公约和劳动保护协议书，动员群众遵守安全规程和规章制度等。党的十一届三中全会以后，除继续开展上述活动外，中国机械冶金工会在机械系统建立了工会劳动保护协作组，在冶金系统建立了钢铁企业工会劳动保护工作联席会，在有色金属系统建立了工会劳动保护研讨会。通过这些组织，各地产业工会加强劳动保护工会监督，广泛开展了群防群治工作。中国机械冶金工会在国家制定“七五”规划时，针对安全生产、劳动保护方面的严重问题，分别向机械工业部、冶金工业部、中国有色金属总公司提出，制订本行业劳动环境安全卫生标准、抓紧培养安全防护专业人才、加强安全环保部门建设等

一系列建议。1983 年 9 月，中国机械冶金工会对马万水工程队矽肺病情况进行调查，在给全国总工会书记处和冶金部党组的报告中建议有关领导部门采取切实措施，关怀和协助解决马万水工程队的作业条件和矽肺病防治问题。1988 年初，中国机械冶金工会根据有色金属矿山防尘管理薄弱、矽肺发病率高的情况，对 13 个有色金属矿山联合企业尘毒污染情况进行专题调查，并向中国有色金属工业总公司、卫生部、劳动部等部门送交报告，提出了制订治理尘毒污染的全面规划，认真贯彻“三同时”方针等六点建议。1983 年 11 月，中国机械冶金工会发出《关于协同企业行政搞好安全生产大检查的通知》，要求在党委统一领导下，充分发动群众，协同行政抓好落实好安全生产的各项措施，防止和杜绝重大恶性事故的发生。1984 年 4 月，中国机械冶金工会再次发出关于在机械工业系统、冶金工业系统认真搞好“安全月”活动的通知，要求工会组织通过“安全月”活动，加强工会劳动保护组织的建设，逐步形成工会劳动保护工作体系。1984 年 11 月，中国机械冶金工会召开劳动保护座谈会，成立全国机械系统工会劳动保护协作组。各企业广泛发动群众参加安全管理，形成一支专管成线、群管成网的安技队伍。唐山钢铁公司在班组中普遍建立以班组长、工会组长、安全检查员为骨干的班组安全生产工作核心，组织职工在班组内结安全对子，班组和工序间签订安全互保协议。宣化钢铁公司自 1988 年以来，在全厂范围内开展了三级劳动保护组织对话活动，在厂工会的指导下，分别在班组、车间和厂之间及内部定期进行对话，自这项活动开展以来，全厂共提出相关建议 2091 条，制止和消除事故隐患 460 件（次）。1984 年 7 月，中国机械冶金工会同冶金部在鞍钢召开安全生产经验交流会，交流了鞍钢开展“百日无事故”活动的经验，表彰了 127 个安全生产先进单位。1987 年 8 月，中国机械冶金工会与中国有色金属工业总公司在广东凡口铅锌矿联合召开矿山安全防尘现场会，总结推广了凡口铅锌矿七年无死亡事故和依靠群众防治粉尘的经验，授予该矿“安全防尘先进单位”称号。

1988 年 7 月，中国城建建材工会在安徽省合肥市召开了工会劳动保护工作座谈会，要求采取各种有效措施，抓好群众劳动保护工作，努力减少施工中的伤亡事故。1989 年 9 月，中国城建建材工会与劳动部、建设部联合举办国家建筑业安全与卫生研讨会，邀请国际劳工组织官员介绍了国际建筑业职业安全与卫生情况，以及国际有关建筑业安全卫生的经验。1991 年，中国城建建材工会发出《关于加强建筑业工会劳动保护工作的通知》，提出各级工会应把搞好安全生产、加强劳动保护工作作为重点，确保施工企业安全生产，保障职工劳动安全、健康和改善劳动环境。1992 年 6 月，中国建设建材工会召开工会劳动保护工作座谈会，提出积极探索工会劳动保护工作的新领域和新方法，把建筑业工会劳动保护工作提高到一个新的水平。针对一些企业在推行项目施工法之后，安全生产工作有削弱的现象，1993 年 8 月，建设部、中国建设建材工会发出《在项目法施工中加强工会工作的意见》，要求建立健全与项目法施工体系相适应的群众劳动保护监督检查组织和网络，促进安全生产。各级工会普遍开展了形式多样和行之有效的安全生产和评比检查活动。北京、青海、大连等地开展了“安康杯”“百日无事故”“党员身边无事故”等各种形式的安全生产竞赛活动。以上种种措施，促进了安全形势的好转。

四、克服产业行业暂时困难，稳定职工队伍

1990 年代初期，机械冶金建材行业遇到了暂时困难，特别是建筑业形势严峻。停产、半停产企业和亏损企业比重上升。在这种形势下，机械冶金建材行业各级工会依靠广大职工，全面深化改革，在妥善安置大批富余人员的同时，努力提高职工队伍素质，

助推机械冶金建材行业克服暂时困难，走上稳定发展的轨道。

（一）抓好职工思想政治工作，加强精神文明建设

针对在一段时期出现的淡化思想政治工作的错误倾向，党中央多次作出加强思想政治工作的指示。为进一步贯彻落实党中央指示精神，全国总工会于1990年1月召开了全国工会职工思想政治工作会议，交流了工会职工思想政治工作的经验，明确提出工会职工思想政治教育的内容体系。机械冶金建材产业各级工会贯彻落实会议精神，在广大职工中广泛进行了坚持四项基本原则、坚持改革开放教育，进行了理想和人生观教育、社会主义民主和法治教育，进行了职业责任、职业道德、职业纪律、职业技能的“四职”教育。1990年2月，中宣部、国家计委、全国总工会联合发出《关于在企业职工中进行基本国情与基本路线教育的通知》。要求结合形势、任务和职工思想实际，认真组织进行基本国情与基本路线教育。此后“双基”教育在全国逐步推开。机械冶金建材产业各企业单位在开展“双基”教育工作中，普遍开展了学习心得交流、演讲会、读书活动、知识竞赛等活动，收到良好效果。河北省邯郸钢铁总厂在企业面临困难的情况下，加强形势政策教育，使职工认识到国家的困难、企业的困难，也就是职工们共同的困难，广大职工围绕生产难关，积极献计献策，帮助企业走出困境。机械冶金建材产业工会继续推动全国职工读书自学活动，涌现出了大批自学成才典型、读书自学活动积极分子和先进集体。1990年8月，全国总工会在北京召开了全国职工读书自学活动先进个人、先进集体表彰大会，齐齐哈尔国营和平机器制造厂等120个单位被评为全国职工读书自学活动先进集体。

1991年，在机械冶金建材各级工会组织的统一部署下，结合庆祝中国共产党成立70周年，深入进行社会主义教育、“双基”教育、“三热爱”教育，各级工会充分运用各种宣传文化阵地，

广泛动员职工参加讲演、讲故事、文艺会演等活动，如一汽工会举办“汽车厂好，共产党亲”的报告会，通过工人阶级优良传统教育、“四职”教育、企业精神大讨论，组织职工开展“塑造主人翁形象”等活动，提高职工觉悟；唐山市机械冶金工会开展“我与企业共命运”演讲比赛等，收到了良好效果。在加强职工思想政治工作的同时，各级工会努力提高职工的文化技术素质，组织各种技术比武、技术表演等活动，掀起了群众性的技术学习、岗位练兵热潮，如河北省机电工会在全省机电行业开展了多工种的“献绝技”表演活动，表演项目达 90 多个；安徽省机械工会在全行业组织了 10 多个工种的技术练兵比武活动，有 1 万多人参加。在活动中，各级工会十分注重选树先进典型，用英雄模范人物的先进思想影响职工带动队伍，如鞍钢以孟泰精神为厂魂，选树具有时代特色的先进典型，引导 40 万职工争做孟泰精神的传人，涌现出了 100 个学孟泰先进班组，500 名孟泰式职工，4500 名学孟泰积极分子。机械冶金工会宣传了一汽工人、车间兼职工会生活委员李放的动人事迹，并与机电部联合下发向李放学习的决定。一个学先进、赶先进的热潮迅速在全系统掀起。

（二）在经济调整中支持企业渡过暂时困难

1988 年以后，由于调整国民经济，压缩基本建设规模，机械、冶金、有色金属工业遇到了暂时困难。企业订货不足、产品滞销、库存增加，资金困难。一些企业出现了停产、半停产现象，部分职工基本生活难以维持。为帮助企业和职工渡过暂时困难，中国机械冶金工会提出认清形势、振奋精神、克服困难、稳定队伍的号召，要求各级工会组织关注停产、半停产企业职工的思想和生活情况，及时反映和研究有关问题。产业工会大力宣传党和国家治理整顿的方针政策，化解职工群众的疑虑，调动了广大职工支持和参加治理整顿、深化改革的积极性主动性，在帮助企业渡过暂时困难、恢复发展生产中发挥了重要作用，受到职工拥护、企业赞誉、党和政府的充分肯定。

1989 年，由于资金、原材料短缺和产品滞销等原因，上海机电系统部分企业出现了“生产性待工”的现象。对此情况，上海市机电工会提出“关于目前暂时出现的生产性待工的处理意见”，建议企业的“生产性待工”方案必须经过企业职代会的审议；实行“生产性待工”的企业，必须充分顾及待工职工的实际生活。中国机械冶金工会及时转发并上报全国总工会书记处，建议国务院采取措施稳定职工队伍。这一时期，一些省、市产业工会同政府主管部门共同组建专门领导小组，研究解决停产、半停产带来的问题。一些地方发挥职工技协作用，开展技术扶贫，武汉市机械职工技协成立了扭亏扶贫帮促队，沈阳、哈尔滨等市组织技协服务组，帮助贫困企业解决技术和管理问题，先后与 26 个困难企业结成帮促对子。天津市机械局成立了 91 个劳模、技协调研服务组，针对贫困企业存在的问题，攻关 136 项，共创效益 800 万元。1990 年 6 月，机械冶金工会召开省市机械工会及部分企业工会主席座谈会，交流了各地工作经验。机械冶金建材系统工会高度关心停产、半停产职工的疾苦，认真听取职工群众的意见和要求，准确判断职工生活困难状况和思想情绪，积极提出政策性建议，及时向党委和政府主管部门反映，同时对停产、半停产企业给予力所能及的支持，千方百计为困难职工排忧解难。在经济调整中充分发挥了工会作用，受到广大产业职工欢迎。

1990 年代初，重矿机械行业连年亏损，企业设备老化、生产能力萎缩、职工收入下降、队伍不稳。中国机械冶金工会经过调研发现，发生问题的重要原因在于企业外部环境艰难、内部机制不顺、产品价格与价值背离、三角债前清后欠，企业负担沉重。为此提出“外治内扶”的对策建议，帮助重矿行业走出困境。中国机械冶金工会建议制定重矿行业发展政策，加强宏观调控，根据重矿行业的实际情况，补充流动资金，建立重矿产品平均利润机制，同时转变企业经营机制，深化内部改革等措施。这些建议被有关部门采纳后，对重矿企业走出困境起到了重要作用。哈尔滨发电设备制造集团由于产品价格不合理，原材料大幅涨价等问题，致使该集团流动资金严重短缺，企业生产经营面临困境，经济效益大幅下降。1993 年 5 月，中国机械冶金工会对此进行了专题调查，向国家计委、国务院生产办公室、国家物价局、中国人民银行报送《关于哈尔滨发电设备制造企业面临困境岌岌可危的调查报告》，建议全面放开发电设备产品价格，合理调整发电设备产品预付款比例，加强宏观调控等建议。国务院领导同志迅即作了阅批。国家物价局作出明确答复。1990 年 12 月，中国机械冶金工会针对我国有色金属工业在发展过程中出现的产业内部结构的比例失调，矿山缺乏活力，职工交通不便、生活艰苦、福利待遇差等问题，提出打破产品经济的老框框，合理调整矿产品的现行价格，完善矿山的经营机制，使矿山真正成为相对独立的商品生产者和经营者，提高矿工社会地位、增加矿工经济收益等意见建议。被有关部门采纳后，促进了问题的解决。

（三）关心职工生活，解决职工困难

治理整顿和经济调整，不可避免地会给部分职工的工作生活造成暂时困难。在这种情况下，机械冶金建材产业工会积极组织力量进行专题调查，摸清企业的经营状况、职工生活和思想情况，提出政策性建议，并参与政府主管部门制定有关政策，维护职工权益。工会组织一方面要求停产、半停产企业应按国务院通知精神，一般不要采取放假回家待工的办法，必须放长假的要经过职代会同意，并报上级主管部门批准，要广开生产门路，发展多种经营，妥善安排待工人员；另一方面要求努力采取措施保障停产、半停产企业职工的基本生活，在摸清停产、半停产企业职工生活

困难状况的基础上，多方筹集救济资金，对特困职工进行救济。沈阳、天津、上海、武汉等地的产业工会技协组织劳模、技协积极分子组成的服务组、帮促队，帮助困难企业解决生产技术和管理上的难题，使一些困难企业出现了生机。有些产业工会还在动员大厂帮小厂、富厂帮穷厂，组织生产自救等方面做了许多工作。铜绿山矿工会开辟了群众生活工作的新领域，他们以“半边户”职工为对象，采取无息贷款方式扶贫，由“济贫”向“治贫”发展，先后对 153 户贫困职工累计贷款 11.26 万元，收到良好效果。职工家庭经济搞活了，收入明显增加，生活水平逐步提高。

五、加强自身建设，适应改革转型

1992 年 4 月，修改后的《中华人民共和国工会法》正式颁布实施，给工会依法行使权利、履行义务创造了良好的法律环境，也给工会工作提出了新的更高的要求。各级地方工会及产业工会和基层企事业工会在组织体制、活动方式和干部管理制度等方面积极探索，取得显著成果。在组织体制改革上，探索实行代表制、联合制；在活动方式上，许多地方和产业工会结合自身实际，积极探索，着力创新，形成了许多好做法与经验。

（一）探索产业工会体制改革

为了在改革和建设中更好地发挥工会组织的作用，机械冶金建材工会加强城市产业工会的改革建设，工会组织体制逐步向联合制、代表制过渡。1989 年 1 月，中国机械冶金工会在《关于积极稳妥地进行城市产业工会组织制度改革的意见》中提出，城市产业工会要把自己的工作重点放到基层，理顺基层工会同企业党委、行政的关系，厘清基层工会的职责。城市机械冶金产业工会的职责主要应当是：反映职工群众的意见和要求，搞好民主参与和社会监督，对基层工会进行理论政策指导，协调本市、本产业工会活动，办好工会事业。各地产业工会突出产业特点，坚持以经济建设为中心，采取多方措施，开展了多种形式的劳动竞赛、技术革新、合理化建议和发明创造活动，激励和调动广大职工积极性，推动了经济的发展。机械冶金产业工会还针对行业中存在的突出矛盾和问题，加强了企业集团工会试点工作。东风汽车集团工会联合会（原东风汽车工业联营公司工会联合会）自 1987 年成立以来，充分发挥集团工会作用，在推动企业集团的发展中发挥了显著作用，各成员厂根据本单位的实际情况，结合行业特色，围绕集团生产经营的中心因地制宜开展活动，增强了向心力和凝聚力，有力推动了集团的发展，同时也为企业集团工会工作闯出了一条新路子。

（二）按联合制、代表制组建中国机械冶金工会第二届全国委员会

根据中国工会十一大关于工会组织制度改革要逐步向联合制、代表制过渡的要求，全国总工会书记处提出了《关于加强全国产业工会建设的若干问题的意见》，制定了《关于进一步建立健全产业工会全国委员会若干问题的暂行规定》。中国机械冶金工会结合产业实际情况，按联合制、代表制组建第二届全国委员会。

中国机械冶金工会的前身是中国五金工会工作委员会，成立于 1949 年 10 月，后又先后改建为中国重工业工会和中国第一机械工会，并分别于 1954 年和 1955 年召开了第一次全国代表大会。1982 年中国机械工会和中国冶金工会（1980 年恢复重工业工会后，化工工会分出，改名冶金工会）再次合并。1991 年 5 月 30 日，中国机械冶金工会召开第二届全国委员会第一次全体会议，这是自 1954 年中国重工业工会第一次全国代表大会和 1955 年中国第一机械工会第一次全国代表大会以来，中国机械冶金工运史

上一次承前启后的重要会议，机械电子工业部、冶金工业部、中国有色金属工业总公司、国家黄金局的领导出席大会。全国总工会书记处书记张富有出席会议并致祝词，要求中国机械冶金工会根据自己的产业特点，团结和动员广大职工广泛深入地开展社会主义劳动竞赛、技术革新、合理化建议和发明创造活动。针对具有产业特点和涉及本产业职工切身利益的重大政策性问题，深入调查研究，搞好参政议政。在积极推进治理整顿和深化改革的同时，切实维护职工的合法权益，从而充分发挥广大职工的积极性、主动性和创造力，在改革和经济建设中发挥工人阶级的主力军作用。中国机械冶金工会主席高忠谦在工作报告中总结了过去的工作，提出今后一个时期机械冶金工会各级组织的任务。1991 年 6 月 1 日，中国机械冶金工会第二届全国委员会第一次全体会议选举高忠谦为主席，萧国伋为副主席，张明达、吴畏为兼职副主席，王俊显、李大亚、吴畏、张明达、赵长义、高忠谦、萧国伋、崔子文为常委。

中国建设建材工会的前身是中国建筑工会，1956 年召开第一届全国代表大会，1986 年改名为中国城建建材工会，1990 年 9 月，全国总工会批复《关于健全中国城建建材工会全国委员会的实施方案》，规定城建建材系统工会实行以地方工会领导为主，同时接受中国城建建材工会领导的组织领导体制。并按照联合制、代表制的原则，健全中国城建建材工会全国委员会。1991 年 5 月，全国总工会对中国城建建材工会更名请示的批复，同意名称更改为“中国建设建材工会全国委员会”。1991 年 12 月，中国建设建材工会召开第二届全国委员会第一次全体会议。全国总工会、建设部、国家建材局、中国建筑总公司和有关部门的领导同志出席大会。全国总工会副主席杨兴富到会讲话，建设部部长侯捷、国家建材局局长王燕谋致祝词，中国建设建材工会副主席李凤兰致开幕词，中国建设建材工会主席张鸿兴作了题为《提高工会工作水平，团结和动员广大职工为实现建设建材事业“八五”计划而奋斗》的工作报告。1991 年 12 月 9 日，中国建设建材工会第二届全国委员会第一次全体会议，选举产生了中国建设建材工会第二届全国委员会常务委员会，常委会由 10 名同志组成：纪仁凤、何金城、陆瑞康、李新、李凤兰、李会如、吴申耀、张鸿兴、郭树功、魏秋芳，选举张鸿兴为中国建设建材工会第二届全国委员会主席，选举李凤兰为中国建设建材工会第二届全国委员会副主席。

（三）兴办工会企事业

新中国成立以来，工会兴办的企事业主要是以文化宫、俱乐部、体育场（馆）、职工学校和疗养院（所）为主体的文化福利事业，大多是供给制补贴型的事业单位。党的十一届三中全会以后，全国总工会提出了“以事业养事业，以事业发展事业”“以有偿补无偿”“服务—创收—更好地服务”的方针，一些原有事业通过改革增强了服务功能和自我积累能力，在老事业单位改革基础上，兴办了一批新的经济事业。各级工会还积极兴办经济实业，保证工会事业发展。

1985 年 10 月，全国总工会会同国家经委、财政部等五个单位联合发出《关于工会兴办为职工服务的第三产业的通知》，提出基层工会在做好本职工作的前提下，事业单位不改变为职工服务、为两个文明建设服务的方向，在不减少原有服务项目、不降低服务质量的前提下，可以兴办一些企业和新的事业。在《通知》精神的指导下，各级工会兴办经济实业工作逐步推开，并取得显著成绩。1987 年，上海市总工会仅靠技协有偿服务即创收上亿元。1992 年 6 月，中共中央和国务院下发《关于加快发展第三产业的决定》。工会兴办企事业对于促进经济结构调整、拓宽富余人员就业渠道、维护社会安定团结，以及增强工会自身经济实力都具有重要意义。1992 年 8 月，全国总工会十一届十五次主席团会议和全国工会企事业会议在上海举行。会议提出了工会兴办企事业要贯彻为改革开放和经济建设服务、为职工群众服务、为推进工运事业服务的“三服务”方针。新《工会法》颁布后，对工会兴办三产企业在法律上予以确认。1992 年，中国建设建材工会、建设部、国家建材局发出《关于支持工会兴办第三产业的通知》，要求把工会兴办第三产业的工作摆上重要位置，给予充分重视。机械冶金建材产业工会坚持工会企事业为改革开放发展社会生产力服务、为职工服务、为工运事业服务的宗旨，坚持从实际出发，因地制宜、艰苦创业，充分发挥自身的优势，兴办大量有特色的第三产业，实现了“年年有发展，一年一大步”。沈阳矿山机器厂工会兴办了第三产业服务公司，逐步发展成为拥有 110 多名职工，包括文化宫剧场、客房部、餐厅、舞厅、经营部等服务项目基本配套的综合性经济实体。公司经济效益逐年增长，3 年累计创收 160 多万元。包钢工会先办起了百货商店、工艺美术服务部、合成洗涤剂厂、工会招待所、儿童储蓄银行 5 个经济实体，很快就在各厂矿赢得信誉。工艺美术服务部为内蒙古那达慕大会制作的展览厅设施，为冶金产品博览会制作的展品都获得表扬和奖励。

第十章
市场经济转型时期的机械冶金建材工运事业

1992年1月18日至2月21日，邓小平先后赴武汉、深圳、珠海和上海视察并发表了重要谈话。总结了党的十一届三中全会以来的基本实践和基本经验，深刻阐述了改革开放中的一系列重大问题。1992年10月，中国共产党第十四次全国代表大会在北京召开。党的十四大确立了邓小平建设有中国特色社会主义理论在全党的指导地位，明确了中国经济体制改革的目标是建立社会主义市场经济体制。由此开启了世纪之交中国建立和完善社会主义市场经济体制的奋斗历程。

以邓小平南方谈话和党的十四大为标志，中国特色社会主义改革开放和现代化建设事业进入新的发展阶段。机械冶金建材产业工会团结动员广大产业工人发挥主力军作用，坚定不移地支持党和国家重大改革措施，正确对待改革过程中的利益关系调整，为国有企业改革和经济社会发展作出了巨大贡献。

一、贯彻党的十四大和中国工会十二大精神，履行产业工会职能

中国共产党第十四次全国代表大会于1992年10月12日至18日在北京召开。江泽民代表第十三届中央委员会向大会作了题为

《加快改革开放和现代化建设步伐，夺取有中国特色社会主义事业的更大胜利》的报告。报告总结了党的十一届三中全会以来14年的实践经验，确立了邓小平建设有中国特色社会主义理论在全党的指导地位，明确了中国经济体制改革的目标是建立社会主义市场经济体制，要求全党抓住机遇，加快发展，集中精力把经济建设搞上去。

1993年10月24日，中国工会十二大在北京召开。大会开幕前，江泽民接见了工会十二大主席团常务主席，充分肯定了改革开放15年来各级工会组织的工作成绩，指出当前深化企业改革、转换国有企业特别是大中型企业的经营机制，是摆在工会面前的一个重大课题。各级工会要团结和动员广大职工积极投身改革，推动改革不断深入；要及时反映职工群众的意见和要求，切实维护职工的合法权益；要积极探索有中国特色社会主义工会工作新路子，努力开创工会工作的新局面。中共中央政治局常委、中央书记处书记胡锦涛代表党中央、国务院向大会致祝词。祝词对新阶段中国工人阶级的历史任务作出进一步阐述，指出中国工人阶级在新时期的伟大使命，就是要同全国人民一道，高举建设有中国特色社会主义的旗帜，全面贯彻中国共产党的基本路线，牢牢把握经济建设这个中心，坚定不移地发展社会主义市场经济，坚定不移地发展社会主义民主政治，坚定不移地发展社会主义精神文明，为把我国建设成为富强、民主、文明的社会主义现代化国家而奋斗。

中国工会十二大提出了今后一个时期工会工作的方针任务，即坚定不移地贯彻执行党的以经济建设为中心、坚持四项基本原则、坚持改革开放的基本路线，在维护全国人民总体利益的同时，更好地表达和维护职工群众的具体利益，全面履行各项社会职能，充分发挥民主渠道和社会调节作用，团结和动员全国职工，巩固和发展安定团结的政治局面，为把我国建设成为富强、民主、文明的社会主义现代化国家而奋斗。

大会对产业工会工作提出新的要求，指出我国工会的组织领导原则是产业和地方相结合。在领导关系上，少数实行垂直管理产业的工会，实行地方工会和上级产业工会双重领导，以上级产业工会领导为主；其他产业工会均实行以地方工会领导为主，同时接受上级产业工会的领导。产业工会的主要任务是从本产业的特点出发，围绕产业政策和职工特殊利益问题，加强调查研究，搞好参政议政，调动职工群众的积极性，在推动本产业两个文明建设中发挥积极作用。

大会选举出全国总工会十二届执委、主席团委员，选举出书记处书记。尉健行当选为全国总工会主席，张丁华、杨兴富、李奇生、刘珩、江家福、张国祥、方嘉德、薛昭鋆、滕一龙为副主席。张丁华被选举为十二届执委会书记处第一书记。

在中国工会十二大召开前的 1992 年 12 月，中国机械冶金工会召开二届三次全委（扩大）会议。会议要求深入学习、宣传、贯彻党的十四大精神，抓住涉及产业改革全局性、政策性的重大问题进行调研，在推进建立社会主义市场经济体制中积极发挥工会作用。中国工会十二大召开次月，中国机械冶金工会相继与机械工业部、冶金工业部、中国有色金属工业总公司等单位联合发出通知，要求在全系统学习、宣传、贯彻工会十二大精神，充分发挥工人阶级在改革和建设中的主力军作用。系统各级工会结合实际，开展了四个方面的工作。一是围绕经济建设中心，推动企业转换经营机制，组织职工开展“双增双节”活动；二是深入研究和解决民主管理工作中遇到的新情况、新问题，推进民主管理工作的发展；三是加强立法参与、政策参与和改革方案措施的参与，在宏观和源头上维护职工的合法权益；四是着力提高职工队伍素质，把发挥工人阶级主力军的作用落到实处。1993 年 12 月，中国机械冶金工会召开二届四次全委（扩大）会议，要求结合机械、冶金、有色金属战线的形势和工作实际，在搞好国有大中型企业中保障职工主人翁地位，维护职工合法权益。工会组织开展了以开发新产品、提高产品质量、加强管理、技术进步、节能降耗、降低成本、增加效益为主要内容的合理化建议和劳动竞赛、技术协作等活动，组织职工广泛开展技术比武、岗位练兵、总结推广先进操作法。汽技联、钢技联、有色技联等职工技协组织发动职工开展技术协作活动，促进企业调整产品结构、提高产品质量、加强内部管理、实现扭亏增盈。同时产业工会建立和完善劳动争议调解和仲裁机构，做好劳动争议调处工作。加大劳动保护安全生产监督检查力度，着重解决铸造、蓄电池、磨具磨料、电线电缆、有色金属冶炼等行业的尘毒危害问题，为保障职工生命安全健康做了大量工作，取得了明显成效，受到职工欢迎，提高了工会组织的影响力。

二、市场经济转型与机械冶金建材工会新的形势任务

1993 年 11 月，党的十四届三中全会作出《关于建立社会主义市场经济体制若干问题的决定》，1993 年 12 月，全国人民代表大会常务委员会通过了《中华人民共和国公司法》，开启了由计划经济向市场经济的历史性转变的进程。多种所有制经济的发展，社会经济结构、经济关系和劳动关系的变化，给工会工作带来了新的课题。劳动关系多元化、市场化，要求工会积极应变，研究新情况、解决新问题，创造性地开展工作。机械冶金建材系统各级工会围绕中心、服务大局，依靠广大职工积极参与改革，推动企业转换企业经营机制，引导好、发挥好、保护好职工群众的积极性和创造力，把全心全意依靠工人阶级的指导方针落到实处。各级工会加强企业民主管理，落实《企业法》规定的职代会五项职权，加强源头参与，积极参与企业内部分配等重大事项和重要

决策，保证职工当家作主的权利，有力维护了职工合法权益。同时，产业工会大力推动工会组建，扩大工会组织的覆盖面，转变运行机制和活动方式，工会干部队伍建设不断强化，基层工会活力进一步增强。

（一）在转换企业经营机制中贯彻落实“依靠方针”

党的十四大报告中，把全心全意依靠工人阶级列入建设有中国特色社会主义理论体系的重要内容。在深化推进改革的新形势下，机械冶金建材各级工会动员产业职工积极投身现代企业制度试点工作，参与企业管理，促进企业民主管理和民主监督经常化、制度化。广大职工顺应形势，转变观念，提升素质和能力，在社会主义市场经济的伟大实践中与时俱进，涌现出一大批先进模范人物。

转换国有企业特别是大中型企业的经营机制，是建立社会主义市场经济体制的中心环节。机械冶金行业国有大中型企业集中，转换企业经营机制对经济体制改革的进程有着举足轻重的影响。在贯彻《全民所有制工业企业转换经营机制条例》中，机械冶金工会结合自身实际，积极推动和配合企业党政，努力把全心全意依靠工人阶级的指导方针贯彻到基层、落实到企业。在1992年，沈阳重型机器厂作出《关于全心全意依靠职工办企业的若干规定》，确立职工群众在企业中的主体地位，引导职工积极参与企业管理，充分保障职工群众在企业中的民主权利。1996年，上海第一钢铁（集团）有限公司颁布《关于全心全意依靠职工群众办企业的规定》，邯钢公司也制定了《关于全心全意依靠职工办企业的规定》，提出了邯钢职工做主人“双十准则”。武钢公司先后制定了《武钢全心全意依靠职工办企业暂行条例》《武钢职工代表大会工作条例》《职工代表视察行政工作具体规定》《班组职工民主管理实施细则》《武钢职工民主评议干部的具体办法》等20

多个规章制度，从制度上保障了职工群众真正行使当家作主权利。一汽集团制定了《关于全心全意依靠职工办企业的规定》。机械冶金工会及时向全系统转发推广了上述先进经验。1996 年 7 月，全国总工会在上海第一钢铁（集团）有限公司召开了全心全意依靠职工办企业现场经验交流会。会议由中国机械冶金工会负责组织。全国总工会党组书记、副主席张丁华，副主席杨兴富到会讲话，上海一钢集团、上海沪昌钢铁有限公司、锦西炼化总厂介绍了全心全意依靠职工群众办好企业的经验，受到全国总工会领导的充分肯定和与会代表的高度赞扬。

1996 年 9 月，全国总工会制定下发《全国总工会关于全心全意依靠职工群众搞好企业若干问题的意见》。1997 年 8 月，全国总工会在邯郸钢铁集团再次召开全心全意依靠职工办好企业现场经验交流会，邀请部分先进企业、部分省市委和国家部委（总公司）的领导到会介绍了经验，表彰了王启明等 10 名全心全意依靠职工办好企业的优秀党政工领导干部和科技工作者。

（二）开展市场经济形势下的行业劳动竞赛

建立社会主义市场经济，为工会更好地发挥作用提供了新的机遇和用武之地。中国工会十二大提出，要动员职工发扬艰苦创业精神，为国民经济上新台阶建功立业。机械冶金建材产业工会适应产业结构调整、政府职能转变的形势，积极主动参与涉及产业职工切身利益的劳动就业、工资分配、劳动保护、安全生产等政策、法规的制定，反映职工的意见和要求，维护产业职工的合法权益；动员和组织职工开展具有本产业特点的劳动竞赛，调动职工群众的积极性。各级工会干部深入基层、深入实际、深入群众，努力掌握职工的思想状态，了解职工的愿望和要求，关心职工的疾苦，反映职工的呼声，实心实意地为职工说话办事，不断满足职工群众的需要。

机械冶金建材系统各级工会发动广大职工，广泛深入地开展社会主义劳动竞赛和合理化建议活动，积极探索新的劳动竞赛形式，把劳动竞赛的重点放在基层，不断地拓宽劳动竞赛领域，广泛开展“学先进、比贡献、创一流、增效益”活动，涌现出邯钢集团、洛阳拖拉机厂等一批先进典型，他们的经验在全国推广，极大地推动了建功立业活动的开展。1992 年，冶金部和中国机械冶金工会在全国冶金系统企业开展了“上质量、降成本、抓达产”的劳动竞赛活动，参加竞赛活动的 106 家大中型钢铁企业共实现销售收入 984 亿元，比上年同期增长 40%。1993 年 3 月，中国机械冶金工会在中国第一拖拉机工程机械公司召开了群众性献绝招特艺活动经验交流会，总结各地区开展群众性献绝招特艺活动的经验，交流了北京市机械局工会、广州市机电局工会、哈尔滨轴承厂工会、瓦房店轴承厂工会、沈阳电缆厂工会、齐齐哈尔第二机床厂工会以及马恒昌小组的经验。

宝钢投产以来，广大职工积极消化、吸收引进的先进技术，创造和积累了许多先进操作方法和诀窍。工会积极配合行政，在全厂掀起了总结工人先进操作法的热潮。1993 年 6 月，中国机械冶金工会召开“推广宝钢工人先进操作法经验现场会”，倡导全系统各企业学习宝钢经验，在全行业开展总结推广先进操作法的群众活动。1993 年 12 月，中国机械冶金工会、全国总工会经济工作部转发宝钢公司总结、推广先进操作法经验，要求各地工会认真重视和学习宝钢的经验，并结合本地、本企业的具体实际，创造性地运用好这一经验，为促进企业技术进步和提高职工技术素质，增强企业竞争能力作出新的更大的努力。

这一时期，机械冶金工会在机械系统开展了“十大集团和十大企业工会为‘三大战役’立功竞赛活动”，与机械工业质量管理协会共同开展优秀 QC 小组和优秀质量信得过班组活动；在冶金系统继续开展“工人先进操作法”活动。中国建设建材工会与国家建材局联合在水泥、建筑陶瓷两个行业开展了职工岗位练兵活动。在劳动竞赛广泛开展的同时，职工合理化建议活动也在深入发展。1996 年，全国总工会会同国家经贸委联合召开了第二次全国合理化建议和技术改进工作会议，交流推广了机械冶金行业的东风汽车、太钢公司、株冶公司等一批合理化建议工作先进典型经验。

三、在国有企业改制中深化企业民主管理，推进厂务公开

随着现代企业制度试点工作的推进，全国总工会针对试点企业和大型集团公司工会组织体系、公司制企业职代会制度、企业职工民主管理等问题提出了一系列工作意见，并积极推动在企业中建立民主评议企业领导干部制度。1994 年 6 月，全国总工会在河北省石家庄市召开十二届三次主席团会议和全国职工民主管理工作会议，总结交流了职工民主管理工作的经验，研究了新形势下进一步加强职工民主管理工作的新思路，明确了今后一个时期职工民主管理工作的方针任务。河北省总工会、石家庄市总工会、邢台机械轧辊股份有限公司等单位介绍了做好职工民主管理工作的经验。会议原则通过了《全国总工会关于在建立社会主义市场经济体制中加强职工民主管理工作的意见》。

在推进国有企业转换经营机制、建立现代企业制度中，机械冶金建材系统各企业工会加强职工民主管理，建立多层次、多渠道、多形式民主参与的完整体系。机械冶金系统绝大多数企业建立了比较完善的职工代表大会制度，在实践中创造了许多行之有效的民主管理形式，诸如厂情发布会、咨询会、共商会、智囊团、研究会、职工代表巡视检查、民主接待日等。许多企业深入开展了班组民主管理，使民主管理形成了以职代会为核心的三级（四级）民主管理网络，使企业民主管理向职工全员、生产经营的全

过程发展。太钢工会参与了改革方案制订的全过程。在分配制度改革中加强民主监督；在劳动人事制度改革中加强民主评议；对于职工反映强烈的劳动保险待遇、生病医疗期、合同签订期限等问题，按法规向行政提出建议并得到采纳。上海柴油机厂在企业改革中，坚持全心全意依靠职工群众，工会主席和职工代表参加了厂转换经营机制改革领导小组，凡是企业重大决定，都要经职代会审议通过。洛阳玻璃厂把开展职工民主管理作为办好企业的重要措施来抓，通过健全民主管理制度，让职工群众切实享有参与企业决策、管理和监督的民主权利，先后制定了《职工代表大会工作机构工作程序》《职工代表大会重大决策工作程序》《职工代表大会提案征集处理程序》，经过多年的努力，逐步形成了总厂、分厂、车间、班组四级民主管理体系，为民主管理的不断深化提供了可靠保证。

在企业改制过程中，部分企业职代会“五权”落实不到位，少数单位出现过以“铁心肠、铁面孔、铁手腕”对待职工的现象，把改革的主人当成改革的对象和局外人，有些外商投资企业严重侵犯职工合法权益的事件屡有发生。机械冶金建材系统各级工会立场鲜明地维护职工权益，纠正错误行为。1994 年，中国机械冶金工会召开机械系统部分中外合资企业及地方产业工会主席参加的中外合资企业工会工作研讨会，在调查研究的基础上，制定了《对机械系统国有企业在转制为中外合资企业过程中工会工作若干问题的意见》，要求必须全心全意依靠工人阶级办好中外合资企业，依照法律和工会章程开展工会工作，全面履行工会职能，适应中外合资企业实际，加强工会自身建设，坚持合作共事、共谋企业发展。

2000 年 8 月，中国机械冶金工会在贵阳市召开了企业职工民主管理工作研讨会，宝钢、武钢、一汽、二重、东北轻合金加工厂、平果铝业公司、石家庄天同集团、北人集团、北京巴威、遵义铁合金厂、贵州省冶金工会、四川省机械冶金电子工会、北京机电工业控股集团等13个单位总结交流了实行厂务公开、民主管理取得的成绩和经验，分析了企业实行厂务公开、民主管理所遇到的问题和难点，从不同角度、不同层次进行了深入研讨。

民主评议国有企业领导干部和实行厂务公开，是深化企业民主管理的有效手段。早在1990年代初期，机械工会就制定了《关于机械工业企业民主评议干部制度的几点意见》，创造了三位一体的民主评议干部等多种民主管理形式。在深化改革中，又以职代会民主评议企业领导干部制度为契机，强化了企业民主管理、民主参与和民主监督机制。1997年4月，机械冶金工会先后与冶金部、机械部联合下发了《关于职代会民主评议干部的实施意见》，从组织领导、评议范围、评议内容等方面作出规定。许多省、市产业工会与对口产业部门联合转发，其中机械系统就有16个省市发了文件，对民主评议干部工作进行了规范。1997年6月，中国机械冶金工会派员到上海、山东等地就冶金企业职工代表大会民主评议企业领导干部工作进行调查研究，认真总结了这些单位民主评议工作的做法和经验，探讨了民主评议工作中遇到的问题及解决办法，完成了《关于冶金企业职代会民主评议企业领导干部工作的调查报告》。各企业工会在民主评议干部工作中，严格职代会民主评议程序，将群众评议结果作为奖惩、任免和使用干部的重要依据，使评议真正起到对企业领导班子的监督作用。

深化企业民主管理的一个重要方面是推行厂务公开。厂务公开的基本形式是职工代表大会。在推行厂务公开制度的实践探索中，石家庄天同有限公司、抚顺特钢公司等单位创造的新鲜经验，受到中央领导的高度重视。1999年1月，中纪委、国家经贸委、全国总工会联合成立全国厂务公开协调小组，在天津召开了全国厂务公开经验交流会。尉健行出席会议并作了重要讲话。会后各地普遍进一步加强了组织领导、加强了政策指导、加强了宣传力度，使厂务公开工作有了很大的发展。2002 年 6 月，中共中央办公厅、国务院办公厅发出《关于在国有企业、集体企业及其控股企业深入实行厂务公开制度的通知》，对厂务公开的指导原则、总体要求、主要内容、实现形式和组织领导作出阐述。这一时期，机械冶金建材系统工会贯彻中央和全国总工会部署，大力推行厂务公开，在各级工会努力下，推行厂务公开的企业不断增加；厂务公开所涉及的领域逐步扩展；厂务公开的规范化程度不断提高；实行厂务公开的效果日渐明显。通过推行厂务公开，不少单位的职代会工作上了一个新的台阶。石家庄天同公司（石拖）、抚顺特钢有限公司实行厂务公开、民主监督取得显著成效。一汽集团公司把厂务公开与企业生产经营管理有机结合起来，通过公开物资采购，有效降低了生产成本。通过推行厂务公开，不仅促进了企业改革，促进了党风廉政建设，也促进了职代会制度的不断完善。

1997 年，中国机械冶金工会和冶金工业部组成联合调查组，到上海、山东等地就冶金企业职工代表大会民主评议企业领导干部工作进行了调查研究，在调查的基础上，分别与机械工业部、冶金工业部联合下发了《关于冶金企业职工代表大会民主评议企业领导干部的实施意见》，对职工代表大会民主评议企业领导干部工作的组织领导、民主评议的范围和时间、民主评议的主要内容、民主评议的原则和步骤都作了规定。许多省、市产业工会与对口产业部门联合转发了文件，推动了民主评议工作全面开展。许多企业在实践中将民主评议干部工作经常化，把结果监督与过程监督结合起来；把评议结果作为奖惩和任免领导干部的重要依据。有的企业还在党委的统一领导下，把职代会、纪委、组织及行政监察、审计等部门结合起来，组成监督检查委员会，形成企业强有力的自我约束机制。

1998 年 11 月，中国机械冶金工会全国委员会印发《关于学习贯彻胡锦涛同志、尉健行同志对“石拖”实行厂务公开，“抚钢”实行民主议事制度的重要批示的通知》，并转发了全国总工会关于“石拖”实行厂务公开的调查报告《企业民主政治建设的一条新路》及“抚钢”民主议事规则等。要求各基层工会组织认真学习“石拖”“抚钢”的经验，进一步加强职工民主参与、民主管理、民主监督工作，加强企业民主政治建设。之后，中国机械冶金工会进一步号召基层工会组织认真学习“石拖”“抚钢”经验，推进厂务公开工作。1999 年 3 月，机械冶金系统厂务公开工作经验交流会在石家庄天同公司召开，全国厂务公开协调小组成员、全国总工会书记处书记纪明波出席会议并讲话。石家庄天同集团党委介绍了推行厂务公开工作的做法和体会。1999 年 8 月，中国机冶建材工会在抚顺特殊钢有限责任公司（抚钢）召开研讨会，学习推广了抚钢实行厂务公开、民主议事的经验。同年 10 月，冶金系统职工民主管理工作培训班在中国工运学院举办。培训班邀请全国总工会和国家经贸委企业改革司有关负责人讲授了新形势下的工会工作，国有企业改革的形势、趋势及厂务公开工作思路。1999 年 7 月，中国建设建材工会三届五次常委扩大会议在山西省太原市召开，贯彻全国厂务公开经验交流会议精神，交流典型经验。太原市公交总公司等 9 个单位介绍了开展厂务公开、民主监督的经验。

四、以贯彻《劳动法》为契机，维护产业工人合法权益

在党的十四大精神指引下，经济体制改革步伐加快，非公经济如雨后春笋般发展起来，国有企业也加紧了适应市场经济要求的改革。经济关系和劳动关系急剧地发生变化，劳动关系变得更加复杂。在一些地方和企业，特别是在少数外商投资企业中，存在严重侵犯职工合法权益的问题，影响了企业发展和社会稳定。

这种情况下，各级工会主动协助政府和企业行政处理好改革中涉及职工切身利益的各种问题，有效维护了职工合法权益。

1994 年 7 月 5 日，全国人民代表大会常务委员会第八次会议审议通过《中华人民共和国劳动法》。自 1995 年 1 月 1 日起施行。《劳动法》对劳动者的权利、义务和权益保护等作出了明确规定，将劳动关系的调整纳入了法治轨道。《劳动法》第七条明确规定："劳动者有权依法参加和组织工会。工会代表和维护劳动者的合法权益，依法独立自主地开展活动。"为工会组织维护劳动者合法权益提供了法律依据。《劳动法》颁布后，为配合劳动法的实施，1994 年 7 月，全国总工会召开电话会议，要求各级工会组织认真学习贯彻《劳动法》。1994 年 12 月中旬，全国总工会十二届二次执委会议通过了《全国总工会关于贯彻〈劳动法〉的决定》。《决定》指出，参加和组织工会是《工会法》《劳动法》等法律法规赋予职工的神圣权利，任何组织和个人都不得侵犯。《决定》要求已开业的外商投资企业必须按照《劳动法》《工会法》《工会章程》的规定组建工会。国有企业要坚持和完善职工代表大会制度，依法落实其各项职权。《决定》强调，工会要有针对性地进行劳动用工制度改革的宣传教育，积极帮助和指导职工签订好劳动合同，主动配合用人单位妥善处理出现的新情况新问题。《决定》要求，所有企业都要分层次、有步骤地实行集体合同，要把外商投资和私营企业作为推行集体合同的重点，加快推行；进行现代企业制度试点的企业要把集体合同作为一项制度固定下来；其他国有企业已经实行双保（共保）合同的，要在抓好试点、总结经验的基础上，按照《劳动法》的要求调整、充实合同的内容，逐步向集体合同过渡。工会要按《劳动法》规定的劳动标准维护职工合法权益，同违反劳动标准的行为进行斗争。要积极主动地参与国家、地方和用人单位确定具体劳动标准的工作，代表和反映职工的意见和要求。

中国机械冶金系统各级工会以贯彻实施《劳动法》为契机，以平等协商、签订集体合同为重点，采取多种方式认真学习、宣传、贯彻《劳动法》，系统许多企业根据《劳动法》的要求，清理和修订了企业规章，建立了劳动争议调解委员会和贯彻实施《劳动法》的监督检查机构，有效地维护了职工合法权益。1995年，中国建设建材工会以集体合同、劳动工时、劳动报酬、劳动合同为重点，深入企业进行调查研究，总结宣传了浙江省建设建材工会、唐山市建设建材工会、沈阳市建筑工程局、常州市建筑工程局等单位贯彻《劳动法》及签订集体合同的经验，推动了本产业贯彻实施《劳动法》。中国建设建材工会还与《中国市容报》联合开展关于城建系统贯彻《劳动法》的大讨论，对于推动城建行业深入学习、贯彻《劳动法》起到了积极的作用。

五、贯彻新时期工会工作总体思路，发挥产业工会作用

《劳动法》颁布后不久，1994 年 12 月 8 日，全国总工会十二届二次执委会议召开。中共中央政治局常委胡锦涛代表党中央作了题为《全面加强工会建设，在深化改革、扩大开放、促进发展、保持稳定中发挥作用》的重要讲话。全国总工会主席尉健行作了题为《以贯彻实施〈劳动法〉为契机，推动工会改革和建设，在改革发展稳定中更好地发挥作用》的讲话，提出了新时期工会工作的总体思路，即“以贯彻实施《劳动法》为契机和突破口，带动工会各项工作，推动自身改革和建设，努力把工会工作提高到一个新水平，在改革、发展、稳定中更好地发挥作用”。工会工作总体思路的提出，更进一步强化了工会维护职工权益的职能。机械冶金建材各级工会积极贯彻落实总体思路，积极参与涉及职工劳动权利、民主管理权利、社会保障等方面的立法和法律执行工作，许多建议得到重视与采纳。产业工会主席参加产业

部全局性会议，工会参加改革工作机构等都取得新的进展。地方工会与同级政府、产业工会与产业部门的联席会议制度进一步推广健全。在维护职工的整体利益、调整劳动关系、推动企业改革等方面发挥了积极作用。

产业工会在维护职工劳动权益、经济利益方面具有独特的优势：一是产业工会能够直接按产业系统代表产业职工，通过参与研究制定本产业经济和社会发展规划、劳动保护及涉及职工切身利益的重大政策措施，参与立法决策，从源头上发挥维护作用；二是产业工会可以与相应产业部委、地方行业管理部门紧密协作，共同研究部署和组织落实共同性的重要工作；三是产业工会与行业工人最贴近，熟悉本行业专业，熟悉行业职工工作环境、劳动条件，可以针对各行业的不同特点研究劳动关系状况，提出解决问题的有效办法。1994 年，按照工会十二大的部署，机械冶金建材系统工会针对从计划经济向社会主义市场经济转变过程中工会工作的若干问题进行调查和研究，探索发挥产业工会独特作用的路径方法。我国第一家企业集团工会——东风汽车集团工会联合会经过 8 年实践，逐步探索出一条与企业集团发展相适应的集团工会发展的道路。1995 年，中国机械冶金工会总结了东风汽车集团工会联合会试点情况，提出加强集团工会工作的建议。中国建设建材工会积极参与试点企业改革方案的制定，调查研究关于加强工会工作和民主管理工作问题，提出了在企业转机建制中工会要参加改革领导小组，工会主席、副主席应进入企业董事会和监事会等方面的建议。1998 年，中国机械冶金工会对机械、冶金、有色金属工业系统 58 个省级产业工会工作进行了调查。针对调查中发现的产业工会机构设置、运行机制和人员素质等方面的问题，提出了大力推行联合制、代表制，拓宽产业工会工作领域的建议。中国建设建材工会还针对重点工作和建设建材产业存在的突出问题开展调查研究，先后完成了《关于建设建材系统民主评议企业领导干部的典型调查》《对组建建材大型企业集团工会的几点思考和建议》《关于国有建筑施工企业困难状况的调查报告》《对吉林省公主岭市环卫处拖欠职工工资情况的调查》等10余项调查报告，为有关部门了解情况和作出决策提供了资料和依据。

2002年4月至8月，中国机冶建材工会与中国机械工业联合会组成调查组，分赴上海、四川、辽宁等7个省市，对机床、重型机器行业企业职工收入低、劳动效益差的情况进行了专题调查。针对调研中发现的问题，提出进一步加大国有企业改革力度，积极扶持民族装备业的发展，改革和完善对企业工资分配的调控，使企业工资结构更加趋于合理，大力推行工资集体协商，减轻低收入职工群体负担等6条建议。同期，中国机冶建材工会还就机械制造业技术工人比例偏低问题进行了联合调查，先后走访了浙江、陕西、河南等8个省市的机械系统企业，就企业技工队伍的培养、发展、稳定等问题向政府有关部门提出了建议，引起了有关方面的重视，在一定程度上促进了问题的解决。

六、贯彻落实党的十五大和中国工会十三大精神

世纪之交，中国所处的国际环境发生巨大变化。中国工人运动进入转型时期。工人阶级与全国人民一起，坚定支持和推进改革开放与现代化建设，使经济社会发展取得了一系列重大胜利。中国机械冶金建材工会认真贯彻党的十五大和中国工会十三大精神，围绕中心、服务大局，全面履行各项社会职能，突出维护职能，各项工作获得全面发展。

（一）党的十五大和中国工会十三大召开

1997年9月12日至18日，中国共产党第十五次全国代表大会在北京举行。大会的主题是：高举邓小平理论伟大旗帜，把建

设有中国特色社会主义事业全面推向21世纪。江泽民代表第十四届中央委员会向大会作题为《高举邓小平理论伟大旗帜，把建设有中国特色社会主义事业全面推向二十一世纪》的报告。报告对加快推进国有企业改革提出新要求。报告指出，在国有企业改革中，要建设好企业领导班子，发挥企业党组织的政治核心作用，坚持全心全意依靠工人阶级的方针。党和政府要采取积极措施，依靠社会各方面的力量，关心和安排好下岗职工的生活，搞好职业培训，拓宽就业门路，推进再就业工程。报告强调，工会、共青团、妇联等群众团体要在管理国家和社会事务中发挥民主参与和民主监督作用，成为党联系广大人民群众的桥梁和纽带。要坚持和完善以职工代表大会为基本形式的企事业民主管理制度，组织职工参与改革和管理，维护职工合法权益。

1998年10月19日至24日，中国工会第十三次全国代表大会在北京举行。中共中央政治局常委、国家副主席胡锦涛代表党中央作了题为《工人阶级要为实现我国跨世纪发展的宏伟目标不懈奋斗》的祝词。要求工人阶级要大力发扬艰苦创业和开拓创新精神，始终站在推动社会生产力发展的前列，以强烈的主人翁责任感，坚定不移地支持党和国家采取的一系列重大改革措施。要求各级工会把自觉接受党的领导与独立自主地开展工作统一起来，把维护全国人民总体利益与维护职工具体利益统一起来，把继承工会工作优良传统与在实践中勇于创新统一起来。强调工会必须全面履行维护、建设、参与、教育等各项社会职能，要针对社会主义市场经济条件下劳动关系出现的新变化，更好地代表和维护职工的具体利益，切实把维护职工合法权益放到突出位置，使工会真正成为“职工之家”。

全国总工会党组书记、副主席、书记处第一书记张丁华作了题为《高举邓小平理论伟大旗帜，团结动员各族职工为实现我国跨世纪宏伟目标而奋斗》的工作报告。报告提出了今后5年工会工作的指导方针，即在中国共产党的领导下，高举邓小平理论伟大旗帜，全面贯彻党的十五大精神，坚持基本路线和基本纲领，坚定不移地推动全心全意依靠工人阶级方针的落实，突出工会的维护职能，充分发挥民主参与、民主监督和社会调节作用，不断加强工会的群众化、民主化、法治化建设，更好地为职工群众服务，团结、教育和动员广大职工，为深化改革、促进发展、维护稳定，把建设有中国特色社会主义事业全面推向21世纪而努力奋斗。

（二）贯彻落实中国工会十三大精神，履行产业工会职责

中国工会十三大召开后，中国机械冶金工会深入贯彻工会十三大精神，坚持和发展工会工作总体思路，主要抓了以下几个方面的工作。一是以建制为基础，推进依靠工人阶级方针的贯彻落实。系统各级工会总结不同层次、不同类型企业的典型经验，特别是推广安阳钢厂制定的《当好主人60条》、促进企业改革和发展的经验。二是做好企业改制中的工会工作。召集京、津、沪、穗四城市机械产业工会进行研讨，对公司制企业建立职工董事和职工监事制度问题进行了调研。三是抓好职代会民主评议企业领导干部工作。四是深入贯彻工会工作总体思路，突出维护职能，大力推行建立平等协商和集体合同制度。五是积极探索把工会工作纳入法治化轨道，实现依法维权。六是推进再就业工程，做好职工队伍稳定工作。1998年12月，中国机械冶金工会三届三次全委（扩大）会议在广西北海市召开。中国机械冶金工会主席高忠谦作了题为《贯彻工会十三大精神，团结动员广大职工推进全系统的改革和发展》的工作报告；传达了胡锦涛、尉健行对“石拖”实行厂务公开、“抚钢”实行民主议事制度的重要指示。大会对在“三大战役”立功竞赛活动中表现突出的单位进行了表彰。

中国工会十三大召开后，中国建设建材工会紧紧围绕全党全国工作大局和工会工作全局，积极推进党的全心全意依靠工人阶级方针的贯彻落实。1998 年 10 月，中国建设建材工会三届三次全委会议在山东省烟台市召开。中国建设建材工会主席张鸿兴作了题为《深入贯彻中国工会十三大精神，努力开创建设建材工会工作新局面》的工作报告。李全良当选为中国建设建材工会全国委员会副主席。会议表彰了建设建材系统 289 名优秀工会干部和 220 名优秀工会之友。

为贯彻中国工会十三大精神，中国建设建材工会重点抓了以下几方面工作。一是联系产业工会实际认真学习、广泛宣传、深入贯彻党的十五大和中国工会十三大精神；二是突出工作重点，积极推进国有企业深化改革，把落实依靠工人阶级方针贯穿到各项改革之中；三是紧密结合产业实际，加大行业维护的力度，通过有效途径和办法，把维护职工合法权益落到实处；四是深入开展调查研究，抓好典型，指导工作；五是进一步加强建设建材产业工会自身建设，以适应改革新形势的要求。

（三）在企业改制中维护产业职工权益

从 1994 年起，国有企业改革从放权让利、政策调整进入转换机制、制度创新阶段。国务院和各地先后选择 2700 多户国有企业进行建立现代企业制度试点，推行公司制、股份制改革。各产业工会组织了一批工会干部分赴试点的企业开展工作，积极参与试点方案和配套措施的制定，就涉及职工利益、发挥职工作用的一些重大问题提出意见建议，得到有关部门赞同采纳，被吸收到试点方案中，促进了企业试点工作。1998 年 8 月，中国机械冶金工会组成调查组，对重庆市荣昌、江津两县（市）企业改制和工会工作进行调研，了解县（市）所属 93 家国有企业转制工作情况，对改制顺利的、改制困难的和改制后存在问题较多的企业分别进行原因分析，针对改制后工会组织被削减、工会工作出现弱化趋势，以及工会工作面临的困难和问题进行了认真分析，提出了意见建议。

东风汽车公司在改革过程中，工会自始至终参与决策，提供决策方案，体现职工意愿。先后参与制定了《东风汽车公司全员劳动合同制暂行规定》《关于辞退、除名、开除职工的若干规定》《职工工伤保险管理办法》《职工退休退职的暂行规定》《女职工生育保险》《关于职工死亡待遇的有关规定》等6项改革方案，对涉及职工切身利益的社会保险制度改革方案，从研究思路、文件起草到修改定稿，工会都积极发表意见，多项意见建议被行政采纳，深受广大职工欢迎。常州市机械冶金工会联合会提出强化职工代表大会制度，从源头上维护职工权益；积极推行集体合同，从制度上维护职工权益；引导职工为企业发展建功立业，从根本上维护职工权益；提高职工整体素质，从长远上维护职工权益，受到企业行政肯定与职工好评。

在建立现代企业制度的过程中，机械、冶金、有色金属、黄金系统在推进职工董事、职工监事制度上取得了很大进展，职工董事、职工监事达到了“量上扩大、质上提高”。据机械冶金工会对25个国有大中型公司制企业抽样统计，建立职工董事、职工监事制度的有23家，占被调查企业总数的81.2%。石家庄水泵厂、徐州工程机械有限公司、宝钢、唐钢、保定天威集团等单位的工会组织积极探索，为职工董事、职工监事更好地发挥作用创造和积累了经验。

2003年11月，全国机械工业部分改制企业工会工作研讨会在苏州召开。与会代表交流了改制过程中工会工作的经验，探讨了进一步做好国有企业改革、改制过程中以及改制后工会工作的新途径、新方法。对与会代表反映的国有企业改制中存在的“一刀切”问题、国有资产在改制中流失严重、改革成本不足、职工经济利益受到损害、劣势企业退出通道不畅等问题向国家有关部门提出了建议。会后，中国机冶建材工会根据会议反映的问题及全委对冶金、建材系统改制企业的调查，制定下发了《关于在机械冶金建材工业国有企业改制过程中加强工会工作切实维护职工合法权益的意见》。

为了加强工会在协调劳动关系中依法维护工作的力度，中国机械冶金工会于2000年9月在上海召开了依法维护工作研讨会。会议提出，在依法维权的进程中，应建立和完善以职代会制度为基本形式的职工民主管理和民主监督机制；以平等协商、签订集体合同为基本形式的源头参与机制；以畅通信息渠道，加强各方协调为基本形式的劳动关系预警机制；以工会参与调解劳动争议为基本形式的劳动关系调解机制；以职工法律监督和职工法律援助为基本形式的权益维护机制；以推进再就业为基本形式的职工劳动保障机制。面对有色金属矿山严重亏损，造成职工生活困难的严峻形势，中国机械冶金工会在深入调研的基础上，协助有色金属工业总公司积极向国务院、劳动部反映，国家破例批准了有色金属系统的行业统筹，缓解了有色金属矿山职工生活困难，促进了矿山的转产改造。为了加强有色金属资源枯竭矿山关闭破产企业工会工作，中国机械冶金工会于2001年5月在昆明召开了全国有色金属矿山关闭破产企业工会工作会议，讨论了《关于在有色金属矿山企业实施关闭破产中加强工会工作的意见》。在中国有色金属工业系统45家国有重点矿山企业由于资源枯而实施关闭破产的过程中，工会协助和督促有关部门妥善处理好涉及职工切身利益的重大问题；为关闭破产企业职工办实事，为困难职工排忧解难，对特困职工切实履行“第一责任人”的职责，妥善合理地解决职工的特殊困难。受到职工欢迎与称赞。

七、在工会工作“五突破一加强”中发挥产业工会作用

1999 年 10 月，全国总工会召开十三届三次主席团会议，明确提出要实现工会工作的“五突破一加强”，即积极协助党政做好国有企业减员增效，下岗职工基本生活保障和再就业工作，深入实施“送温暖工程”，对帮扶特困职工承担“第一责任人”职责的工作要有新的突破；坚决维护职工的经济利益，进一步理顺关系，推行平等协商和集体合同制度的工作要有新的突破；切实保障职工的民主权利，坚持和完善以职工代表大会为基本形式的企业民主管理制度，实行厂务公开和民主评议企业领导人的工作要有新的突破；推动国有独资和国有控股公司的董事会、监事会中都要有职工代表参加的工作要有新的突破；加强新经济组织和改制企业工会组建步伐，最大限度地把职工组织到工会中来的工作要有新的突破。1999 年 12 月召开的全国总工会十三届二次执委会议又进一步提出了“最大限度地把广大职工组织到工会中来，最大限度地维护广大职工的合法权益，最大限度地保护、调动和发挥广大职工的积极性、创造性”的“三个最大限度”的工作要求。“五突破一加强”及“三个最大限度”是对工会工作总体思路的继承和发展，在进一步突出履行维护职能的同时，带动了其他各方面工作的开展和创新，提高了工会工作的整体水平。

为在“五突破一加强”中发挥产业工会作用，中国机械冶金工会在以下五个方面开展工作。一是注重源头参与，坚持多层次、大力度地参与企业转机建制，旗帜鲜明地支持改革，旗帜鲜明地维护职工合法权益；二是推进企业建立稳定协调的劳动关系，在建立协商机制，注重集体合同的规范化、个性化和量化上下功夫；三是维护职工队伍稳定，做好下岗职工基本生活保障和再就业工作，使职工下岗分流规范有序，为下岗职工再就业创造条件，大

力开展“送温暖工程”，为特困职工排忧解难；四是推进企业民主管理工作，在全系统全面推广厂务公开；五是促进产业经济发展，冶金系统广大职工开展了“学邯钢、降成本”活动，机械系统开展了“三大战役”立功竞赛活动，有色金属系统开展了扭亏增盈达标竞赛。多种形式的竞赛活动促进了产业经济的发展。

1996年，机械冶金工会对本行业省、市产业工会进行调查，调查表明，随着经济关系、劳动关系的变化，各方面利益关系日益复杂化。在这种情况下，产业工会作为产业职工利益的代表，维护职工合法权益的任务将更加艰巨和繁重。机械冶金建材系统各级工会加强与对口行业管理部门联系合作，对产业结构调整中涉及职工利益的热点问题及时组织专题调查，并把有关情况和解决问题的建议上报有关部门。例如，对我国发电设备制造业陷入困境的问题，机械行业停产半停产、农机行业效益低下、有色金属矿山资源枯竭等问题，以及职工就业、生活保障、劳动报酬、医疗制度改革、安全生产、职业危害等带有全局性、行业性的突出问题，提出有针对性的意见和建议，受到有关部门的重视，对解决产业特殊问题起到了积极的促进作用。

机械冶金工会把积极参与现代企业制度试点工作列为重点工作，提出超前参与、源头参与、全过程参与的原则，全委和地方产业工会分别参加了同级对口行业管理部门试点工作领导小组，参与试点方案的研究制定。并通过调查研究，抓典型、找规律，形成切实可行的意见和建议。如上海冶金工会制定了《上海冶金系统在转机建制中建立职工董事、监事制度及其运作的若干意见》，为试点企业提供了具有指导性、操作性的规范意见。一些地方产业工会还建立了联络点，通过沟通情况、传播经验，有力地推进了国有企业改革和建立现代企业制度试点的工会工作。在参与现代企业制度试点过程中，产业工会抓住关键环节，全面推行平等协商和集体合同制度。上海市机电工会起草了市机电系统国有企业集体合同参考范本，指导各企业的具体工作。在产业工会的努力下，平等协商和签订集体合同工作在机械冶金行业取得较大突破。

针对这一时期机械冶金单位劳动合同期满的职工被终止劳动关系的数量增多，有的企业甚至发生不稳定事件的现象，中国机械冶金工会在北京、济南、青岛等地的机械系统部分企业中进行了专题调查，写出《劳动合同的终止与续签引发当前劳动关系矛盾的突出问题》的调查报告，反映了终止劳动合同引发的矛盾和问题，提出了减少和防止因终止劳动合同而产生矛盾问题的建议。建议进一步完善我国失业保障制度，保证失业人员的基本生活；制定有关补偿金的法规，给予终止合同的职工相应经济补偿；加大集体协商力度，维护职工的劳动权益；促使劳动合同与集体合同衔接配套，使集体合同确定的劳动标准和有关劳动关系的行为规则成为劳动合同订立、调整和实施的依据。这些意见建议得到采纳后，有效促进了职工队伍稳定，推动了改革平稳进行。

这一时期，机械冶金建材系统工会组织把提高职工队伍的技术素质，增强企业市场竞争能力作为主攻方向，推动群众性经济技术创新，取得了新的进展。东风汽车集团公司、长城铝厂、首钢总公司等开展技术创新和合理化建议活动，天津钢管公司与用户联合开展营销联谊活动，宝钢集团公司所属企业开展“争创智能型职工、智能型班组”活动，以及各级工会组织广泛开展“提一条合理化建议、学习一门新技术、推广一项新操作法、刷新一项新纪录、改革一项新工艺”等活动，为群众性的经济技术创新赋予了时代特色。1999 年 6 月，中国机械冶金工会和国家冶金局组织全国 25 家重点钢铁企业开展了节能增效社会主义劳动竞赛，竞赛中，各企业大力开展群众性合理化建议、技术攻关、技术协作和总结推广先进操作法等项活动。通过竞赛，唐钢等 10 余家重点企业吨钢能耗已达到竞赛指标，促进了企业效益的提高。济南钢铁集团总公司围绕企业生产，以节能降耗创效益为目标，拓展了群众性经济技术工作，取得了很好的效果。中国机械冶金工会对此进行了专题调研，召开重点钢铁企业工会群众性经济技术工作商议会，总结了济钢的经验，并在冶金系统推广。

1999 年 9 月，中国机械冶金工会在攀枝花钢铁集团公司召开全国冶金行业工会群众经济技术工作经验交流和理论研讨会议，交流和研究在市场经济条件下群众经济技术工作出现的新特点、新内容和新方法，推进冶金行业群众经济技术活动的开展。同期，中国机械冶金工会还发布《关于在机械工业企业工会开展群众性经济技术创新工程活动的意见》，提出了为振兴机械工业建功立业，创一流企业、创一流班组、创一流职工队伍，抓十家创新活动优秀企业；百项创新成果；千个创新活动示范班组；万名创新活动示范岗的总体目标。

为做好劳动保护工作，维护产业职工生命健康权益，1999 年 9 月，中国机械冶金工会在湖北举办了冶金、有色金属企业工会劳动保护干部培训班。同年 10 月，全国钢铁企业工会劳动保护联合会第十五次年会对冶金行业劳动保护工作提出五点意见：一是加强联合会的自身建设，从机制、管理和人员素质方面解决不适应形势要求的问题；二是建立企业安全生产管理的约束和激励机制，加强群众监督；三是创企业安全科技进步新水平，督促企业把安全科技纳入企业整体科技规划；四是加强劳动保护监督检查员队伍建设；五是提高劳动者的安全意识和自我保护能力。这一时期，中国机械冶金工会在各钢铁企业开展群众性事故隐患自查整改活动，突出“我要安全”的主题，增强企业全体职工的安全生产意识，提高处理突发性事故和自我保护能力。各企业工会针对自查中发现的薄弱环节和主要安全生产问题，向企业行政提出限期整改的意见，促进了企业安全生产。

八、开展"送温暖工程"，为产业职工纾贫解困

20 世纪 90 年代以来，随着经济结构调整和国有企业深化改革，出现了大规模的结构性、政策性减员，就业形势一度十分严峻。各级工会积极协助党政做好下岗职工基本生活保障和再就业，深入实施"送温暖工程"，对特困职工承担"第一责任人"职责。

扶贫帮困，互助互济，历来是中国工会的光荣传统。早在 20 世纪 80 年代，各地工会便积极开展各种形式的互助活动，辽宁、黑龙江、江苏、甘肃等地工会还探索送温暖活动形式以解决困难职工生活问题。20 世纪 90 年代以来，工会加大了扶贫帮困的力度。1992 年元旦、春节期间，全国总工会党组、书记处领导人分赴全国 18 个省、自治区、直辖市走访慰问受灾地区和"双停"、亏损企业的困难职工、离退休职工。自此，在全国范围内开展的"进万家门、知万家情、解万家难、暖万家心"工会送温暖活动正式拉开帷幕。1994 年，全国总工会作出决定，将一年一度的送温暖活动拓展为"送温暖工程"。经过多年深化发展，送温暖逐渐成为工会的一项特色工作。2002 年初，中国工会实施"送温暖工程"已经 10 年。新年伊始，江泽民亲笔题词"送温暖工程"。2002 年 1 月 18 日，全国总工会在北京召开实施"送温暖工程" 10 周年座谈会，中共中央政治局常委、中华全国总工会主席尉健行在会上作了重要讲话，总结回顾了工会组织实施"送温暖工程"发展历程，对下一步工作作出具体部署。

机械冶金建材系统各级工会围绕建立健全送温暖机制进行了探索。通过建立困难职工档案，摸清困难职工的数量、结构、分布、困难程度等动态情况，有的放矢地制定帮困的具体措施；普遍推行领导干部联系困难企业和困难职工户制度；推动建立"送温暖工程"基金，不断完善管理制度和运作方法；推动并协助地

方政府采取有力措施，落实最低工资规定，推行最低生活保障制度，保障离退休金、职工生活困难补助和下岗人员生活费的发放。1998 年 12 月，中国机械冶金工会三届三次全委（扩大）会议强调，要把“送温暖工程”与再就业工作结合起来，做好下岗职工基本生活保障。还就如何进一步完善下岗职工基本生活保障和再就业的政策、法规，以及在国有企业改革过程中如何切实保障下岗职工基本生活、保证按时足额发放离退休职工养老金等难点问题进行讨论。1999 年 10 月，中国建设建材工会三届四次全委（扩大）会议指出，要满腔热情地帮助下岗职工解决实际困难，着力做好帮扶特困职工的工作，真正承担起“第一责任人”的责任。机械冶金建材产业系统工会督促有关部门落实困难职工基本生活保障和下岗职工再就业等一系列政策，及时了解和向有关部门反映本产业职工生产生活中遇到的困难，促进了企业和职工队伍的稳定。一汽集团为了帮助困难职工脱贫，以模范工会干部李放的名字命名成立了“李放基金会”，采取发动职工捐一点、向职工借一点、工会经费出一点、行政赞助一点的办法筹措资金，坚持“扶贫先扶志，治贫要治本”的思想，变输血为造血，帮助困难职工开办养殖业、加工业、种植业、服务业、小商品零售业等致富项目，每年扶持近百户困难家庭脱贫。2002 年，中国机冶建材工会调研发现，中国第十二冶金建设公司部分职工生活困难，全委专门写出报告，建议政府有关部门以及中国铝业公司尽快采取措施，维护职工队伍稳定。中铝公司在接到有关调查材料后，千方百计筹措资金 550 万元，一次性全部解决拖欠的遗孀、遗属抚恤金和子弟学校的义务教育费，部分解决拖欠职工的医疗费、养老保险金和统筹外养老金等。通过努力，十二冶的“造血”机能逐步恢复，同时加速了改制步伐。

1996 年 8 月，全国总工会下发《关于工会促进失业职工再就业和企业富余职工分流安置的意见》，要求各级工会依靠职工群众深化企业改革，解决失业职工再就业和富余职工分流安置问题。根据《意见》精神，机械冶金建材系统工会加强调查研究，注重源头参与，积极参与规范企业下岗分流行为的工作，督促企业按照国家政策制定下岗分流方案，提交职工代表大会审议通过，配合行政做好下岗职工进入再就业服务中心、保障基本生活、开展转岗培训以及下岗职工与企业解除劳动关系、下岗职工基本生活保障向失业保险并轨等工作。各地产业工会以多种形式、多种渠道做好下岗职工分流安置工作。建立再就业培训机构，开展对下岗职工的转业转岗培训，增强下岗职工的再就业竞争能力；兴办职业介绍机构，开展再就业中介服务，通过建立就业信息服务网、兴办大型用工洽谈会、组织劳务输出等多种方式，帮助下岗职工获得再就业岗位；大力发展工会企事业，吸纳部分下岗职工再就业。此外，还开展以“进百家门、解百家难”为主要内容的献爱心、送温暖活动，通过固定的服务点，包片服务，干群连心卡，解困小家等具体形式，把组织的关怀与温暖送到千家万户。

九、加强产业工会自身建设

1996 年 12 月，中国机械冶金工会第三届全国委员会第一次全体会议在北京召开，高忠谦作了题为《贯彻落实总体思路，团结和动员广大职工为实现机械、冶金、有色金属工业跨世纪宏伟目标而奋斗》的工作报告。全会选举出常务委员 12 人，选举高忠谦为主席、萧国伋为副主席。

1996 年 11 月 16 日至 19 日，中国建设建材工会在北京召开第三届全国委员会第一次会议，全国总工会党组书记、副主席、书记处第一书记张丁华，建设部部长侯捷，建设部副部长毛如柏，国家建材局局长张人为，全国总工会副主席杨兴富、滕一龙，全国总工会书记处书记李永安等到会祝贺并讲话。会议审议并通过了张鸿兴所作的《充分发挥产业工会作用团结动员广大职工努力完成建设建材“九五”计划》的工作报告，审议通过了《中国建设建材工会组织办法》《中国建设建材工会全国委员会选举办法》。大会选举张鸿兴为主席、李凤兰为副主席。

1998年初，全国总工会组织部开展了对全国产业工会工作的调研。在此基础上，由全国总工会书记处集中研讨了新形势下产业工会的地位、作用、指导思想、工作重点等重要问题，并就进一步加强产业工会工作提出了意见。全国总工会明确了全国产业工会的职责，即参与涉及本产业职工切身利益重大问题的法律法规和政策的制定；调查研究和反映本产业职工的特殊利益问题，从源头上维护本产业职工的合法权益；领导本产业中央企业工会工作；指导地方产业工会；在全国总工会统一领导下，开展产业工会的国际交流工作。各全国产业工会都成立了产业工会全国委员会筹备组，按照联合制、代表制的原则，提出了组建产业工会全国委员会的方案，并按照方案的要求，积极筹备和召开了产业工会全国委员会一届一次全委会议。

针对政府机构改革中产业工会遇到的机构设置和人员编制的有关问题，2000年，全国总工会组织部下发了《关于在政府机构改革中合理调整和完善省级产业工会组织的意见》。《意见》提出，原来设在政府有关厅局的产业工会，政府机构仍然保留的，其产业工会可以仍然设在政府有关厅局；原有政府厅局在机构改革中改组为企业集团、控股公司的，其设在厅局的产业工会可相应地改组为企业工会；在机构改革中原政府有关厅局撤销的，地方工会可以考虑设置新的产业工会或由性质相近的产业工会管理；政府有关厅局改革后成为经贸委内设局的，其原设在厅局的产业工会由地方工会进行适当调整，等等。到2000年底，已有辽宁、黑龙江、湖北、湖南、江苏、福建、贵州、陕西、青海、甘肃、宁夏、西藏等地方省级工会按照《意见》的要求，对产业工会进行了调整。2001 年，全国总工会制定了《中华全国总工会机关机构改革方案》，对全国总工会机关职能部门和驻会全国产业工会的设置作了较大调整。将原有的 23 个内设局级机构改为 22 个。其中，全国总工会机关职能部门由 11 个调整为 15 个，全国产业工会由 12 个调整为 7 个，即中国教科文卫工会、中国海员建设工会、中国能源化工工会、中国机冶建材工会、中国国防邮电工会、中国财贸轻纺烟草工会、中国农林水利工会。中国机冶建材工会是由原中国机械冶金工会和中国建设建材工会中的建材系统组建而成的。根据全国总工会批准的《关于组建中国机冶建材工会全国委员会的实施方案》，中国机冶建材工会第一届全国委员会常务委员会由 19 人组成。其中，主席 1 人，副主席 2 人，常委 16 人。

2001 年 12 月底，中国机冶建材工会全国委员会召开一届一次全委会。会议确认了 122 名全委委员，选举王玉峰为全委会主席，王志超、马方成为全委副主席，选举 19 名常务委员会委员。组织体制和机构设置的调整、职责的明确，为产业工会开展工作提供了保障。新的机冶建材工会成立后，积极开展具有产业特色的工作，不断加强高层参与度、源头维护，普遍加强调查研究力度，积极向党和政府以及通过人大、政协等渠道，反映产业职工存在的问题，有针对性地提出政策建议；在保持经常性工作联系的基础上，与对口产业部门、行业协会建立联席会议制度，共同研究解决产业和职工的相关问题；大力提高本产业职工队伍素质，广泛开展职工经济技术创新活动，有力地促进了各个产业的改革、发展、稳定。产业系统工会在深化改革中加强工会自身建设，紧紧围绕深化企业改革和经济建设中心，全面履行工会四项基本职能，切实转变活动方式，改进工作作风，使工会工作更符合群众化、民主化。

在深化改革、促进发展、保持稳定的大局中，工人阶级表现出创新精神、奉献意识和大局观念，始终站在推动经济社会发展的前列。广大职工以主人翁态度积极参与企业的改革、改组、改造和加强管理，为建立现代企业制度、搞好国有经济贡献力量。这一时期，机械冶金建材系统工会积极培养、选树、总结表彰了一大批劳动模范、先进个人和先进集体。东风汽车有限公司商用车公司总装配厂汽车调整工王涛，20 多年累计参与装调的东风车达 16 万辆以上，没出现过一次质量责任事故；以高中文化程度写出了 5 本共计 70 多万字的汽车调整技术专业书籍，完成了 30 多项技术革新成果，创造了有名的“王涛操作法”。1998 年被全国总工会评为全国十大杰出工人、全国职工职业道德十佳标兵，2000 年被授予全国劳动模范称号。一汽集团公司铸造工厂工人李黄玺通过刻苦钻研，先后攻克了 63 项技术难关，成功地改造了 4 条具有国际先进水平的造型线，直接创造经济效益 1300 万元，并且有 9 项技术成果荣获国家专利。集团公司破格提升他为高级工人技师。他先后被评为长春市、吉林省和全国特等劳动模范，荣获全国五一劳动奖章。中国第一汽车集团公司铸造厂灰清车间主任兼党支部书记于永来，对落后的设备、工艺进行改造，工作精益求精，追求尽善尽美，最大限度地消除无效劳动和浪费。在他的带领下，车间面貌发生了巨大变化。机械工业部、中国机械冶金工会在全国机械工业系统先后开展了向王涛、李黄玺、于永来同志学习的活动。

1994 年 10 月，冶金工业部在北京隆重召开全国冶金系统党建工作暨劳动模范表彰大会，冶金工业部、中国机械冶金工会联合作出表彰决定，授予王振华等 482 名同志全国冶金系统劳动模范称号，授予朱静等 21 名同志全国冶金系统先进工作者称号。1995 年 2 月，全国机械工业劳动模范和先进工作者表彰大会在北戴河召开。机械行业首次评选的 655 名全国机械工业劳动模范、28 名全国机械工业先进工作者受到机械工业部、中国机械冶金工会的表彰。

第十一章
21 世纪之初的机械冶金建材工运事业

进入 21 世纪，改革开放进入攻坚时期，党和政府提出了全面建设小康社会的战略目标。中国正式加入世贸组织，经济社会发展面临新的历史机遇，也带来许多挑战。国有企业改革深入发展，所有制结构经历了重大调整，非公有制经济成为社会主义市场经济的重要组成部分。中国工人阶级队伍进一步发展壮大，越来越多的进城务工农民转化为工人阶级的一部分，工人阶级的结构发生重大变化，知识分子的比重快速增长，非公有制企业工人的比重逐年上升，第三产业职工比重大幅增加。在 21 世纪，中国工会及时提出“组织起来、切实维权”的工作方针和中国特色社会主义工会维权观，坚持走中国特色社会主义工会发展道路，致力于创建社会主义和谐劳动关系。工会组织维护职工权益、参与经济建设和社会管理、推动各项工作不断创新和发展。

中国机械冶金建材工会按照全国总工会决策部署，团结动员产业职工积极投身全面建设小康社会的伟大实践，紧紧围绕全面建设小康社会的目标，始终站在经济发展和社会建设的前列，充分发挥主力军作用，彰显了工人阶级的时代风采。

一、贯彻“三个代表”重要思想和科学发展观，加强维权机制建设

2000 年春，江泽民在广东省考察工作时指出，总结中国共产党 70 多年的历史，可以得出一个重要的结论，这就是中国共产党之所以赢得人民的拥护，是因为中国共产党在革命、建设、改革的各个历史时期，总是代表着中国先进生产力的发展要求，代表着中国先进文化的前进方向，代表着中国最广大人民的根本利益。“三个代表”重要思想为推进 21 世纪的工人运动和工会工作，探索有中国特色社会主义工会工作的新路子进一步指明了前进方向，为世纪之交中国工人运动和工会工作的发展提供了思想武装和科学指导。中国共产党第十六次全国代表大会把“三个代表”重要思想同马克思列宁主义、毛泽东思想、邓小平理论一道确立为中国共产党必须长期坚持的指导思想，实现了中国共产党指导思想的又一次与时俱进。

2003 年 10 月召开的中国共产党十六届三中全会提出了科学发展观，并把它的基本内涵概括为“坚持以人为本，树立全面、协调、可持续的发展观，促进经济社会和人的全面发展”，坚持“统筹城乡发展、统筹区域发展、统筹经济社会发展、统筹人与自然和谐发展、统筹国内发展和对外开放的要求”。中国共产党第十七次全国代表大会通过《中国共产党章程（修正案）》，将科学发展观写入党章。

机械冶金建材系统各级工会组织和工会干部自觉用“三个代表”重要思想武装头脑、指导工作，贯彻落实科学发展观，努力探索社会主义市场经济条件下工会维权的形式、途径、方法，推进产业维权机制建设，提高主动维权、依法维权、科学维权的水平。全国总工会机构改革后，进一步明确了新组建的各全国产业

工会的职能，中国机冶建材工会从突出产业特色、创新工作机制、理顺工作关系入手，加大调查研究的力度，在政策服务、源头参与上下功夫，加强对行业经济运行情况的跟踪以及对总体经济形势和改革趋向的分析研究。政府机构改革，撤销工业管理部门后，中国机冶建材工会积极开拓产业工会新的参与渠道，建立了与党中央、国务院有关部门的合作关系，以及与相关工业协会和国家经贸委有关司局、处室的工作联系，分别与中国机械工业联合会、中国钢铁工业协会、中国有色金属工业协会和中国建材工业协会召开了联席会议，建立了共同工作机制。2003 年，中国机冶建材工会与中国机械工业联合会召开座谈会，与中国建筑材料工业协会举行联席会议，就建立工作联系制度达成一致意见，表示要加强经常性联系与沟通协调，共同维护职工经济利益和民主权利，促进企业技术进步，推动行业健康发展。与相关协会联合下发了《中国机冶建材工会全国委员会、中国机械工业联合会工作联系制度》《中国机冶建材工会全国委员会与中国建筑材料工业协会建立工作联系制度的意见》。2004 年，中国机冶建材工会全国委员会分别与中国钢铁工业协会、中国有色金属工业协会建立工作联系制度，双方定期召开工作联系会议，互相配合重点工作，就促进行业改革发展，实现和保护职工合法权益的重要问题联合进行调研，共同组织活动、开展工作。

二、贯彻党的十六大和中国工会十四大精神，坚定不移地走中国特色社会主义工会发展道路

2002 年 11 月 8 日至 14 日，中国共产党第十六次全国代表大会在北京举行。大会的主题是：高举邓小平理论伟大旗帜，全面贯彻“三个代表”重要思想，继往开来，与时俱进，全面建设小康社会，加快推进社会主义现代化，为开创中国特色社会主义事

业新局面而奋斗。江泽民代表第十五届中央委员会作《全面建设小康社会，开创中国特色社会主义事业新局面》报告。提出要紧紧抓住21世纪前20年中国经济发展的重要战略机遇期，集中力量全面建设惠及十几亿人口的更高水平的小康社会，使经济更加发展、民主更加健全、科教更加进步、文化更加繁荣、社会更加和谐、人民生活更加殷实。到21世纪中叶基本实现现代化，把中国建成富强民主文明的社会主义国家。

2003年9月22日至26日，中国工会第十四次全国代表大会在北京召开。大会的主题是：高举邓小平理论伟大旗帜，以“三个代表”重要思想为指导，认真学习贯彻党的十六大精神，团结动员广大职工，充分发挥工人阶级主力军作用，为全面建设小康社会、加快推进社会主义现代化作出新的贡献，努力开创新世纪、新阶段工会工作新局面。中共中央政治局常委、国家副主席曾庆红向大会作了《我国工人阶级要在全面建设小康社会的伟大事业中发挥主力军作用》的祝词。要求中国工会在新世纪、新阶段，必须准确把握自己的定位，做到围绕中心、服务大局，全面履行各项社会职能，突出维护职工合法权益的职能。要求工会组织必须适应时代发展和社会生活的变化，以改革的精神不断加强自身建设，进一步开创工作新局面。要推动工会工作的群众化，坚持重心下移，切实转变作风，贴近职工群众，积极为职工群众说话办事，使工会组织真正成为“职工之家”。

中共中央政治局委员、全国人大常委会副委员长、中华全国总工会主席王兆国作了《以“三个代表”重要思想为指导，团结动员广大职工在全面建设小康社会中充分发挥工人阶级的主力军作用》的报告。报告提出了今后五年工会工作的目标任务：努力提高职工队伍素质，团结动员广大职工为全面建设小康社会建功立业；切实履行基本职责，在改革、发展、参与、帮扶的过程中维护好职工合法权益；大力弘扬劳模精神，促进全社会形成“尊重劳动、尊重知识、尊重人才、尊重创造”的良好氛围；加快工会组建步伐，充分发挥基层工会组织的作用；以改革精神加强工会自身建设，进一步提高整体工作水平。

全国总工会第十四届执行委员会第一次全体会议选举王兆国担任全国总工会主席，选举张俊九、孙宝树、周玉清、王东进、苏立清、张榕明、王瑞祥、徐振寰、陈秀榕、徐德明、黄彦蓉为全国总工会副主席。全国总工会十四届一次主席团会议选举张俊九为全国总工会书记处第一书记，选举孙宝树、周玉清、苏立清、徐振寰、徐德明、黄彦蓉、张鸣起、张秋俭、陈荣书为书记处书记。

2003年10月，党的十六届三中全会作出《中共中央关于完善社会主义市场经济体制若干问题的决定》，提出科学发展观的战略思想，指出要“坚持以人为本，树立全面、协调、可持续的发展观，促进经济社会和人的全面发展”。2004年9月，党的十六届四中全会通过了《中共中央关于加强党的执政能力建设的决定》，提出了构建社会主义和谐社会的目标和基本要求。中国工会结合新形势，努力把握市场经济条件下工会工作规律，形成和提出了一系列重大理论创新。2005年7月，全国总工会十四届六次主席团会议审议通过了《关于坚持走中国特色社会主义工会发展道路的决议》，阐明了坚持走中国特色社会主义工会发展道路的必要性和重要性，概括了中国特色社会主义工会发展道路的基本内涵，明确了新形势下中国工会的工作方针和目标任务。

2009年5月，全国总工会与中央党校、人民日报社、求是杂志社联合召开“坚定不移地走中国特色社会主义工会发展道路理论与实践”研讨会，全面阐述了中国特色社会主义工会发展道路的科学内涵和精神实质。这条道路的基本内涵主要包括以下几个方面。第一，坚持自觉接受中国共产党的领导；第二，坚持以中国特色社会主义理论体系为指导；第三，坚持中国工会的社会主义性质；第四，坚持服从服务于党和国家工作大局；第五，坚持维护职工群众合法权益；第六，坚持不断发展工人阶级先进性；第七，坚持维护工人阶级的团结和工会组织的统一；第八，坚持推动形成公正合理的国际工运新秩序。2012 年 1 月，全国总工会十五届六次执委会议审议通过《关于学习宣传实践中国特色社会主义工会发展道路的决议》。决议要求各级工会深入学习、广泛宣传、积极实践中国特色社会主义工会发展道路，准确把握科学内涵，深刻领会精神实质，系统掌握理论体系，在落实上狠下功夫，在实践中丰富完善。

中国机冶建材工会认真贯彻落实中国工会十四大精神，深入学习宣传中国特色社会主义工会发展道路的科学内涵和精神实质，充分运用专题学习会、辅导讲座、报告会等途径和载体，大力宣传坚持工会发展道路的新鲜经验和先进典型，紧密联系产业改革发展和产业工会工作实际，努力破解工会工作面临的重点难点问题，探索解决构建和谐劳动关系、维护职工合法权益、加强工会组织建设、激发基层工会活力等方面的突出问题，及时总结推广基层和职工群众的好经验好做法，不断丰富中国特色社会主义工会发展道路。

（一）贯彻落实“组织起来、切实维权”的工作方针

2003 年 12 月，全国总工会十四届三次主席团（扩大）会议首次提出了“组织起来、切实维权”的工会工作重点。2004 年 12 月，全国总工会十四届二次执委会议明确提出“组织起来、切实维权”的工作方针。中国机冶建材工会按照这一工作方针的要求，积极探索建立产业特色维权机制，推动建立健全产业联席会议制度和劳动关系三方协商制度，建立健全行业集体合同、工资协商和行业职代会制度，推动建立职工工资正常增长机制和支付保障机制，推动行业性劳动标准修订，促进和谐劳动关系，努力

推进自身的创新发展。产业系统工会加强对国有企业改制中的工作指导，防止工会组织被撤并和会员流失，把农民工入会作为组建工作重点，积极探索建立覆盖多种所有制企业的产业工会组织形式，在产业集群、工业园区建立区域性行业工会联合会，收到良好的效果。各地工会在实践中创造了许多具有产业特色的工作方式，如坚持“党建带动工建、工建服务党建”，努力扩大覆盖面、增强凝聚力，加强基层工会工作。许多委员单位通过发展会员推动建会，创办会员基地引导职工入会，一些单位实行建会目标考核激励机制，以点带面，重点推动一批长期未建工会的外资企业建立工会组织。通过一系列行之有效的举措，工会组建工作大步推进，规范化程度进一步提高，作用进一步发挥。

2006 年 7 月，全国总工会十四届九次主席团（扩大）会议通过《企业工会工作条例（试行）》，对企业工会组织、基本任务、活动方式、工作机制和制度等作出明确规定。为推动机械冶金建材系统工会学习宣传贯彻《条例》，中国机冶建材工会提出关于机械冶金建材系统工会学习贯彻《条例》的意见，要求系统各级工会认真学习《条例》，深刻认识其重要意义，熟悉和掌握其主要内容，用《条例》规范企业工会工作，在实践中回答当前企业工会工作“干什么”“怎么干”的问题，推进企业工会工作科学化、制度化、规范化建设，提高工会工作整体水平。

机械冶金建材系统工会坚持“一手抓维护，一手促发展”，努力做好深化改革中的工会工作，维护职工队伍和社会政治稳定，在促进产业结构调整、推进产业发展和深化企业改革中发挥了积极作用。中国机冶建材工会针对改革的热点、难点和焦点，以及职工群众最关心、最直接、最现实的利益问题进行了大量的调查研究，提出许多切实可行的意见和建议，对于提高工会源头参与和宏观维护水平发挥了积极作用。机械、钢铁、有色金属和建材系统工会高度关注产业经济结构调整对职工权益的影响，在调查研究的基础上提出政策性建议，受到全国总工会和党政有关部门的重视与肯定，许多意见建议得到采纳，实施后收到了较好效果。其中比较重要的有：一是与中国钢铁工业协会合作，对全国70家重点钢铁企业职工技术素质状况进行了调查；二是与中国机械工业联合会合作，对机械系统改制企业的工会工作和职工权益维护问题进行了专门研讨，形成会议纪要和工作指导意见；三是深入天津、重庆、甘肃、安徽、长春、西安等十多个省、市的机械企业开展拖欠职工工资及社会保险等劳动债务的调查，向有关部门提出了相关建议；四是针对建材行业非公有制企业发展迅猛，工会工作比较薄弱的实际，对15个建材非公企业的工会工作情况进行调查分析，提出指导性意见；五是针对重型机械行业大型骨干企业经济运行中负担重、技术人才外流，乡镇和个体私营企业压力机安全生产事故频发，陶瓷行业部分企业劳动安全卫生状况较差等问题，组织力量进行深入调查研究，形成了调查报告报送有关部门，并通过全国政协等渠道进行反映。上述调查报告引起国家有关部门和地方政府的重视，被纳入相关政策制定之中，在一定程度上促进了问题的解决。

2007年，中国机冶建材工会对机械行业企业改制后职工工资方面存在的突出问题进行了调研，形成了《关于部分机械行业改制后企业劳动工资状况的调查报告》；对钢铁系统大中型国有企业主辅分离、辅业改制的进展情况和工会发挥作用的情况进行了调研，完成了《关于部分国有大中型钢铁企业主辅分离、辅业改制情况的调查报告》；针对建材行业民营企业多、劳务工比重大，劳务工权益保护问题突出的状况，分别形成了《关于建材行业外来务工人员权益维护情况的调查报告》和《关于建材行业外派劳务工权益维护和管理情况的调查报告》，提出了加强外派劳务工组建工会，维护劳务工合法权益的建议，受到行业主管部门的重视与采纳，有力维护了产业职工的合法权益。

（二）在国企改制和主辅分离中加强工会工作

党的十六大以来，国有企业产权制度改革和主辅分离、辅业改制的步伐明显加快。中国机冶建材工会高度关注国有企业改制过程中职工权益的维护，深入基层对改革改制情况进行了大量深入的调查研究。2003 年，中国机冶建材工会组织机关干部分别深入 13 个省市 49 家企业，对大型国有企业主辅分离和富余人员安置、职工经济技术创新活动、职工业务技术素质、非公企业工会状况、企业拖欠职工工资、困难职工群体和企业安全卫生等情况进行调查。调查显示，在国有企业改制和主辅分离工作中，许多企业工会主动参与改革，创造了许多行之有效的新鲜经验；同时调查发现，由于企业改制不规范，少数地方发生了侵犯职工切身利益的问题，甚至引发职工群体上访事件。针对这一情况，中国机冶建材工会于 2003 年、2004 年分别制定了《关于在机械冶金建材系统国有企业改制中加强工会工作，切实维护职工合法权益的意见》和《关于在国有企业改制中加强民主监督，贯彻落实国资委两个文件精神的通知》，提出参与和推进企业改制工作的 25 条具体意见，要求在国有企业改制过程中要坚持做到“工会组织不散，工作不断”，改制后的新企业，无论其产权结构如何变化，都要及时组建工会，切实保证企业改制到哪里，工会组织就组建到哪里。《意见》和《通知》对加强企业改制和主辅分离中的工会工作，稳定职工队伍起到了积极作用，受到全国总工会的肯定和各级工会欢迎。

在一些地方国企改制过程中，存在操作不规范、改制方案不经职代会审议、对职工的经济补偿不落实，严重侵犯职工民主权利和经济利益现象，少数企业经营者利用不法手段转移、侵占、侵吞国有资产、产权，造成国有资产流失，一些企业在改制中，基层工会组织被撤销或合并，工会工作受到削弱，还有少数企业未能妥善处理矛盾，引发职工群体性事件等问题。针对此类状况，2004 年 4 月，全国总工会印发《中华全国总工会关于进一步加强国有企业改制过程中工会工作的意见》。2004 年 8 月，中国机冶建材工会召开一届六次常委（扩大）会议，专题研究企业改制、主辅分离中的工会工作。会议总结交流了中国一拖、东方锅炉厂、江苏淮钢、杭玻集团公司等 10 个企业工会组织在改制中充分发挥作用、维护职工合法权益、推动企业改制和主辅分离工作顺利进行的经验。此后，中国机冶建材工会先后推广了上海宝钢集团公司在企业主辅分离、辅业改制和分流安置富余人员过程中发挥工会作用，推进企业改制顺利进行的经验，以及莱钢集团有限公司在企业改制中严格民主程序、充分发挥工会作用的经验。其中，宝钢的经验得到全国总工会领导的重视，以全国总工会名义在全国范围内宣传推广。中国机冶建材工会高度关注企业改制中的职工权益，重点关注关闭破产企业职工生活，如劳动保护、生产安全、职业病防治及农民工的权益保护问题等。对在改制过程中侵害职工合法权益引发职工群体事件的若干典型案例进行剖析，向国家有关部门提出 7 条政策性建议。同时还对机械行业部分企业职工加班加点严重等突出问题，以及一些损害职工切身利益的具体案例向全国总工会和国务院作了专题报告，促进了问题的解决。

三、组织开展劳动竞赛，动员广大职工建功“十一五”

党的十六大提出全面建设小康社会的奋斗目标，为工人运动和工会工作提出了新的历史任务。面对新任务新要求，中国机械冶金建材系统工会团结组织广大职工扎实推进群众性建功立业活动，充分调动广大职工群众的积极性、主动性和创造性，展示了工人阶级的时代风采。

党的十六届五中全会审议通过《中共中央关于制定国民经济

和社会发展第十一个五年规划建议》之后，2005 年 12 月，全国总工会十四届三次执委会议通过《关于团结动员广大职工为实现“十一五”规划建功立业的决议》。2006 年 2 月，全国总工会发出《中华全国总工会关于在职工中广泛开展“当好主力军、建功‘十一五’、和谐奔小康”竞赛活动的通知》，启动了在全国职工中广泛开展“当好主力军、建功‘十一五’、和谐奔小康”竞赛活动。2007 年 8 月，全国总工会下发《中华全国总工会关于深入开展创建“工人先锋号”活动的实施意见》，在全国各行各业迅速掀起创建“工人先锋号”活动高潮。中国机冶建材工会按照全国总工会部署，动员组织职工开展“当好主力军、建功‘十一五’、和谐奔小康”和创建“工人先锋号”竞赛活动，紧紧围绕提高职工技术技能水平，开展培养知识技能型、技术技能型、复合技能型高技术人才竞赛；围绕增强自主创新能力，开展以小革新、小发明、小改造、小设计、小建议为重点的技术创新竞赛；围绕节能降耗、实现经济发展的目标，开展“我为节能减排做贡献”和多种形式的建功立业竞赛活动；围绕重点工程积极开展有产业特色的劳动竞赛。中国机冶建材工会下发了《关于组织机械冶金建材系统广大职工积极参加“当好主力军、建功‘十一五’、和谐奔小康”竞赛活动的通知》，要求在本系统各企业开展培养“三型”技能人才，开展“创建学习型组织、争做知识型职工”活动，开展“五小”技术创新竞赛，开展节能降耗竞赛，发挥劳动模范的示范带头作用，充分调动和发挥广大职工的积极性和劳动热情，把广大职工的聪明才智和创造力凝聚到完成“十一五”规划上来，为推动国家经济社会发展建功立业。在三峡右岸水利工程建设中，哈尔滨电机厂有限责任公司、东方电机股份有限公司首次承担了目前世界上最大的单机容量 70 万千瓦的水轮发电机开发研制任务，为了充分调动企业广大职工的积极性和创造性，中国机冶建材工会决定会同中国机械工业联合会、国务院三峡办共同组织开展为期五年的“三峡三期工程重大设备制造联合立功竞赛”活动。参加竞赛的单位有哈尔滨电机厂有限责任公司、东方电机股份有限公司、第一重型机械集团、第二重型机械集团、太原重型机械集团、大连重工起重集团等21家企业2万多名职工。竞赛的内容是：确保设备制造质量、确保产品交货期、确保售后服务，杜绝安全事故，开展群众性技术进步和创新活动，提高设备国产化水平。通过竞赛，不仅按期完成了设备制造任务，还有力促进了企业技术进步，为促进民族工业的技术进步、国家重点工程建设作出了积极贡献。

（一）开展技能竞赛和群众性经济技术创新活动

“十一五”期间，中国机冶建材工会大力开展形式多样的职工技能竞赛和群众性经济技术创新活动，促进了职工技能提升和企业发展进步。

2004年，中国机冶建材工会与中国机械工业联合会、国家劳动和社会保障部中国就业指导中心联合组织了全国首届汽车制造企业装配调试工职业技能大赛，近万名职工参赛，119名选手获奖，其中前48名选手晋升一级职业技能职称，并颁发国家职业资格证书。另外，中国机冶建材工会还与相关协会组织开展了全国载货汽车装配工职业大赛及全国电线电缆制造（检验）工职业大赛，与中国建材工业协会联合组织开展“金隅杯”水泥企业化学分析、物理检验岗位技能大赛。2007年，中国机冶建材工会与中国机械工业联合会、中国有色金属工业协会、中国铝业公司组织了汽车装调工、氢氧化铝分解工、铝电解工和电焊工等技能竞赛。2008年，先后与中国机械工业联合会、中国就业培训技术指导中心共同组织了全国首届发动机装调工职业技能竞赛、“李斌杯”全国机械工业职工数控机床装调维修工技能大赛；与中国钢铁工业协会、中国就业培训技术指导中心共同举办了“太钢杯”第四届全国钢铁行业职业技能竞赛；与中国有色金属工业协会、中国就业培训技术指导中心共同举办了“中国铝业杯”第二届全国有色金属行业职业技能竞赛。通过各种形式的竞赛，为机械冶金建材行业高技能人才的成长创造了良好的环境，激发了广大职工提高技能、岗位成才的热情。

这一时期，中国机冶建材工会还与中国机械工业联合会共同召开了全国机械工业职工经济技术创新成果演示会，表彰职工经济技术创新先进企业、先进班组和先进个人，与中国建材工业协会共同发起设立了“建材行业技术革新奖”。这些活动极大地调动了广大机械冶金建材职工学习技术、提高技能的积极性。中国机冶建材工会还深入开展群众性质量管理活动，与中国机械工业质量管理协会、中国机械工业思想政治工作研究会联合召开了“全国机械工业质量管理信得过班组和质量管理小组代表大会”，表彰了一批优秀 QC 小组、信得过班组、QC 小组活动优秀企业和活动优秀推进者。据 2004 年不完全统计，机械行业开展群众性质量管理活动 26 年来，已累计创造效益 260 亿元。

（二）推进职工节能减排活动，建设节约型企业

2005 年 7 月，根据《国务院关于做好建设节约型社会近期重点工作的通知》的要求，全国总工会发出了《关于动员全国职工为建设节约型社会做贡献的通知》。2007 年 8 月，全国总工会和国家发改委等 17 部委联合下发《关于印发节能减排全民行动实施方案的通知》。中国机械冶金建材系统工会组织和引导职工从岗位做起、从自身做起、从点滴做起，积极投身节能减排活动。

钢铁工业是资源密集型产业，是最有条件发展循环经济，也是最具潜力、最为紧迫发展循环经济的产业。国务院 2005 年 7 月颁布《钢铁产业发展政策》，对钢铁产业转变经济增长方式，发展循环经济提出了具体要求。2005 年 10 月，中国机冶建材工会

向全行业发出《广泛开展建设节约型企业，推动产业循环经济发展的倡议书》，要求各级工会动员和组织职工节约资源、降低能耗、提高效益，帮助职工树立循环经济理念，广泛开展建设节约型企业，推进产业发展循环经济。中国机冶建材工会与中国钢铁工业协会共同组织了“全国重点钢铁企业节能增效竞赛”“全国重点大型耗能钢铁生产设备节能降耗对标竞赛”；与中国有色金属工业协会共同组织了“全国有色金属行业争创节约型企业活动”，启动了为期 3 年的“全国有色金属工业重点用能企业能效对标实施效果竞赛”；与中国铝业公司共同开展了“节能降耗、降本增效竞赛评比活动”。系统职工广泛参与，有力推进了节能降耗工作，对提高企业经济效益、促进企业健康发展发挥了积极作用。在全国总工会发布的“节能减排科技创新 100 项成果”中，机械冶金建材行业的成果就达 33 项。

（三）加强劳动保护和安全生产，推进“安康杯”竞赛活动

2004 年初，全国总工会与国家安全生产监督管理局联合下发《关于开展全国职工安全生产普及教育活动的通知》，要求全国各类企事业单位尤其是中小企业和非公有制企业根据生产实际组织职工学习安全生产知识。机械冶金建材系统工会高度重视安全生产，加强劳动保护工作。2005 年初，中国机冶建材工会下发了《关于加强钢铁企业工会劳动保护工作的通知》，对钢铁企业工会劳动保护工作进行部署，2005 年，为推进落实《安全生产法》，中国机冶建材工会指导全国钢劳联开展了群众性安全卫生消防知识竞赛，直接参与活动的钢铁职工有 110 多万人。在此基础上“钢劳联”组队参加了全国“安康杯”职工安全卫生消防知识竞赛，获二等奖和“优秀组织奖”。钢铁系统各级工会深入开展“安康杯”竞赛活动，总结推广先进经验，加强钢铁企业班组安全建设，开创了钢铁企业工会劳动保护工作的新局面。

四、构建和谐劳动关系，创建劳动关系和谐企业

2002 年，辽宁省最早制定了《辽宁省建立和谐劳动关系三年行动计划》。随后，河北、福建、吉林、江苏、内蒙古、山西、重庆等省（区、市）相继开展了创建劳动关系和谐企业活动或和谐工业园区活动。2006 年 3 月，全国总工会在总结各地实践经验的基础上，发布《中华全国总工会关于开展创建劳动关系和谐企业活动的意见》，要求各级工会积极推动建立和谐稳定的劳动关系。2005 年 12 月，全国总工会十四届三次执委会议通过《关于加强协调劳动关系、切实维护职工合法权益、推动构建社会主义和谐社会的决定》，把推动建立和谐劳动关系作为工会维权的重要目标。机械冶金建材系统工会组织围绕劳动关系建立、运行、监督和调处的各个环节，不断完善利益协调机制、诉求表达机制、矛盾调处机制、权益保障机制，不断充实工会与政府联席（联系）会议、协调劳动关系三方机制的内容，加大维权工作力度，配合政府有关部门及时处理侵犯职工权益的重大案件，创建和谐劳动关系工作取得重大进展，取得了企业广泛参与、职工广为受益、社会广为认同的多赢成效。

机械冶金建材系统工会在推动构建和谐劳动关系中，主要做了以下工作。一是推动《劳动合同法》的贯彻实施和工资集体协商制度的落实。全委在机械、建材系统开展调查研究，举办《劳动合同法》专题讲座，召开贯彻《劳动合同法》、推动工资集体协商工作研讨会。与中国机械工业联合会共同下发了《关于推进全国机械工业企业工资集体协商工作的指导意见》。二是开展冶金行业破产企业情况调查，对中西部五省市已列入破产计划、进入破产程序的钢铁、有色金属企业进行调查，形成调查报告。三是及时反映改革改制中企业和职工面临的困难，针对部分冶金企

业职工反映因按特殊工种提前退休而影响养老金收入问题，专门向全国总工会书记处进行报告，并联系相关部门为企业提供了政策咨询，推动了问题解决，维护了职工权益。

按照全国总工会部署，中国机冶建材工会2007年制定下发了《中国机冶建材工会关于创建劳动关系和谐企业的指导意见》，制定“全行业劳动关系和谐企业建设工作三年计划”，在武钢集团公司召开了创建劳动关系和谐企业现场经验交流会，总结武钢集团公司工会以“干好每一天、关爱每一天、快乐每一天、创新每一天”为主要内容的创建和谐劳动关系经验。会议通过了《关于在全国机械冶金建材企业深入开展“四不让”承诺的倡议书》（“四不让”为：不让一名职工子女因家庭困难上不了学，不让一名职工及子女因家庭困难看不了病，不让一名职工因家庭困难生活过不下去，不让一名职工家庭出现零就业）。

在构建劳动关系和谐企业中，中国机冶建材工会先后推出了淮钢构建协商机制、云南建材工会建立工资协商指导小组和上海机电工会建立法律服务平台的典型经验，对山东省国防机械工会签订省级产业集体合同、贵州有色冶金工会在国企改制及破产中发挥产业工会作用等经验进行总结推广，先后对抚顺铝厂集体工被清退后生活困难问题、内蒙古5家国有机械企业改制后职工权益受损问题、鞍钢辅企公司职工待遇问题、钢铁矿山企业重型矿车司机职业健康情况、钢铁行业职工队伍状况及存在问题、建材行业职工职业技能状况及存在问题进行调查，对部分机械企业职工加班加点超负荷劳动严重、部分困难企业欠发职工工资久拖不决、部分破产企业拒不偿还职工“内债”等问题进行了专题调查和专门报告。会同国家有关部门深入边远矿区调查，为困难企业困难职工解困，不断反映情况，引起国务院高度重视，推动云铜资源枯竭矿区的2万多名工人和家属搬出深山，进入东川城区。抚顺铝厂政策性破产后，为推动解决职工生活困难问题，中国机冶建材工会深入调查、多方协调，得到国家有关部门支持，下拨专款为企业职工解困。先后向全国总工会和政府有关部门报告和反映了一些国有企业大集体工生产生活困难问题、部分地区特困职工应进未进低保问题、冶金建设企业职工生活面临严重困难问题，以及部分有色金属资源枯竭矿山关闭破产后矿区职工居住条件恶劣等问题，向人大、政协会议报送了《关于用法律程序规范企业在实施破产中优先清偿“内债”稳定职工队伍的建议》《农业机械制造企业政策性亏损，需要调整税率》等提案，引起有关部门的重视，促使这些问题得到了较好解决。

随着农村劳动力大量进入城市，维护进城务工人员的合法权益逐渐成为工会工作的重要内容。2003 年 8 月，全国总工会下发《中华全国总工会关于切实做好维护进城务工人员合法权益工作的通知》。2007 年 3 月，全国总工会制定下发了《中华全国总工会关于推进维护农民工合法权益十项机制建设的意见》，从源头入会、双向维权、法律援助等 10 个方面作出了明确规定。机械冶金建材系统工会采取有力措施，把进城务工人员组织到工会中来，切实解决侵犯进城务工人员合法权益的突出问题，在解决进城务工人员现实困难方面做了大量工作，取得明显实效。在机械冶金建材系统一些大型企业，农民工和劳务派遣工已占一线职工的 50%，成为企业生产的骨干力量。针对这种情况，中国机冶建材工会着力保证农民工工资正常支付、正常增长。中国机冶建材工会还及时总结交流各行业维护农民工、劳务派遣工合法权益工作的先进经验，适时转发了上海机电工会《关于维护进城务工人员合法权益的实施办法》，推广了他们维护进城务工人员合法权益的经验，总结推广了江铃汽车集团维护农民工的经验。

工会十四大以后，以职工代表大会为基本形式的企事业单位民主管理制度创新步伐加快，许多地方先后探索建立了区域、行业职代会，并向非公有制企业拓展。自 2002 年 6 月，中共中央下发《关于在国有企业、集体企业及其控股企业深入实行厂务公开制度的通知》以来，中央和全国总工会多次发布文件，制定相应规定措施。2004 年 9 月，全国总工会下发《关于进一步加强非公有制企业职工民主管理工作的通知》。2011 年 1 月，全国厂务公开协调小组成员单位联合下发《关于进一步做好职工代表大会民主评议国有企业领导人员工作的意见》，对职代会民主评议的对象、内容和组织实施等作出具体规定。2011 年 3 月，全国厂务公开协调小组办公室下发《关于大力开展厂务公开、职工代表大会建制专项行动的通知》。2012 年 2 月，中央纪委、中央组织部、国务院国资委、监察部、全国总工会、全国工商联联合下发了《企业民主管理规定》，进一步明确了企业民主管理的目标要求，丰富了形式和内容，完善了程序和规则。机械冶金建材系统工会积极探索，努力推进非公有制企业职工民主管理工作，大力加强基层民主政治建设，积极推行以职代会为基本形式的企事业单位民主管理制度，提高企业、事业单位和机关的职代会制度建制率，组织职工依法实行民主选举、民主决策、民主管理、民主监督，落实职工群众的知情权、参与权、表达权、监督权。各级工会在企事业单位中广泛推行厂务公开，并推动厂务公开进一步向企业生产经营领域延伸，让职工了解情况，接受职工群众的监督，推动厂务公开工作制度化、规范化、经常化。鞍钢化工总厂坚持在职工代表中开展“一日厂长”活动，组建了由优秀职工代表参加的“一日厂长”活动领导小组，工会负责对“一日厂长”上岗前的培训与考核，推动“一日厂长”活动逐步向改革、经营和管理工作中延伸，参与生产经营的全过程。“一日厂长”针对企业改革改造、安全生产等问题，针对职工切身利益问题参与管理，进一步调动了“一日厂长”参与民主管理的积极性；相应地，企业每月安排一名厂级领导深入车间、班组当“一日工人”，倾听职工呼声，解决实际问题。这一活动不仅使职工开阔了视野、增长了才干，也使企业发展空间更加广阔，干群关系更为融洽。

2011 年 8 月，全国总工会在青岛召开全国深化创新厂务公开民主管理工作会议。充分肯定了近年来的工作成绩，对新形势下推进厂务公开民主管理工作理论创新、制度创新和工作创新作出部署、提出要求。机械冶金建材系统的东风汽车公司等企业负责人分别介绍了深化创新厂务公开民主管理工作的经验和做法。

五、贯彻党的十七大和中国工会十五大精神，围绕中心服务大局做好产业工会工作

2007 年 10 月 15 日至 21 日，中国共产党第十七次全国代表大会在北京召开。大会的主题是：高举中国特色社会主义伟大旗帜，以邓小平理论和“三个代表”重要思想为指导，深入贯彻落实科学发展观，继续解放思想，坚持改革开放，推动科学发展，促进社会和谐，为夺取全面建设小康社会新胜利而奋斗。胡锦涛代表第十六届中央委员会作《高举中国特色社会主义伟大旗帜，为夺取全面建设小康社会新胜利而奋斗》的报告。报告指出，支持工会、共青团、妇联等人民团体依照法律和各自章程开展工作，参与社会管理和公共服务，维护群众合法权益。要发展基层民主，保障人民享有更多更切实的民主权利。全心全意依靠工人阶级，完善以职工代表大会为基本形式的企事业单位民主管理制度，推进厂务公开，支持职工参与管理，维护职工合法权益。党的十七大报告是指引工人阶级和全国各族人民夺取全面建设小康社会新胜利、开创中国特色社会主义新局面的行动纲领，为站在历史新起点上的中国工人运动和工会工作指明了方向。

2008 年 10 月 17 日至 21 日，中国工会第十五次全国代表大会在北京举行。大会的主题是：全面贯彻党的十七大精神，高举中国特色社会主义伟大旗帜，以邓小平理论和“三个代表”重要思

想为指导，深入贯彻落实科学发展观，坚定不移地走中国特色社会主义工会发展道路，努力建设中国特色社会主义工会，务实创新、开拓进取，团结动员全国亿万职工为夺取全面建设小康社会新胜利而奋斗。

中共中央政治局常委、国家副主席习近平在中国工会十五大上致题为《在夺取全面建设小康社会新胜利中发挥工人阶级主力军作用》的祝词。祝词指出，在新的历史起点上，各级工会组织要高举中国特色社会主义伟大旗帜，以邓小平理论和“三个代表”重要思想为指导，深入贯彻落实科学发展观，更加自觉地围绕中心、服务大局、团结动员全国广大职工为夺取全面建设小康社会新胜利而不懈奋斗。祝词强调，中国工会在长期探索实践中形成的中国特色社会主义工会发展道路，是中国特色社会主义道路的重要组成部分。在新的历史起点上，全国各级工会要坚持中国特色社会主义理论体系，坚定不移地走中国特色社会主义道路，始终做到与时代发展同步伐、与改革开放共命运、与党和职工群众心连心，使中国特色社会主义工会发展道路越走越宽广。

王兆国作了题为《高举中国特色社会主义伟大旗帜，团结动员亿万职工为夺取全面建设小康社会新胜利而奋斗》的报告。报告总结了工会十四大以来的成绩和经验，提出了今后5年工会工作的目标任务：推动科学发展，以创建“工人先锋号”为载体，广泛开展职工建功立业活动，大力实施职工素质建设工程，更加充分地发挥工人阶级主力军作用；促进社会和谐，以创建劳动关系和谐企业为手段，大力发展和谐劳动关系，维护职工队伍和社会稳定；推动共建共享，以劳动就业、收入分配、社会保障和劳动安全卫生为重点，健全完善维权机制，不断增强维权实效；加强民主管理和基层民主建设，以职代会为基本制度，扩大有序参与，维护职工民主政治权利；激发组织活力，以加强基层工会建设为着力点，提高领导机关服务基层、服务职工的水平，增强工会组织吸引力、凝聚力。报告指出，各级工会要紧紧围绕目标任务，全面布局、突出重点，深化调研、创新体制，研究新情况，总结新经验，解决新问题，努力开创中国工会事业的新局面。同时报告强调，工会发展必须以中国特色社会主义理论体系为指导，深入贯彻落实科学发展观。

大会选举产生了全国总工会新一届领导机构，王兆国当选为全国总工会主席，孙春兰、乔传秀、徐振寰、马培华、孙宝树、陈秀榕、黄丹华、张鸣起、倪健民、王炯、陈荣书、尔肯江·吐拉洪当选为新一届全国总工会副主席。全国总工会十五届一次主席团会议选举全国总工会十五届书记处书记，孙春兰当选为第一书记，乔传秀、徐振寰、张鸣起、倪健民、王炯、陈荣书、王瑞生、李世明、喻红秋当选为书记处书记。全国总工会十五届一次经审会议选举张世平为经审委主任。

10 月 21 日下午，胡锦涛同全国总工会新一届领导班子成员和中国工会十五大部分代表座谈并发表重要讲话，强调中国工人阶级是我国先进生产力和生产关系的代表，是我们党最坚实最可靠的阶级基础，是社会主义中国当之无愧的领导阶级，是全面建设小康社会、发展中国特色社会主义的主力军。在全面建设小康社会、加快推进社会主义现代化的伟大实践中，我国工人阶级肩负着光荣历史使命，要发扬光荣传统，抓住发展机遇，奋勇再立新功。他同时要求，工会要坚持走中国特色社会主义工会发展道路，把坚决按照工会章程和有关法律法规独立自主开展工作同自觉接受党的领导紧密结合起来，把维护职工群众具体利益同维护全国人民总体利益紧密结合起来，把服务职工、维护职工合法权益同组织职工、教育引导职工紧密结合起来，不断提高为职工群众服务的能力和水平。

以党的十七大和中国工会十五大召开为标志，21 世纪的工人运动和工会工作站在了一个新起点上。工人阶级和工会在夺取全面建设小康社会新胜利的大局中锐意进取、着力创新，把21世纪的中国工人运动和工会工作推向新的发展阶段。中国机冶建材工会全面贯彻党的十七大和中国工会十五大精神，以邓小平理论和“三个代表”重要思想为指导，深入贯彻落实科学发展观，认真落实党中央关于工人阶级和工会工作的重要指示精神，牢牢把握全面建设小康社会这个当代中国工运的主题，坚定不移地走中国特色社会主义工会发展道路，坚持“组织起来、切实维权”的工作方针，树立和落实“以职工为本，主动依法科学维权”的工会维权观，着力解决面临的重点难点问题，工会工作取得新的进展。

（一）贯彻落实“两个普遍”目标，深化“以职工为本，主动依法科学维权”的工会维权观

中国工会十五大对“组织起来、切实维权”工作方针进行了进一步论述，强调紧紧围绕职工最关心、最直接、最现实的利益问题，发展和谐劳动关系，促进实现体面劳动，维护职工合法权益，这是工会的神圣职责。各级工会既要统筹兼顾，全面维护职工群众劳动经济权益、民主政治权利、精神文化权益和社会权利，又要突出重点，着力解决职工群众在劳动就业、收入分配、社会保障、劳动安全卫生以及女职工特殊权益等方面面临的突出问题。工会要把维护农民工合法权益作为工会维权工作的重中之重，建立健全维护农民工合法权益的机制，加大对农民工的培训，努力提高农民工素质，集中力量为农民工办实事办好事，切实保障农民工享受经济社会发展成果。

2010年7月，全国总工会召开十五届四次执委会议。王兆国发表重要讲话，提出了“两个普遍”重点工作目标：要依法推动企业普遍建立工会组织，加大工会组建力度，提高工会组建质量，最广泛地把包括农民工、劳务派遣工在内的广大职工吸收到工会组织中，加强对企业工会的指导和服务，建立健全企业工会工作

制度、机制，特别是工会主席民主产生机制和基层工会干部合法权益保护制度，充分激发企业工会活力，切实发挥企业工会作用。要依法推动企业普遍开展工资集体协商，推动建立健全企业职工工资协商共决机制、正常增长机制和支付保障机制，不断提高工资集体协商水平，努力实现保障职工合法权益与促进企业健康发展的和谐统一。做好劳动关系协调工作，积极推进劳动争议调解组织建设，强化劳动争议仲裁工作，履行工会社会责任，构建和谐稳定的劳动关系。根据“两个普遍”的工作要求，2011 年 1 月，全国总工会提出了两个三年规划，一是《中华全国总工会 2011—2013 年推动企业普遍建立工会组织工作规划》，二是《中华全国总工会 2011—2013 年深入推进工资集体协商工作规划》，提出了“两个普遍”的具体目标。

面对工会维权工作日益复杂、涉及面越来越广、政策性和专业性越来越强的新情况，机械冶金建材系统工会组织和广大工会干部主动适应改革开放和发展社会主义市场经济的新形势，贯彻落实“两个普遍”目标，践行“以职工为本，主动依法科学维权”的工会维权观，坚持“促进企业发展、维护职工权益”的企业工会工作原则，在涉及职工切身利益的劳动就业、工资收入、社会保障、劳动安全卫生等方面进一步加大维权力度，全面维护职工的经济、政治、文化、社会权益，切实推动党和政府各项保障和改善民生政策措施落到实处，保障广大职工群众权益，促进社会公平正义，让广大职工群众实现体面劳动，自觉维护改革发展稳定大局，取得明显成效。

（二）在企业改革改制中发挥工会作用

随着社会主义市场经济体制改革的推进，机械冶金建材系统企业加快改革调整步伐，企业改制加速进行。国有企业改革改制势必引起劳动关系的深刻变化。为了更好发挥工会在改制过程中的作用，2003 年 11 月，中国机冶建材工会在苏州召开了全国机械工业部分改制企业工会工作研讨会，研究探索在企业改革、改制过程中，工会如何依法维护职工的合法权益。与会代表交流了改制过程中工会工作的经验，会议探讨了在企业改革、改制过程中以及改制后工会工作遇到的新情况、新问题，研究了进一步推动国有企业改革、改制工会工作的新途径、新方法。会议形成了《关于在机械工业企业改制过程中切实维护职工合法权益加强工会工作的意见》。

随着对外开放不断扩大，机械行业的合资企业不断增加，2005 年，合资企业在机械行业的比重已达到 19%，涉及职工 270 多万人。许多企业从企业合资伊始，就加强源头参与，从合资合同、章程入手，确保工会组建；加强群众性经济技术工作，促进合资企业实现“双赢”；通过协商、对话、签订集体合同等方式，切实维护职工合法权益；通过职工代表大会等形式，探索和加强合资企业民主管理、民主参与、民主监督工作。2005 年 8 月，中国机冶建材工会在乌鲁木齐召开机械工业合资企业工会工作经验交流研讨会议，探讨和总结合资企业工会工作的特点和规律，加强合资企业工会工作。上海汽车工业集团总公司、上海通用汽车有限公司、一汽大众公司、东风汽车有限公司、广州本田汽车有限公司、天津阿尔斯通水电设备有限公司等在会议上发言。通过交流和研讨，加深了对合资企业在国民经济发展中的特殊地位和作用的认识，总结了合资企业工会工作的经验和特点，提出了当前合资企业工会工作的重点、原则和途径，制定下发了《关于机械工业外商投资企业工会工作指导意见》。2007 年，中国机冶建材工会结合贯彻《企业工会工作条例》，在全国机械工业外商投资企业评选表彰了优秀工会之友、优秀工会主席和优秀员工，有效促进了外商投资企业的维权机制建设，在调动广大产业职工的积极性，推动企业建立和谐稳定的劳动关系方面，收到了明显成效。

六、实施职工素质工程，建设高素质职工队伍

为适应21世纪初国内外环境变化对工人阶级提出的新要求，中国机冶建材工会始终把提高职工队伍素质作为一项重要工作任务，通过加强职工思想政治工作，加大教育培训，开展多种形式的创建活动，打造一支能够承担起21世纪工人阶级历史使命的高素质的职工队伍。

中国工会十四大提出，要用社会主义核心价值体系教育引领职工，不断提高职工队伍的思想道德素质，要加强职工思想政治工作，创新内容和形式，把解决思想问题和实际问题结合起来，不断提高思想政治工作的实效性。中国机冶建材工会加大职工思想政治工作力度，创新工作方式，先后组织开展“十六大精神进基层”“知荣辱、树新风、促和谐”“我为‘十一五’做贡献”等主题教育活动，引导广大职工树立爱国、敬业、诚信、友善等道德规范，推动形成“工人伟大、劳动光荣”的社会舆论氛围。通过这些工作，努力为推动科学发展、促进社会和谐提供思想基础和精神动力。

2008年12月，全国总工会十五届二次执委会议通过了《关于充分发挥工会“大学校”作用，提高职工队伍整体素质的决议》，成立全国职工素质建设工程领导小组及办公室。2009年3月，全国总工会印发《关于全面实施职工素质建设工程的意见》。2010年4月，全国总工会制定了《全国职工素质建设工程五年规划（2010—2014年）》，明确了各级工会培养和造就一支宏大的高素质职工队伍的目标任务、实践活动、保障措施。中国机冶建材工会按照全国总工会部署要求，建立完善职工素质建设工程的体制机制，搭建各种有利于人才成长的平台，制定下发了《关于在培养高技能人才工作中充分发挥工会组织作用的意见》，努力

建设学习型、知识型、创新型的高素质职工队伍，促使技术创新人才、拔尖人才和一大批高素质劳动者脱颖而出。产业系统工会高度重视职工的教育培训工作，充分发挥“大学校”作用，开展了各种技能培训和竞赛活动，通过职业培训、技能大赛等方式方法，促进了职工技能水平和整体素质的提高。中国机冶建材工会大力推进职工技术创新“五项机制”建设，努力建设一支学习型、知识型、创新型的职工队伍，为产业转型发展提供强有力的群众性智力支持和人才保证。全委和各委员单位深入开展以提高职工队伍素质，提高产品质量，振兴行业经济发展为主题的职工立功竞赛、技术比武等群众性经济技术活动，并向多层面、宽领域发展。中国机械冶金技协筹备建立产业性“高技能人才库”，为各单位职工技协开展技术交流提供人才资源信息和使用平台。上海电气李斌技师学院是由上海机电工会主办、工会主席任院长的培养高级技工和高级技师的专科学院，被国家劳动和社会保障部确定为国家高技能人才培训基地、全国数控网络培训中心上海分中心、机械类和自动控制类的国家职业资格鉴定所和上海市首批 14 个“灰领”职业（模块）中标培训机构，中国机冶建材工会及时总结了李斌技师学院的创新经验，召开现场会向全行业推广，并将创办李斌技师学院的经验和做法报告全国总工会，王兆国等领导同志分别作了重要批示。全委还大力支持李斌技师学院面向全国招生，由于培养的学员素质好，每批毕业生都被企业一抢而空。

钢铁工业是支撑国民经济的基础，在国民经济发展中占有重要地位。在过去的半个多世纪里，钢铁职工创造了“鞍钢宪法”“邯钢成本否决”“武钢精干主体”等一系列典型经验，对钢铁工业发展和社会进步起到积极推动作用。为加强钢铁职工队伍素质建设，提高钢铁职工队伍整体素质，国家《“十五”钢铁行业职工培训规划》提出，到“十五”末，钢铁行业职工受教育年限平均达到12年，高级、中级、初级工队伍结构比例达到15：55：30，大专以上文化的研究生、大学、大专学历结构比例达到5：35：60。中国机冶建材工会积极推进《规划》实施，钢铁行业企业扎实开展职工素质工程，职工文化、技能素质大幅提高，学习能力、创新能力进一步加强，有力地促进了企业发展。中国机冶建材工会和中国钢铁工业协会在宝钢集团召开了全国钢铁行业提高职工队伍素质现场经验交流会议，讨论了《关于推广宝钢集团经验，进一步加强钢铁行业职工队伍素质的指导意见》，要求进一步提高对加强钢铁行业职工队伍素质建设的认识，建立提高职工队伍素质工作的长效机制，建立和完善职工教育、培训、考核、使用、待遇相统一的各项制度。各企业根据自身实际，制订本企业职工培训规划，畅通工人取得技术职称和管理职务的渠道；落实不同层次、不同职务、不同岗位人才的生活待遇，建立符合人才市场价值规律的分配制度，进一步优化工资结构，向高素质的劳动者倾斜，收到良好成效。

2004年10月，中国机冶建材工会、中国有色金属工业协会联合召开全国有色金属行业提高职工队伍素质经验交流会，总结交流有色金属行业实施职工素质工程的经验。51家企事业单位的近百名党政工领导参加会议，金川集团有限公司工会、长城铝业公司工会、水口山有色金属集团公司工会、自贡硬质合金有限责任公司工会、青铜峡铝业集团有限公司工会、葫芦岛有色金属集团有限公司工会、云南锡业集团有限责任公司工会交流了开展“素质工程”建设的经验。会议对有色金属工业系统努力提高自身素质，为企业和行业发展作出重要贡献的优秀职工进行了表彰，8位职工被授予“自学成才知识型职工”荣誉称号。

中国机冶建材工会还与有关协会密切配合，在机械、钢铁行业“科技进步奖”中设立工人成果评审组，开创工人成果获得行业科技奖的先河。职工创新成果参加多项国内外重要发明展览会并屡获大奖。2009年，中国机冶建材工会召开职工经济技术创新工作大会，总结推动全行业职工创新工作“五项机制”，形成《关于加强职工科技创新工作的意见》，推动企业职工技术创新工作机制建立。

党的十六大提出要“形成全民学习、终身学习的学习型社会，促进人的全面发展”。2003年12月，全国总工会联合中央文明办、国家发改委、教育部、科技部、人事部、劳动和社会保障部、国资委、全国工商联等9个部委和人民团体联合开展的全国“创建学习型组织、争做知识型职工”活动启动仪式在北京举行，宝钢集团公司等8家企业联合向全国职工发出积极投身“创争”活动，立志成为知识型职工的倡议书。2004年1月，全国总工会、中央文明办、国家发改委等9部门联合发出《关于开展全国“创建学习型组织、争做知识型职工”活动的实施意见》，进一步明确了开展这次活动的指导思想、总体目标、主要方法和途径、组织领导机构和工作要求。2004年10月，9部门在青岛举办全国“创建学习型组织、争做知识型职工”活动现场推进会，会上授予首钢总公司第三炼钢厂连铸二车间丙班3号铸机组等200个集体全国职工创新示范岗荣誉称号，授予何文辉等300名个人全国职工创新能手荣誉称号，授予上海宝钢集团公司等23家单位全国“创建学习型组织、争做知识型职工”活动示范单位荣誉称号，授予青岛前湾集装箱码头有限公司桥吊队等3个班组全国“创建学习型组织、争做知识型职工”活动示范班组荣誉称号。

机械冶金建材系统各级工会深入开展“创建学习型组织、争做知识型职工”活动，有力促进了职工文化技术素质的提升。2008年4月，中国机冶建材工会在江铃汽车集团公司召开了“向‘袁政海班组’学习暨新时期班组建设座谈研讨会”。7月在莱钢召开了“争创学习型组织、加强班组建设”现场经验交流会，总结交流了班组建设和创建学习型班组的先进经验，表彰了全国机械冶金建材系统“标杆班组”和“先进班组”。同年，中国机冶建材工会与中国机械工业质量管理协会、中国机械工业思想政治工作研究会共同举办了全国机械工业第27次质量信得过班组、质量管理小组代表大会，共有232个信得过班组和QC小组在会议上发表成果。

2009年，机械冶金建材系统各级工会按照全国总工会《关于全面实施职工素质建设工程的意见》要求，有针对性地对职工进行技能培训和技能竞赛，为企业发展提供人才和技术储备，为高技能人才脱颖而出提供舞台。中国机冶建材工会与有关协会在机械冶金建材行业组织了15次50多个工种的全国职业技能大赛，近千名大赛优胜者晋升技术等级，180名选手获得全国技术能手称号，10名竞赛冠军获得全国五一劳动奖章。

经过几年的发展，创建活动取得显著成果，机械冶金建材系统涌现出一大批创新示范岗、创新能手、技术创新成果，共有1.3万个基层单位和1.67万个班组获得“创建学习型组织”荣誉称号，3.1万人成为“知识型职工标兵”。一大批知识型、创新型、专家型高素质人才脱颖而出，技术工人首次登上国家科技奖最高领奖台。自2006年起，国家科技进步奖评审委员会设立了工人农民科技创新评审组，对工人、农民科技创新成果予以评定。2007年2月，一汽大众汽车公司工人技师王洪军和宝钢炼铁厂工人技师韩明明登上国家科学技术奖的领奖台，荣获国家科技进步奖二等奖。截至2008年，有6名工人技术创新成果获得国家科技进步奖二等奖。

七、推进劳动合同制度与工资集体协商

2005年5月，全国总工会发出《中华全国总工会关于进一步推进劳动合同制度实施的通知》，明确了工会进一步推进劳动合

同制度实施工作的重点和任务。2006 年 3 月，国家协调劳动关系三方（劳动保障部、全国总工会、中国企业联合会/中国企业家协会）下发了《关于印发〈全面推进劳动合同制度实施三年行动计划〉的通知》，提出从 2006 年至 2008 年，用三年时间实现各类企业与劳动者普遍依法签订劳动合同。中国机冶建材工会积极推动企业实施劳动合同制度和建立平等协商、集体合同制度，推进劳动关系三方协调机制的建设与发展。在全国总工会的力推和指导下，支持和配合行政部门落实三年行动计划取得显著成果。

2004 年 8 月，国家协调劳动关系三方联合下发《关于贯彻实施〈集体合同规定〉的通知》，提出加大推进建立健全集体协商机制的力度，推动集体协商集体合同工作健康发展。2005 年 2 月，劳动和社会保障部、全国总工会和中国企业联合会/中国企业家协会联合发布《关于进一步推进工资集体协商工作的通知》，要求各级劳动保障部门、工会和企业联合会/企业家协会加强工资集体协商工作力度。机械冶金建材系统工会以工资集体协商为重点，推动平等协商和集体合同制度深入发展。从各地实际出发，制订切实可行的工作规划和目标措施，有计划、有步骤地加以推进，使平等协商和集体合同制度及工资集体协商工作较快打开了局面。

2008 年 4 月，全国工会工资集体协商工作经验交流会在浙江杭州召开。温岭、辽阳等地方工会介绍了推动工资集体协商的经验。同年 6 月，全国总工会下发《关于开展集体协商要约行动的意见》《关于建立集体协商指导员队伍的意见》。2009 年 7 月，全国总工会发布《关于积极开展行业性工资集体协商工作的指导意见》，工资集体协商工作力度进一步加强。2011 年，全国总工会成立了工资集体协商领导小组，发布《2011—2013 年深入推进工资集体协商工作规划》，工资集体协商逐步走向长效化、规范化。针对企业开展工资集体协商中的难点问题，中国机冶建材工会分别在机械、冶金行业召开了工资集体协商工作研讨会，明确了企业开展工资集体协商的主要原则和重点内容，总结推广了行业企业工资集体协商经验，发挥了典型示范作用。为了进一步完善工会维权机制，指导企业开展工资集体协商，中国机冶建材工会开展了一系列交流研讨活动，2005 年 9 月在大连召开机械工业部分企业工资集体协商工作研讨会，2005 年 10 月在重庆召开部分冶金企业推进工资集体协商制度研讨会议，围绕工资集体协商工作进行深入研讨，重点交流了在国有大型冶金企业中推进工资集体协商制度的经验和体会，以及遇到的主要问题和解决问题的思路，提出工资集体协商的主要原则和重点内容。中国机冶建材工会对江苏淮钢建立工资集体协商机制的情况进行了调查，形成了《构建协商机制，打造和谐淮钢》的调查报告印发各级工会。2007 年，中国机冶建材工会分别对东北三省、西南等地工资集体协商机制建设情况进行专题调研，在广西桂林举办了工资集体协商培训班，就企业工资制度及改革概况、工资集体协商制度和行业性集体合同及相关的法律法规、工资谈判的技巧等进行培训。各地也总结了一批地方产业和企业开展工资协商的典型经验。2009 年，为进一步落实中国机冶建材工会、中国机械工业联合会《关于推进全国机械工业系统企业工资集体协商工作的指导意见》精神，中国机冶建材工会召开应对金融危机与建立和谐劳动关系交流研讨会，交流系统内企业应对国际金融危机与协调企业劳动关系，开展“共同约定行动”和推动工资集体协商工作的经验，研讨金融危机对劳动关系和职工权益的影响，以及推进企业工资集体协商工作的路径措施。在工资集体协商工作中，东风汽车公司建立“四项机制”，通过工资集体协商实现职工和企业“共识、共建、共享、共赢”，其经验受到全国总工会高度肯定。中国机冶建材工会召开现场会推广东风公司经验，同时总结交流了山东、云南、大连等省市推行行业工资集体协商的经验，推动区域性、行业性工资集体协商，不断扩大协商覆盖面。

（一）加强困难职工帮扶工作制度化建设

工会十四大以来，中国机冶建材工会紧紧围绕广大职工群众最关心、最直接、最现实的利益问题，加强帮扶机制建设，制定下发了《机械冶金建材系统工会推动企业建立和完善职工帮扶体系的指导意见》，切实为困难职工和农民工办实事办好事，扎实做好困难职工帮扶工作，不断创新帮扶工作方式方法、拓展帮扶链条、丰富帮扶内容，形成救助、维权、服务三位一体的帮扶工作格局，通过种种创新举措，确保困难职工共享改革开放的胜利果实，促进社会和谐稳定。

2010 年，中国机冶建材工会在北京召开机械冶金建材系统推动企业建立和完善职工帮扶体系调研座谈会，在重钢公司召开全国机械冶金建材系统工会推动企业建立和完善职工帮扶体系经验交流会，总结交流了机械冶金建材系统企业在保障职工养老、医疗、子女上学、就业等方面的经验。各企业工会积极推动建立以困难职工为主要对象，以资金物质帮扶、就业帮扶、助学帮扶、医疗帮扶等为主要内容的全方位困难职工帮扶体系和制度化补充保险体系。莱钢、武钢、一重、上海电气等大型国有企业建立“帮扶基金”“帮扶工作站”，完善互助补充保险制度和帮扶体系，得到党政支持和职工的欢迎。

中国机冶建材工会不断深化“送温暖工程”，为职工群众做了大量好事实事。工会组织在党委领导和行政支持下，“进万家门，知万家情，解万家难”，做困难职工贴心人，努力为困难职工排忧解难。中国机冶建材工会重点走访慰问了石家庄天同集团公司（厂务公开经验创造单位，其时经营亏损，职工生活困难）等困难企业，慰问劳动模范和困难职工家庭，督促有关部门落实困难职工基本生活保障和下岗职工再就业等政策，千方百计为困难职工排忧解难，促进了职工队伍的稳定。

针对有色金属、黄金矿山棚户区改造存在的困难，中国机冶建材工会联合有关协会开展调研，形成调研报告及时上报全国总工会及国家有关部门。其中反映铜陵有色金属公司困难职工住房改造难的调查报告得到温家宝、李克强、王兆国等中央领导同志批示，将该企业列入国有工矿棚户区改造首批试点单位。中国机冶建材工会还对新疆有色集团可可托海公司、中国黄金集团夹皮沟公司等有色金属、黄金行业棚户区改造的情况进行调研，促使国家有关部委对国有工矿棚户区改造问题明确标准、统筹解决。

（二）协调劳动关系，加强工会维稳工作

随着企业改革改制、主辅分离、分流富余人员力度的加大，各级机械、冶金、建材工会进一步突出履行维护职能，在促进稳定工作中做了大量工作。针对在产业结构调整和企业改制过程中，职工队伍不稳定因素增多的状况，中国机冶建材工会发出《关于切实做好产业职工队伍稳定工作的通知》，系统各级工会认真履行维护职责，协助党政解决职工生产生活中的实际困难；在坚持企业改革重大方案的源头参与上充分发挥职代会作用，做到全方位、全过程发挥民主监督作用；在企业改革改制中，通过职代会规范企业破产和职工下岗程序，围绕职工身份置换、劳动债务偿还等涉及职工合法权益的突出问题，做了大量艰苦细致的工作，较好地调处了劳动关系中出现的各种矛盾。系统各级工会建立健全维稳工作机制，制定工作方案，落实工作责任，通过建立健全劳动关系矛盾预警、预防和调处机制，配合政府有关部门及时处理侵犯职工权益的重大案件，以劳动关系和谐促进社会和谐稳定。针对国有企业改制重组中发生的群体事件，中国机冶建材工会两次派员到通化钢铁公司、林州钢铁公司进行实地调查，向全国总工会和中央报告，并及时下发通知，要求加强企业重组改制中的

民主管理工作，做好职工队伍稳定工作。针对有色金属矿山企业改制、关闭破产中存在的问题，深入矿山进行调查研究，制定了《关于在有色金属矿山企业实施关闭破产中加强工会工作的意见》，召开“全国有色金属矿山关闭破产企业工会工作会议”，指导企业工会在支持企业改革、落实党和国家政策的同时，履行好维权维稳职责，维护职工队伍稳定。

八、在急难险重关头发挥产业工会作用

2003 年，发生“非典”疫情。2008 年，发生南方部分地区低温雨雪冰冻灾害和四川汶川特大地震两次巨灾，其灾损程度、救灾难度历史罕见。面对灾难，中国工人阶级和各级工会组织挺身而出，在疫情防控和抗震救灾中展现了担当作为。中国机冶建材工会组织动员广大产业职工积极行动，勇担使命，为夺取疫情防控和抗震救灾斗争的胜利作出了积极贡献。

（一）全力做好“非典”防治工作

2003 年春，一场突如其来的“非典”疫情在全国蔓延，给国家经济和人民生命带来巨大威胁。面对疫情，机械、钢铁、有色金属、建材系统各级工会组织认真贯彻落实党中央、国务院精神和工作部署，协助党政采取有效应对措施，在抗击“非典”的战役中发挥了积极作用。中国机冶建材工会下发了《中国机冶建材工会关于团结和动员广大职工夺取防治“非典”和发展经济双胜利的通知》，各委员单位工会组织成立了相应的工作机构，制定了管理责任制度和措施，全力投入抗“非典”斗争，本着对职工负责、为政府分忧的精神，协助党政做好抗击“非典”工作，动员和组织广大职工为夺取抗击“非典”和生产建设双胜利建功立业。首钢总公司、上海宝钢集团、北京京城控股公司、北京金隅

集团公司等一些大型企业集团公司工会建立了信息网络，设立 24 小时值班电话，及时了解疫情，做到早知、早报、早治。各单位工会利用宣传阵地对职工进行“非典”预防控制知识的宣传教育，许多企业工会组织广大职工开展公共卫生整治活动，为车间、岗位、社区等进行消毒，向职工分发预防药品和物品，为一线职工排忧解难。在积极参与抗击“非典”战斗的同时，中国机冶建材工会动员广大职工恪尽职守、勤奋工作，采取科学有效的措施，保证企业生产经营正常进行，把“非典”疫情造成的损失减少到最低限度。

首钢总公司工会成立了防“非典”领导小组和工作小组，制定了防“非典”反馈报告制度和工作机制，在工会网站设立信息反馈和抗“非典”工作专栏，及时通过网络报送“非典”疫情信息，进行工作部署。先后发放防治“非典”宣传品 164574 份。各单位工会还对战斗在抗“非典”一线的人员及家属展开送温暖活动，解除他们的后顾之忧。首钢工会建立了防控“非典”工作的三条保障线，第一条是针对广大职工在防控“非典”过程中出现的困难和问题进行调查了解，并帮助解决；第二条是针对困难职工、特困职工，由工会帮困小组专人负责，及时给予帮助；第三条是针对战斗在防控“非典”一线的人员和家属，帮助他们解决家庭和工作上的困难。首钢工会对北京市中小学生停课的情况和职工子女看护情况进行了调查，在此基础上为 3269 户遇到困难的家庭解决了子女看护问题。

（二）在抗震救灾中发挥工会作用

2008 年 5 月 12 日，四川汶川发生特大地震。地震发生之后，中国机冶建材工会迅速行动，团结带领机械冶金建材系统工会组织和广大职工投身抗震救灾工作。主要做了以下几方面工作。

一是全力支援受灾企业克服困难。地震发生后，中国机冶建材工会第一时间向受灾最为严重的东方汽轮机公司工会和职工发出慰问，向全国总工会紧急报告东汽灾情。全国总工会先后三次向东方汽轮机有限公司拨付抗震救灾款共1050万元。中国机冶建材工会还向受灾严重的东方电机、二重、攀钢、五冶等企业和四川、陕西、甘肃等灾区产业工会下拨400余万元慰问款，用于抗震救灾和慰问受灾职工。机械冶金建材系统各企业纷纷伸出援助之手，各种救灾物资、医疗队、救援队源源不断开赴灾区，展示了产业工人队伍“一方有难、八方支援”的优良传统和工人阶级的阶级大爱。

二是组织全系统职工积极捐款捐物。中国机冶建材工会及时下发了《关于在抗震救灾中充分发挥机械冶金建材系统工会组织作用的通知》《关于向东方汽轮机股份有限公司捐助救灾物资的通知》，广泛发动爱心捐助活动。短时间内，就有34家企业共筹集捐款近2000万元，捐款额名列全国总工会各部门、各产业工会第一。全委还向委员单位定向募集160余万元，建立用于对东汽“三孤”人员和困难职工开展帮扶的专项基金。新兴铸管集团公司、北京五洲佳泰新型涂层材料公司、北京诚栋房屋制造公司等企业加班加点生产救灾物资，星夜驰援灾区，有力支持抗震救灾和灾后重建。

三是开展对口帮扶，帮助受灾企业恢复生产、重建家园。中国机冶建材工会下发《关于对东方汽轮机有限公司进行恢复生产重建家园对口帮扶工作的决议》，先后组织了以全国著名劳动模范李斌、李黄玺、杨建华为队长的三批劳模技术服务队，奔赴东汽开展技术咨询、设备抢修服务等工作。王兆国对劳模技术服务队给予了高度评价。《工人日报》等多家媒体进行了跟踪报道。由全国劳动模范、上海电气液压泵公司总工艺师李斌任队长的首批劳模技术服务队由14名队员组成，其中12名来自国内一流数控及机床设备制造企业的专家型高技能人才。在为期一周的时间里，队员们发扬劳模精神，利用自身的丰富经验和精湛技艺，帮助解决了东汽关键设备修复和安装调试中的技术难题，圆满完成了预定任务。东汽公司专门向中国机冶建材工会赠送锦旗表达感谢。

（三）开展“共同约定行动”，应对国际金融危机

2008年，国际金融危机引发市场剧烈动荡，世界经济受到严重冲击。全国总工会密切关注国际金融危机给我国经济发展和职工权益带来的冲击，及时提出了应对国际金融危机的措施。2008年12月，全国总工会十五届二次执委会议提出工会与企业、职工的“共同约定行动”，会议通过了《关于在全国职工中广泛开展“同舟共济保增长、建功立业促发展”竞赛活动的决议》。2009年2月，全国总工会办公厅发出《关于深入开展“同舟共济保增长、建功立业促发展”竞赛活动的意见》，随后印发《关于深入推进“共同约定行动”的意见》。2009年5月，全国总工会作出《广泛深入开展社会主义劳动竞赛的决定》。中国机冶建材工会积极响应全国总工会开展的号召，贯彻落实全国总工会安排部署，围绕中央“保增长扩内需调结构”重大决策，广泛开展合理化建议、技术革新、技术协作、发明创造等活动，推动经济平稳较快发展，各委员单位结合企业实际，充分发挥工会在保增长、扩内需、调结构中的重要作用，推动“共同约定行动”深入扎实开展，促进企业与职工同舟共济、共克时艰、共谋发展、互利共赢。各企业工会以保岗位、保工资、稳员增效为重点，组织动员广大职工积极参加“同舟共济保增长、建功立业促发展”竞赛活动，把集体协商机制融入“共同约定行动”之中，采取集中公开签约、发布承诺书、责任状、决心书、倡议书等形式，组织开展“共同约定行动”，努力协调双方和衷共济，督促企业特别是国有企业做到不裁员、不减薪，形成企业关爱职工、职工关心企业、共谋企业

发展的良好氛围。全国机械冶金建材系统基本形成了企业不裁员、少裁员，不减薪、少减薪，企业与职工共谋发展的良好局面，取得了多方共赢的成效。

在金融危机波及下，钢铁、有色金属、机械、建材行业均受到不同程度冲击。中国机冶建材工会在第一时间深入钢铁、有色金属、汽车等行业企业进行调研，并向全国总工会党组、中办、国办及时报送了相关情况。同时积极指导企业工会团结带领职工与企业同舟共济，积极应对、共克时艰。

一是及时开展产业情况调研。中国机冶建材工会分别赴北京、天津、辽宁、吉林、黑龙江、山东、湖北等地企业进行调研，形成了《当前机械、汽车、钢铁、有色金属、建材行业经济运行情况及职工权益情况》调研报告，提出加大宏观调控、促进产业结构调整、淘汰落后产能、减少无序竞争、着力扩大内需和支持企业出口等方面的具体政策建议。全委还对机械冶金建材行业不同地区、不同所有制、不同规模的100多家企业进行调查，了解企业职工岗位、收入、社会保险及困难职工帮扶等情况，形成了《关于部分机械冶金建材系统企业劳动关系状况和工会工作情况的报告》上报全国总工会书记处，指出必须重视企业裁员、职工收入下降和劳务工权益等问题，受到全国总工会书记处的重视和好评。全委及时与相关协会沟通联系，了解产业经济运行、企业生产经营和职工队伍稳定情况，掌握了大量第一手资料，形成了《当前经济形势下国有大型钢铁有色金属企业生产经营情况和工会工作》《全国汽车行业经济运行和职工队伍稳定情况的报告》等报告，及时上报全国总工会书记处和中办、国办，受到高度重视与肯定，一些政策建议被有关方面采纳，对于促进问题解决起到积极作用。

二是加强对企业工会的工作指导。中国机冶建材工会先后下发了《关于在扩大内需促进经济平稳较快增长中充分发挥工会组织作用的通知》《关于在当前形势下充分发挥工会组织作用的几点意见》，要求各级工会通过多种形式教育职工坚定信心、振奋精神，团结广大职工共克时艰，为提高企业竞争力、促进企业科学发展和劳动关系和谐作出贡献。

三是广泛开展“保增长、促和谐、共克时艰”工人先锋号立功竞赛活动。中国机冶建材工会与中国机械工业联合会、中国钢铁工业协会、中国有色金属工业协会、中国建筑材料联合会共同组织开展竞赛，广大产业职工积极响应，围绕国家产业调整振兴规划，开展装备制造、汽车、钢铁、有色金属行业振兴劳动竞赛，针对生产经营的重点、难点和薄弱环节，围绕控亏增盈、降本增效、节能降耗、调整产品结构等企业急需解决的实际问题，开展形式多样的立功竞赛活动。据不完全统计，机械冶金建材行业80%以上的单位和职工参加了竞赛活动。

九、弘扬劳模精神和工人阶级伟大品格

中国工会十五大报告提出要大力弘扬劳模精神，把职工群众的创造性劳动同劳动模范的先进性引领结合起来，进一步增强广大职工投身改革和建设的主人翁意识与创造活力，用工人阶级的先进思想和劳动行为引领带动全社会。2010 年 2 月，全国总工会十五届五次主席团（扩大）会议首次提出中国工人伟大品格的概念和内涵，强调要大力弘扬中国工人信念坚定、立场鲜明，艰苦奋斗、勇于奉献，胸怀大局、纪律严明，开拓创新、自强不息的伟大品格。2009 年 4 月，全国总工会举办“时代领跑者——新中国成立以来最具影响的劳动模范”评选活动，马万水、马六孩、马永顺、马恒昌、孔祥瑞、孔繁森、王顺友等 60 名劳模成为公众心中新中国成立以来最具影响的劳动模范。60 名“时代领跑者”涵盖了各个历史时期和各个方面的劳动模范，具有广泛的代表性。

其中有37人入选“100位新中国成立以来感动中国人物”。

2010年7月26日，全国总工会十五届四次执委会议通过《关于深入学习劳模精神、大力弘扬中国工人阶级伟大品格的决议》，提出要深入学习劳模精神、大力弘扬中国工人阶级伟大品格的主要内容和要求。中国机冶建材工会贯彻落实《决议》精神，广泛深入开展学习宣传活动，用劳模的崇高理想凝聚职工、用劳模的先进事迹感召职工、用劳模的高尚情操陶冶职工、用劳模的进取意识引领职工，收到了显著成效。

中国机冶建材工会为了进一步弘扬中国工人阶级的优良传统和与时俱进的时代精神，激发广大职工学习新知识、新技术的热潮，努力提高自身素质，在前些年树立于永来、李黄玺等先进典型的基础上，树立上海机电系统职工李斌为知识型工人的典型，在全国机械、冶金、建材系统开展向李斌同志学习活动，得到了全系统各级工会组织的广泛响应。中国机冶建材工会与钢铁工业协会联合表彰了宝钢工人发明家孔利明和鞍钢工人革新家李晏家先进事迹，作出在钢铁工业系统向孔利明、李晏家同志学习活动的决定。王洪军是一汽大众汽车有限公司轿车钣金维修工，他在本职岗位上勤奋学习、不断创新，成为轿车车身修复专家，被评为2006年度全国科技进步奖二等奖。袁政海班组是江铃汽车股份有限公司模具厂的一个模具班组，班组21名工人个个“精一业、会两手、懂三门”，参与企业重要技改革新项目170多项，其中130项技术攻关创直接经济效益1300余万元。全组先后有48人次获得全国和省级五一劳动奖章、“青年岗位能手”等荣誉称号。韩明明是上海宝钢股份宝钢分公司炼铁厂的一名普通工人，在工作中完成了大量的备件国产化试制工作，主持完成了21项科研项目，获得专利技术28项，其中发明专利19项，累计创造经济效益3.2亿元。他发明的“金属检测与自动除铁新技术”获得2006年国家科学技术进步奖二等奖，成为我国钢铁行业技术工人获此殊荣的第一人。2007 年 5 月，中国机冶建材工会与中国机械工业联合会在人民大会堂举行了学习王洪军同志先进事迹大会，授予王洪军“全国机械工业工人科技创新楷模”荣誉称号。中国机冶建材工会分别与机械工业联合会、钢铁工业协会联合发出了向王洪军、韩明明、袁政海班组学习的决定，并组织王洪军、袁政海班组事迹报告团赴天津、安徽巡回演讲，引起强烈反响。2007 年 7 月 24 日，中国机冶建材工会与中国机械工业联合会在人民大会堂召开了“马恒昌同志诞辰 100 周年纪念大会”，对于弘扬劳模精神，促进新时期班组建设发挥了积极作用。

李斌是上海电气（集团）总公司上海液压泵厂的高级技师、全国劳动模范。他坚持专业知识学习，成为企业和全国液压行业公认的数控技术应用专家。1995 年以来，李斌和他的小组完成新产品开发 23 项，为企业增加销售收入 1900 万元；通过工艺攻关、刀具国产化、改造数控机床，为企业降本增效 1100 万元。2002 年 2 月，中国机冶建材工会作出关于开展向李斌同志学习活动的决定。2003 年 9 月，中国机冶建材工会、中国机械工业联合会授予李斌全国机械工业职工技术改进创新标兵称号，号召全国机械工业各企业、班组和全体职工向李斌同志学习。全系统各级工会以不同形式部署安排，广泛开展向李斌同志学习的活动，营造“学李斌、讲学习、讲贡献”的良好氛围，进一步激发了广大职工学习新知识、运用新技术的热潮。系统各级工会树立了一批李斌式的先进典型，在推动企业技术进步、降本增效，全面提高职工队伍素质等方面起到了积极的作用，促进了行业经济发展和企业效益的提高。

十、加强产业工会自身建设，提高服务职工水平

中国工会十五大提出，要以改革创新精神加强自身建设，全

面加强工会的思想建设、组织建设、制度建设、作风建设和能力建设，进一步扩大覆盖面、增强凝聚力，使工会成为学习型、服务型、创新型的职工群众组织。2010 年 2 月，全国总工会十五届三次执委会议作出《关于加强和改进新形势下工会自身建设的决定》，从八个方面对加强和改进工会自身建设的基本原则、总体要求、主要任务、重要举措和加强组织领导等作出规定，对建设学习型工会、夯实基层组织基础、发展工会内部民主等作出了具体部署。中国机冶建材工会各级组织适应新形势、新任务的要求，不断加强和改进产业工会工作，以改革精神加强自身建设，推进工会组织体制、运行机制和活动方式创新，大力加强工会干部队伍建设，努力把工会建设成为学习型、服务型、创新型群众组织，进一步焕发了工会组织的生机与活力，增强了工会组织的吸引力和凝聚力，在围绕中心、服务大局和宏观参与、协调劳动关系、维护产业职工具体利益等方面起到了积极作用。

2008 年 6 月，全国总工会召开全国产业工会工作会议，会议强调，加强和改进新形势下的产业工会工作是建设中国特色社会主义工会的重要内容。要深刻理解加强和改进产业工会工作的必要性，进一步提高加强和改进产业工会工作的自觉性，深入研究探索新形势下产业工会工作的特点和规律，不断提高产业工会工作整体水平，努力使产业工会工作适应形势发展要求，体现产业工会性质，反映产业职工意愿，把产业工会建设成为名副其实的产业职工之家。会后，全国总工会发布《关于加强和改进新形势下产业工会工作的意见》，对加强和改进新形势下产业工会工作进行了具体部署。按照全国总工会的要求，中国机冶建材工会在推动产业改革发展、维护产业职工合法权益方面取得了新成绩。2001 年 6 月，按照中央要求，根据全国总工会制定的《中华全国总工会机关机构改革方案》，中国机械冶金工会与中国建设建材工会中的建材工作部合并，组建成立中国机冶建材工会全国委员会。2001 年 12 月 27 日至 29 日，中国机冶建材工会第一届全国委员会第一次会议在北京召开。全国总工会党组书记、副主席、书记处第一书记张俊九，全国总工会副主席、书记处书记孙宝树、苏立清出席会议；孙宝树代表全国总工会讲话。大会审议通过王玉峰代表全委会所作的题为《按照“三个代表”要求，围绕机械、冶金、建材工业改革发展稳定大局，努力开创工会工作新局面》的工作报告。会议选举产生了中国机冶建材工会领导机构，王玉峰当选为主席，王志超、马方成当选为副主席。

2006 年 12 月 26 日至 27 日，中国机冶建材工会第二届全国委员会第一次全体会议在北京召开，来自全国机械冶金建材系统各级工会的 130 多名委员参加了会议。全国总工会党组书记、副主席、书记处第一书记孙春兰，全国总工会副主席、书记处书记孙宝树、徐德明出席会议。孙春兰、徐德明分别在开幕式和闭幕式上讲话。王玉峰代表第一届全委会作了《认真贯彻党的十六届六中全会精神，在构建社会主义和谐社会中充分发挥产业工会的重要作用》的工作报告。大会选出新一届委员会常委，选举刘海华为中国机冶建材工会第二届全委会主席，马芳城、张波为副主席。

2011 年 5 月，全国总工会下发《关于在深入开展创先争优活动中进一步加强工会领导班子和干部队伍建设的通知》。2011 年 6 月，全国总工会制定了《2011—2015 年全国工会干部教育培训规划》，要求进一步加强工会领导班子和干部队伍建设。中国机冶建材工会按照《通知》和《规划》要求，坚持和完善学习制度，强化理论学习；加大对工会干部的培训力度，切实提高工会干部推动科学发展、促进社会和谐的能力；健全完善激励约束机制，不断激发工会干部的动力；要进一步转变工作作风，真心实意为职工群众服务，树立工会干部良好形象。系统各级工会围绕推进学习型工会组织建设，以改革创新为动力，以健全培训体系、提升培训实效为目标，以提高工会干部服务科学发展、服务职工群众的能力为重点，以提高工会干部教育培训质量为主线，努力培养造就一支“政治坚定、业务扎实、作风过硬、廉洁自律”的高素质工会干部队伍，取得良好成效。

中国机冶建材工会深入开展以保持共产党员先进性教育活动，进一步提高机关党员队伍的政治素质，增强做好工会工作的责任感和使命感，促进了领导班子建设，增强了班子的凝聚力。全委进一步加强机关自身建设，不断改进工作作风。制定完善了全委常委、委员职责等相关制度，修改完善了机关工作制度，努力深入基层，转变作风，提高素质，推动了各项工作的开展。中国机冶建材工会进一步加大工会干部队伍教育培训力度，将提高干部整体队伍素质和专业培训相结合，在每年组织工会干部培训班的同时，结合重点工作组织工资集体协商等专项培训，增强培训的针对性和实效性。

2012 年初，全国总工会下发了《中华全国总工会关于开展“面对面、心贴心、实打实服务职工在基层”活动的意见》。各驻会全国产业工会、全国总工会有关部门干部组成 24 个服务职工工作组，每个省份走访 5 家以上不同类型企业，与 50 名以上职工进行面对面的交流沟通。中国机冶建材工会对口负责宁夏回族自治区和青海省的工作。工作组深入银川、吴忠、石嘴山、西宁、格尔木、大通、乐都等 7 个地市，分别听取了宁夏回族自治区总工会、青海省总工会、有关企业工会服务职工活动部署实施情况汇报，实地走访了西北轴承、宁夏建工、青铜峡铝业、英力特化工、阳光硅业、汇川服装、中铝青海分公司、青乐化工、青海一机床、青海中浩天然气化工有限公司、盐湖集团等 11 个不同类型的企业，累计召开了 41 场企业党政工负责人、经营者、基层工会干部、一线职工座谈会，参会人员达到 532 人次，与 117 名企业职工进行了面对面的个别访谈，对 1100 名职工进行了问卷调查，对企业经营发展、职工工作生活和思想状况等方面进行全面调研。工会干部深入车间、班组，真诚倾听职工呼声，真实反映职工愿望，真情关心职工疾苦，面对面地与职工交流，倾听职工意见、反映职工诉求；心贴心地做职工思想工作，了解实情、释疑解惑，与职工群众谈心交友、增进感情；实打实地为职工和企业服务，出实招、办实事，在转变作风中密切了与职工群众的联系。活动期间，中国机冶建材工会在宁夏、青海召开了行业工资集体协商、中小企业工会干部、困难职工帮扶工作等 6 个座谈会，走访慰问 50 名生活困难职工和 10 名劳动模范，帮助 13 家企业工会建立了困难职工帮扶站，为 10 家企事业单位建立“职工书屋”。还为企业解决了整体搬迁土地置换、家属区水电气移交改造、产品推介、工会经费补贴等问题，为职工解决了饮用水污染等问题。调研期间，工作组还总结了宁夏回族自治区总工会加大推动劳务派遣工入会力度，吴忠市总“三权”维权模式，中卫市“一卡通”破解农民工工资拖欠难题，格尔木市推进落实“两个普遍”，中铝青海分公司新形势下创新工会工作、构建和谐劳动关系等经验。

十一、加强对外交流合作

这一时期，中国机冶建材工会加强产业工会的国际交流活动，与日本、德国、奥地利等十几个国家的产业工会建立和巩固了友好交往关系，扩大了中国工会的国际影响力。

2002 年到 2012 年，中国机冶建材工会先后接待了丹麦、奥地利、德国五金工会代表团，日本 JMA 工会大阪友好访华团、国际自由工联亚太地区组织代表团、日本钢铁劳联工会干部访华团，与日本五金工会、韩国工会、德国奥迪公司工会、南亚五国工会、瑞典五金工会、瑞典白领工会、全日本金属产业协议会进行了友好交流。在北京组织了“中国—瑞典工会矿山劳动保护工作研讨会”，与日本基干劳联共同举办了中日青年研讨会，组织首钢和宝钢青年职工与日本冶金行业青年职工座谈交流，与日本基干劳联共同组织环保与发展研讨会和植树造林活动，参加“经济全球化与工会”论坛，就经济全球化过程中工会问题进行交流和探讨。同期，应法国五金工会、奥地利五金工会的邀请，出席了法国五金工会代表大会和奥地利五金工会代表大会。参加了国际劳工局在日内瓦召开的机械和电力工程业“终身学习”三方会议。组团出访欧洲4国和日本，就金融危机形势下发挥工会作用等问题进行了沟通和交流。应德国艾伯特基金会和德国五金工会的邀请，出席了在慕尼黑举办的西门子公司工作委员会全球大会。与此同时，中国机冶建材工会加强海峡两岸工会交流与合作，组织参加了“海峡两岸工会论坛”，组织大陆机冶建材职工交流团到台湾学习交流。一系列的交流活动，扩大了产业工会的“朋友圈”，增强了产业工会的国际影响力。

第四编

中国特色社会主义新时代的机械冶金建材工运事业

第十二章

开创中国特色社会主义新时代机械冶金建材工运事业和工会工作新局面

2012年11月在北京召开的中国共产党第十八次全国代表大会，是在我国进入全面建成小康社会决定性阶段召开的一次十分重要的大会。党的十八大的召开，标志着中国特色社会主义进入新时代。党的十八大以来，习近平总书记站在时代和全局的高度，针对社会主要矛盾的新变化、劳动关系的新特点、职工群众对美好生活的新需要、工会工作改革创新的新要求，对工人阶级和工会工作提出了一系列新理念新思想新论断，形成了习近平总书记关于工人阶级和工会工作的重要论述。学习贯彻习近平总书记关于工人阶级和工会工作的重要论述，为实现中华民族伟大复兴的中国梦而奋斗，是中国工人阶级的伟大使命与工人运动的时代主题。中国工会团结引领广大职工，为推进中国特色社会主义事业贡献智慧和力量。机械冶金建材系统各级工会组织团结动员广大产业职工坚定不移听党话、跟党走，积极投身经济建设主战场，为建设社会主义现代化强国建功立业，深入推进产业工人队伍建设改革，有效维护产业职工合法权益，加强工会自身建设，取得了新的成效和进展。

习近平总书记历来高度重视工人阶级，关心看望职工群众的足迹遍布大江南北，每到一地视察和调研都要与劳动模范、大国工匠、技能人才和职工群众亲切交谈，多次通过座谈、贺信、回信、指示批示等方式，表达对工人阶级的深厚情谊和对工会工作的殷切关怀。习近平总书记始终高度重视工会工作，领导召开党的历史上第一次中央党的群团工作会议，指导制定加强和改进党的群团工作意见、全国总工会改革试点方案和产业工人队伍建设改革方案，多次就工人阶级和工会工作作出重要指示批示，深刻阐明了工会工作的地位作用、目标任务、实践要求，为新时代工会工作提供了根本遵循。

2013 年 4 月 28 日，习近平总书记亲临全国总工会机关，与劳模代表亲切座谈，强调工人阶级是我国的领导阶级，坚持和发展中国特色社会主义，必须全心全意依靠工人阶级；工人阶级要始终做坚持中国道路的柱石、弘扬中国精神的楷模、凝聚中国力量的中坚。必须牢固树立劳动最光荣、劳动最崇高、劳动最伟大、劳动最美丽的观念，崇尚劳动，造福劳动者。要把竭诚为职工群众服务作为工会一切工作的出发点和落脚点，让职工群众真正感受到工会是“职工之家”，工会干部是最可信赖的“娘家人”。

2013 年 10 月 23 日，习近平总书记在中南海同中华全国总工会新一届领导班子成员集体谈话，强调工会要坚持正确政治方向，牢牢把握为实现中华民族伟大复兴中国梦而奋斗的我国工运时代主题，做好维护职工群众切身利益工作，在坚持党的群众路线、密切联系职工群众方面作表率。

2015 年 4 月 28 日，习近平总书记在庆祝“五一”国际劳动节暨表彰全国劳动模范和先进工作者大会上发表重要讲话，高度评价工人阶级和广大劳动群众在中国特色社会主义伟大事业中的重要地位和作用，重申全心全意依靠工人阶级的根本方针，强调要始终弘扬劳模精神、劳动精神，始终坚持人民主体地位，始终实现好、维护好、发展好最广大人民根本利益，始终高度重视提高劳动者素质。

2016 年 4 月 26 日，习近平总书记在知识分子、劳动模范、青年代表座谈会上发表重要讲话，强调要在全社会大力宣传劳动模范的先进事迹，为劳动模范更好施展才华、展现精神品格提供全方位支持；要勤于学习、善于实践，踏实劳动、勤勉劳动，不断提高综合素质，练就过硬本领；要大力弘扬劳动精神，提倡通过诚实劳动来实现人生的梦想、改变自己的命运。

2017 年 2 月 6 日，习近平总书记主持召开十八届中央全面深化改革领导小组第三十二次会议，审议通过《新时期产业工人队伍建设改革方案》《关于全国总工会改革试点工作总结报告》。会议指出，要从巩固党的执政基础的高度，从促进我国经济社会持续健康发展的高度，加快产业工人队伍建设改革。全国总工会要继续在建机制、强功能、增实效上下功夫，巩固改革成果。

2018 年 4 月 30 日，习近平总书记给中国劳动关系学院劳模本科班学员回信，高度肯定劳动模范为党和国家事业发展作出的突出贡献，殷切期望广大劳动模范珍惜荣誉、努力学习，继续拼搏、再创佳绩，用干劲、闯劲、钻劲鼓舞更多的人争做新时代的奋斗者；着重强调社会主义是干出来的、新时代也是干出来的，全社会都应该尊敬劳动模范、弘扬劳模精神，让诚实劳动、勤勉工作蔚然成风。

2022 年“五一”国际劳动节前夕，习近平总书记向首届大国工匠创新交流大会致贺信。贺信指出，技术工人队伍是支撑中国制造、中国创造的重要力量。我国工人阶级和广大劳动群众要大力弘扬劳模精神、劳动精神、工匠精神，适应当今世界科技革命和产业变革的需要，勤学苦练、深入钻研，勇于创新、敢为人先，不断提高技术技能水平，为推动高质量发展、实施制造强国战略、全面建设社会主义现代化国家贡献智慧和力量。各级党委和政府要深化产业工人队伍建设改革，重视发挥技术工人队伍作用，使他们的创新才智充分涌流。

2024年国庆节前夕，习近平总书记给中国一重产业工人代表回信，对他们在科技创新和产品质量的执着追求，聚焦重大装备制造关键核心技术难题奋力攻关取得的新突破给予高度评价。回信指出，制造业是立国之本、强国之基。新时代新征程，希望广大产业工人坚守技能报国初心，弘扬劳模精神、劳动精神、工匠精神，苦练内功，提高本领，继续为建设制造强国，推动东北全面振兴贡献智慧和力量。习近平总书记的回信，充分体现了以人民为中心的发展思想和全心全意依靠工人阶级的方针，体现了对广大产业工人一以贯之的关心关爱，体现了对制造业特别是装备制造业的高度重视，是对全国产业工人的巨大鼓舞。

习近平总书记关于工人阶级和工会工作的重要论述，贯穿了党坚持以人民为中心的发展思想和全心全意依靠工人阶级的方针，丰富和发展了党的工人阶级和工会工作理论，是习近平新时代中国特色社会主义思想的重要组成部分，是新时代工运事业和工会工作创新发展的理论指导和行动指南。它深刻阐明了做好新形势下工会工作的重大意义、方向目标、基本要求，科学回答了党的工运事业发展的一系列重大理论和实践问题，为推进党的工运事业和工会工作提供了根本遵循。

机械冶金建材系统各级工会始终把学习贯彻习近平总书记关于工人阶级和工会工作的重要论述作为首要政治任务，精心组织、周密部署，确保学习贯彻落到实处，通过领导干部带头学、多种形式深入学、结合实际干中学等方法，取得明显效果。

一、贯彻党的十八大与中国工会十六大精神，开创新时代产业工会工作新局面

党的十八大召开，中国的改革开放和社会主义现代化建设进

入全面建成小康社会的新阶段。中国工会十六大贯彻党的十八大精神和习近平总书记对工人运动和工会工作的一系列指示精神，确定了全面建成小康社会阶段工人运动和工会工作的方针任务，团结动员广大职工为全面建成小康社会、实现中华民族伟大复兴的中国梦而奋斗，续写中国工人运动和工会工作的新篇章。

（一）学习贯彻党的十八大精神与“428”重要讲话精神

2012 年 11 月 8 日至 14 日，中国共产党第十八次全国代表大会在北京举行。大会的主题是：高举中国特色社会主义伟大旗帜，以邓小平理论、“三个代表”重要思想、科学发展观为指导，解放思想，改革开放，凝聚力量，攻坚克难，坚定不移沿着中国特色社会主义道路前进，为全面建成小康社会而奋斗。党的十八届一中全会上，选举产生了新一届中央领导机构，习近平当选中央委员会总书记。

党的十八大在历史发展的关键时刻，集中全党全国各族人民的智慧，为党和国家事业的发展包括工人运动和工会运动的发展指明了前进方向，对于党团结带领工人阶级和全国各族人民继续努力，全面建成小康社会，加快推进社会主义现代化，开创中国特色社会主义事业包括工运事业新局面，产生了重大而深远的影响。

2013 年 4 月 28 日，习近平总书记来到全国总工会机关，同全国劳动模范代表座谈并发表重要讲话，高度赞扬在党团结带领人民进行革命、建设、改革各个历史时期，劳动模范始终是中国工人阶级中一个闪光的群体，享有崇高声誉，备受人民尊敬。他们以高度的主人翁责任感、卓越的劳动创造、忘我的拼搏奉献，谱写出一曲曲可歌可泣的动人赞歌，为全国各族人民树立了光辉的学习榜样。

习近平指出，我们已经确定了到中国共产党成立 100 年时全面建成小康社会，到新中国成立 100 年时建成富强民主文明和谐的社会主义现代化国家，努力实现中华民族伟大复兴的中国梦的奋斗目标，实现这一奋斗目标，开创美好未来，必须紧紧依靠人民、始终为了人民，必须依靠辛勤劳动、诚实劳动、创造性劳动。希望工人阶级一定要在坚持中国道路、弘扬中国精神、凝聚中国力量上发挥模范带头作用，万众一心、众志成城，为实现中华民族伟大复兴的中国梦而不懈奋斗。

习近平强调，在迈向未来的征程上，必须全心全意依靠工人阶级、巩固工人阶级的领导阶级地位，充分发挥工人阶级的主力军作用。焕发他们的历史主动精神，调动劳动和创造的积极性。全心全意依靠工人阶级不能只当口号喊、标签贴，而要贯彻到党和国家政策制定、工作推进全过程，落实到企业生产经营各方面。

习近平指出，必须紧紧依靠工人阶级发展中国特色社会主义。中国特色社会主义是当代中国发展进步的根本方向，是实现中国梦的必由之路，也是引领我国工人阶级走向更加光明未来的必由之路。我国工人阶级要增强历史使命感和责任感，立足本职、胸怀全局，自觉把人生理想、家庭幸福融入国家富强、民族复兴的伟业之中，把个人梦与中国梦紧密联系在一起，始终以国家主人翁姿态为坚持和发展中国特色社会主义作出贡献。

习近平要求，工人阶级要牢固树立中国特色社会主义理想信念，坚定永远跟党走的信念，坚决拥护社会主义制度，坚决拥护改革开放，始终做坚持中国道路的柱石；要自觉践行社会主义核心价值观，发扬我国工人阶级的伟大品格，用先进思想、模范行动影响和带动全社会，不断为中国精神注入新能量，始终做弘扬中国精神的楷模；要坚持以振兴中华为己任，充分发挥伟大创造力量，发扬工人阶级识大体、顾大局的光荣传统，自觉维护安定团结的政治局面，始终做凝聚中国力量的中坚。

习近平指出，劳动是财富的源泉，也是幸福的源泉。必须牢固树立劳动最光荣、劳动最崇高、劳动最伟大、劳动最美丽的观念，让全体人民进一步焕发劳动热情、释放创造潜能，通过劳动创造更加美好的生活。全社会都要贯彻尊重劳动、尊重知识、尊重人才、尊重创造的重大方针，维护和发展劳动者的利益，保障劳动者的权利。要坚持社会公平正义，排除阻碍劳动者参与发展、分享发展成果的障碍，努力让劳动者实现体面劳动、全面发展。全社会都要热爱劳动，以辛勤劳动为荣，以好逸恶劳为耻。

习近平指出，必须大力弘扬劳模精神、发挥劳模作用。榜样的力量是无穷的。劳动模范是民族的精英、人民的楷模。长期以来，广大劳模以平凡的劳动创造了不平凡的业绩，铸就了“爱岗敬业、争创一流、艰苦奋斗、勇于创新、淡泊名利、甘于奉献”的劳模精神，丰富了民族精神和时代精神的内涵，是我们极为宝贵的精神财富。实现我们的发展目标，不仅要在物质上强大起来，而且要在精神上强大起来。全国各族人民都要向劳模学习，以劳模为榜样，发挥只争朝夕的奋斗精神，共同投身实现中华民族伟大复兴的宏伟事业。广大劳动模范和先进人物要珍惜荣誉、再接再厉，爱岗敬业、无私奉献，做坚定理想信念的模范、勤奋劳动的模范、增进团结的模范。当代工人不仅要有力量，还要有智慧、有技术，能发明、会创新，以实际行动奏响时代主旋律。各级党委、政府和工会组织要高度重视劳模、关心爱护劳模，支持劳模发挥骨干带头作用，帮助劳模解决生产生活中的问题，广泛宣传劳模先进事迹，使劳模精神不断发扬光大。

习近平指出，党对工会寄予厚望，职工群众对工会充满期待。中国特色社会主义工会发展道路是中国特色社会主义道路的重要组成部分，深刻反映了中国工会的性质和特点，是工会组织和工会工作始终沿着正确方向前进的重要保证。要始终坚持这条道路，不断拓展这条道路，努力使这条道路越走越宽广。要顺应时代要求、适应社会变化，善于创造科学有效的工作方法，让职工群众真正感受到工会是“职工之家”，工会干部是最可信赖的“娘家人”。要把竭诚为职工群众服务作为工会一切工作的出发点和落脚点，全心全意为广大职工群众服务，认真倾听职工群众呼声，维护好广大职工群众包括农民工合法权益，扎扎实实为职工群众做好事、办实事、解难事，不断促进社会主义和谐劳动关系。要高度重视广大职工的多样化需求，不断拓展职工成长成才空间，着力培养造就一大批知识型、技术型、创新型的高素质职工。各级党委和政府要加强和改善对工会的领导，支持工会开展工作，为工会工作提供更多资源和手段，为工会履职创造更好条件。

习近平总书记重要讲话，在全国亿万职工和工会系统中引起强烈反响。各级工会立即行动起来，迅速掀起学习贯彻的热潮。中国机冶建材工会及时下发学习通知，通过报告会、宣讲会、与对口行业协会领导座谈交流、举办全系统工会干部培训班和专题研讨班等形式，认真领会精神、深化认识、把握实质、促进工作。机冶建材工会还组织调研宣讲组，到重庆、上海、安徽、浙江、河南、黑龙江等省市进行集中调研宣讲，把广大职工和工会干部的思想认识统一到党的十八大精神上来，凝聚起实现中国梦的强大合力。

（二）贯彻落实中国工会十六大精神

2013 年 10 月 18 日至 22 日，中国工会第十六次全国代表大会在北京召开。来自全国 36 个代表团的 1900 多名代表和近百名特邀代表出席大会。大会的主题是：高举中国特色社会主义伟大旗帜，以邓小平理论、“三个代表”重要思想、科学发展观为指导，深入贯彻党的十八大精神和习近平总书记系列重要讲话精神，坚定不移走中国特色社会主义工会发展道路，坚定信念、改革创新、埋头苦干，团结动员亿万职工在全面建成小康社会、实现中华民族伟大复兴的中国梦的历史进程中充分发挥工人阶级主力军作用。

中共中央政治局常委、中央书记处书记刘云山代表党中央向中国工会十六大致祝词。祝词强调实现党的十八大描绘的宏伟蓝图，实现中华民族伟大复兴的中国梦，必将造福工人阶级，也必须紧紧依靠工人阶级。全心全意依靠工人阶级是党的根本指导方针，任何时候任何情况下都不能有丝毫动摇。

祝词要求我国工人阶级要深入贯彻党的十八大精神，深入贯彻习近平总书记一系列重要讲话精神，进一步增强责任感、使命感，大力弘扬主人翁精神，充分发挥主力军作用，为实现中国梦而不懈奋斗。要始终做坚持中国道路的柱石，始终做弘扬中国精神的楷模，始终做凝聚中国力量的中坚，始终做全面深化改革的推动者、参与者，为推进中国特色社会主义伟大事业作出新的贡献。

祝词要求工会组织要始终坚持正确方向、锐意改革创新，充分发挥我国工人阶级的主力军作用，始终保持我国工会组织的团结统一，在组织职工、引导职工、服务职工、维护职工合法权益上，作出更大努力、发挥更大作用。具体讲就是要坚定不移走中国特色社会主义工会发展道路，牢牢把握党和国家工作大局，坚持全心全意为职工群众服务，以改革创新精神加强工会组织自身建设，加强同港澳台工会和劳动界的交流，为香港、澳门长期繁荣稳定和两岸关系和平发展作贡献。

中共中央政治局委员、全国人大常委会副委员长、中华全国总工会主席李建国代表全国总工会第十五届执行委员会作了题为《高举旗帜 改革创新 团结动员亿万职工在实现中国梦历史进程中充分发挥主力军作用》的报告。报告明确提出为实现中华民族伟大复兴的中国梦而奋斗，是我国工人运动的时代主题，强调工人阶级是全面建成小康社会、坚持和发展中国特色社会主义、实现中国梦的主力军，工会作为党领导的重要人民团体，担负着团结动员广大职工为实现中国梦而奋斗是工会的庄严历史使命。在新的形势下，我国工人运动只有高举中国特色社会主义伟大旗帜，牢牢把握为实现中国梦而奋斗这个时代主题，才能引领历史潮流，坚持正确方向，生机勃勃地向前迈进。

报告提出今后五年的工作目标：认真贯彻党的十八大精神和习近平总书记系列重要讲话精神，围绕全面深化改革的新要求、全面建成小康社会的新任务，回应职工群众的新期待，坚持改革创新，振奋精神、真抓实干，努力开创工会工作新局面。一是要大力推动全心全意依靠工人阶级根本方针贯彻落实，使广大职工的主人翁地位得到充分保障；二是要有效调动职工群众的积极性主动性创造性，使广大职工的主力军作用进一步发挥；三是要切实加强维权和服务工作，使广大职工的各项权益得到更好维护；四是要努力建设学习型服务型创新型工会，使工会组织的凝聚力、影响力显著增强。

报告指出，实现上述目标，要着力做好六个方面的工作。一是激发广大职工创造活力，为全面深化改革、推动科学发展、加快转变经济发展方式再立新功；二是引导广大职工积极践行社会主义核心价值观，汇聚起为实现中国梦奋斗的正能量；三是切实维护和发展职工权益，构建服务职工工作体系；四是大力发展和谐劳动关系，促进社会主义和谐社会建设；五是不断强化源头参与和制度创新，增强工会工作的法治基础和制度保障；六是积极加强和改进工会自身建设，打造深受职工群众信赖的“职工之家”。

大会选举产生了全国总工会第十六届执行委员会，在第一次全体会议上，选举产生了全国总工会第十六届执行委员会主席、副主席和主席团委员。李建国当选为全国总工会主席，陈豪、刘国中、张少琴、徐福顺、陈荣书、尔肯江·吐拉洪、李世明、邱小平、焦开河、范继英、崔郁、江广平、许振超、郭明义当选为全国总工会副主席。在执委会主席团第一次全体会议上，选举陈豪为书记处第一书记。

工会十六大召开之后，习近平总书记在10月23日接见全国总工会新一届领导班子并发表重要讲话，指出工会要紧紧围绕经济建设这个中心、发展这个第一要务，组织带领广大职工群众为实现发展目标建功立业，在提高职工队伍素质、深化社会主义劳动竞赛上出实招、办实事、敢创新，把广大职工群众主人翁精神充分激发出来，把工人阶级主力军作用充分发挥出来。习近平总书记强调，实现中国梦，最终要靠全体人民辛勤劳动，要在全社会大力弘扬我国工人阶级的优秀品质，大力宣传劳动模范和其他典型的先进事迹，让劳动最光荣、劳动最崇高、劳动最伟大、劳动最美丽的观念蔚然成风，让全体人民进一步焕发劳动热情、释放创造潜能，通过劳动创造更加美好的生活。习近平总书记的重要讲话，进一步指明了当前和今后一个时期我国工运事业发展的前进方向，为党的工运事业健康发展提供了坚实的思想理论指导。

中国工会十六大之后，中国机冶建材系统各级工会组织认真贯彻落实大会精神，全委分别与机械、汽车、钢铁、有色金属、黄金、稀土、水泥、玻璃协会召开座谈会，传达中国工会十六大精神和习近平总书记同中华全国总工会新一届领导班子成员集体谈话时的重要讲话精神，要求产业各级工会深刻领会、坚决贯彻，不断推动产业工会工作迈上新台阶。2013年10月，中国机冶建材工会举办培训班，深入学习领会中国工会十六大精神和习近平总书记重要讲话精神。培训班还系统讲授了企业工会帮扶建设、工会在构建和谐劳动关系中的作用、工会自身建设与改革、工资集体协商谈判等专题。2013年12月23日，中国机冶建材工会第三届全国委员会第三次全体会议在杭州召开，会议认真学习贯彻习近平总书记重要讲话精神，号召全国机械冶金建材各级工会组织和广大工会干部学习贯彻落实党的十八大精神，学习贯彻习近平总书记系列重要讲话精神，落实工会十六大确定的目标任务，牢牢把握我国工人运动的时代主题，团结动员机械冶金建材系统广大职工在推进全面深化改革、推动科学发展、实现稳中求进中充分发挥主力军作用；以增强工会组织吸引力凝聚力为目标，加强基层基础，加强维权服务，加强作风建设；以改革创新精神全面推进各项工作，打造符合改革发展的工作新格局，努力建设“学习型、服务型、创新型”工会组织。

二、加强思想引领，团结产业职工听党话跟党走

中国工会是党联系职工群众的桥梁和纽带，是国家政权的重要支柱。凝聚广大职工的精神和力量，为全面建成小康社会，实现中华民族伟大复兴的中国梦而努力奋斗，是各级工会组织的历史使命。机械冶金建材各级工会组织认真学习、深刻领会习近平总书记重要讲话精神，研究部署贯彻落实措施，动员广大产业职工为实现中国梦建功立业。

（一）开展“中国梦·劳动美”主题活动

党的十八大闭幕不久，习近平总书记在参观国家博物馆《复兴之路》展览时，首次提出并阐释中国梦：“实现中华民族伟大复兴，就是中华民族近代以来最伟大的梦想。”中国梦生动形象地表达了全体中国人民的共同理想追求，昭示着国家富强、民族振兴、人民幸福的美好前景，为坚持和发展中国特色社会主义注入新的内涵和时代精神。

中国工会十六大后，全国总工会部署开展了“中国梦·劳动美”主题活动。按照全国总工会统一部署，机械冶金建材系统各级工会组织开展一系列活动。2013 年，在江铃汽车公司召开了以“中国梦·劳动美”为主题的职工文化建设现场交流研讨会，随后开展了“中国梦·劳动美”职工经济技术系列活动。活动过程中，交流推广首钢、北汽、一汽、宝钢、邯钢、江铜、金川、金

隅等 8 家单位开展“中国梦·劳动美”活动的经验。联合中国工人出版社编辑出版了《“中国梦·劳动美”中国机冶建材行业模范实践者》，收录了上海电气、一汽、宝钢、长城铝、紫金、中材等 70 余家单位近 200 位劳模的先进事迹材料。全系统各级工会组织紧紧围绕“中国梦·劳动美”主题，通过举办“中国梦·劳动美·幸福路”微电影比赛、最美职工评选、“劳模进学校”、劳模事迹巡回宣讲等，开展了一系列丰富多彩的活动，唱响“中国梦·劳动美”的主旋律，宣传工人阶级主力军作用，营造劳动光荣、工人伟大的氛围，引领广大职工立足本职建功立业，把个人梦、企业梦和中国梦紧紧联系在一起，内化为践行社会主义核心价值观的精神追求，外化为推动改革的自觉行动。系统各级工会结合实际，相继开展各具特色的“中国梦·劳动美”主题活动。山西省机冶建材工会开展了“中国梦·劳动美·点赞工匠”摄影展活动，74 家单位报送摄影作品 6000 余幅，生动展示了劳模风采和工匠技艺。此后，“中国梦·劳动美”主题活动成为机械冶金建材工会的重要工作内容，得到长期坚持、广泛开展。2021 年 5 月，中国机械冶金建材工会赴贵州开展“中国梦·劳动美——永远跟党走 奋进新征程”全国工会劳模工匠巡回宣讲活动。宣讲团分别在贵阳贵州金元公司、遵义市工人文化宫举办了两场报告会，邀请了潍柴集团首席技师王树军、中国宝武集团宝钢铁股份有限公司电炉厂电气设备技能大师金国平、中色大冶冶炼厂熔炼车间澳炉大班班长邵志村、国网浙江省电力有限公司杭州供电公司滨江供电分公司创新发展部主任徐川子、贵州正业国际工程企业管理集团董事长沈志平、遵义市公安局汇川分局洗马路派出所所长陈丽容等 6 位劳模工匠讲述了自己的奋斗故事。2021 年 5 月，贵州省总工会主办，贵州省机械冶金建材工会承办了“中国梦·劳动美——永远跟党走 奋进新征程”全省职工演讲比赛。2022 年 9 月，重庆市机械冶金工会举办了“中国梦·劳动美——

喜迎二十大 建功新时代”职工演讲比赛，多层次多角度展示新时代产业工人主力军风采。2023 年，陕西省机械冶金建材工会举办“中国梦·劳动美——凝心铸魂跟党走 团结奋斗新征程”职工全民阅读系列活动。内蒙古自治区建筑建材交通机冶工会举办“中国梦·劳动美——立足岗位作贡献，真抓实干创佳绩”职工主题演讲比赛等。通过系列主题活动，进一步唱响了“中国梦·劳动美”主旋律，展示了产业职工时代风貌。广大产业职工发扬主人翁精神，发挥主力军作用，以实际行动奋进新征程、建功新时代。

（二）大力弘扬劳模精神、劳动精神、工匠精神

党的十八大以来，以习近平同志为核心的党中央高度关心劳模和劳模工作，礼赞劳动创造，讴歌劳模精神、劳动精神、工匠精神。2013 年 4 月 28 日，习近平总书记亲临全国总工会机关同全国劳动模范代表座谈，强调必须大力弘扬劳模精神、发挥劳模作用；2014 年 4 月 30 日，习近平总书记在乌鲁木齐接见劳动模范和先进工作者、先进人物代表时，提出弘扬劳动精神；2016 年 4 月 26 日，习近平总书记在安徽主持召开知识分子、劳动模范、青年代表座谈会时，提出弘扬工匠精神；2020 年 11 月 24 日，在全国劳动模范和先进工作者表彰大会上，习近平总书记对劳模精神、劳动精神、工匠精神作出全面系统深刻阐述，强调劳模精神、劳动精神、工匠精神是以爱国主义为核心的民族精神和以改革创新为核心的时代精神的生动体现。习近平总书记的重要论述，丰富和深化了党对劳动、劳动价值的认识，对新时代新征程上大力弘扬劳模精神、劳动精神、工匠精神具有重大意义。

机械冶金建材各级工会把大力弘扬劳模精神、劳动精神、工匠精神摆在重要位置，把团结引导广大职工听党话、跟党走作为重要政治责任，引导职工践行社会主义核心价值观，生动诠释“爱岗敬业、争创一流，艰苦奋斗、勇于创新，淡泊名利、甘于

奉献”的劳模精神，“崇尚劳动、热爱劳动、辛勤劳动、诚实劳动”的劳动精神和“执着专注、精益求精、一丝不苟、追求卓越”的工匠精神，汇聚起亿万职工群众团结奋斗的磅礴力量。各级工会坚持典型示范引领，汇聚职工正能量，激发职工的创新热情。2018 年，中国机械冶金建材工会在南京机电职业技术学院、常州机电职业技术学院连续举办了两场“大国工匠进校园”活动。邀请李凯军、郑久强、郭玉全 3 位大国工匠讲述自身的成长经历，开展现场教学，手把手地传授“技艺绝活”，使广大青年学生真切感受和体验工匠精神的内涵与真谛。中国机械冶金建材工会通过宣传新时期雷锋郭明义，总结潍柴三高试验队、天津钢管公司李刚等先进事迹，大力营造尊重劳动、崇尚技能、鼓励创造的浓厚氛围，引领广大职工崇尚先进、学习先进、争当先进，助力产业转型升级。通过形式多样、内容丰富的宣传教育活动，劳模精神、劳动精神、工匠精神在全系统蔚然成风。

（三）开展“讲工匠故事 展劳模风采”主题活动

长期以来，机械冶金建材行业劳模辈出，工匠人才层出不穷，匠星闪耀。从全国班组运动和职工民主管理创始人——马恒昌小组组长马恒昌，到立足本职、刻苦钻研、技术创新的大国工匠代表李斌；从治理渣山、变废为宝的“当代愚公”李双良，到爱岗敬业、服务企业、奉献社会的最美职工郑久强，一大批叫得响、立得住、有影响的劳动模范和大国工匠，用自己的勤劳、智慧和汗水，在平凡岗位上作出不平凡的贡献，赋予了劳模精神、劳动精神、工匠精神更深刻的时代内涵，为机械冶金建材行业广大职工树立了榜样。为进一步弘扬劳模精神、劳动精神、工匠精神，推进产业工人队伍建设改革，中国机械冶金建材工会从 2017 年开始，在产业系统开展了“讲工匠故事 展劳模风采”主题活动。

2017 年 4 月，中国机械冶金建材工会在上海电气李斌学院举办“讲工匠故事 展劳模风采”主题活动。上海电气集团、中信重工 2 个创新集体和一汽集团李凯军、大冶有色宋幸福、宝武钢铁集团王军、哈尔滨电机裴永斌、首钢集团公司刘宏、北京金隅集团刘更生等 6 名劳模讲述了他们创业、创新、创造的故事，和职工代表们交流了他们心怀梦想、做强产业、踏实工作的体验。此后，每年开展“讲工匠故事 展劳模风采”主题活动成为中国机械冶金建材工会重要工作手段，不断深入开展，充分展示了行业一线职工刻苦钻研、精益求精、追求卓越、创造一流的职业素养，在产业系统内营造了尊重劳动、尊重知识、尊重人才、尊重创造的浓厚氛围。

2018 年 4 月，中国机械冶金建材工会主办，南京钢铁联合有限公司承办的“讲工匠故事 展劳模风采”展示交流活动在南京市举行。江西铜业公司柯志青、陕西鼓风机厂杨东涛、泰山玻璃纤维有限公司刘涛、金川集团潘从明、山西太原钢铁集团吕涛、北京奔驰汽车有限公司赵斌、徐工挖掘机有限公司唐尚等 7 名大国工匠宣讲交流。活动还特别邀请了河钢集团唐钢公司炼钢首席操作专家郑久强、上海电气液压气动有限公司工段长李斌、首钢集团全国技术能手刘宏、中国一汽高级技师李凯军、中航科技火箭发动机制造领域首席技能专家高凤林、中国人民银行南京分行运营管理部陶萍等 6 名行业领军人物作为评委嘉宾，与来自全国各地的工匠进行交流。

2019 年 4 月，全国机械冶金建材系统“讲工匠故事 展劳模风采”主题活动在西安举办。陕汽控股席小军、方大特钢甘荣刚、中国一拖高中汉、本钢机电罗佳全、金川集团彭明、蚌埠中建姜元涛等 6 位优秀工匠，以视频介绍和主持人现场访谈的形式，向全系统的职工展现了在各自岗位刻苦钻研、精益求精、追求卓越、创造一流的事迹，体现了机械冶金建材系统劳模工匠崇高的职业精神与良好的职业素养，引发了全行业广大职工的强烈共鸣。

2020 年 12 月，“讲工匠故事 展劳模风采”主题活动在山东日照举办。鞍钢集团林学斌、潍柴集团王树军、山东钢铁莱芜公司李仁壮、山东科技职业学院魏雪梅、大冶有色公司邵志村等 5 位劳模工匠代表讲述了自己的创新故事，分享了创新经验。同期，中国机械冶金建材工会举办了全国机械冶金建材行业工匠直播月，郑久强、李凯军、潘从明、王志伟、王树军、姜园涛等顶级工匠化身“网络主播”，分享各自绝技绝活，受到职工广泛欢迎。在线观看达 50 万人次，互动交流区留言超过 2 万条。全国总工会党组成员、经费审查委员会主任李晓钟高度评价此次主题活动，要求各级工会不断增强责任感、使命感、紧迫感，大力弘扬劳模精神、劳动精神、工匠精神，在全行业大力营造尊重劳动、尊重知识、尊重人才、尊重创造的浓厚氛围，鼓舞广大职工为社会主义现代化建设事业再创伟业、续写辉煌。

2021 年 6 月，“讲工匠故事 展劳模风采”主题活动在浙江桐乡举办。巨石集团章建忠、柳钢集团陶柏明、一重集团伊世明、国机集团金锐、首钢集团通钢公司徐凤娟、宝武集团武钢公司郭忠涛等 6 位劳模工匠代表和有研复材 1 个先进集体代表讲述了自己的创新故事，分享了创新经验，活动同步在全国产业工人学习社区直播。

2022 年，受新冠疫情影响，“讲工匠故事 展劳模风采”活动以线上展播方式开展。哈电集团哈尔滨汽轮机厂有限责任公司丁爱民、东风汽车集团股份有限公司刘寿毅、河钢集团邯钢公司唐笑宇、陕钢集团龙钢公司冯建斌、深圳市中金岭南有色金属股份有限公司周艳飞、东北轻合金有限责任公司贾春成、中国建筑材料科学研究总院有限公司文寨军、海螺水泥有限责任公司周剑锋等 8 位劳模工匠分享了他们在产业和企业发展中的奋斗故事、工作经历和心得感悟。

2023 年 3 月，全国机械冶金建材系统“讲工匠故事 展劳模风采”主题活动在洛阳举行。全国总工会书记处书记、党组成员邹震出席活动。活动现场分享了中国一拖薛志飞、豫光金铅王拥军、中铝山西铝业王建伟、中国十九冶集团周树春、金隅集团林玉泉、华新水泥（西藏）公司扎西、柳工周颖峰、安钢集团公毅等8位全国机械冶金建材行业优秀劳模工匠的感人故事。

2024年4月，“讲工匠故事 展劳模风采”主题活动在福建龙岩举办。平高集团胡忠辉、哈尔滨汽轮机厂董礼涛、首钢京唐公司荣彦明、河钢集团唐钢公司徐伟、紫金矿业集团俞金生、中色（宁夏）东方公司郭从喜、金隅集团李燕京、海螺水泥公司王张伟等8位劳模工匠分享了自己在岗位建功立业，发挥示范带动作用，为企业、行业高质量发展作出贡献的成就、体会与感受。

中国工人大思政课开展以来，中国机械冶金建材工会重点宣传了一批劳模工匠典型，弘扬了劳模精神、劳动精神、工匠精神，深受广大职工欢迎，收到良好效果。此外，还开展了“厂史寻根 劳动圆梦”线上故事大讲赛、“讲品牌故事 续匠心传承”、“讲厂史故事 迎工会百年”等系列主题宣传活动，形成了具有产业工会特色的宣传品牌。

三、组织开展劳动竞赛，动员广大产业职工为实现中国梦建功立业

在新时代，机械冶金建材系统广大职工奋力拼搏、锐意进取，为产业经济平稳健康发展作出巨大贡献；全系统各级工会广泛深入开展各种劳动和技能竞赛，动员产业职工为实现中国梦建功立业。系统各级工会广泛开展技术培训、技术比赛和技术交流活动，为全行业广大职工搭建施展才干的广阔舞台，在广大职工中掀起

了学技术、比技能的热潮，促进了职工技能水平的提高和高技能人才队伍建设。

2012 年至 2017 年，中国机械冶金建材工会第三届委员会履职期间，系统各级工会广泛开展职工技能培训、岗位练兵和技术创新活动，努力打造知识型、技术型、创新型产业工人队伍，5 年累计组织开展了 54 个工种的行业技能比赛，有 26 名选手被推荐获得全国五一劳动奖章，146 名被授予全国技术能手，593 名被授予行业技术能手。命名了 25 个系统示范性劳模创新工作室、191 个劳模创新工作室，选树李斌等 26 位行业金牌工人和 285 个行业模范班组。开展机械、钢铁行业科学技术奖（工人组）、黄金行业一线职工科技成果奖和建材行业技术革新奖评审活动，5 年共评出各等次优秀创新成果 1183 项。

2017 年至 2022 年，中国机械冶金建材工会第四届委员会履职期间，围绕贯彻新发展理念、构建新发展格局、推动高质量发展，聚焦国家重大战略、重大工程、重大项目，推动在各层级、各地区、各行业、各条战线开展劳动和技能竞赛，不断扩大竞赛的覆盖领域和覆盖面。5 年累计组织开展了 5 个行业 62 个工种的行业技能比赛，参赛职工超过 2000 万人。推荐全国五一劳动奖状 14 个、全国五一劳动奖章 30 名、全国工人先锋号 54 个，全国五一巾帼标兵 6 名、全国五一巾帼标兵岗 6 个、全国巾帼建功标兵 3 名。同时，各级工会改进竞赛组织方式，加强竞赛绩效评估，竞赛覆盖面和效果有较大提升，职工参与度和收益率不断提升，为职工成长成才搭建了有效平台。

（一）“红旗杯”全国机械行业班组长大赛

从 2020 年起，机械冶金建材工会与中国机械工业企业管理协会联合主办了四届“红旗杯”全国机械行业班组长管理技能大赛。截至 2023 年，共有累计 110 个工种、17 万名班组长参赛，课程学习时长 134 万小时，闯关练习 830 万人次。大赛为班组长提供了交流经验、学习知识、提高能力的平台，取得了丰硕成果，积累了丰富经验，对于促进行业企业发展起到重要的助推作用。大赛得到了全国总工会的高度肯定和重视，2024 年开始，由行业赛上升为全国赛，由机械行业扩展到海员建设、能源化学、国防邮电、财贸轻纺烟草等产业，实现了转型升级。首届“红旗杯”班组长大赛设立 10 条赛道，机械冶金建材工会承担了机械、钢铁、有色金属、建材 4 条赛道的竞赛任务，参赛班组长 16 万名，在全部赛道中名列前茅。

（二）全国钢铁行业职业技能竞赛

全国钢铁行业职业技能竞赛是在原冶金部青工技能大赛的基础上发展而来，每两年举行一届，被称为全国钢铁行业的“奥运”盛会。中国机械冶金建材工会与中国钢铁工业协会从 2008 年第四届全国钢铁行业职业技能竞赛开始，至 2024 年已联合举办 8 届。竞赛始终坚持“一届更比一届好”的办赛宗旨，每一届既有传承，又有创新，形成了丰硕成果，沉淀了厚实底蕴，汇聚形成了特质鲜明的大赛文化。大赛始终伴随行业一路前行，成为培养行业高技能人才的摇篮，每届大赛都能带动数十万行业技能人才岗位大练兵。竞赛已经产生了 12 名五一劳动奖章获得者，130 名全国技术能手，1021 名全国钢铁行业技术能手，引导、帮助和带领更多的技能人才学习知识、增强本领，努力成为符合企业发展需要、掌握高超技能的新时代技能人才，激励他们为梦想拼搏，为强国奋斗，成就精彩人生。

（三）节能减排达标竞赛

2012 年 8 月，中国机冶建材工会和中国水泥协会联合召开全国水泥行业节能减排达标竞赛推进会，开启了有产业特色的节能减排竞赛序幕。吉林亚泰（集团）股份有限公司等 4 家公司交流了本企业开展竞赛活动的经验。同年 9 月，全国钢铁、有色金属和黄金行业节能减排达标竞赛活动推进会在河北唐山召开，武汉钢铁集团公司等 6 家企业介绍了节能减排工作及开展竞赛活动的经验。

中国机械冶金建材工会与中国钢铁工业协会从 2006 年开始，已联合举办 17 届全国重点大型钢铁生产设备节能降耗对标竞赛，为钢铁行业节能减排、转型升级，助推行业绿色发展作出了重要贡献。竞赛分高炉、转炉、烧结机、电炉四个设备组别 9 个级别，通过对设备节能降耗技术指标的综合评价反映其在同行中的水平和技术进步。2012 年度竞赛中，经专家组和参赛企业专家代表无记名投票，山西太钢不锈钢股份有限公司 5 号 4350 立方米高炉、首钢迁安钢铁有限责任公司 4 号 200 吨转炉荣获 2012 年度冠军炉称号。2013 年度竞赛中，来自中国金属学会、北京科技大学、东北大学、中冶集团等单位的评审专家严格把关，选出 2013 年度高炉、转炉、烧结机组冠军炉、优胜炉、创先炉候选设备。这一活动连续举办，至今不辍。各钢铁企业积极支持、广泛参与，参赛企业的各项节能指标取得了明显进步，共评选出高炉、转炉、烧结机、电炉等四个组别的全国冠军炉累计 123 座，全国优胜炉累计 484 座，多项技术指标进入全球大型钢铁设备运行的一流行列。竞赛活动先后四次授予参赛单位 5 个全国五一劳动奖状，32 个全国工人先锋号。

在节能减排竞赛中，系统各级工会引导职工树立节能减排自觉意识，广泛开展“我为节能减排作贡献”等合理化建议活动，引导职工积极开发新技术新材料，改进工艺设备，推广先进技术，降低单位能耗和经营成本。中铝广西分公司工会以“全员、全方位、全过程挖潜增效”为主题组织开展劳动竞赛，在公司班组中开展“我为企业挖潜增效、节能降耗提合理化建议”“节能减排好点子好建议”“十佳节约型班组”等活动，为企业节能增效和降本增效发挥了重要作用。河南豫光金铅公司把节能减排与劳动竞赛相结合，在班组中开展小指标竞赛活动，调动职工参与节能减排的积极性，为节能减排作出新贡献。许多单位工会把节能减排工作与企业民主管理相结合，把节能减排工作实施情况和达标情况纳入厂务公开内容，充分利用职工代表大会等方式，动员职工代表围绕安全生产、成本控制、挖潜增效等方面提出议案，建立和健全企业节能减排长效管理机制，收到了良好效果。

（四）“中铝杯”有色金属行业职工技能竞赛

中国机冶建材工会、中国有色金属工业协会、中国就业培训技术指导中心主办的“中铝杯”有色金属行业职工技能竞赛，是机械冶金建材系统的传统竞赛项目，也是历史悠久、影响深远、水平较高的赛事之一，截至 2024 年共举办 17 届。2012 年 9 月，第六届“中铝杯”有色金属行业职工技能竞赛在中国铝业股份有限公司广西分公司开幕。竞赛设置了污酸处理工、多功能机组操作工和焊工（有色金属焊接）三个职业（工种）的比赛。此后“中铝杯”竞赛相继设置了维修电工、氧化铝制取工、化学检验工、铸轧工（金属轧制方向）、铝及铝合金熔铸工、设备点检员、铝电解工、仪器仪表维修工等工种的比赛。来自全国有色金属行业的选手同台竞技，交流了技术、切磋了技艺，展示了新时期有色金属行业广大职工良好的精神风貌，一批技术过硬、爱岗敬业、勇于创新的高技能人才脱颖而出。多年来，通过这一平台选拔产生了 8 名全国五一劳动奖章获得者、100 多名全国技术能手和 200 多名有色金属行业技术能手，以及更多的各级各类高技能人才，有力推动了有色金属行业高技能人才队伍建设。

(五)“中国铜业杯”全国有色金属行业班组长综合管理技能竞赛

“中国铜业杯”全国有色金属行业班组长管理技能竞赛是全国引领性劳动和技能竞赛，由中国机械冶金建材工会与中国有色金属工业协会共同主办。自 2016 年开始，已联合举办 8 届。2016 年，有色金属行业在全国率先创新举办了班组长综合管理技能竞赛，8 年来，竞赛立足行业绿色化、智能化发展要求，聚焦企业基层管理热点难点问题，挖掘班组长综合能力提升需求，搭建起了以行业赛为引领、以集团赛为主体、以全行业职工网上大练兵为基础的大赛体系，选拔造就了一批管理技能精湛、勇于创新的高素质班组长，累计产生出 6 个全国工人先锋号优秀集体，134 人获一等奖，266 人获二等奖，400 人获三等奖，以及 34 个优胜团体奖，极大鼓舞了一线职工的积极性，有力推动了竞赛活动的深入开展。

2023 年，在共建“一带一路”倡议提出 10 周年之际，中国机械冶金建材工会联合中国有色金属工业协会，创新举办了“中国铜业杯”海外企业属地班组长综合管理技能竞赛。首届竞赛有来自几内亚、秘鲁、赞比亚、刚果（金）、蒙古国、巴基斯坦 6 个国家，中国铝业集团、中国有色矿业集团、中国北方工业公司等企业的 10 支参赛队伍、50 名外方选手参加。2024 年竞赛范围进一步扩大，有来自埃塞俄比亚、巴布亚新几内亚、巴基斯坦、刚果（金）、几内亚、蒙古国、秘鲁、赞比亚 8 个国家，中国铝业集团、中国有色矿业集团、中国建材集团、中国北方工业有限公司、中国冶金科工集团、中铁资源集团等的 12 家海外企业，共计 72 名选手参赛。竞赛为有色金属行业海外企业外方班组长交流工作、增进友谊搭建了平台，在提升海外企业班组建设水平、加强企业基础管理、培养优秀产业工人和基层管理者、营造企业良好本土发展环境等方面发挥了重要作用，为推动共建“一带一路”高质量发展作出了积极贡献。

（六）“中金杯”全国黄金行业职业技能竞赛

全国黄金行业职业技能竞赛是国家级二类赛事，由中国机械冶金建材工会和中国黄金协会共同主办。自2012年起已成功举办了12届。2012年，中国机冶建材工会、中国黄金协会、中国就业培训指导中心联合主办“中金杯”首届全国黄金行业职业技能竞赛。首届设立化学检验工竞赛和机修钳工竞赛，共评选出优秀选手化学检验工、机修钳工各40名及优秀团体10名。此后“中金杯”每年以不同工种、不同主题连续举办，先后有湿法冶炼工与工程凿岩工、贵金属首饰制作工、井下支护工、矿山救护工、矿石处理工、机修钳工等多个工种参赛。竞赛全面地反映了黄金行业职工掌握知识、技能的现状，涌现了一批全国技术能手和行业技术能手，在构建产业工人技能形成体系和创新产业工人发展制度，打造高素质职工队伍等方面发挥了重要作用。竞赛累计产生了5名全国五一劳动奖章获得者、105名全国技术能手、420名黄金行业技术能手，已成为黄金行业影响最大、范围最广、水平最高的技能竞赛。

（七）其他职业技能竞赛

2012年以来，中国机械冶金建材工会、中国机械工业联合会、中国就业培训技术指导中心等单位联合举办了一系列职工职业技能竞赛，其中影响较大的有模具制造工职业技能竞赛，每两年举办一次，为模具技术工人提供了展示技能的舞台，为全国装备制造业培养了数万名模具工高技能人才，有力地推动了我国模具工业的发展。此外还有可编程序控制系统设计师、工程机械修理工、汽车装调工、汽车发动机装调、汽车焊装生产线操作工

(汽车智能焊装)、机动车检验工、电切削工、电线电缆制造工、仪器仪表制造工、电梯维修工、工业机械装调（装配钳工）、工业机器人装调维修工、多工序数控机床操作调整工（机器视觉）、数控机床装调维修工、无损检测员等职业技能竞赛，以及机械工业设计创新大赛、机械工业智能制造职业技能竞赛、智能制造应用技术技能大赛、全新能源汽车关键技术技能大赛等。特别是2020年举办的电梯行业职业技能竞赛，是电梯行业最具权威性和专业性的技术大赛。经过全国10大赛区的层层选拔，167名电梯、扶梯领域的检测、安装、维修、保养方面的顶尖选手脱颖而出。竞赛的规模之大、涵盖人数之多、组别之丰富，开创了多个“首次”。

（八）开展产业工人技术创新成果评审

为了更好地推进职工创新成果转化应用，中国机械冶金建材工会与各行业协会（联合会）共同在机械、钢铁和建材行业开展一线职工科技奖和技术革新奖评选活动，为职工创新创效搭建平台。

2012年以来，中国机械冶金建材工会与中国机械工业联合会共同举办机械工业科学技术奖（工人组项目）创新成果评审，大批一线工人创新成果榜上有名。截至2024年，共受理630项、获奖236项，其中一等奖6项、二等奖117项、三等奖143项，累计获奖达到689人次。其中湘电集团“大中型电机转子精准套装装置项目”、徐工集团郭鹤的“沥青洒布车生产过程中调试检测方法与控制方法”、潍柴动力股份有限公司汤海威的“内燃机高温运动件动态测量技术研究及应用”被评为工人组一等奖。评奖过程中，评审组专家对项目的科技性、创新性给出了高度评价，一致认为我国机械装备制造业一线工人的创新意识和改进意识不断提升，创新能力不断增强，潜力喜人。评审活动在企业和职工之间的影响力越来越大，受到职工热烈欢迎。

2000 年，中国钢铁工业协会、中国金属学会创办冶金科学技术奖，这是中国冶金行业最高科学技术奖。2011 年，在机械冶金建材工会的努力推动下，冶金科技奖增加一线工人科技成果专业评审组，鼓励和表彰一线工人在钢铁领域科学研究和生产开发中作出的突出贡献。每年一线工人项目专业评审组经过评审，向冶金科学技术奖评审委员会推荐获奖项目不超过 5 项。近年来，对于获得一线工人组一等奖的项目，机械冶金建材工会优先向全国总工会推荐全国职工优秀技术创新成果。2023 年机械冶金建材工会推荐冶金科技奖一线职工组一等奖的宝武项目，荣获第七届全国职工优秀技术创新成果三等奖。2024 年，冶金科学技术奖获奖项目 110 项，其中一线工人组获奖 5 项（一等奖 1 项，二等奖、三等奖各 2 项）。14 年来，共评出一线工人组成果 70 项。

中国机械冶金建材工会还与中国建筑材料联合会联合举办全国建材行业技术革新奖评选活动。2011 年，表彰全国建材行业技术革新奖获奖项目 136 项；2014 年，全国 19 个省市的 190 个企业共向评审组委会申报技术革新项目 261 个，参与的一线技术工人达 1659 名，共评选出建材行业各类技术革新一等奖 17 项、二等奖 34 项、三等奖 12 项；2015 年，247 个企业申报的 314 个项目，共有 2181 名企业一线技术人员参与；2017 年，建材系统近 300 项创新成果参评，共评出 163 个奖项，其中，一等奖 14 个，二等奖 59 个，三等奖 90 个。

（九）探索竞赛新途径，助推职工创效成才

在广泛开展产业劳动和技能竞赛的同时，系统各级工会努力改进竞赛方式，探索竞赛新途径，促进企业转型发展，促进职工创效成才。鄂钢工会以“突出依靠职工理念，提高全员参与热情；突出竞赛重点难点，提高竞赛活动实效；突出发挥班组作用，提高团队执行力；突出完善机制保障，提高竞赛管理水平”等

“四突出四提高”为重点，发动职工围绕降本增效开展劳动竞赛，为企业扭亏增盈起到了积极推动作用。四川省机电冶煤工会在“十三五”期间牵头组织实施“四川省重大装备制造业劳动竞赛”，在为期 5 年的竞赛中，共有 6 万余名职工，3000 多个班组参赛，获得国家发明专利 98 项、实用新型专利 58 项，实现利润 2.4 亿元，创汇 800 万欧元。广州汽车集团股份有限公司工会将开展竞赛的主动权交给职工，实现“要我参赛”转变为“我要参赛”，将“赛什么”“怎么赛”交给职工来处理，竞赛实现了由生产运动型向日常管理型的转变，从体力、速度型向智力、效益型转变。东方锅炉股份有限公司工会不断创新劳动竞赛的形式和方法，丰富劳动竞赛内涵，建立了“自主申报、竞争淘汰”的组织方式，培育“时间比”和“成效比”竞争机制，激发广大职工勇于攻关、善于攻关的热情。吉利控股集团有限公司工会以技能竞赛为牵引，通过“培训夯实能力基础、竞赛完善竞争机制、奖励激发持久动力”的“训赛奖”机制，调动职工积极性，职工可以凭自己的业绩和能力，在不同的岗位序列和发展通道中自由穿行。这套机制不仅激励了职工学技能、强本领的积极性，同时也拓展了集团高技能人才的成长通道，形成了各类优秀高技能人才充分涌现、高招绝技竞相迸发的良好局面，促进了企业良性发展。

（十）创新工作室和创新工作室联盟建设

全国总工会高度重视职工（劳模）创新工作室的创建工作，2014 年召开了全国劳模创新工作室创建工作推进会，在全国首批命名了 97 个全国示范性劳模创新工作室。中国机械冶金建材工会按照全国总工会部署，积极开展全国机械冶金建材系统职工（劳模）创新工作室创建工作，在解决企业技术难题、促进科技成果转化、培养高技能人才等方面发挥重要作用，为职工岗位成才企业的转型升级作出了突出贡献。中国机械冶金建材工会下发了《关于推动建立企业职工创新工作室的意见》，提出了创新工作室建设标准，要求创新工作室做到“六有”，即有创新带头人，有创新团队，有固定场所、设备设施和经费，有工作管理制度，有年度攻关计划，有阶段性创新成果。2007年6月，上海电气、机电工会建立了以“金牌工人”李斌名字命名的“李斌数控技术工作室”，在我国液压气动领域屡获创新突破，至2014年底，李斌数控技术工作室共完成新产品开发项目85项，新申报专利146项，授权65项。工作室承担的“高压轴向柱塞泵/马达国产化关键技术”重点攻关项目，在2009年荣获中国机械工业科技进步奖一等奖，2011年荣获国家科技进步奖二等奖。此后，在“李斌数控技术工作室”基础上，成立了“李斌技术中心”，并配套建设“中试车间”，形成了“三位一体”的创新团队。又先后成立了金德华电工技术工作室、赵黎明焊接技术工作室等多个以劳模名字命名的创新工作室，在攻克企业难题和完成重大项目上发挥了重要作用。

武钢创建劳模（职工）创新工作室形成了“党委领导、行政主导、工会搭台、各方协同、职工参与”的创建工作格局，根据创新工作室的功能和作用，确定了创新工作室发展的七种模式，使工作室成为职工成长的“摇篮”、撬动企业创新发展的支点。多年来，武钢有近一半的技术专利从工作室输出，由一线工人创造。金川公司按“六有”标准建立劳模（职工）创新工作室，在公司846个班组中，有学习创新型班组572个，组建各类职工创客小组846个，高级技师潘从明主创的《银阳极泥中金铂钯高效提取技术》、高级技师柴国梁主创的《高品质电解镍生产集成装置的创新与应用》等两项成果获全国第五届职工技术创新成果二等奖。陇原工匠杨秉松劳模创新工作室先后研发20多种有色冶金特种仪器仪表，120多台特种仪器，获得国家专利授权15项，其中，人工智能模糊控制器年创经济效益 320 万元，地坑液位计填补了国内专业领域的空白。

在机械冶金建材产业各级工会推动下，一批劳模创新工作室脱颖而出，一大批优秀职工技术创新成果不断涌现。2014 年 4 月，中国机冶建材工会命名了全国机械冶金建材系统李斌式模范金牌工人、职工创新工作室和李斌式班组，向荣获全国五一劳动奖状、全国五一劳动奖章、全国工人先锋号的先进单位和个人颁奖。2015 年 4 月，中国机冶建材工会命名北一机床股份有限公司海旺工作室等 86 个全国机械冶金建材系统职工创新工作室。2014 年至 2017 年，共命名了 290 个全国机械冶金建材系统职工创新工作室。在全国总工会命名的 97 个全国示范性创新工作室中，机械冶金建材系统有 25 个，占比 25.8%，在全国各产业工会中名列前茅。

在建设创新工作室的基础上，机械冶金建材工会高度重视跨行业、跨部门、跨工种、跨专业的创新工作室联盟建设。北汽集团工会制定了《关于推进职工创新工作室联盟的指导意见》《职工创新工作室联盟管理办法》等文件，提出集团职工创新工作室联盟建设标准。2018 年，北汽集团工会在集团 28 个职工创新工作室联盟中经过综合考核，评选出 5 个集团级优秀职工创新工作室联盟。通过创新工作室联盟，打通了快速解决研发和生产间问题的通道，搭建起研发和生产的沟通协作平台，为北汽自主品牌的研发和生产发挥了巨大的作用。哈汽公司与一重集团本着“创新业务相通、创新目标相近”的原则，2017 年组成了黑龙江省首个跨企业的劳模创新工作室联盟，搭建了两企业相互沟通、优势互补、合作共赢的平台，有效促进了创新、推进了成果共享。一年之内参加联盟的劳模创新工作室达 12 个，成员达 275 人。联盟成员聚集创新资源，共同攻克技术难关，大大提高了产品加工效率。多年来，联盟共计完成创新成果 334 项，申请实用新型专利

79 项、发明专利 32 项，获市级优秀创新成果奖 5 项、国家科学技术进步奖 1 项。2013 年 6 月，中国一拖集团有限公司工会成立了东方红劳模创新工作室联盟，下辖 16 个基层劳模创新工作室，共有 131 名成员。联盟内各会员工作室不仅针对本单位生产经营中的疑难问题进行创新攻关，还针对联盟内跨单位、跨行业的瓶颈问题，通过揭榜攻关、专利共享、协同创新等形式开展攻关活动，推动联盟内各企业的创新发展和技术升级。联盟内所有的优秀创新项目和专利等信息通过“互联网+”的形式实现成果共享。2016 年至 2018 年，联盟通过揭榜攻关的形式，组织 8 个成员工作室通过协同创新承接了 18 项来自市场一线和用户的疑难问题，完成率 95%。中国一拖中小轮拖装配厂杨高峰劳模创新工作室与技术中心联合研制的遥控型果园拖拉机项目，从产品方案设计到最终样机装配调试完成，时间缩短了 60%。

河南机械冶金建材工会运用“互联网+”思维，探索搭建跨企业、跨行业、跨区域创新工作室联盟平台，以工作室为单元，以“学习借鉴、开拓创新、成果共享、合作共赢”为宗旨，发挥联盟集聚效应、辐射效应、品牌效应，促进原始创新、协同创新、管理创新和成果转化，促进企业高质量发展。2019 年 1 月，河南省机械冶金建材行业劳模和创新人才工作室联盟 1.0 版本正式上线，设置了创新工作室、揭榜攻关、工匠讲堂、技术论坛、联盟资讯 5 个板块。经过多年建设发展，云端平台注册企业 1006 家、创新工作室 2400 个，发布技术课件 8031 份，发布揭榜攻关 904 项，揭榜成功 396 项。通过联盟内上下游单位工作室之间的技术攻关，跨单位同专业劳模创新工作室之间的技术交流、跨单位跨专业工作室之间的协同创新等形式，相继取得了一批重要创新成果。

四、贯彻落实党的十九大和中国工会十七大精神

（一）贯彻落实党的十九大精神，学习贯彻习近平新时代中国特色社会主义思想

2017年10月18日至24日，中国共产党第十九次全国代表大会在北京召开。大会的主题是：不忘初心、牢记使命，高举中国特色社会主义伟大旗帜，决胜全面建成小康社会，夺取新时代中国特色社会主义伟大胜利，为实现中华民族伟大复兴的中国梦不懈奋斗。大会高举中国特色社会主义伟大旗帜，以马克思列宁主义、毛泽东思想、邓小平理论、“三个代表”重要思想、科学发展观、习近平新时代中国特色社会主义思想为指导，分析了国际国内形势发展变化，回顾和总结了过去五年的工作和历史性变革，作出了中国特色社会主义进入了新时代、我国社会主要矛盾已经转化为人民日益增长的美好生活需要和不平衡不充分的发展之间的矛盾等重大政治论断，深刻阐述了新时代中国共产党的历史使命，确立了习近平新时代中国特色社会主义思想的历史地位，提出了新时代坚持和发展中国特色社会主义的基本方略，确定了决胜全面建成小康社会、开启全面建设社会主义现代化国家新征程的目标，对新时代推进中国特色社会主义伟大事业和党的建设新的伟大工程作出了全面部署。

党的十九大是在全面建成小康社会决胜阶段，中国特色社会主义进入新时代的关键时期召开的一次十分重要的大会，在政治上、理论上、实践上取得了一系列重大成果，就新时代坚持和发展中国特色社会主义的一系列重大理论和实践问题阐明了大政方针，就推进党和国家各方面工作制定了战略部署，在党和国家事业发展进程中具有划时代的里程碑意义。

党的十九大召开之前，机械冶金建材系统各级工会广泛开展了“中国梦·劳动美——喜迎党的十九大”主题宣传教育，团结引领行业职工，围绕“践行新理念、建功‘十三五’”主题劳动竞赛，广泛开展技术革新、技术协作、合理化建议、发明创造等群众性技术创新活动，攻坚克难、开拓进取，在推进供给侧结构性改革，服务产业发展、服务基层职工方面作出新贡献，以优异成绩迎接党的十九大胜利召开。

党的十九大召开之后，机械冶金建材各级工会迅速掀起学习贯彻落实党的十九大精神的热潮。2018 年 1 月召开的机械冶金建材工会四届二次全委会提出，深入贯彻落实党的十九大精神，学习贯彻习近平新时代中国特色社会主义思想，以先进思想和先进理念武装头脑、指导实践、推动工作。把学习贯彻党的十九大精神作为首要政治任务，以习近平新时代中国特色社会主义思想为主线，把学习贯彻党的十九大精神作为第一堂党课、第一堂政治必修课，在学懂弄通做实上下功夫。全委领导班子先学一步、学深一层，通过调研走访、会议研讨、送教培训等形式，带领本系统工会干部准确把握党中央对工会工作提出的新要求，找准产业工会围绕中心、服务大局的切入点和着力点，切实把思想和行动统一到党的十九大精神上来。重点学习领会习近平新时代中国特色社会主义思想，学习领会中国特色社会主义进入新时代的新论断，深刻学习领会我国社会主要矛盾发生变化的新特点，深刻学习领会党的建设的新要求，努力做到“十个深刻领会”“六个聚焦”，采取理论和实践、历史和现实、当前和未来相结合的方法，原原本本学、融会贯通学、联系实际学，在学懂弄通做实上下功夫。各级工会深刻理解党的十九大对工会工作赋予的新使命，适应新时代、聚焦新目标、落实新部署，把党的十九大精神贯彻落实到工会工作的各方面、全过程。开展具有产业工会特色的学习教育活动，推进党的十九大精神进企业、进车间、进班组，让广大职工听得懂、能领会、可落实。各基层工会结合职工思想实际开展学习教育活动，一汽工会举办 27 期宣讲会和 24 期专题培训，推动党的十九大精神进企业、进车间、进班组，走进职工心中。攀钢工会深入开展“学习贯彻党的十九大精神，做新时代习近平总书记的好工人”主题教育实践活动。哈电、方大特钢、有研集团等工会积极组织各类座谈研讨、网络知识竞赛等学习活动，团结引导广大工会干部和职工准确把握党中央对工会工作的新要求，把思想和行动统一到中央精神上来，团结动员广大职工为实现党的十九大提出的目标任务建功立业。

（二）贯彻落实中国工会十七大精神，学习贯彻习近平总书记同中华全国总工会新一届领导班子成员集体谈话时的重要讲话精神

2018 年 10 月 22 日至 26 日，中国工会第十七次全国代表大会在北京召开。大会的主题是：以习近平新时代中国特色社会主义思想为指导，坚持走中国特色社会主义工会发展道路，忠诚党的事业，竭诚服务职工，团结动员亿万职工为决胜全面建成小康社会、夺取新时代中国特色社会主义伟大胜利而奋斗。

大会的主要任务是：全面贯彻党的十九大精神，高举中国特色社会主义伟大旗帜，以习近平新时代中国特色社会主义思想为指导，坚定不移走中国特色社会主义工会发展道路，全面总结工会十六大以来工会工作的成就和经验，深入分析决胜全面建成小康社会、开启全面建设社会主义现代化国家新征程中工会组织肩负的历史使命，提出新时代工会工作的指导思想和目标任务，修改《中国工会章程》，选举产生全国总工会新一届领导机构。中国工会十七大的重要成果，就是把习近平新时代中国特色社会主义思想确立为中国工会的指导思想，把习近平总书记关于工人阶级和工会工作的重要论述确定为新时代工运事业和工会工作创新

发展的行动指南。

习近平、李克强、栗战书、汪洋、赵乐际、韩正等党和国家领导人到会祝贺，王沪宁代表党中央发表了题为《展示新时代我国工人阶级团结奋斗新风采》的致词。

致词要求，我国工人阶级要把思想和行动统一到党的十九大精神上来，把智慧和力量凝聚到落实党中央决策部署上来，唱响新时代奋斗者之歌。我国工人阶级要发扬紧跟党的步伐、听从党的指挥的光荣传统，自觉用习近平新时代中国特色社会主义思想武装头脑，始终在思想上政治上行动上同以习近平同志为核心的党中央保持高度一致，坚定不移听党话，矢志不渝跟党走，成为党执政的坚实依靠力量、强大支持力量、深厚社会基础。要牢固树立共产主义远大理想和中国特色社会主义共同理想，自觉把个人理想、家庭幸福融入国家富强、民族复兴的伟业之中，让理想信念之光照亮奋斗之路。要大力弘扬劳模精神、劳动精神、工匠精神，对标先进、见贤思齐，诚实劳动、勤勉工作，营造劳动光荣的社会风尚和精益求精的敬业风气，用工人阶级先进思想和模范行为影响和带动全社会。

致词指出，工会是党领导的工人阶级群众组织，承担着组织动员广大职工为完成党的中心任务而共同奋斗的重大责任。立足新时代，各级工会要围绕统筹推进“五位一体”总体布局和协调推进“四个全面”战略布局，忠诚履职、奋力作为，不断开创新时代工会工作新局面。要始终坚定正确政治方向。要增强“四个意识”、坚定“四个自信”，坚决维护习近平总书记党中央的核心、全党的核心地位，坚决维护党中央权威和集中统一领导，在政治立场、政治方向、政治原则、政治道路上同以习近平同志为核心的党中央保持高度一致。要牢牢把握工运时代主题，把党和国家重大战略部署转化为工会工作的具体安排和实际行动。要扎实推进产业工人队伍建设改革，造就一支有理想守信念、懂技术会创新、敢担当讲奉献的宏大的产业工人队伍。要切实做好维权服务工作，维护职工合法权益、竭诚服务职工群众，顺应职工群众对美好生活的向往，切实做好全面深化改革特别是供给侧结构性改革、去产能过程中职工权益维护工作，推动构建和谐劳动关系。

全国人大常委会副委员长、中华全国总工会主席王东明代表全国总工会第十六届执行委员会作了《以习近平新时代中国特色社会主义思想为指导 团结动员亿万职工 为决胜全面建成小康社会夺取新时代中国特色社会主义伟大胜利而奋斗》的报告。报告提出了今后五年工会工作的主要任务。

一是要始终坚持正确政治方向，推动习近平新时代中国特色社会主义思想在工会系统形成生动实践。引导广大职工更加紧密地团结在以习近平同志为核心的党中央周围，自觉捍卫中国共产党领导和我国社会主义制度，夯实党执政的阶级基础和群众基础。

二是要牢牢把握我国工人运动时代主题，团结动员广大职工以主人翁姿态建功新时代。把统一思想、凝聚力量作为工会思想政治工作的重要任务。围绕高质量发展深化劳动和技能竞赛。扎实推进产业工人队伍建设改革。营造劳动光荣的社会风尚和精益求精的敬业风气。

三是切实维护职工合法权益，推动构建和谐劳动关系。维护职工合法权益是工会的天职。维护职工劳动经济权益。推动完善协调劳动关系制度机制。参与加强和创新社会治理。

四是提高服务工作质量，更好满足职工群众美好生活需要。竭诚服务职工群众是工会一切工作的出发点和落脚点。健全服务职工体系。拓宽服务职工领域。加强困难职工帮扶和脱贫攻坚工作。

五是深化工会改革创新，不断增强工会工作的动力活力。改革创新是时代发展的最强音，也是工运事业蓬勃发展的不竭动力。

上下联动、整体推进工会改革。积极建设智慧工会。不断夯实基层基础。

六是认真贯彻新时代党的建设总要求，以党的政治建设为统领，加强工会系统党的建设，为做好新时代工会工作提供坚强保证。

大会选举产生了全国总工会第十七届执行委员会和经费审查委员会。第十七届执行委员会第一次全体会议以无记名投票方式选举产生了全国总工会第十七届执行委员会主席、副主席和主席团委员。王东明当选为全国总工会主席，李玉赋、张工、张少琴、蔡振华、翁杰明、张晓兰、阎京华、邱小平、焦开河、江广平、马吉孝、石岱、郭明义、巨晓林、高凤林等15位同志当选为全国总工会副主席；丁小岗等59位同志当选为执委会主席团委员。随后举行的主席团第一次全体会议选举李玉赋为书记处第一书记，张工、蔡振华、阎京华、焦开河、江广平、石岱、张茂华、许山松、王俊治、曲昭伟为书记处书记。第十七届经费审查委员会第一次全体会议选举李晓钟为全国总工会十七届经审会主任，李伟言为副主任，丁巍等11位同志为常务委员。

2018年10月29日上午，习近平总书记在中南海同中华全国总工会新一届领导班子成员集体谈话并发表重要讲话。习近平指出，我国工运事业是党的事业的重要组成部分，工会工作是党治国理政的一项经常性、基础性工作。要坚持党对工会工作的领导，团结动员亿万职工积极建功新时代，加强对职工的思想政治引领，加大对职工群众的维权服务力度，深入推进工会改革创新，勇于担当、锐意进取，积极作为、真抓实干，开创新时代我国工运事业和工会工作新局面。

习近平强调，工会要忠诚党的事业，通过扎实有效的工作把坚持党的领导和我国社会主义制度落实到广大职工群众中去。要认真落实新时代党的建设总要求，增强“四个意识”，坚定“四个自信”，坚决维护党中央权威和集中统一领导，始终在政治立场、政治方向、政治原则、政治道路上同党中央保持高度一致。要完善学习制度，深入开展习近平新时代中国特色社会主义思想的学习培训，增强对党的基本理论、基本路线、基本方略的政治认同、思想认同、情感认同，不断提高运用马克思主义立场、观点、方法分析解决问题的能力和水平。要深刻领会党中央关于工人阶级和工会工作重要论述的精神实质，结合实际落实到工会工作全过程和各方面。要把执行党的意志的坚定性和为职工服务的实效性统一起来，把党的路线方针政策和决策部署落实到工会各项工作中去，把党的意志和主张落实到广大职工中去。

习近平指出，完成党的十九大提出的目标任务，必须充分发挥工人阶级主力军作用。我国广大职工要牢牢把握为实现中国梦而奋斗的时代主题，把自身前途命运同国家和民族前途命运紧紧联系在一起，把个人梦同中国梦紧密联系在一起，把实现党和国家确立的发展目标变成自己的自觉行动，爱岗敬业、争创一流，以不懈奋斗书写新时代华章，共同创造幸福生活和美好未来。要围绕树立新发展理念、推动高质量发展、建设现代化经济体系，引导职工以“当好主人翁、建功新时代”为主题，深入开展各类竞赛活动。要加强产业工人队伍建设，加快建设一支宏大的知识型、技能型、创新型产业工人大军。劳动模范是民族的精英、人民的楷模。大国工匠是职工队伍中的高技能人才。工会要协同各个方面为劳动模范、大国工匠发挥作用搭建平台、提供舞台，培养造就更多劳动模范、大国工匠。

习近平强调，引导职工群众听党话、跟党走，巩固党执政的阶级基础和群众基础，是工会组织的政治责任。时代变化了，但从群众中来、到群众中去的工作方法不能变。工会要适应新形势新任务，加强和改进职工思想政治工作，多做组织群众、宣传群众、教育群众、引导群众的工作，多做统一思想、凝聚人心、化解矛盾、增进感情、激发动力的工作，更好强信心、聚民心、暖人心，使广大职工在理想信念、价值理念、道德观念上紧紧团结在一起。要最大限度地把农民工吸收到工会中来，使他们成为工人阶级坚定可靠的新生力量。要坚持以社会主义核心价值观引领职工，深化“中国梦·劳动美”主题教育，打造健康文明、昂扬向上、全员参与的职工文化。要把网上工作作为工会联系职工、服务职工的重要平台，增强传播力、引导力、影响力。

习近平指出，工会要坚持以职工为中心的工作导向，抓住职工群众最关心最直接最现实的利益问题，认真履行维护职工合法权益、竭诚服务职工群众的基本职责，把群众观念牢牢根植于心中，哪里的职工合法权益受到侵害，哪里的工会就要站出来说话。要做好城市困难职工解困脱困工作，及时做好因各种原因返贫致困职工的帮扶救助，为广大职工提供具有工会特点的普惠性、常态性、精准性服务。

习近平强调，工会改革是全面深化改革的重要组成部分。党的十九届三中全会对群团组织改革提出了新的要求，工会要认真贯彻落实，构建联系广泛、服务职工的工会工作体系。要树立大抓基层的鲜明导向，坚持眼睛向下、面向基层，把力量和资源向基层倾斜投放，把广大职工凝聚在党的周围。要加强对工会干部的教育、管理、监督，完善联系职工群众的制度机制，深入基层一线，加强调查研究，坚决防止“四风”特别是形式主义、官僚主义，让职工群众真正感受到工会是“职工之家”，工会干部是最可信赖的“娘家人”、贴心人。

习近平总书记的重要讲话，深刻总结了我们党推进工运事业和工会工作的成功经验，进一步阐述了新时代党中央关于工人阶级和工会工作的大政方针，丰富和发展了习近平总书记关于工人阶级和工会工作的重要论述。

中国工会十七大召开前，机械冶金建材行业各级工会开展

“当好主人翁、建功新时代”主题劳动和技能竞赛，大力弘扬劳模精神、工匠精神，加快培养知识型、技能型、创新型高素质职工队伍，切实做好职工权益保障工作，努力开创工会工作新局面，以优异成绩迎接中国工会十七大的召开。中国工会十七大召开之后，行业各级工会深入学习贯彻中国工会十七大精神，迅速掀起学习宣传热潮。2018 年 11 月，中国机械冶金建材工会召开全体会议，传达学习中国工会第十七次全国代表大会精神和习近平总书记同中华全国总工会新一届领导班子成员集体谈话时的重要讲话精神。会议要求，行业各级工会要通过多种形式，及时传达学习宣传贯彻中国工会十七大精神和习近平总书记重要讲话精神，在广大工会干部和职工群众中迅速掀起学习宣传习近平总书记重要讲话精神的热潮，推动重要讲话精神入脑入心入行。要坚持以习近平新时代中国特色社会主义思想为指导，切实增强政治责任感和历史使命感，坚定政治方向、锐意改革创新、扎实履职尽责，把习近平总书记关于工人阶级和工会工作的重要论述精神不折不扣落到实处，努力完成中国工会十七大提出的目标任务，奋力谱写新时代工运事业和工会工作新篇章。

2018 年 11 月，中国机械冶金建材工会分别在陕西省工运学院和广西壮族自治区总工会干部学校举办了两期工会干部培训班，学习贯彻习近平总书记同中华全国总工会新一届领导班子成员集体谈话时的重要讲话精神和中国工会十七大精神。共有来自全国机械、钢铁、有色金属、建材系统的 200 余名工会干部参加了培训。全国总工会有关专家为学员解读中国工会十七大精神，讲授了中国劳动关系的现状和工会工作重点、习近平总书记关于工人阶级和工会工作的重要论述解读等课程。通过培训，进一步加深了对习近平新时代中国特色社会主义思想和中国工会十七大精神的领会和理解，为深入学习贯彻中国工会十七大精神，提升新时期工会干部履职能力，推动建设忠诚干净担当的高素质专业化工会干部队伍起到积极作用。2019 年 7 月，中国机械冶金建材工会“送教到基层”——徐工集团工会干部培训班在江苏徐州举办。来自中国机械冶金建材工会、全国总工会研究室、全国总工会经审办、莱钢公司的领导、专家就学习贯彻中国工会十七大精神，学习贯彻习近平总书记关于工人阶级和工会工作的重要论述进行了深入细致的解读讲授。产业系统各级工会采用多种方式，宣传贯彻中国工会十七大精神和习近平总书记同中华全国总工会新一届领导班子成员集体谈话时的重要讲话精神。重庆市机械冶金工会召开学习贯彻中国工会十七大精神暨工作交流座谈会。厦门市制造业工会联合会、中钢邢机、中国钢研等工会为工会干部购买发放《中国工会章程》和辅导读本，开设网络学习专栏，深入工厂车间和生产一线，举办培训班、研讨会、宣讲会、诵读会等，推动中国工会十七大精神进班组、进岗位，进工会干部和广大职工头脑。

五、扎实推进产业工人队伍建设改革

产业工人是工人阶级的主体力量，是创造社会财富的中坚力量，是创新驱动发展战略、加快建设制造强国的骨干力量。新征程上，大力推进产业工人队伍建设改革，加快建设一支知识型、技能型、创新型产业工人大军，培养造就更多大国工匠和高技能人才，对于推进新型工业化、加快建设制造强国，团结动员亿万职工为全面推进中华民族伟大复兴而团结奋斗具有重要作用。

习近平总书记亲自谋划产业工人队伍建设改革。2016 年 3 月，习近平总书记在出席十二届全国人大四次会议上海市代表团审议时，就上海电气液压气动有限公司总工艺师李斌提出的加强技工队伍建设的建议时强调，我们要想办法调动一线工人、制造业工人、农民工的积极性，这也是社会主义的本质要求。工人阶级是主人翁，主人翁地位要体现出来。2016 年 8 月，习近平总书记明确要求就新时期产业工人队伍建设改革提出总体思路和系统方案。同年，中央全面深化改革领导小组办公室向全国总工会党组下达改革任务书，要求由全国总工会牵头制定《新时期产业工人队伍建设改革方案》。在方案起草和实施阶段，总书记多次过问进展，给予指导，要求加大改革力度。

习近平总书记亲自部署产业工人队伍建设改革。2017 年 2 月，习近平总书记主持召开十八届中央全面深化改革领导小组第三十二次会议，审议通过了《改革方案》。2017 年 4 月，中共中央、国务院印发《改革方案》，就产业工人队伍建设改革专门进行谋划和部署，这在党和国家历史上尚属首次，释放了坚持以人民为中心的发展思想和全心全意依靠工人阶级方针的强烈信号，充分体现了以习近平同志为核心的党中央对包括产业工人在内的工人阶级的高度重视和亲切关怀。

习近平总书记亲自指导产业工人队伍建设改革。党的十八大以来，习近平总书记多次就推进产业工人队伍建设改革发表重要讲话、作出重要指示。2017 年 10 月，习近平总书记在党的十九大报告中强调，建设知识型、技能型、创新型劳动者大军，弘扬劳模精神和工匠精神，营造劳动光荣的社会风尚和精益求精的敬业风气。2018 年 10 月，习近平总书记在同中华全国总工会新一届领导班子成员集体谈话时指出，要加强产业工人队伍建设，加快建设一支宏大的知识型、技能型、创新型产业工人大军。2020 年 11 月，习近平总书记在全国劳模大会上强调，要推进产业工人队伍建设改革，落实产业工人思想引领、建功立业、素质提升、地位提高、队伍壮大等改革措施，造就一支有理想守信念、懂技术会创新、敢担当讲奉献的宏大产业工人队伍。2020 年 12 月，习近平总书记致信祝贺首届全国职业技能大赛举办，强调要高度重视技能人才工作，大力弘扬劳模精神、劳动精神、工匠精神，激励更多劳动者特别是青年一代走技能成才、技能报国之路，培养更多高技能人才和大国工匠。2022 年 4 月，习近平总书记致信祝贺首届大国工匠创新交流大会，强调各级党委和政府要深化产业工人队伍建设改革，重视发挥技术工人队伍作用，使他们的创新才智充分涌流。2022 年 10 月，习近平总书记在党的二十大报告中强调，坚持尊重劳动、尊重知识、尊重人才、尊重创造；加快建设国家战略人才力量，努力培养造就更多大师、战略科学家、一流科技领军人才和创新团队、青年科技人才、卓越工程师、大国工匠、高技能人才。2023 年 10 月，习近平总书记在同中华全国总工会新一届领导班子成员集体谈话时指出，要围绕深入实施科教兴国战略、人才强国战略、创新驱动发展战略，深化产业工人队伍建设改革，加快建设一支知识型、技能型、创新型产业工人大军，培养造就更多大国工匠和高技能人才。

习近平总书记关于产业工人队伍建设改革的重要指示，站在党和国家工作全局的战略高度，深刻回答了为什么要推进产业工人队伍建设改革、怎样深化产业工人队伍建设改革等一系列重大理论和实践问题，为推进产业工人队伍建设改革提供了根本遵循和行动指南。

《新时期产业工人队伍建设改革方案》发布后，2017 年 4 月，中办、国办出台贯彻落实《改革方案》的责任分工方案。6 月 20 日，全国总工会下发《关于认真学习宣传贯彻〈新时期产业工人队伍建设改革方案〉的通知》，就深刻认识推进产业工人队伍建设改革的重大意义、全面把握推进产业工人队伍建设改革的主要内容、充分发挥工会在推进产业工人队伍建设改革中的积极作用等提出明确要求，强调要将此作为各级工会当前和今后一个时期的重要政治任务抓紧抓好，更好地肩负起团结引导亿万产业工人听党话、跟党走的政治责任。

《改革方案》强调，产业工人是工人阶级中发挥支撑作用的主体力量，是创造社会财富的中坚力量，是创新驱动发展的骨干力量，是实施制造强国战略的有生力量。要按照政治上保证、制度上落实、素质上提高、权益上维护的总体思路，改革不适应产业工人队伍建设要求的体制机制，充分调动广大产业工人的积极性主动性创造性，为实现“两个一百年”奋斗目标、实现中华民族伟大复兴的中国梦更好地发挥产业工人队伍的主力军作用。《改革方案》围绕加强和改进产业工人队伍思想政治建设、构建产业工人技能形成体系、运用互联网促进产业工人队伍建设、创新产业工人发展制度、强化产业工人队伍建设支撑保障等 5 个方面，提出 25 条改革举措，涉及产业工人思想引领、技能提升、作用发挥、支撑保障等方面的体制机制，为推进产业工人队伍建设提供了重要保障。《改革方案》明确指出，建立贯彻落实协调机制，由全国总工会牵头、各相关部门参与，加强对产业工人队伍建设改革的宏观指导、政策协调和组织推进。

2024 年 10 月 12 日，党中央、国务院发布《关于深化产业工人队伍建设改革的意见》，《意见》包括九个部分 27 条举措。明确到 2035 年，培养造就 2000 名左右大国工匠、1 万名左右省级工匠、5 万名左右市级工匠，以培养更多大国工匠和各级工匠人才为引领，带动一流产业技术工人队伍建设。《意见》注重与 2017 年中共中央、国务院印发的《新时期产业工人队伍建设改革方案》相衔接，在保持政策连续性的同时，注重深化拓展改革举措，突出目标导向、系统集成、重点任务、破解难题和强化合力。特别是强调围绕壮大一流产业技术工人队伍，从完善产业工人技能形成体系、激发产业工人创新创造活力、大力培养大国工匠、发挥劳模工匠示范引领作用等方面深化改革；围绕产业工人利益诉求和队伍结构变化，从提高产业工人经济收入、完善企业民主管理制度、健全劳动关系协商协调机制、做好新就业形态劳动者维权服务、稳定制造业产业工人队伍、吸引更多青年加入产业工人队伍、把农民工培养成高素质现代产业工人等方面深化改革。同时，进一步明确了党委和政府、工会、企业的职责任务，合力推进产业工人队伍建设改革。

为贯彻落实党中央、国务院关于产业工人队伍建设改革的部署，全国总工会会同中组部、国家发展改革委、教育部、工信部等 8 部委作为成员单位，中宣部等 22 个部委作为参与单位组成推进产业工人队伍建设改革协调小组。全国总工会和协调小组组成单位推动以党中央、国务院以及部委名义出台改革相关文件 100 多个。2020 年、2021 年，针对改革重点任务和深层次矛盾问题，分两批共选取 25 个地方和企业开展全国层面的试点工作。通过试点，各地党委和政府对改革的认识普遍深化，工作力度持续增强，取得了扎实成效。各成员单位、参与单位按照任务分工履职尽责、积极推进、抓好落实，推动改革取得重要阶段性成效。

产改推进以来，产业工人队伍思想政治建设得到加强，构建产业工人技能形成体系迈出重要步伐，运用互联网促进产业工人队伍建设深入推进，产业工人发展制度日益完善。全国总工会成功上线“职工之家”APP，建成技能强国–全国产业工人学习社区，参加培训的职工累计超 2 亿人次。加强工匠学院体系建设，实施“1+1+N”工匠学院体系建设三年行动。选树大国工匠 112 名，带动培养各级工匠 4.5 万名。创建 3 批 297 家全国示范性劳模和工匠人才创新工作室，各级各类创新工作室 10.5 万家。围绕重大战略、重大工程、重大项目和重点产业，组织 3.7 亿人次产业工人参与多种形式的劳动和技能竞赛。开展全国职工优秀技术创新成果交流活动，推荐 21 名技术工人获国家科学技术进步二等奖。通过产改的深入推进，广大产业工人理想信念更加坚定，成为党执政的坚实基础和依靠力量；主人翁地位进一步彰显，各项待遇稳步提高；综合素质进一步提升，为推动高质量发展、实施制造强国战略作出重要贡献。

在推进产改中，中国机械冶金建材工会立足产业特色、发挥产业优势，在推进产改的进程中率先发力、奋楫争先，团结带领各级产业工会和广大产业职工，逐步探索形成完善的产业工人队伍建设改革工作平台、载体、机制、路径、生态，交出了一份亮丽的高分答卷。中国机械冶金建材工会以时不我待的紧迫感和舍我其谁的责任心，越过试点，全面发动。2017 年 9 月率先颁布《中国机械冶金建材工会关于贯彻落实〈新时期产业工人队伍建设改革方案〉的实施意见》，提出本系统全面贯彻落实的具体措施。此后，分别在 2021 年和 2023 年下发《关于全面推进机械冶金建材系统产业工人队伍建设改革工作的通知》《扎实推进中国机械冶金建材系统非公有制企业产业工人队伍建设改革倡议书》。2019 年和 2023 年，分别在山东、江苏召开全国机械冶金建材系统产业工人队伍建设改革推进会，对产改工作作出进一步动员部署。产改工作在 163 家企业委员单位全面铺开，按照“有组织领导机构、有贯彻落实方案、有资金投入、有平台载体、有责任分工和绩效管理、有阶段性成果”的标准，形成了一批可借鉴、可复制、可推广的先进经验。

多年来，中国机械冶金建材产改工作不断与时俱进，不断总结经验，不断走深走实。自从 2019 年 5 月，在山钢股份莱芜分公司召开全国机械冶金建材系统产改现场推进会以来，相继开展“全国机械冶金建材系统产业工人队伍建设改革示范单位”命名，汇编出版优秀案例；加强对行业龙头企业产改的指导，打造行业“头雁效应”；以产业链、供应链为纽带，形成产改“链式反应”；随着产改进程的深入，大力推进产改工作向非公企业、中小微企业纵深发展。在推进产改进程中，中国机械冶金建材工会立足行业特点和企业实际，不断创造并推出独具特色的产改举措，打造多项亮点工作，形成了本产业特色凸显、亮点纷呈的良好局面。

中国机械冶金建材工会把学习型组织建设作为推进产业工人

队伍建设改革的突破口和基本路径，在优化企业管理机制的同时，强化团队学习、团队创新和团队成长，为职工创新设置了个人、团队、协同、跨界四阶段的发展路径，从1.0到4.0，实现了由“一枝独秀”到“百花齐放”。机械行业力谋先“机”，连续举办“红旗杯”全国机械行业班组长管理技能大赛，在2022年两会期间得到国务院副总理孙春兰的高度评价；钢铁行业“百炼成钢”，连续16年举办全国重点大型耗能钢铁生产设备节能降耗对标竞赛，对于推动钢铁行业转型升级和生态文明建设起到重要作用；有色行业“有声有色”，积极开展“大国工匠进校园”行动，把大国工匠“引进来”，创新开展共建“一带一路”国家中资企业班组长技能培训，服务国家“走出去”战略；建材行业促“建”成“材”，积极开展“双碳”竞赛和“我为美丽中国作贡献”活动，打造绿色品牌。产改进程中，机械冶金建材工会聚焦国家重大战略、重大工程、重大项目，开展“建功‘十四五’、奋进新征程”主题劳动和技能竞赛，累计举办5个行业62个工种的行业技能比赛，参赛职工超过2000万人。涌现出全国五一劳动奖状14个、全国五一劳动奖章30名、全国工人先锋号54个，全国五一巾帼标兵6名、全国五一巾帼标兵岗6个、全国巾帼建功标兵3名。先后选树出大国工匠年度人物艾爱国、王树军、刘伯鸣、李凯军、裴永斌、杨金安、刘更生等46名行业工匠劳模及有研复材等4个先进集体。中国机械冶金建材职工技术协会命名全国机械冶金建材行业示范性创新工作室单位202个、全国机械冶金建材行业工匠200名、命名创新成果881项。

中国机械冶金建材工会加强产业职工思想引导，推动习近平新时代中国特色社会主义思想进企业、进车间、进班组，走进职工身边。广泛开展“中国梦·劳动美”主题宣传教育活动，连续8年举办“讲工匠故事 展劳模风采”主题活动。长期开展机械冶金建材产业工人“网上练兵”活动，与中国工人出版社联合开展

“工匠直播月”活动，制定《全国机械冶金建材行业工匠学院管理办法》，以工匠学院建设为抓手，积极引导企业落实培养产业工人主体责任。

系统各级工会按照“政治上保证、制度上落实、素质上提高、权益上维护”的思路，聚焦加强职工思想政治引领，大力弘扬劳模精神、劳动精神、工匠精神，充分发挥劳动模范和工匠人才的示范带动作用，引导广大产业工人践行社会主义核心价值观，坚定不移听党话、矢志不渝跟党走。适应当代产业工人队伍思想活跃度高、精神文化需求迫切、利益诉求多元的实际，创新思想政治工作方式和载体，加强网上思想引领，增强思想引领的互动性、生动性，亲和力、感染力。广泛深入持久开展劳动和技能竞赛，推动竞赛从国企向非公企业拓展，从传统产业向战略性新兴产业、现代服务业延伸。围绕制造强国战略、创新驱动发展战略，实施职业技能提升行动，推动构建产业工人技能形成体系，推动改革职业技能培训制度，改进产业工人技能评价方式，打造更多高技能人才。创新产业工人队伍建设网络载体，打造网络学习平台。拓宽产业工人发展空间，畅通产业工人流动渠道，创新技能导向的激励机制，加大对产业工人创新创效扶持力度。以实际问题和职工需求为导向，从解决职工普遍关心的突出问题入手，推动产业工人的经济、政治、文化、社会地位不断提高。一批产改先进典型脱颖而出，形成了可复制可推广的经验，一支高素质的产业工人队伍不断壮大。

中国铝业集团有限公司出台了《关于加强产业工人队伍建设的实施意见》和《关于加快推进提高技术工人待遇的工作意见》，提出了加强思想政治建设、构建技能提升体系、拓宽成长发展空间、维护合法权益 4 个方面共 16 项政策措施，集团累计涌现中华技能大奖获得者 5 人，全国技术能手 100 多人，全国劳动模范 23 人，全国五一劳动奖章获得者 40 多人。集团公司坚持与职工共享改革发展成果，不断提高职工获得感、幸福感和安全感，实现股东增值、企业增效、员工增收。工资总额分配向骨干特别是生产一线高技能人才倾斜，按照职工总数20%的比例，确定关键岗位、核定骨干员工、实施动态考核激励。金川集团公司把产业工人队伍建设纳入企业管理总体规划和日常管理范围，积极搭建产业工人学技练艺、创新创效、发展晋级、生产经营、民主管理等平台，2016年至2018年，全公司复合型人才由274人增加到896人，人数增加了3.2倍。同期公司出资825.8万元，奖励优秀成果416项，这些成果的第一创造人、发明人均为一线职工。其中，经过公司推荐有6名职工获得甘肃省五一劳动奖章，有3名职工分获“陇原工匠”与“陇原工匠提名奖”，有16名创新能手当选公司劳模，有826名创新人才被选树为公司先进。

深入推进产业工人队伍建设改革，企业主体作用得到全面发挥。各企业坚持完善以职代会为基本形式的企业民主管理制度，进一步完善公司制企业职工董事、职工监事制度，切实提升民主管理质量，大力加强集体协商机制建设，积极构建和谐稳定的劳动关系。实施职工素质建设工程、开展职业技能提升行动、培养更多有技能、有发展、有地位的高技能产业工人。职工技能素质得到全面提升，成就感幸福感获得感不断增强。截至2022年底，全行业技能工人占一线工人的比例约为36%，高技能人才占技能工人的比例约为25%，远高于全国平均水平，全行业职工队伍呈现出高层次、高技能、年轻化的良好趋势。全系统职工工资与企业绩效保持同步增长，部分企业实现了10%以上的较大增幅。行业内规模以上企业“五险一金”基本实现全覆盖。职工利益得到全面维护。近年来，中国机械冶金建材工会围绕职工多样化需求，深入基层一线，广泛开展“工会进万家”活动，走访慰问老劳模老先进，特别是在基层一线和艰苦岗位工作的劳模、工匠和困难职工，积极构建送温暖活动常态化、帮扶脱困精准化、会员服务普惠化的工作格局。组织全国劳模赴北戴河、厦门、长沙等地疗休养，把党和政府、工会组织的关怀送到职工心坎上。在系统各级工会的推动下，一系列举措落地生效，取得阶段性成果。系统产业职工呈现出高层次、高技能人才不断涌现的良好局面。第八次全国职工队伍状况调查表明，全国机械冶金建材系统职工总人数约5500万人，拥有各种技术职称和职业技能资格的职工近2900万人，技能工人占职工总数的比例在制造产业中处于领先地位。

（一）建设学习型组织，构建产业工人技能形成体系

中国机械冶金建材工会以学习型组织建设为突破口，提升产业工人队伍素质，积极构建产业工人技能形成体系，推动出台《关于推行终身职业技能培训制度的意见》等政策，探索产教深度融合新路径，推行现代学徒制和新型学徒制，向产业工人提供普惠性、均等化、贯穿学习和职业生涯全过程的终身职业技能培训。深化“五小”（小改革、小发明、小创造、小设计、小建议）等群众性经济技术创新活动，总结推广劳模和工匠人才创新工作室经验做法，激励广大产业工人立足岗位、提升技能。

华新水泥股份有限公司工会针对公司点多面广、员工流动频繁的特点，建立了在线学习平台，涵盖水泥生产技术技能和经营管理等70余门课程，仅2018年一年，总计5000余人次参加培训。江西铜业集团有限公司实施职业技能人才自主培养与评价体系建设工作，建立与生产发展相适应的“学习培训、技能等级鉴定、岗位业绩评价、激励和使用”相结合的素质提升机制，将“学（专业化的技能培训学习系统）、评（规范化的自主评价制度）、用（科学化的聘用激励制度）”融为一体，为提升企业竞争力、支持企业战略发展提供技能人才保障。山钢股份莱芜分公司工会出台《学习型班组建设管理办法》，建立学习型班组建设

专项基金，依托“精益之光”班组创建平台，推动学习型班组建设持续上水平。东汽公司工会制定下发《五型班组精益化建设实施方案》，推进“大学习”活动形成常态化学习机制。2019 年 5 月，中国机械冶金建材工会在山钢股份莱芜分公司召开全国机械冶金建材系统新时期产业工人队伍建设改革现场推进会，总结推广莱钢建设学习型组织的经验，以点带面，进一步推动企业发挥在贯彻落实产业工人队伍建设改革中的主体作用。

（二）发挥大国工匠品牌作用

大国工匠是技术工人的杰出代表，对推进技术创新、培养技能人才、引领社会风尚发挥着重要的榜样和示范作用。2022 年 4 月，首届大国工匠创新交流大会开幕。习近平总书记发来贺信，向大会的举办表示热烈的祝贺。贺信强调，技术工人队伍是支撑中国制造、中国创造的重要力量。我国工人阶级和广大劳动群众要大力弘扬劳模精神、劳动精神、工匠精神，适应当今世界科技革命和产业变革的需要，勤学苦练、深入钻研，勇于创新、敢为人先，不断提高技术技能水平，为推动高质量发展、实施制造强国战略、全面建设社会主义现代化国家贡献智慧和力量。各级党委和政府要深化产业工人队伍建设改革，重视发挥技术工人队伍作用，使他们的创新才智充分涌流。

中国机械冶金建材工会把学习宣传贯彻习近平总书记贺信精神作为重大政治任务，在推进产改过程中，高度重视培育工匠精神，树立工匠典型，讲好工匠故事，厚植工匠文化，让工匠精神深入人心，激励广大职工为全面建设社会主义现代化国家贡献力量。高度重视工匠人才培育、选树和宣传工作，一批大国工匠脱颖而出。

各委员单位制订了工匠人才培育计划，实现促“工”成“匠”、促“匠”成“才”。山东国防机械电子工会注重打造工匠文化品牌，实行学习推树、系列宣传、平台搭建、引导激励四大引擎联动共推，实现了品牌内涵式发展。截至2019年，全省国防、机械、电子工业系统已有齐鲁行业工匠55人，齐鲁工匠、齐鲁大工匠、大国工匠6人，带动各级选树工匠1800多人。河南省机械冶金建材工会连年组织评选机械冶金建材行业“十大工匠”、劳模和创新人才示范工作室。中国机械冶金建材职工技术协会命名全国机械冶金建材行业示范性创新工作室单位202个，命名全国机械冶金建材行业工匠200名。上海机电工会深入开展工匠精神学习宣传和选树活动，培育一批以李斌为代表的大国工匠。中铝集团设立中铝“工匠日”，开展“中铝大工匠”故事会，高规格表彰工匠人才。中华钨矿公司实施“工匠培养计划”，努力打造一批技术精湛、素质优良的高技能人才。一汽工会广泛开展岗位练兵、技能竞赛、技术培训、技术交流等活动，培养造就更多的一汽工匠和创新人才，五年内共有184人荣获“中央企业技术能手”称号，2人荣获“吉林工匠”、77人荣获“长春工匠”称号。通过广泛宣传，越来越多的能工巧匠和高素质职工走到台前，成为广大职工追捧的“明星”和广大劳动者学习的榜样。2017年“五一”国际劳动节期间，全国总工会与中央电视台联合推出的“大国工匠”第五季节目，介绍了金川公司贵金属冶炼厂冶金高级技师者潘从明“滴水掘金”的故事，引起了全国亿万观众的关注。2019年，潘从明获得国家科技进步奖二等奖。

系统各级工会在发挥大国工匠作用的同时，注重建立有效激励机制，提升大国工匠地位待遇。首钢公司出台人才激励政策，对每位“首钢工匠”给予一次性奖励10万元、每月1万元工匠津贴。宝武建立产业工人工资随企业效益同向正常增长的机制，对技艺高超、解决关键技术难题的高技能人才实行年薪制。金川公司出台了《提高高技能人才待遇的指导意见》，对获得“大国工匠”荣誉称号的人员比照主任高级工程师管理。

为了更好发挥劳模工匠示范引领作用，机械冶金建材工会积极组织参加大国工匠创新交流活动，连续举办了“大国工匠进校园”等主题活动，让大国工匠的影响力走出工厂，走进校园、走向社会。2018 年，在江苏南京和常州举办了两场“大国工匠进职业院校”活动，邀请郑久强、李凯军、郭玉全 3 位工匠与青年学生面对面交流。2023 年 5 月“大国工匠进校园”活动邀请潍柴动力股份有限公司首席技师王树军、中铝集团东北轻合金有限责任公司特级技师贾春成等出席活动，宣传工匠精神，交流工匠技艺。

机械冶金建材工会还以工匠学院建设为抓手，积极引导企业落实培养产业工人主体责任，制定《全国机械冶金建材行业工匠学院管理办法》，先后指导山钢集团、中国节能集团等企业建立全国机械冶金建材行业工匠学院，引导带动产业链、供应链上下游企业、中小微企业开展职工技能提升培训。在职工网上练兵活动中以劳动模范、技能大师和大国工匠为师资，开辟内容丰富的网络培训课堂和专业齐全的工匠讲坛。在系统职业院校延聘大国工匠为教授，开设大国工匠专班，此外还为大国工匠著书立说，选取金隅集团刘更生等 15 名机械冶金建材行业高技能人才入选“百工百法丛书”出版项目。

（三）树立互联网思维，强化数智化应用

中国机械冶金建材工会在推进产改中探索“互联网+工会”工作新模式，加快智慧工会建设，打造业务上网、服务在网、维权到网的数智化产业工会工作体系，运用“互联网+”和大数据思维服务职工、服务企业。从 2015 年开始实施“职工网上练兵”活动，以邯钢、莱钢为龙头，搭建了全国机械冶金建材系统职工网上练兵平台，打造“指尖上的劳动竞赛”。网上练兵的主要特点，一是趣味性，具有“寓教于乐”的特点和潜移默化学习知识的作用；二是便利性，不受时间地点限制，只要打开电脑或手机

界面，就可以随时随地学习；三是实用性，职工通过集思广益，不断把新知识补充到题库。在生产中遇到难题，打开平台就可以找到答案。2016 年 4 月，中国机械冶金建材工会“职工网上练兵”系统正式上线，平台设有闯关练兵、网上比武、培训平台、网上创新、试题征集 5 个基本系统模块，职工通过游戏闯关、仿真模拟、网上比武等形式，利用碎片时间进行“移动化”“游戏化”“沉浸式”培训，实现培训学习“全天候”。截至 2016 年底，导入 50 个工种 15 万道试题，参与企业 45 家、职工约 20 万人，累计闯关 600 余万人次。依托这一平台，中国机械冶金建材工会持续开展“百个工种同上线、百万职工大练兵”活动，2016 年第一阶段集中活动中，共有 10 个工种上线，吸引了 41 家钢铁企业的 11 万名职工参加，累计闯关 141 万人次。2017 年 10 月第二次集中活动中，共有 50 个工种上线，吸引了 39 家钢铁企业的 15 万名职工参加，累计闯关 224 万人次。

钢铁系统一些企业还开展了具有企业特色的网上练兵活动。邯钢公司开发了职工“网上练兵”学习系统，开启“互联网+钢铁”时代，闯关级别从“学前班”开始到“小学生、中学生、大学生、研究生、博士生”，涵盖炼铁、炼钢、轧钢等近 300 个工种和领域，全公司参与职工达 2 万多人，参与率超过 93%。唐钢公司建立“职工网上练兵”激励机制，在经费上给予保障、在政策上给予支持。莱钢公司开发了模拟仿真系统，运用 3D 动画技术将高炉、转炉和轧钢生产线搬到网上，职工上网模拟现场操作流程和故障解决方法。同时可通过仿真系统进行技术比武，技能鉴定的实践考试。2014 年，第十届山东省青年职业技能大赛理论考试依托莱钢职工网上学习系统进行，得到了团省委、省人社厅、省总工会的高度认可。

在机械冶金建材工会推动下，“网上练兵”活动由钢铁行业继续向全系统延伸。一拖、豫光金铅、同力水泥等一批企业“网上练兵”平台相继建成并投入使用。截至2017年末，职工网上练兵系统共导入59个单位的20.7万名职工信息，截至2019年底，累计14.66万名各工种职工参与闯关答题，累计闯关1344.11万人次。2017年4月，中国机械冶金建材工会举办“职工技能培训和岗位练兵在线平台”建设成果展示，全国总工会党组书记、副主席、书记处第一书记李玉赋给予充分肯定，他指出，这项工作是切实贯彻落实党中央、国务院颁布的《新时期产业工人队伍建设改革方案》的重要举措，对倡导工匠文化、弘扬劳模精神、提升产业工人队伍素质、助推供给侧结构性改革具有重大意义。

六、提升维权服务质量，满足产业职工美好生活需要

2013年10月23日，习近平总书记在同中华全国总工会第十六届领导班子成员集体谈话时指出，工会要赢得职工群众信赖和支持，必须做好维护职工群众切身利益工作，促进社会公平正义。工会维权要讲全面，也要讲重点，重点就是职工群众最关心最直接最现实的利益问题，就是职工群众面临的最困难最操心最忧虑的实际问题，要在经济发展的基础上不断提高职工群众生活水平和质量，使他们不断享受到改革发展成果。在2015年庆祝“五一”国际劳动节暨表彰全国劳动模范和先进工作者大会上，习近平总书记发表讲话指出，强调要始终实现好、维护好、发展好最广大人民根本利益，让改革发展成果更多更公平惠及人民。

党的十八大以来，全国总工会高度重视保障劳动者权益，切实履行维权服务基本职责，促进提高职工生活品质。加大城市困难职工帮扶解困力度，构建常态化梯度帮扶长效机制，加大对职工劳动就业、收入分配、社会保障、劳动安全卫生等权益的维护力度，指导企业依法开展工资集体协商，推动完善职工社会保障制度，突出抓好重点群体维权服务，推动健全落实新就业形态劳

动者权益维护制度和政策，做好特殊困难群体帮扶工作。

中国机械冶金建材工会贯彻落实党中央要求和全国总工会工作部署，准确把握产业职工群众的新期待和维权重点，围绕职工最关心最直接最现实的利益问题，推动产业系统深化收入分配制度改革、提高劳动报酬在初次分配中的比重，健全劳动关系协调机制、构建和发展和谐劳动关系，有力维护和发展了产业职工各方面利益，取得显著成效。

（一）构建维权服务体系，在发展中维护产业职工权益

中国机械冶金建材工会适应新时代产业工人日益增长的美好生活需要，构建维权服务体系，为产业职工提供更高水平的精神性、发展性服务。

一是加强民主管理，做好源头维护。坚持和完善以职工代表大会为基本形式的企事业单位民主管理制度，健全劳动合同制度、平等协商和集体合同制度，完善劳动关系矛盾调处机制，积极参与涉及职工利益政策制度的制定修改，广泛开展“公开解难题、民主促发展”活动，深入推进民主管理工作制度化、规范化建设，实现民主管理质量提升。中国机械冶金建材工会、地方产业工会和企业工会注重发挥职代会作用，切实提升民主管理质量。开展集体协商攻坚活动，推动平等协商和集体合同扩面提质增效，宝武集团形成了“以职工参与管理、参与协商为基本方式，以职工自主管理制度、职工代表大会制度、职工董监事制度为核心，以组织领导和制度体系为基本保障”的职工民主管理体系，有效落实职工民主管理权利，切实维护职工合法权益。广汽集团工会围绕企业发展大局，以“情系职工、共建共享”为主题，开展维护职工合法权益活动，促进了共商、共建、共享机制的建立，有力推动了企业与职工的共同发展，实现了企业和谐稳定的劳动关系建立。

二是构建服务体系，建立长效机制。为贯彻落实中国工会十六大提出的构建服务职工工作体系的要求，中国机械冶金建材工会在2015年制定下发了《关于做好机械冶金建材系统企业工会服务职工工作的指导意见》，在指导企业工会服务职工方面提出了五项原则、五项内容和五项保障措施，即要求企业工会围绕促进企业发展、维护职工权益、服务职工群众，坚持以职工为本、公平普惠、协同共建、实事求是、创新发展五项原则，进一步做好困难职工帮扶救助、切实维护职工合法权益、加强职工生活后勤保障、丰富职工精神文化生活、助推职工自身发展五个方面的服务职工工作，在组织领导、凝聚合力、完善机制、健全网络、丰富载体五个方面加强保障机制，逐步构建覆盖广泛、特色鲜明、服务多样、快捷有效的企业服务职工工作体系。

自2014年以来，中国机械冶金建材工会与7个相关行业协会（联合会）联合下发了《推进工资集体协商的指导意见》，推动将职工诉求比较集中的实际问题，如职工福利费和教育培训经费的使用、劳动保护标准、带薪休假、技能人才待遇等纳入集体协商范畴。与相关地方总工会、产业工会共同推动签订了沈阳装备制造、石家庄汽车4S店等行业工资集体协商协议。机械冶金建材工会积极开展劳动定额制定工作，会同有关方面制定科学合理的区域性、行业性劳动定额、劳动标准，在电线电缆行业开展了劳动定额、劳动标准研究，为行业集体协商提供了有效支撑。一些地方产业工会从本地实际出发，创造了具有地方和产业特色的集体协商经验，如北京市汽车零部件行业推出以“集中协商、二次确认、分别通过、属地备案”为内容的工资集体协商经验，成功在湖南株洲复制推广；沈阳装备制造业签订专项集体合同，将16个工种岗位最低工资标准提高23%—68%；三门峡黄金行业经过33次论证协商，签订全市黄金行业劳务派遣工工资集体合同，取得历史性突破。机械冶金建材工会认真总结并积极推广北京、沈阳、大连、石家庄、三门峡等地方产业工会的实践经验，收到明显成效。在各级工会努力下，全系统职工工资与企业绩效保持同步增长，部分企业实现了10%以上的较大增幅；五险一金制度实现全面覆盖。委员单位落实养老保险、医疗保险和工伤保险的覆盖率均为100%，落实失业保险、生育保险和住房公积金的覆盖率分别为99.3%、92.5%和92.4%。

三是立足产业实际，加强重点维护。中国机械冶金建材工会高度关注传统产业转型升级、混改、企业兼并重组、压解产能、产线调整、产能异地转移以及解决历史遗留问题过程中出现的问题，积极参与企业结构性改革方案的制订，做好供给侧结构性改革中职工转岗安置、劳动关系处置、再就业培训、创业带动就业等工作，在企业搬迁、关停并转、兼并重组过程中，工会主动参与了企业改组改制、人力资源优化等方案的制订，并将职工高度关注的降薪裁员、分流安置等问题，提交职工代表大会审议或审议通过，努力做到转岗不下岗、转业不失业。

攀成钢公司在企业转型升级、职工分流安置过程中，以实现好、发展好职工利益为出发点和落脚点，充分听取职工的意见建议，没有强制性安排职工去留，而是准确把握政策，引导职工竞聘上岗，自主择业，赢得了职工的充分理解和支持配合。在职工安置过程中，工会充分发挥贴近职工、联系职工的优势，从宣传引导、方案制定、征求意见、岗位培训、竞争上岗、特困帮扶等各个环节，做了大量工作，既确保了安置工作平稳有序推进，又切实维护了职工的合法权益，确保了改革的平稳顺利进行。河钢公司作为全国钢铁行业去产能的重点企业，在去产能任务重、环保压力大的情况下，工会积极建议企业行政通过发展非钢产业、"走出去"和优化人力资源配置等多种渠道，妥善安置转岗职工，做到了产能压下去、人员不下岗。

四是做好普惠服务，提高职工生活品质。在维护职工工资收入、劳动保护等生命安全与健康权益的同时，注重维护职工心理健康等“看不见的权益”。系统各企业持续开展 EAP 员工帮助计划，通过专题讲座、辅导员培训、热线咨询等多种途径，帮助职工树立健康积极的心态。各基层工会以政策咨询、技能培训、就业服务、互助保障、消费合作、法律援助、文化体育、心理健康、日常生活服务等作为基本服务模块，为广大职工提供低成本、开放性、多样化的普惠性服务，努力增进职工福祉，增强职工获得感。同时坚持“建会就是建家，建家就是建企业”的工作思路，扎实推进“会、站、家”一体化建设，发挥企业职工文体活动中心、俱乐部、职工书屋等阵地作用，打造园区、楼宇、车间、班组等各类“职工之家”，建设妈咪小屋、心灵驿站，开展丰富多彩的普惠性服务和职工文化活动，进一步满足职工多元化、多层次需求。

五是深入调查研究，积极建言献策。2016 年，中国机械冶金建材工会围绕供给侧结构性改革和工会改革试点等涉及职工权益和工会发展的热点难点问题，完成全委重点课题 3 个、部室课题 7 个，同时参加全国总工会重点调研课题 2 个，地方产业工会调研课题 1 个，形成了一批具有较高质量的调研成果。特别是在 2016 年两会期间，机械冶金建材工会共提交政协提案 9 篇，主要涉及促进技能工人培养、钢铁行业企业减负及职工权益问题，推进黄金、建材行业健康有序发展和提请相关部委完善产业政策等方面。其中，《关于在化解产能过剩过程中做好职工安置与就业工作的提案》获得了全国政协 50 多名委员的共同联名，受到社会广泛关注。同时机械冶金建材工会加强与对口行业协会协作，针对产业面临的重点问题开展调研，形成调研报告报送中央和有关部门，提出有针对性的意见建议，其中《关于河北省钢铁行业化解产能过剩矛盾及对职工影响状况的调研报告》，有力推动了相关问题的解决。配合全国政协调研组，调研解决中铝包头企业职工就业安置、医疗保险、失业保险金返还等实际问题；跟踪调研新疆可可托海、贵州等地有色行业棚户区改造工程实施情况，对促进问题的解决起到了积极作用。2020 年，中国机械冶金建材工会围绕产业基础高级化、产业链现代化对产业经济和劳动关系的影响和机械冶金建材行业企业贯彻落实产业工人队伍建设改革情况两项课题开展重点调研，完成高质量调研报告。从 2022 年开始，设计《机械冶金建材产业工人队伍建设改革暨新时代职工权益维护调查问卷》并开展“百企万人”网上调研，选取 100 家企业、1 万名职工发放网上问卷，反映行业性问题和职工利益诉求；关注机械冶金建材行业职工心理健康状况，就职工精神文化、新型权益维护等问题开展调研。2021 年以来，分别就产业经济形势对企业和职工的影响、限制金属镓锗出口对市场和职工的影响、机械冶金建材行业“走出去”企业维护海外职工权益等问题开展调研，受到全国总工会的重视与肯定。

（二）构建和谐劳动关系，维护劳动领域政治安全

中国机械冶金建材工会落实中共中央、国务院《关于构建和谐劳动关系的意见》，深入开展和谐劳动关系创建活动。积极推动源头治理劳动关系矛盾，参与劳动争议处理，开展工会劳动法律监督和法律援助工作，推动企业和谐劳动关系建设。系统各级工会贯彻落实全国总工会维护劳动领域政治安全领导小组部署，强化忧患意识，坚持底线思维，坚持维权与维稳并重，专题研究具体举措，切实维护劳动领域政治安全，把“五个坚决”落到实处。重点关注深化供给侧结构性改革中的企业转型升级、合并重组等对职工群体就业方式、收入水平带来的影响，预判劳动领域存在的突出矛盾和问题，推动问题解决。密切关注职工队伍思想动态，定期分析职工队伍稳定情况，完善劳动争议预防、预警、调处等机制，对苗头性事件提前介入、妥善处理，力争将矛盾化

解在基层和萌芽状态，维护职工合法权益，构建和谐劳动关系。按照全国总工会要求，积极开展“我为群众办实事”工作，推动解决职工群众急难愁盼等问题。按照全国总工会机关干部赴基层蹲点活动要求，派出干部分别赴广东、重庆、内蒙古等地蹲点，了解掌握基层情况，推动基层工会建会、规范化开展工作，努力破解新时期工会工作重点难点问题。广泛开展“工会进万家”活动，赴贵州、湖北等地走访慰问老劳模老先进，特别是在基层一线和艰苦岗位工作的劳模、工匠和困难职工，传递党和国家对劳动者的关心爱护。

系统各级工会积极做好安全生产工作，开展以“安康杯”竞赛为载体的群众性安全生产和职业健康活动，加强安全生产监督员队伍建设，做好安全生产隐患和风险排查工作。职工的职业安全卫生权益得到切实保护和尊重。积极深化帮扶服务品牌活动，推动形成送温暖活动常态化、帮扶脱困精准化的工作格局。大力推进困难职工解困脱困工作，精准帮扶，实现送温暖、金秋助学、阳光就业、职工医疗互助保障等工作常态化、长效化。2013 年至 2018 年，共发放专项帮扶资金和送温暖慰问资金 1660 万元。2018 年至 2023 年，协调一汽、东风、宝武、中铝 4 家工会开展对口援藏援疆工作；中国机械冶金建材工会党支部与山西和顺县马坊乡北村党支部结成党建共建帮扶对子并建立党建扶贫长效机制，落实全国总工会扶贫工作要求，协调中国建材集团、九牧集团、中联水泥等委员单位为扶贫单位提供水泥，设计安装卫浴产品。落实各类帮扶款（物）3 亿元以上，受益职工 80 万人次。

（三）在抗击新冠疫情中发挥产业工会作用

2020 年初，一场突如其来的新冠疫情在全国蔓延。全国总工会下发《关于做好新冠肺炎疫情防控期间支持企业安全有序复工复产和劳动关系协调工作的通知》，要求各级工会积极协助做好疫情防控和稳就业工作，督促和协助企业为职工提供必要的劳动保护条件，切实维护职工合法权益，协调劳动关系，团结动员亿万职工打响疫情防控总体战、阻击战，为夺取疫情防控和实现经济社会发展目标双胜利贡献力量。中国机械冶金建材工会按照全国总工会统一部署，及时了解掌握企业疫情防控情况以及对职工生产生活的影响，做好疫情防控相关工作。系统各级工会积极行动起来，一是统一思想认识，提高政治站位。各单位工会认真学习贯彻习近平总书记关于新型冠状病毒感染肺炎疫情的重要指示精神，贯彻落实国务院部署，推动落实“坚定信心、同舟共济、科学防治、精准施策”要求，积极投入抗疫斗争。二是积极主动参与疫情防控工作。各单位工会组织围绕疫情防控中心任务，充分发挥工会组织作用，密切配合单位行政防控工作，组织开展“众志抗疫”网上学习活动，普及疫情防控知识，引导广大职工自觉服从统一指挥，在做好自我防护的基础上，主动参与单位疫情防控工作。三是高度重视疫情防控期间职工权益维护工作，密切关注疫情对单位生产经营、职工收入和职工思想动态等方面的影响，认真做好矛盾排查化解工作，确保职工思想稳定与劳动关系和谐。同时加强对坚持在疫情防控工作一线和生产一线职工的关心关爱，切实帮助他们解决好面临的暂时困难。

在统筹推进疫情防控和复工复产过程中，中国机械冶金建材系统各企业工会主动作为，服务大局，有序开展疫情防控和复工复产工作。武钢公司及时调整生产，加班加点保障武汉各大医院氧气供应，武钢医院2000余名员工奋战在抗疫最前线。东风公司工会投入疫情防控资金累计842.3万元，帮助420名确诊和疑似感染职工及家属及时入院诊疗。京城机电、国机、上汽、广汽、沈阳机床、矿业科技、东方雨虹等企业紧急转产防疫物资和相关设备，展现国有企业担当。华新水泥组织动员职工全力投入危险医疗废弃物处置工作。大冶有色工会在疫情期间设立“520志愿者”心理咨询专线。湖北省经贸工会先后安排150万元专项资金，慰问一线抗疫职工和确诊感染职工900余人次。

系统各级工会干部积极投身疫情防控的同时，团结动员广大职工开展主题劳动和技能竞赛，在复工复产企业中开展“岗位建功促生产、同舟共济渡难关”专项劳动竞赛，开展“比防疫最科学、比生产最安全、比产品最优质、比节能最高效、比培训最广泛，赛技术创新最实效”的“五比一赛”活动，引导企业和职工优质高效完成生产经营任务，将疫情造成的影响降到最低。北京市工业（国防）工会围绕重要防疫救护和生活保障物资生产任务，开展系列劳动竞赛活动。新兴际华工会在医用防护服紧急转产中组织专项劳动竞赛，日产量突破10万套大关。系统各级工会依托职工在线技能学习和岗位练兵系统开展“众志抗疫”网上学习活动。平台访问浏览量累计676万人次，技能培训累计29.9万人，培训总时长达50万小时。与此同时，工会注重做好稳岗稳就业工作，充分利用网络视频招聘会，畅通线上招聘、线上培训渠道。以创建和谐劳动关系为重点，抓好“同舟共济促和谐，共克时艰谋发展”集体协商特别要约行动，加强企业的劳动用工、工资支付等指导服务，及时化解因疫情引发的用工矛盾纠纷。沈阳机床工会针对疫情期间实行弹性办公制的职工薪酬、轮岗轮休、复工复产后调整工时、个人防护等事项进行集体协商，促进了特殊时期企业的平稳运行。

中国机械冶金建材工会高度关注疫情防控常态化对职工群体就业方式、收入水平带来的影响，预判劳动领域存在的突出矛盾和问题，针对疫情对行业经济的影响开展专题调研，及时了解掌握职工权益问题以及行业海外项目涉稳情况，形成8份专题报告报送全国总工会书记处及有关部门。其中《当前机械工业经济运行、企业复工复产和职工队伍情况》《疫情防控向好态势发展，有色金属有望恢复正增长》《关于新冠疫情对我国黄金行业生产经营造成的影响及对策建议报告》等3篇得到全国总工会领导同志批示。

七、贯彻落实党的二十大和中国工会十八大精神

中国共产党第二十次全国代表大会是在全党全国各族人民迈上全面建设社会主义现代化国家新征程、向第二个百年奋斗目标进军的关键时刻召开的一次十分重要的大会。大会主题是：高举中国特色社会主义伟大旗帜，全面贯彻习近平新时代中国特色社会主义思想，弘扬伟大建党精神，自信自强、守正创新，踔厉奋发、勇毅前行，为全面建设社会主义现代化国家、全面推进中华民族伟大复兴而团结奋斗。

2022年10月16日上午10时，中国共产党第二十次全国代表大会在北京人民大会堂开幕，习近平代表第十九届中央委员会向大会作了题为《高举中国特色社会主义伟大旗帜 为全面建设社会主义现代化国家而团结奋斗》的报告。

报告共分十五个部分：过去五年的工作和新时代十年的伟大变革；开辟马克思主义中国化时代化新境界；新时代新征程中国共产党的使命任务；加快构建新发展格局，着力推动高质量发展；实施科教兴国战略，强化现代化建设人才支撑；发展全过程人民民主，保障人民当家作主；坚持全面依法治国，推进法治中国建设；推进文化自信自强，铸就社会主义文化新辉煌；增进民生福祉，提高人民生活品质；推动绿色发展，促进人与自然和谐共生；推进国家安全体系和能力现代化，坚决维护国家安全和社会稳定；实现建军一百年奋斗目标，开创国防和军队现代化新局面；坚持和完善“一国两制”，推进祖国统一；促进世界和平与发展，推动构建人类命运共同体；坚定不移全面从严治党，深入推进新时代党的建设新的伟大工程。

党的二十大郑重宣示“从现在起，中国共产党的中心任务就是团结带领全国各族人民全面建成社会主义现代化强国、实现第二个百年奋斗目标，以中国式现代化全面推进中华民族伟大复兴”，吹响了奋进新征程的时代号角。各级工会迅速掀起学习贯彻党的二十大精神的热潮。全面深入学习贯彻习近平新时代中国特色社会主义思想，深入贯彻习近平总书记关于工人阶级和工会工作的重要论述，深刻把握党的创新理论的丰富内涵、精神实质和实践要求，增强做好工会工作的责任感使命感，提高履职尽责的能力和水平，用党的创新理论武装头脑、指导实践、推动工作，以实际行动把亿万职工群众紧紧团结在党的周围，不断夯实党长期执政的阶级基础和群众基础，千方百计调动亿万职工群众的积极性、主动性、创造性，唱响“咱们工人有力量”的时代强音。

中国工会第十八次全国代表大会于 2023 年 10 月 9 日在北京开幕，这是在中国迈上全面建设社会主义现代化国家新征程、向第二个百年奋斗目标进军的关键时刻召开的一次十分重要的大会。大会主题是：坚持以习近平新时代中国特色社会主义思想为指导，全面贯彻党的二十大精神，深入贯彻习近平总书记关于工人阶级和工会工作的重要论述，全面落实全心全意依靠工人阶级根本方针，忠诚履职、勇于担当，组织动员亿万职工为全面建设社会主义现代化国家、全面推进中华民族伟大复兴团结奋斗。

大会主要任务是：高举中国特色社会主义伟大旗帜，以习近平新时代中国特色社会主义思想为指导，全面贯彻落实党的二十大精神，贯彻落实习近平总书记关于工人阶级和工会工作的重要论述，全面总结新时代十年工会工作的成就和经验，系统总结工会十七大以来的工作，深刻把握以中国式现代化全面推进中华民族伟大复兴对党的工运事业和工会工作提出的新任务新要求，明确新时代新征程上工会组织肩负的历史使命和工会工作的目标任务，修改《中国工会章程》，选举产生全国总工会新一届领导机构。

习近平、赵乐际、王沪宁、丁薛祥、李希等党和国家领导人到会祝贺，蔡奇代表党中央发表了题为《奋力书写我国工人阶级投身强国建设民族复兴的壮丽篇章》的致词。

蔡奇在致词中指出，党的十八大以来，在以习近平同志为核心的党中央坚强领导下，我国工人阶级紧紧团结在党的周围，勇担重任、拼搏实干，为推动党和国家事业取得历史性成就、发生历史性变革作出了重要贡献。中国工会十七大以来，各级工会坚持以习近平新时代中国特色社会主义思想为指导，加强党的建设，深化改革创新，强化职工思想政治引领，推进产业工人队伍建设改革，履行维权服务职责，构建和谐劳动关系，动员广大职工积极建功新时代，同全国人民同步迈上全面建设社会主义现代化国家新征程。

蔡奇表示，党的中心任务就是中国工人运动和工会工作的主题和方向。工人阶级要以忠诚可靠赓续工人阶级政治本色，以劳动创造担当工人阶级使命任务，以过硬本领展现工人阶级时代风采，以团结奋斗弘扬工人阶级崇高品格。各级工会要深入学习贯彻习近平新时代中国特色社会主义思想，深入学习贯彻习近平总书记关于工人阶级和工会工作的重要论述，忠诚党的事业、竭诚服务职工，始终坚持正确政治方向，广泛凝聚团结奋斗伟力，切实提高维权服务质量，有效发挥桥梁纽带作用，推动党中央决策部署落地见效，奋力谱写党的工运事业崭新篇章。

王东明代表全国总工会第十七届执行委员会作了题为《以习近平新时代中国特色社会主义思想为指导 组织动员亿万职工为强国建设民族复兴团结奋斗》的报告。报告分为三个部分：新时代我国工运事业的发展和过去五年的工作；坚持用习近平新时代中国特色社会主义思想统领工会工作；今后五年的主要工作。

报告提出，今后五年工作的总体要求是：坚持以习近平新时代中国特色社会主义思想为指导，全面贯彻党的二十大精神，深入贯彻习近平总书记关于工人阶级和工会工作的重要论述，紧紧围绕党和国家工作大局，忠诚党的事业、竭诚服务职工，改革创新、奋发进取，保持和增强政治性、先进性、群众性，持续提高引领力、组织力、服务力，充分发挥党联系职工群众的桥梁纽带作用，团结引导亿万职工群众坚定不移听党话、跟党走，为全面建设社会主义现代化国家、全面推进中华民族伟大复兴发挥主力军作用。

主要工作包括九个方面：坚持党的全面领导，引导职工群众更加紧密团结在党的周围。坚持不懈用习近平新时代中国特色社会主义思想凝心铸魂；聚焦高质量发展这个首要任务，组织职工群众建功立业、创新创造。深化产业工人队伍建设改革。广泛深入持久开展劳动和技能竞赛。突出发挥劳模工匠示范引领作用。大力弘扬劳模精神、劳动精神、工匠精神，组织引导职工群众立足岗位、勤学苦练，深入钻研、敢为人先，持续点燃创新创造激情；用心用情做好维权服务工作，实现好、维护好、发展好职工群众根本利益。大力开展服务帮扶。加强企事业单位民主管理制度建设。积极推动构建和谐劳动关系；着眼统筹发展和安全，坚决维护劳动领域政治安全。加强工会意识形态工作。强化维护劳动领域政治安全体系和能力建设。有效防范化解劳动领域重大风险隐患；突出抓好基层基础工作，打通服务职工群众“最后一公里”。实施大抓基层三年行动。大力推进基层工会建设。加强对基层的指导和帮扶；贯彻全面依法治国部署要求，大力推进工会工作法治化。推动完善劳动法律法规体系。加强工会法治宣传和法律服务；深化工会改革和建设，有效发挥党联系职工群众的桥梁纽带作用。持续深化工会机关改革。健全完善工会组织体系。构建全国总工会、产业工会、地方工会、基层工会之间高质高效的矩阵网络系统。健全完善资金资产管理体系。全面加快工会系统数字化建设；加强工会和职工对外交流交往合作，讲好中国工人阶级故事。健全与港澳台工会和劳动界交流合作机制。积极开展工会双边多边国际交流；落实新时代全面从严治党要求，推动工会系统党的建设高质量发展。落实全面从严治党政治责任。强化党组织政治功能和组织功能。加强工会干部队伍建设。坚持以严的基调强化正风肃纪反腐。

大会选举产生了全国总工会第十八届执行委员会、全国总工会第十八届经费审查委员会。王东明当选为全国总工会主席，徐留平、孙菊生、杨宇栋、魏地春、吴秀章、木合亚提·加尔木哈买提、朱建平、马璐、林怡、钟洪江、荀坪、金善文、郭明义、巨晓林、高凤林等 15 位同志当选为全国总工会第十八届执行委员会副主席；王纯等 57 位同志当选为全国总工会第十八届执行委员会主席团委员。全国总工会第十八届执行委员会主席团第一次全体会议选举徐留平为书记处第一书记，杨宇栋、魏地春、朱建平、马璐、钟洪江、金善文、邹震、王娇萍、张新武、潘健为书记处书记。

2023 年 10 月 23 日，习近平总书记在中南海同中华全国总工会新一届领导班子成员集体谈话并发表重要讲话。习近平强调，我国工运事业是在党的领导下发展起来的，工会是党领导的工人阶级群众组织。坚持党对工会的全面领导，任何时候、任何情况下都不能动摇、不能偏离。要坚持全心全意依靠工人阶级的根本方针，充分调动广大职工群众的积极性、主动性、创造性，积极投身全面推进强国建设、民族复兴的伟大事业。

习近平强调，坚持党的领导必须全面地、有效地贯彻落实到工会工作全过程和各方面。要坚定维护党中央权威和集中统一领导，始终在思想上政治上行动上同党中央保持高度一致。要坚持不懈用习近平新时代中国特色社会主义思想凝心铸魂，持续推动理论武装走深走实，不断增强学习践行党的创新理论的思想自觉和行动自觉。要牢记“国之大者”，找准工会工作与党的中心任务的结合点、切入点、着力点，推动党中央决策部署在工会系统落实落地。要加强思想政治引领，做好职工思想政治工作，教育引导广大职工坚定不移听党话、跟党走，确保工人阶级始终是我们党最坚实最可靠的阶级基础。

习近平指出，要把广大职工群众紧密团结在党的周围，为实现党的中心任务而团结奋斗。要围绕贯彻新发展理念、构建新发展格局、推动高质量发展，广泛深入开展各种形式的劳动和技能竞赛，激发广大职工的劳动热情、创造潜能，在各行各业各个领域充分发挥主力军作用。要大力弘扬劳模精神、劳动精神、工匠精神，发挥好劳模工匠示范引领作用，激励广大职工在辛勤劳动、诚实劳动、创造性劳动中成就梦想。要围绕深入实施科教兴国战略、人才强国战略、创新驱动发展战略，深化产业工人队伍建设改革，加快建设一支知识型、技能型、创新型产业工人大军，培养造就更多大国工匠和高技能人才。

习近平强调，工人阶级和广大劳动群众是社会财富的主要创造者，推动全体人民共同富裕取得更为明显的实质性进展，首先要体现在亿万劳动者身上。工会作为职工利益的代表者和维护者，要认真履行维权服务基本职责，着力解决关系职工群众切身利益的实际问题，重视维护新就业形态劳动者的合法权益。要加强企事业单位民主管理，畅通职工诉求表达渠道，引导职工依法维护自身权益，推动构建和谐劳动关系。

习近平指出，要继续深化工会改革和建设，牢固树立大抓基层的鲜明导向，夯实基层基础，激发基层活力，不断增强基层工会的引领力、组织力、服务力。要健全已有的组织基础，扩大工会组织覆盖面。要创新工作方式，努力为职工群众提供精准、贴心的服务。工会干部要践行党的群众路线，深入调查研究，及时了解职工所思所想所盼，不断增强服务职工本领，真心实意为职工说话办事。全国总工会要带头加强自身建设，当标杆、作表率，成为让党放心、让人民满意的模范政治机关。

习近平强调，各级党委要加强对工会和工会工作的领导，选好配强工会领导班子，热情关心和严格要求工会干部，重视培养和使用工会干部。要注重发挥工会组织作用，及时研究职工群众和工会工作遇到的重要问题，支持工会创造性开展工作。各级政府要发挥好政府和工会联席会议作用，积极帮助工会解决职工群众的实际困难和问题。

中国工会第十八次全国代表大会的胜利召开和习近平总书记重要讲话，激励全国亿万职工和工会干部，以昂扬向上的精神状态和一往无前的奋斗姿态，投身新时代中国特色社会主义建设的伟大实践，在全面建成小康社会、实现中华民族伟大复兴中国梦的历史进程中谱写工运事业和工会工作新篇章。

在全国总工会十八届二次执委会议上，提出了“559”行动方案，即“5大工程、5大行动、9个方面重点工作”。“5大工程”，即职工群众思想政治引领建设工程、职工群众建功立业创新创造建设工程、产业工人队伍建设工程、典型标杆的选树培育和示范推广建设工程、工会数智化建设工程。“5大行动”，即新就业形态劳动者维权服务三年行动、非公企业工会建设三年行动、“小三级”工会建设三年行动、职工群众急难愁盼问题解决“12351+”专项行动、涉工法律规定执行监督专项行动。做好9方面工作，包括大力加强职工思想政治引领，着力在政治性、广泛性、有效性上下功夫；广泛组织动员职工建功立业，着力在出实招、求实效、得实惠上下功夫；认真履行维权服务基本职责，着力在抓重点、解难题、送急需上下功夫；坚决维护劳动领域政治安全，着力在关口前移、预防化解、及时有效处置上下功夫；有力夯实工会工作基层基础，着力在推动基层工会“建起来”“转起来”“强起来”上下功夫；深入推进工会工作法治化，着力在落实落地、日常监督、智能服务上下功夫；加强工会和职工对外交流交往合作，着力在建平台、强合作、优宣传上下功夫；加快工会数智化建设步伐，着力在优服务、提效率、体系化上下功夫；提升工会系统党建质量，着力在讲政治、讲先进、讲纯洁上下功夫。

中国机械冶金建材工会认真贯彻落实党的二十大和中国工会十八大精神，贯彻落实全国总工会“559”工作部署，在 2024 年 3 月召开的五届三次全委会上，提出 2024 年中国机械冶金建材工会工作的总体要求：坚持以习近平新时代中国特色社会主义思想为指导，全面贯彻党的二十大精神，深入学习贯彻习近平总书记关于工人阶级和工会工作的重要论述，贯彻落实中国工会十八大精神，落实全国总工会“559”行动方案部署，聚焦主责、强化主导、深耕主业，提出产业工会“三五十五”工作计划，即围绕职工思想引领、促进高质量发展、深化产业工人队伍建设改革、加强维权服务、强化自身建设五个方面，落实服务化、体系化、品牌化、创新化、数智化“五化”目标，实施凝心聚力、建功立业、提质增效、暖心解困、强基固本五大工程，做好 15 个方面的重点工作，团结动员机械冶金建材系统广大职工为加快建设制造强国、科技强国、质量强国和推动产业高质量发展、全面建设社会主义现代化国家贡献智慧和力量。

一是在职工思想引领方面，实施凝心聚力工程，团结广大产业职工听党话、跟党走。深化理论学习，用党的创新理论武装头脑，指导实践。加强宣传引导，不断提高职工思想水平、政治素质。创新传播手段，塑造具有机械冶金建材特色的产业文化、职工文化。二是在促进高质量发展方面，实施建功立业工程，广泛深入开展劳动技能竞赛创品牌、创实效。抓重点、促全面，广泛深入开展劳动和技能竞赛。出人才、育精神，大力培育劳模工匠，弘扬劳模精神、劳动精神、工匠精神。创品牌、展特色，多措并举提升竞赛影响力辐射力。三是在深化产业工人队伍建设改革方面，实施提质增效工程，促进产改落地落实。加强调查研究，促进产改立法。立足产业特色，构建产改体系。提升职工素质，增加职工收入。四是在职工维权服务方面，实施暖心解困工程，促进产业劳动关系和谐稳定。提高维权能力水平，提升服务职工实效。构建和谐劳动关系，维护职工队伍稳定。深化安全生产工作，保障职工职业安全健康。五是在工会自身建设方面，实施强基固本工程，推动产业工会干部素质提升作风过硬。壮大基层、夯实基础，扩大产业工会引领力、组织力、服务力。提高素质，增强本领，建设一支高素质的产业工会干部队伍。党建引领，正风肃纪，营造风清气正的干事创业环境。

会议号召广大产业职工更加紧密地团结在以习近平同志为核心的党中央周围，深入贯彻落实中国工会十八大精神，团结动员机械冶金建材系统广大职工，守正创新，开拓进取，为以中国式现代化全面推进强国建设、民族复兴伟业作出新的更大贡献。

（一）学习贯彻习近平总书记给中国一重产业工人代表回信精神

2024 年 9 月 27 日，习近平总书记给中国一重产业工人代表回信，对他们予以亲切勉励并提出殷切希望。习近平指出，我曾两次到一重，大家对科技创新和产品质量的执着追求给我留下了深刻印象。这些年，你们聚焦重大装备制造关键核心技术难题奋力攻关，取得不少新突破，展现了新时代中国产业工人的爱国心、创造力。习近平强调，制造业是立国之本、强国之基。新时代新征程，希望你们坚守技能报国初心，弘扬劳模精神、劳动精神、工匠精神，苦练内功、提高本领，继续为建设制造强国、推动东北全面振兴贡献智慧和力量。中央企业要深化改革创新，增强核心功能，提升核心竞争力，努力做强做优做大，为以中国式现代化全面推进强国建设、民族复兴伟业作出更大贡献。

习近平总书记给中国一重产业工人代表回信，高度评价了一重产业工人在重大装备制造上的创新突破和卓越贡献，突出强调了制造业在强国建设、民族复兴伟业上的重要作用，亲切勉励了产业工人要坚守报国初心，弘扬劳模精神、劳动精神、工匠精神，对中央企业增强核心功能、提升核心竞争力提出明确要求。回信满怀深情、语重心长，充分体现了以人民为中心的发展思想和全心全意依靠工人阶级的方针，体现了对广大产业工人的亲切关怀，体现了对制造业特别是装备制造业的高度重视，为新时代新征程上建设一流产业技术工人队伍、充分发挥工人阶级主力军作用提供了根本遵循。王东明对学习宣传贯彻习近平总书记回信精神立即作出批示、提出明确要求。全国总工会党组第一时间召开会议传达学习，对学习宣传贯彻工作作出部署。中国机械冶金建材工会迅即召开全体会议，学习习近平总书记回信原文，传达王东明批示和全国总工会党组会议精神，要求全体干部提高政治站位，深刻理解回信的重大意义和精神实质，带动本系统工会干部和职工先学一步、学深一层。9 月 30 日上午，中国机械冶金建材工会召开一重产业工人代表参加的学习贯彻习近平总书记回信精神座谈会，要求要把学习宣传贯彻回信精神作为当前和今后一个时期的重大政治任务。30 日下午，印发《关于机械冶金建材系统各级工会深入学习宣传贯彻习近平总书记重要回信精神的通知》，掀起机械冶金建材系统学习宣传贯彻习近平总书记回信精神热潮。

《通知》指出，要深刻领会习近平总书记回信的精神实质和重大意义。要以习近平新时代中国特色社会主义思想为指导，把学习贯彻回信精神与学习贯彻党的二十届三中全会精神结合起来，与学习贯彻习近平总书记关于工人阶级和工会工作的重要论述结合起来，原原本本学习回信原文，准确把握回信重要要求，进一步深刻领悟“两个确立”的决定性意义，增强“四个意识”、坚定“四个自信”、做到“两个维护”，把思想和行动统一到党中央关于进一步全面深化改革的决策部署上来。《通知》强调，要团结动员机械冶金建材系统职工为建设制造强国、推动高质量发展贡献智慧和力量。要着眼加快培育和发展新质生产力，聚焦建设制造强国、东北全面振兴等国家重大战略任务，落实全国总工会“559”工作部署，广泛深入持久开展劳动和技能竞赛，积极组织开展“4技5小2比”等群众性创新创造活动，推动形成“建功新时代、比学赶帮超”的良好氛围。要深入推进产业工人队伍建设改革，加强职业技能培训体系建设，提高技术技能水平，引导机械冶金建材系统职工在推动制造业高端化、智能化、绿色化上苦练内功、提高本领，在强国建设、民族复兴伟业中发挥主力军作用。《通知》要求，要推动习近平总书记回信精神在机械冶金建材系统产业工人中掀起学习宣传贯彻热潮。要充分利用工会报刊等宣传阵地和“职工之家”APP，广泛开展习近平总书记回信精神的宣传宣讲，大力弘扬劳模精神、劳动精神、工匠精神，深入挖掘和广泛宣传装备制造业劳动模范、大国工匠、高技能人才先进事迹，发挥他们在科技创新、追求卓越、弘扬精神、传承技艺等方面示范作用，带动广大产业工人坚守技能报国初心，坚定不移听党话、跟党走。

中国机械冶金建材工会积极行动，努力把习近平总书记回信精神贯穿到工作各领域全流程。一是广泛宣传宣讲。积极协调推动工人日报社通过设立专版、赴一重专题采访等方式，加大对习近平总书记回信精神、一重产业工人的宣传力度；结合调研和竞赛等活动，大力宣传习近平总书记对工人阶级和广大劳动群众的关心关爱。二是深入开展调研。全国总工会副主席、书记处书记、党组成员钟洪江率中国机械冶金建材工会就学习贯彻习近平总书记回信精神、深化产业工人队伍建设改革赴一重调研，与给习近平总书记写信的一重产业工人座谈，听取意见建议。认真梳理一重产业工人代表提出的意见建议，经与全国总工会劳动和经济工作部、权益保障部和黑龙江省总工会等相关单位认真研究，制定了学习回信精神、关心关爱一重职工 15 条措施。

2024 年 10 月 22 日，中国机械冶金建材工会召开五届四次全委会，邀请一重作《坚持高标准、高站位、高质量推动习近平总书记回信精神入脑入心落实落地》交流发言，与会同志一致表示，将以学习宣传贯彻习近平总书记回信精神为契机，推动各项工作再上新台阶。全委会作出《关于学习贯彻习近平总书记给中国一重产业工人代表回信精神团结动员制造业产业工人为强国建设、民族复兴伟业作出更大贡献的决议》。《决议》提出，要认真学习贯彻习近平总书记回信精神，深刻领会精神实质和重大意义。坚持以习近平新时代中国特色社会主义思想为指导，将学习贯彻回信精神与学习贯彻党的二十届三中全会精神结合起来，与学习贯彻习近平总书记关于工人阶级和工会工作的重要论述结合起来，坚定拥护“两个确立”、坚决做到“两个维护”，找准产业工会工作与党的中心任务的结合点、切入点、着力点，将回信精神贯穿到工会工作全过程各领域。《决议》强调，要加强思想政治引领，引导广大产业工人坚定不移听党话、矢志不渝跟党走。充分运用工会报刊等宣传阵地和“职工之家”APP，广泛开展习近平总书记回信精神的宣传宣讲，宣传习近平总书记和党中央对广大产业工人的关心关怀关爱，引导广大产业工人把习近平总书记的激励鞭策转化为感恩奋进、实干争先的强大动力，在党的旗帜下团结成“一块坚硬的钢铁”，不断巩固党长期执政的阶级基础和群众基础。《决议》要求，要激发广大产业工人劳动热情和创造潜能，为建设制造强国贡献智慧力量。聚焦建设制造强国、东北全面振兴等国家重大战略任务，广泛深入持久开展劳动和技能竞赛，积极组织开展多种形式的群众性创新创造活动，大力弘扬劳模精神、劳动精神、工匠精神，充分发挥劳模工匠的示范引领作用，引导广大产业工人进一步展现和发扬爱国心、创造力，坚守技能报国初心，为推动制造业高端化、智能化、绿色化苦练内功、提高本领，在加快培育和发展新质生产力、推动高质量发展中贡献新时代产业工人的聪明才智。《决议》指出，要深化产业工人队伍建设改革，为推进中国式现代化提供坚实人才和技能支撑。党中央、国务院制定《关于深化产业工人队伍建设改革的意见》，为推动产改走深走实作出新的全面部署。要从党和国家工作全局的战略高度，深刻认识产业工人队伍建设改革对于推进中国式现代化建设的重大意义，着重强化产业工人思想引领，发挥产业工人主力军作用，保障产业工人主人翁地位，完善产业工人技能形成体系，畅通产业工人发展通道，壮大产业工人队伍，提升产业工人的获得感幸福感安全感，激励更多劳动者和青年人走技能成才、技能报国之路，推动产业工人队伍建设改革走深走实。

五届四次全委会后，为进一步贯彻落实习近平总书记给中国一重产业工人代表回信精神，按照全国总工会党组安排部署，落实全国总工会领导同志“聚焦一重、举措要实、几级工会联动，落实措施可感可得”要求，10 月 30 日，中国机械冶金建材工会与黑龙江省、齐齐哈尔市三级工会联动，筹集 50 万元送温暖资金，对一重困难职工家庭、劳动模范、苦脏累险艰苦岗位一线工人等三类职工群体开展送温暖活动；协调中国职工发展基金会无偿捐赠一重职工心理咨询室相关设备，开通 400 一重心理专线，为职工提供 24 小时免费心理咨询服务。

（二）贯彻落实党的二十届三中全会精神，贯彻落实《中共中央关于进一步全面深化改革 推进中国式现代化的决定》《中共中央 国务院关于深化产业工人队伍建设改革的意见》

党的二十届三中全会对进一步全面深化改革、推进中国式现代化作出重大部署。全会通过了《中共中央关于进一步全面深化改革 推进中国式现代化的决定》，提出了进一步全面深化改革的总目标。继续完善和发展中国特色社会主义制度，推进国家治理体系和治理能力现代化。到二〇三五年，全面建成高水平社会主义市场经济体制，中国特色社会主义制度更加完善，基本实现国家治理体系和治理能力现代化，基本实现社会主义现代化，为到21世纪中叶全面建成社会主义现代化强国奠定坚实基础。

《决定》提出，深化人才发展体制机制改革。加快建设国家战略人才力量，着力培养造就战略科学家、一流科技领军人才和创新团队，着力培养造就卓越工程师、大国工匠、高技能人才，提高各类人才素质，建设一流产业技术工人队伍。加强人民当家作主制度建设。发挥工会、共青团、妇联等群团组织联系服务群众的桥梁纽带作用。健全基层民主制度。健全以职工代表大会为基本形式的企事业单位民主管理制度，完善企业职工参与管理的有效形式。

产业工人队伍建设改革是进一步全面深化改革的题中应有之义。2024年10月12日，党中央、国务院发布《关于深化产业工人队伍建设改革的意见》，这是《新时期产业工人队伍建设改革方案》发布时隔7年再次制定的提升产业工人队伍素质、推动产业升级发展的重要指导性纲领。

机械冶金建材行业是实体经济的主力军，是产业工人最集中的领域，在推进产改上义不容辞、责无旁贷。《意见》发布后，中国机械冶金建材工会在第一时间作出安排部署，要求在过去几年取得显著成绩的基础上，进一步做好深化产改工作，实现思想政治引领更加扎实，产业工人听党话跟党走的信念更加坚定，干事创业的激情动力更加高涨，主人翁地位更加显著，成就感获得感幸福感进一步增强；劳动光荣、技能宝贵、创造伟大的社会氛围更加浓厚；产业工人综合素质明显提升，大国工匠、高技能人才不断涌现，知识型技能型创新型产业工人队伍不断壮大。

中国机械冶金建材工会要求，一是要把学习宣传贯彻《意见》作为重要政治任务抓紧抓好。在系统广大工会干部职工中开展声势浩大的宣传，加大对产改举措、产改成效的宣传力度，让《意见》在各级工会中走深走实；加强统筹协调联动，深化动员部署，让全社会进一步了解产改、支持产改、推进产改，形成强大合力；按照全国总工会学习宣传贯彻《意见》工作方案，研究制定细化落实举措，畅通向上发展通道和横向发展机制，提高经济收入，加强服务保障，激发创新创造活力，让产改工作为了产业工人、依靠产业工人、造福产业工人。二是结合工作实际，推进《意见》9 个方面 27 条举措的落实落地。要根据《意见》要求，强化思想政治引领，保障产业工人主人翁地位；适应新型工业化要求，完善产业工人技能形成体系；健全职业发展体系，促进产业工人成长成才；维护劳动经济权益，增强产业工人成就感获得感幸福感；搭建建功立业平台，发挥产业工人主力军作用；壮大产业工人队伍，不断巩固党长期执政的阶级基础和群众基础。结合本系统产业工人集中、国企央企集中的特点，强化企业的政治责任、主体责任，完善企业民主管理制度，健全劳动关系协调机制，加大非公企业、中小企业的产改力度，发挥好典型引路作用，总结一批可复制、可推广的先进经验在行业内遍地开花。制订实施机械冶金建材工会落实《意见》“54321” 33 条工作举措，发挥行业抓总作用，推进系列宣讲、开展系列培训、联合印发通知、召开推进会议、开展交流活动等 5 项重点任务；拓展劳动和技能竞赛、创新成果转化、劳模工匠培育、联席交流协作等 4 个工作平台；深化劳模工匠示范引领、职工生活品质提升、和谐劳动关系构建等 3 个主题工程；建设产业职工创新、非公产改 2 个试点基地；推广一批优秀制造业链主、龙头企业典型和国企、非公典型。制定深化产改创新指引，打造优质工作项目。三是协助做好产改立法工作。产业工人队伍建设立法是十四届全国人大常委会立法规划之一，将从国家法律层面为解决产改过程中的难题提供强有力的支撑。要结合《意见》主要精神，就当前产改中存在的技术技能、素质结构、体制机制等方面的深层问题进行深入调研，提出可行性办法，为立法提供依据，将企业和产业工人关心的问题以法律形式固定下来。

系统各级工会深入贯彻党的二十届三中全会精神，贯彻落实《意见》，引导广大产业工人在中国式现代化建设中充分发挥主力军作用。一是深入学习宣传，建立健全制度机制，推动改革走深走实。督促企业落实落地产改政策，推动将其纳入企业战略。二是创新产业工人建功立业平台。广泛开展产业劳动和技能竞赛、群众性创新创造活动，激发职工创新创造热情，推动实现产业链高水平科技自立自强。三是着力提高产业工人技术技能素质。狠抓技能培训，推进工匠学院建设，用好技能强国–全国产业工人学习社区等“互联网+”学习平台，加大复合型技术技能人才培养力度，健全完善产业工人终身职业技能培训体系。四是切实维护产业工人合法权益。推动完善收入分配制度，健全技术技能要素参与收入分配机制，以技术工人薪酬激励为重点开展工资集体协商。健全以职工代表大会为基本形式的企事业单位民主管理制度，创新产业工人民主参与路径。五是改善工作环境和劳动条件，丰富产业工人精神文化生活，吸引更多劳动者特别是青年人加入产业工人队伍，走技能成才、技能报国之路。六是发挥企业落实改革任务的主体作用。推动企业按规定足额提取和使用职工教育经费，强化中央企业、国有企业的政治责任，巩固拓展国有企业产改成果，扩大非公有制企业产改覆盖面，推进民营经济产业工人队伍建设，加大支持服务力度，让企业感受到参与产业工人队伍建设改革的好处，充分调动企业的积极性主动性。

八、加强党建和自身建设，促进产业工会工作改革创新

中国机械冶金建材工会按照增“三性”、去“四化”改革方向，加强党建工作和自身建设，以坚定的政治性引导职工，以鲜明的先进性组织职工，以广泛的群众性凝聚职工。系统各级工会采取得力措施加大基层工会组建力度，努力增强基层工会活力，以工会试点改革为契机，全力推进产业工会管理模式、运行机制和工作方式的创新。

2011 年 12 月 6 日，中国机冶建材工会第三届全国委员会第一次全体会议在北京召开，全国总工会党组书记、副主席、书记处第一书记王玉普出席开幕式并讲话。全国总工会党组成员段敦厚出席开幕式。全国总工会副主席、书记处书记张世平出席会议，并在闭幕式上讲话。刘海华作了题为《努力提升产业工会工作科学化水平、团结动员广大职工为实现“十二五”规划目标做出新贡献》的报告。会议选举产生了中国机冶建材工会第三届全国委员会领导机构，选举张波为主席，段佑武、栾樾为副主席。

2014 年 10 月 27 日，中国机冶建材工会第三届全国委员会第四次全体会议在北京召开。会议选举江南为中国机冶建材工会主席。

2016 年 7 月，根据中央编办有关批复，中国机冶建材工会更名为中国机械冶金建材工会。

2017 年 2 月 16 日至 18 日，中国机械冶金建材工会第四届全国委员会第一次全体会议在北京召开，全国总工会党组书记、副主席、书记处第一书记李玉赋代表全国总工会党组和书记处看望参会代表，并对做好新形势下机械冶金建材工会工作提出要求。全国总工会书记处书记、党组成员张茂华出席会议并讲话。大会审议通过《凝心聚力、改革创新，引领广大产业职工为实现全面

建成小康社会的宏伟目标而努力奋斗》的工作报告。会议选举产生了中国机械冶金建材工会第四届全国委员会领导机构，选举陈杰平为主席，毛迎春、刘建新、张辉、郑久强为副主席。

2022 年 9 月 15 日，中国机械冶金建材工会第五届全国委员会第一次全体会议在湖南召开。全国总工会党组书记、副主席、书记处第一书记陈刚作视频讲话。全国总工会党组成员、经费审查委员会主任李晓钟出席会议。陈杰平作中国机械冶金建材工会第四届全国委员会工作报告。大会选举产生了中国机械冶金建材工会第五届全国委员会领导机构，选举陈杰平为主席，关明、张杰、张辉、金国平为副主席。

2024 年 10 月 22 日，中国机械冶金建材工会第五届全国委员会第四次全体会议在北京召开。全国总工会党组书记、副主席、书记处第一书记徐留平作出批示，对贯彻落实习近平总书记给中国一重产业工人代表回信精神、做好机械冶金建材工会工作提出要求，全国总工会副主席、书记处书记、党组成员钟洪江出席会议并讲话。会议审议通过了《关于学习贯彻习近平总书记给中国一重产业工人代表回信精神 团结动员制造业产业工人为强国建设、民族复兴伟业作出更大贡献的决议》。会议选举李睿祎为中国机械冶金建材工会主席。

（一）加强工会自身建设改革

2015 年 7 月，习近平总书记在中央党的群团工作会议上指出，群团事业是党的事业的重要组成部分，群众工作是党的一项根本性、基础性工作。新形势下，党的群团工作只能加强、不能削弱，只能改进提高、不能停滞不前。习近平总书记强调，党的群团工作和群团组织必须保持和增强政治性、先进性、群众性。

中共中央印发《关于加强和改进党的群团工作的意见》后，全国总工会先后制定下发《关于学习宣传贯彻中央党的群团工作会议精神的通知》《关于贯彻落实〈中共中央关于加强和改进党的群团工作的意见〉的实施方案》，要求各级工会把思想和行动统一到中央精神上来，忠诚履行职责，勇于改革创新，团结动员广大职工立足本职岗位创新创造创业，在为实现中华民族伟大复兴中国梦而奋斗中展现工会组织的新作为。

2017 年 8 月，习近平总书记对群团改革工作作出重要指示，要求各群团组织结合自身实际，紧紧围绕增强“政治性、先进性、群众性”，直面突出问题，采取有力措施，敢于攻坚克难，注重夯实群团工作基层基础，努力开创党的群团工作新局面。

中国机械冶金建材工会认真学习贯彻中央和全国总工会文件精神，贯彻落实《中国工运事业和工会工作“十四五”发展规划》，深入开展自身建设和改革，进行了大量卓有成效的工作，自身建设改革取得明显成果。

一是坚持“三服务”的原则，树立大抓基层工作导向，激发基层工会活力。高度重视央企集团工会组织建设工作，积极探索中央企业集团级工会工作的新方法和新思路，坚持工会组织独立设置，通过党工共建确保对工会会员全覆盖。各地和各省产业工会组织建设也采取有效措施，深化基层工会建设。全委与地方总工会、产业工会协作，推动组建了河南三门峡黄金行业、北京市家具行业、北京汽车零部件行业、北汽株洲汽车行业、四川成都经济技术开发区汽车行业等工会联合会，扩大了工会组织对新产业、非公企业和中小微企业的覆盖。针对部分企业借改革之机弱化撤并工会、削减工会干部队伍的做法，全委及时督导纠正，对加强工会组织建设起到了积极推动作用。

二是进一步完善工作体系。下发《关于充分发挥中国机冶建材工会全国委员会委员作用的意见》，充分发挥委员、常委作用，增加民营企业、混合所有制企业和重点城市产业工会全委委员名额；成立专家委员会助推全委工作，扩大产业工会影响力；在工会试点改革工作中，认真执行《全总机关试点改革方案》，增选2名兼职副主席，提高非公企业、一线职工和劳模的委员比例，提升行业代表性和广泛性。转变工作作风、推动资源向基层倾斜、工作重心下移、试行基层工会重大事项报告制度、企业工会权责清单和绩效管理制度、标杆管理和学习交流制度，破解部分基层工会工作基础薄弱等难题。

三是加强全委机关建设。加强政策理论研究，健全规章制度，强化工作体系建设，充分发挥熟悉产业、贴近企业的优势，积极深入基层开展调查研究，听取职工意见建议，通过开展“干群零距离、服务无缝隙、发展聚人心”“进百家班组、访千名职工”等活动，强化服务意识，增强服务本领，提高服务效能，以工作的实际成效取信职工、凝聚职工，成为职工真正的“娘家人”。

中国机械冶金建材工会加强与对口行业协会（联合会）的联系与合作，通过召开联席会议、各行业年会（研究会）、专题研讨、讲座和经验交流等方式，推动各项工作进一步落实。围绕学习领会习近平总书记关于工人阶级和工会工作的重要论述、产业工人队伍建设改革、工会系统改革创新、行业经济形势与供给侧结构性改革、工会专业能力建设、职工心理健康与职业安全卫生等内容，连续举办工会干部培训班，开展送教下基层活动，累计培训工会干部5000余名。

（二）全面加强党的建设

中国机械冶金建材工会党支部全面加强党建工作，始终把政治建设放在首位，认真学习贯彻习近平总书记关于工人阶级和工会工作的重要论述，坚持用习近平新时代中国特色社会主义思想统一思想、统一意志、统一行动，把习近平新时代中国特色社会主义思想转化为坚定全体党员理想信念、锤炼党员党性修养和指导全委实践、推动工作发展的强大力量。不断强化党的政治机关意识，将中央党建工作的各项要求及时、准确传递到相关省、市产业工会和基层企业，带到广大职工中间。认真学习贯彻习近平总书记在中央和国家机关党的建设会议上的重要讲话精神和全面从严治党的决策部署，认真落实全国总工会党组关于加强全国总工会机关党的建设要求，强化理论武装，持续加强理论学习，切实筑牢思想政治根基。按照党中央决策部署，扎实开展党的群众路线教育实践活动、“三严三实”专题教育、“两学一做”学习教育、“不忘初心、牢记使命”主题教育、学习贯彻习近平新时代中国特色社会主义思想主题教育、党纪学习教育等主题教育活动。在“三严三实”专题教育中，全委机关深入剖析问题，列出整改清单，重新修订完善了12项规章制度和工作流程。在党史学习教育中，认真学习《中共中央关于党的百年奋斗重大成就和历史经验的决议》，加深对党的百年历史经验及其重大意义的理解，引导党员干部知史爱党、知史爱国。在党纪学习教育中，成立工作专班，研究制订实施方案和计划，明确职责分工，层层压实责任，通过主题党日活动、青年小组学习活动、调查研究、学习交流等途径，推动党纪学习教育向纵深发展。通过系列主题教育活动，教育全体党员提高政治站位，强化政治担当，深刻领悟“两个确立”的决定性意义，进一步增强“四个意识”，坚定“四个自信”，做到“两个维护”，始终在思想上政治上行动上同以习近平同志为核心的党中央保持高度一致。

在党建工作中，聚焦落实党建责任、强化履职尽责，推动全面从严治党不断深入。一是扎实落实党建责任。党支部书记认真履行党建工作“第一责任人”职责，带头抓好党建和党风廉政建设工作，并督促班子成员、支部委员认真履落实“一岗双责”，在抓好业务工作的同时，抓好分管部室的党建工作。把党建工作纳入重要议事日程，将支部党建工作与业务工作紧密结合，同部署、同落实、同考核。二是持之以恒正风肃纪。严格执行重大事项请示报告制度，坚持重大事项、重大活动及时向全国总工会党组、机关党委请示报告。严格落实民主集中制，坚持重大问题集体研究、民主决策。落实领导干部个人事项报告制度。三是全面落实意识形态工作责任制。坚持马克思主义在意识形态领域的指导地位，明确把意识形态工作作为党支部建设的重要内容，列入党建工作年度要点，纳入重要议事日程和党建工作责任制。切实加强对意识形态工作的组织领导，建立健全意识形态工作体制机制，要求全体机关干部必须绷紧意识形态工作这根弦，提高政治敏锐性和政治鉴别力，自觉将意识形态工作与业务工作紧密结合起来，定期召开行业职工意识形态工作分析研判会议，分析行业职工的思想动态，研判风险隐患，制定应对预案，对出现的重要问题及时报告、跟进、解决，将问题化解在萌芽状态。结合维护劳动领域政治安全工作，强化职工思想政治引领，维护和谐稳定的行业劳动关系，筑牢意识形态工作的“防波堤”。坚持“一把手”带头，充分发挥领导班子领导核心作用，肩负起意识形态工作主体责任，站在意识形态工作第一线，带头管阵地、把导向、强队伍。持续加强组织领导和监督检查，层层压实责任，传导压力，确保意识形态工作的各项要求落到实处。

在党建工作中，坚持以“四强”党支部为目标，以党支部标准化规范化建设为抓手，充分发挥党支部的战斗堡垒作用和党员先锋模范作用，着力打造“忠诚党的事业、竭诚服务职工”模范政治机关。一是着力加强制度建设。认真落实《中国共产党支部工作条例》《中国共产党党和国家机关基层组织工作条例》，持续规范组织建设，按期进行支部换届，制订支部年度工作计划和阶段性工作安排。修订完善党支部工作细则，进一步健全完善请示报告、保密管理、文件传阅和管理、党费使用管理、密切与基层联系点联系等制度。二是严格落实“三会一课”制度。按照《关于新形势下党内政治生活的若干准则》要求，将落实“三会一课”作为严肃党内政治生活的重要载体。坚持按期召开党员大会、支部委员会和党小组会，坚持开展党课教育。三是深入开展党日活动。把革命遗址遗迹、纪念场馆等开辟为党员学习教育的“第二课堂”，先后组织全体党员赴嘉兴开展“弘扬红船精神，铭记初心使命”主题党日活动，组织全体党员参观李大钊故居、重庆白公馆、渣滓洞、第一历史档案馆、卢沟桥抗日战争纪念馆等，教育党员干部不忘初心、牢记使命，把党日活动转化为全体党员干部筑牢思想根基、增强实干精神的大课堂。四是加强党员教育管理。广泛深入开展谈心谈话，做好年轻干部思想工作，引领党员干部当好“六个模范”。充分发挥老同志的传帮带作用，多次请全委领导班子成员讲课并进行交流研讨，有效提升了年轻干部的政治理论素养。

中国机械冶金建材工会按照中央部署和全国总工会党组要求，严格遵守政治纪律和政治规矩，推动工会全面从严治党向纵深发展。建立健全党风廉政建设责任制，深入推进工会系统党风廉政建设和反腐败工作，筑牢思想防线，守住廉洁底线。严格执行中央八项规定及其实施细则，严格执行廉洁自律准则，抓住重大节日、坚守重要节点，广泛开展纪律教育、廉洁教育和警示教育，持之以恒加强作风建设，自觉抵制各种不良风气，筑牢反腐拒变防线。针对存在的问题，召开专题民主生活会，认真开展批评和自我批评，主动查摆问题，及时整改落实。

在党建工作中，注重改进工作作风，加强与职工群众密切联系。一是落实基层联系点制度，主要负责同志亲自带队深入基层联系点开展实地调研，调研组深入车间和班组，就企业生产经营情况和产业工人队伍建设改革、深化基层工会改革创新等情况进行详细调查了解，并看望慰问了生产一线和困难职工。二是开展党建结对帮扶，全力帮助困难群众解困脱困。按照全国总工会党组有关部署和安排，积极动员各方面力量和资源，多次联系行业企业为山西省壶关县捐助了数批水泥、涂料、卫生洁具、厢式货车及慰问品等，为工会扶贫解困作出了突出贡献。三是开展形式主义问题排查整治，切实减轻基层负担。按照全国总工会整治形式主义为基层减负专项工作机制部署要求，深入查找全委在学风、文风、会风、作风等方面存在问题，研究制定整改措施并加以落实。

通过持之以恒地抓好党建工作，机械冶金建材工会党支部党建规范化、标准化程度显著提升，于 2022 年 4 月荣获全国总工会机关党委颁发的“全国总工会机关党支部标准化规范化建设示范单位”荣誉称号。2023 年 10 月，党支部被评为全国总工会机关“四强”党支部。

（三）职工技协活动

1988 年中国机械冶金职工技术协会正式成立，最初与中国机械冶金工会合署办公。2015 年 7 月中办、国办印发了《行业协会商会与行政机关脱钩总体方案》，2020 年 8 月召开五次会员大会，正式与中国机械冶金建材工会分离脱钩，并更名为中国机械冶金建材职工技术协会（简称职工技协）。党的十八大以来，职工技协组织建设得到快速发展，团体会员达 280 余家，涵盖了机械、钢铁、建材、有色金属、黄金五大行业和部分省、市产业工会。

职工技协结合实际，发挥优势，开展了职工创新成果评审、展示交流、宣传推广等工作，承办了“2020 年机械冶金建材系统工匠直播月”以及“2021 年至 2024 年全国机械冶金建材系统第二届、三届、四届、五届职工创新成果网上展示”等系列职工创新成果展示交流活动。2020 年在山东省总工会以及日照市委、市政府支持下举办了全国钢铁行业职工创新成果展览，2020 年以来，参展项目从 300 多项发展到 1700 余项，涉及职工人数近 3 万人，职工技协向国家知识产权局推荐 4 个专利项目，分别获得

"第24届、第25届中国专利奖"优秀奖，东汽一线职工文小山的《燃气转机典型核心部件高效加工技术研究应用》获2024年度机械工业科学技术一等奖。职工技协还参加了科技部、中国发明家协会举办的全国发明展，获得优秀组织奖，15个项目获得金奖，21个项目获得银奖，45个项目获得铜奖。

职工技协发挥"劳模创新工作室联盟"平台作用，促进劳模工匠相互交流；制定《劳模工匠示范性创新工作室联盟管理办法》，召开联盟工匠座谈会、创新成果交流会，开展"工匠对话"，分享技术创新思路、岗位创新成果。职工技协依托行业重点企业和主导型"链主"企业，在产业链上打造职工技术协作"服务链"，组成"劳模工匠+科技专家"攻关团队，联合开展技术攻关等活动。

职工技协致力班组建设，2024年6月，在四川省德阳市召开班组建设交流会，紧扣"创新班组管理，打通企业管理'最后一公里'"的主题，分享了来自五大行业先进班组建设的经验做法，展示了基层班组管理的创新亮点。职工技协围绕职业卫生、安全生产、节能减排、全面质量管理等方面，与中国机械冶金建材工会联合开展了全国钢铁行业职工网上安全知识竞赛、全国水泥行业职工网上安全知识竞赛、全国建材行业职工网上"双碳"知识竞赛、全国建材行业职工助推高质量发展（质量管理方向）主题竞赛等活动。职工技协大力开展职工培训，近年来先后为中金岭南、包钢集团等10余家会员单位举办了工会干部培训班。与全国总工会各部门沟通联系，开展了送教、送培到基层活动。坚持以会员单位职工需求为导向，充分利用会员单位和各级工会的康养设施，开展职工疗休养工作。

在全面深化改革的新形势下，职工技协积极探索适应企业、产业转型升级要求的职工技协工作新路子，坚持为国分忧、为企业解难、为职工服务的根本宗旨，面向企业、面向职工、面向基层，推动技术进步、提高职工素质、促进科技成果转化。坚持服务企业、服务职工、服务社会原则，激活基层职工技协组织活力，增强职工技协组织吸引力凝聚力，努力把职工技协建设成党政放心、职工满意、社会认可的职工技协“会员之家”。

（四）加强对外交流工作

这一时期，中国机械冶金建材工会加强对外交流工作，在对外交往中讲好中国故事、中国工人阶级故事、中国工会故事。中国机械冶金建材工会与德国五金工会、日本金属劳协建立了友好关系，先后率团参加了日本五金工会成立50周年纪念会，陪同全国总工会领导出访了巴西、乌拉圭等国家，与智利工会代表团、台湾工会青年代表团、韩国劳使发展财团代表团进行交流座谈，率大陆机冶建材职工交流访问团赴台交流访问，参加海峡两岸工会论坛、跨国企业劳动关系及工会作用高级研讨会、经济全球化与工会国际论坛等会议，在开阔眼界、加强交流的同时，广泛宣传中国工会，提高了工会影响力。

中国机械冶金建材工会发展示意图

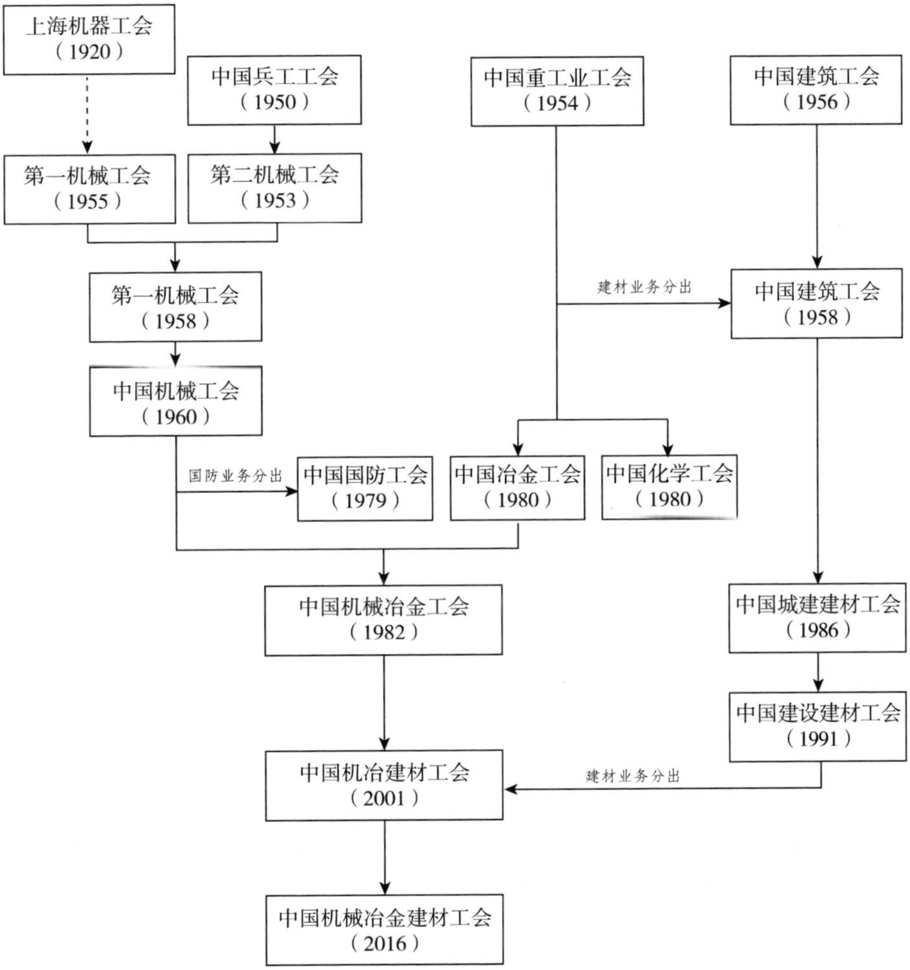

主要参考文献

1. 习近平：《习近平谈治国理政》（第一卷），外文出版社，2018 年。

2. 习近平：《习近平谈治国理政》（第二卷），外文出版社，2017 年。

3. 习近平：《习近平谈治国理政》（第三卷），外文出版社，2020 年。

4. 习近平：《习近平谈治国理政》（第四卷），外文出版社，2022 年。

5. 中共中央宣传部编：《习近平总书记系列重要讲话读本》，学习出版社、人民出版社，2014 年。

6. 中共中央宣传部编：《习近平新时代中国特色社会主义思想学习纲要》，学习出版社、人民出版社，2019 年。

7. 习近平：《习近平经济文选》（第一卷），中央文献出版社，2025 年。

8. 中共中央党史和文献研究院编：《毛泽东 邓小平 江泽民 胡锦涛关于中国共产党历史论述摘编》，中央文献出版社，2021 年。

9. 毛泽东：《毛泽东选集》，人民出版社，1991 年。

10. 中共中央文献研究室编：《毛泽东文集》，人民出版社，1996 年。

11. 中央档案馆编：《中共中央文件选集》，中共中央党校出版社，1992 年。

12. 本书编写组编：《中国共产党简史》，人民出版社、中共党史出版社，2021 年。

13. 中共中央党史和文献研究院：《中国共产党的一百年》，中共党史出版社，2022 年。

14. 中共中央党史和文献研究院编：《习近平关于工人阶级和工会工作论述摘编》，中央文献出版社，2023 年。

15. 中华全国总工会、中共中央文献研究室编：《毛泽东 邓小平 江泽民论工人阶级和工会工作》，中央文献出版社，2002 年。

16. 中华全国总工会编：《中国特色社会主义工会发展道路学习读本》，中国工人出版社，2012 年。

17. 马超俊：《中国劳工运动史》，商务印书馆，1942 年。

18. 邓中夏：《中国职工运动简史》，人民出版社，1953 年。

19. 中华全国总工会中国职工运动史研究室编：《中国历次全国劳动大会文献》，工人出版社，1957 年。

20. 中华全国总工会中国职工运动史研究室、中科院近现代史研究所工运史组编：《中国工运史料》，工人出版社，1960 年。

21. 中华全国总工会中国职工运动史研究室编：《中国工会历史文献》，工人出版社，1983 年。

22. 中华全国总工会编：《中共中央关于工人运动文件选编》，档案出版社，1985 年。

23. 中华全国总工会办公厅编：《建国以来中共中央关于工人运动文件选编》（上下卷），中国工人出版社，1989 年。

24. 中华全国总工会编：《新中国工运大事记》，中共中央党校出版社，1993 年。

25. 中华全国总工会编：《中华全国总工会七十年》，中国工人出版社，1995 年。

26. 《当代中国工人阶级和工会运动》编辑委员会编：《当代中国工人阶级和工会运动》，当代中国出版社，1997 年。

27. 中华全国总工会：《中国工会运动史料全书》（光盘），中国职工音像出版社，2002 年。

28. 李玉赋主编：《新编中国工人运动史》，中国工人出版社，2016 年。

29. 中华全国总工会研究室编著：《中国工人阶级四十年（1978—2018）》，中国工人出版社，2018 年。

30. 中国工运研究所编：《中国工会读本（修订版）》，中国工人出版社，2014 年。

31. 中华全国总工会：《中国工会年鉴》1995 年至 2023 年，中国工会年鉴编辑部，1996 年至 2024 年。

32. 唐玉良、王瑞峰主编：《中国工运大事记》，辽宁人民出版社，1990 年。

33. 李桂才主编：《中国工会四十年资料选编（1948—1988）》，辽宁人民出版社，1990 年。

34. 王建初、熊子云主编：《当代工人运动》，辽宁人民出版社，1990 年。

35. 王永玺主编：《中国工会史》，中共党史出版社，1992 年。

36. 刘明逵、唐玉良主编：《中国工人运动史》，广东人民出版社，1998 年。

37. 中国工运学院工人运动历史研究所编：《中国工人运动史研究文集》，中国工人出版社，2000 年。

38. 刘明逵、唐玉良主编：《中国近代工人阶级和工人运动》，中共中央党校出版社，2002 年。

39. 王永玺等主编：《简明中国工会史》，中国工人出版社，2005 年。

40. 高爱娣编著：《中国工人运动史》，中国劳动社会保障出版社，2008 年。

41. 姚荣启编著：《中国劳模史》，中国工人出版社，2020 年。

42. 广州市总工会、广州工人运动史研究委员会、广州工人运动学会编：《广州劳工运动史话》，广州出版社，2012 年。

43. 上海市地方志编纂委员会编：《上海市志 群众团体分志 工会卷》，上海人民出版社，2020 年。

44. 武汉市总工会工运史研究室编：《武汉工人运动史》，武汉出版社，2012 年。

45. 辽宁省总工会编著：《辽宁工人运动史纲》，中国工人出版社，2023 年。

46. 辽宁省总工会编著：《辽宁工人运动大事记》，中国工人出版社，2023 年。

47. 大连市总工会编：《大连市工会志 1991—2010》，大连出版社，2013 年。

48. 沈阳市总工会编：《沈阳劳动模范》，中国工人出版社，2016 年。

49. 鞍钢志编纂委员会编：《鞍钢志》，人民出版社，1994 年。

50. 马虎中编著：《镍都金川六十年》，敦煌文艺出版社，2021 年。

51. 傅长盛：《紫金全球矿业梦》，机械工业出版社，2023 年。

后　记

在全国总工会统一部署下，本书于2022年下半年开始编写，前后历时两年有余。在资料收集过程中，得到了中央档案馆、全国总工会办公厅档案处、全委会各委员单位特别是上海机电工会、湖北省经贸工会、湖南省有色冶金工会、河南省机械冶金建材工会、辽宁省工交农建服工会、沈阳市机械轻化工会、北京金隅集团有限责任公司工会、中国东方电气集团东方汽轮机有限公司工会、中国宝武武钢集团有限公司工会、中国耀华玻璃集团有限公司工会、华新水泥股份有限公司工会、有研科技集团有限公司工会、金川集团股份有限公司工会、平高集团有限公司工会、大冶特殊钢有限公司工会、云南锡业集团（控股）有限责任公司工会等单位的大力支持；在稿件征求意见过程中，有关方面专家以及中国机械冶金建材工会老领导、老同志提出了宝贵意见。在此，向所有为本书编撰工作付出辛勤努力的单位和同志表示衷心的感谢。

本书第一编由关明执笔，第二编和第四编由张晓莹执笔，第三编由田国垒、张天宇执笔，全书由关明、张晓莹统稿。由于编撰时间、资料收集、编辑水平等方面的局限，错漏之处在所难免，恳请广大读者批评指正，以利改进。

本书编委会

2025年3月